Horst Kächele, Friedemann Pfäfflin (Hg.)
Behandlungsberichte und *Therapiegeschichten*

Das Anliegen der Buchreihe BIBLIOTHEK DER PSYCHOANALYSE besteht darin, ein Forum der Auseinandersetzung zu schaffen, das der Psychoanalyse als Grundlagenwissenschaft, als Human- und Kulturwissenschaft und als klinische Theorie und Praxis neue Impulse verleiht. Die verschiedenen Strömungen innerhalb der Psychoanalyse sollen zu Wort kommen, und der kritische Dialog mit den Nachbarwissenschaften soll intensiviert werden. Bislang haben sich folgende Themenschwerpunkte herauskristallisiert:

Die Wiederentdeckung lange vergriffener Klassiker der Psychoanalyse – wie beispielsweise der Werke von Otto Fenichel, Karl Abraham, W. R. D. Fairbairn, Sándor Ferenczi und Otto Rank – soll die gemeinsamen Wurzeln der von Zersplitterung bedrohten psychoanalytischen Bewegung stärken. Einen weiteren Baustein psychoanalytischer Identität bildet die Beschäftigung mit dem Werk und der Person Sigmund Freuds und den Diskussionen und Konflikten in der Frühgeschichte der psychoanalytischen Bewegung.

Im Zuge ihrer Etablierung als medizinisch-psychologisches Heilverfahren hat die Psychoanalyse ihre geisteswissenschaftlichen, kulturanalytischen und politischen Ansätze vernachlässigt. Indem der Dialog mit den Nachbarwissenschaften wiederaufgenommen wird, soll das kultur- und gesellschaftskritische Erbe der Psychoanalyse wiederbelebt und weiterentwickelt werden.

Stärker als früher steht die Psychoanalyse in Konkurrenz zu benachbarten Psychotherapieverfahren und der biologischen Psychiatrie. Als das anspruchsvollste unter den psychotherapeutischen Verfahren sollte sich die Psychoanalyse der Überprüfung ihrer Verfahrensweisen und ihrer Therapie-Erfolge durch die empirischen Wissenschaften stellen, aber auch eigene Kriterien und Konzepte zur Erfolgskontrolle entwickeln. In diesen Zusammenhang gehört auch die Wiederaufnahme der Diskussion über den besonderen wissenschaftstheoretischen Status der Psychoanalyse.

Hundert Jahre nach ihrer Schöpfung durch Sigmund Freud sieht sich die Psychoanalyse vor neue Herausforderungen gestellt, die sie nur bewältigen kann, wenn sie sich auf ihr kritisches Potenzial besinnt.

BIBLIOTHEK DER PSYCHOANALYSE
HERAUSGEGEBEN VON HANS-JÜRGEN WIRTH

Horst Kächele, Friedemann Pfäfflin (Hg.)

Behandlungsberichte und *Therapiegeschichten*

Wie Therapeuten und Patienten
über Psychotherapie schreiben

Mit Beiträgen von Margarete Akoluth, Gebhard Allert,
Stephen B. Bernstein, Marie Brentano, Esther Grundmann,
Horst Kächele, Lisbeth Klöß-Rotmann, Robert Michels,
Friedemann Pfäfflin, Sydney Pulver, Philip Rubovits-Seitz,
Timo Storck, Ulrich Stuhr, Imre Szecsödy, David Tuckett,
Annakatrin Voigtländer, Kathrin Weber und Arnold Wilson

Psychosozial-Verlag

Bibliografische Information der Deutschen Nationalbibliothek
Die Deutsche Nationalbibliothek verzeichnet diese Publikation in der Deutschen
Nationalbibliografie; detaillierte bibliografische Daten sind im Internet über
<http://dnb.ddb.de> abrufbar.

Originalausgabe
© 2009 Psychosozial-Verlag
Walltorstr. 10, D-35390 Gießen.
Fon: 06 41 - 96 99 78 - 18; Fax: 06 41 - 96 99 78 - 19
E-Mail: info@psychosozial-verlag.de
www.psychosozial-verlag.de
Alle Rechte vorbehalten. Kein Teil des Werkes darf in irgendeiner Form (durch
Fotografie, Mikrofilm oder andere Verfahren) ohne schriftliche Genehmigung des
Verlages reproduziert oder unter Verwendung elektronischer Systeme verarbeitet,
vervielfältigt oder verbreitet werden.
Umschlaggestaltung & Satz: Hanspeter Ludwig, Gießen
www.imaginary-art.net
Printed in Germany
ISBN 978-3-8379-2016-1

Inhalt

Behandlungsberichte und *Therapiegeschichten*   7
Eine Einführung
Horst Kächele und Friedemann Pfäfflin

Die Fallgeschichte   13
Robert Michels
Kommentare von Sydney Pulver, Stephen B. Bernstein,
Philip Rubovitz-Seitz, Imre Szecsödy, David Tuckett
und Arnold Wilson sowie einem Schlusswort von Robert Michels

Gleichschwebende Aufmerksamkeit
und interesseloses Wohlgefallen   87
Einige Gedanken zur Ästhetik
der psychoanalytischen Fallgeschichte
Timo Storck

Das Schreiben der (Fall-)Geschichte   111
Was französische Analytiker von Fallgeschichten erwarten
Kathrin Weber

Berichte und Erzählungen von PatientInnen   137
Ein Perspektivenwechsel
Esther Grundmann

Unordnung und spätes Leid 165
Bericht über den Versuch,
eine misslungene Analyse zu bewältigen
Ein Auszug
Margarete Akoluth

Unordnung und spätes Leid 197
Nachdenken über M. Akoluths Therapiebericht
Marie Brentano

Das Logbuch des Therapeuten 201
Horst Kächele

Psychoanalytiker auf dem Prüfstand 219
Die Funktion der Abschlussberichte im Rahmen der Ausbildung
Annakatrin Voigtländer

Gender-Prototypen des Be-Schreibens 253
Psychoanalytiker als Berichterstatter
Lisbeth Klöß-Rotmann und Horst Kächele

Wenn Analytiker publizieren … 265
Ethische Aspekte bei wissenschaftlichen Veröffentlichungen
in der Psychoanalyse
Gebhard Allert und Horst Kächele

Krankengeschichten vor Gericht 275
Friedemann Pfäfflin

Kann es eine idiografische Nomothetik geben? 289
Erörtert am Beispiel des »erweiterten Suizids«
Ulrich Stuhr

Literatur 309

Autorinnen und Autoren 335

Behandlungsberichte und *Therapiegeschichten*

Eine Einführung

Horst Kächele und Friedemann Pfäfflin

Die Tätigkeit eines Psychoanalytikers besteht aus Zuhören und Sprechen und für einige der Zunft zu einem nicht kleinen Teil aus Schreiben. Der Gründer der Psychoanalyse, Sigmund Freud, schrieb sehr viel. Er erledigte sein tägliches Pensum abends nach vielen Stunden analytischer Praxis. Dabei sind neben unzähligen Briefen die Freud'schen Krankengeschichten entstanden. Über ihre Eigenart und ihr Strickmuster – in Abgrenzung und Gemeinsamkeit mit dem überlieferten Typus medizinischer beziehungsweise psychiatrischer Krankengeschichten – lässt sich einiges Bemerkenswertes aussagen (Kächele 1981; Mahony 1982).

Obwohl Freuds Krankengeschichten ein paradigmatischer Status zugeschrieben wurde, haben diese sich nicht – aus welchen Gründen auch immer – als Vorbild durchgesetzt. Stattdessen haben sich mehr oder minder kunstvoll geschilderte klinische Miniaturen, sogenannte Vignetten, etabliert, die Ausschnitte aus Behandlungen als Belege fungierende, illustrative Einzelbeobachtungen transportieren sollen (Thomä/Kächele 2006b, Kap.1).

Der Status der Fallberichte, seien sie als ätiologisch anspruchsvolle Krankengeschichte gemeint oder als pragmatische Behandlungsberichte, ist immer wieder neu zu reflektieren. Welche Funktionen kommen ihnen im professionellen Kontext zu? Wie sollen Behandlungsberichte geschrieben werden, die den kritischen Leser zufrieden stellen, die die Transformation der multimodalen Wirklichkeit einer Behandlung in eine literarische Form bewältigen können? Ist dies eine Aufgabe, die im Grunde genommen nur Schriftsteller zu leisten vermögen (Muschg 1981)? War deshalb Freuds Unterdrückung seiner engeren Kenntnis von zeitgenössischen Wiener schriftstellernden Autoren wie von Schnitzler Ausdruck einer bewussten Distanzierung? Die Person der Hysterikerin und Freud als ihr Autor ist längst Gegenstand literaturwissenschaftlicher Analyse geworden, und es hat sich gezeigt, dass Freud Arthur Schnitzler näher stand, als er der Öffentlichkeit weismachen wollte (Lange-Kirchheim 1999). Der schriftstellernde Freud ist offenkundig dieser Aufgabe trotz der eigenen Zweifel, die er in den »Studien über Hysterie« äußerte, besonders gerecht geworden (Schönau 1968). Dies unterstrich die Verleihung des Goethe-Preises der Stadt Frankfurt. Aber für die Profession ist das Thema als Herausforderung geblieben. Denn Schreiben über einen Menschen und dessen psychoanalytische Behandlung erzeugt unvermeidlich ein Produkt, dessen Produktionsbedingungen in Rechnung zu stellen sind. Der möglichen Willkür beim Abfassen von Fallgeschichten aufgrund der Konstruktions-»Macht« des Psychoanalytikers steht im Dialog mit dem Patienten ein wichtiges Grundprinzip der Psychoanalyse gegenüber, das Loch (1976, S. 880) »gegenseitige Übereinstimmung« nennt.

Es wird wenig gearbeitet über die naheliegende Frage, ob aus der Qualität des Schreibens über die analytische Arbeit auch auf die Qualität des Analysierens geschlussfolgert werden kann. »Da eine eindeutige Reproduktion des Therapiegeschehens in Schriftlichkeit nicht zu erzielen ist«, wie Junker in dem Vorwort zu seinem Buch *Nachanalyse* (1993, S. 11) ausführt, hat die Profession das Gegenteil zu schätzen gelernt; nämlich den Typus des nur analysierenden Analytikers, dem nie eine Veröffentlichung zu entlocken ist, der sich hoheitsvoll auf sein Diskretionsgebot zurückzieht (Stein 1988a). Dabei ist öffentlich sichtbares, verfügbares Schreiben mehr als notwendig. Es genügt nicht mehr, die »Bedeutung kasuistischer Darstellung in der Psychoanalyse« (Körner 1990) beteuernd zu wiederholen, denn es steht die Aussage Stuhrs (2004) im Raum: »Die historisch so fruchtbare narrative Vorgehensweise Freuds ist heute allein nicht mehr in der Lage, die Existenz der Analyse zu rechtfertigen, auch wenn sie für die Mitglieder der »analytischen Community« hinsichtlich didaktischer und identitätsbildender Zwecke von zentraler Bedeutung ist, denn Fallberichte können ein lehrreiches Kommunikationsmittel sein« (S. 65). Fallgeschichten haben narrative Formate, »mit deren Hilfe aus interaktiven Ereignissen einer Behandlung neue soziale Tatsachen für einen anderen Kontext geschaffen werden« (Buchholz 1999, S. 42).

Ein Hauptvortrag auf der Herbsttagung der American Psychoanalytic Association im Dezember 1997 gab *Robert Michels* die Gelegenheit, die vielfältigen Funktionen von Falldarstellungen aufzufächern, wobei ihm besonders daran lag, die Intentionen des Verfassers einer Fallgeschichte herauszustellen. Diese Arbeit, die dann im Jahr 2000 publiziert wurde, gab namhaften Vertretern des Faches – *Sidney Pulver, Stephen Bernstein, Philip Rubovits-Seitz, Imre Szecsödy, David Tuckett und Arnold Wilson* – die Möglichkeit, die Vielfältigkeit der Positionen durch ihre kommentierende Stellung noch stärker auszuleuchten. Mit diesen Texten, die dankenswerterweise *Claudia Simons* mit Einverständnis der Autoren übersetzt hat, eröffnen wir den vorliegenden Band.

Dann untersucht *Timo Storck* unter dem Titel »Gleichschwebende Aufmerksamkeit und interesseloses Wohlgefallen« einige Gedanken zur Ästhetik der psychoanalytischen Fallgeschichte. Nach seiner These hat die Fallgeschichte einen besonderen Status: Hier wird nicht nur Darstellung und Erkenntnisgewinn hinsichtlich der Lebensgeschichte eines Patienten vollzogen, sondern – insbesondere in Freuds eigenen großen Falldarstellungen – immer auch hinsichtlich der (Behandlungs-)Theorie.

Was französische Analytiker von Fallgeschichten erwarten, thematisiert die Literaturwissenschaftlerin *Katrin Weber*. Sie hat zwangsläufig eine andere Perspektive als ein Kliniker oder ein Sozialwissenschaftler, für die sich der Wert einer Fallgeschichte nach ihrem Nutzen bemisst, das heißt danach, ob sie etwas abbildet, darstellt oder auch verstehbar macht. Die Literaturwissenschaft interessiert der Text oder das Kommunikationsmittel Fallgeschichte, weil dieser »Grenzfall der Literatur« hilft, zentralere Aspekte besser zu verstehen. Beide Sichtweisen überschneiden sich im Wunsch nach Texten, die den Kern der Fallgeschichte, den Fall, in sich reflektieren können.

Ganz außen vor, außerhalb des Blinkwinkels der professionellen Gemeinschaft, stehen nach wie vor Berichte von Patienten beziehungsweise Ex-Patienten. Dass diese andere Seite auch gehört werden soll (audiatur et altera pars), scheint eigentlich selbstverständlich, ist es aber noch nicht. Werden wir einen neuen Zugang zu Patientenerzählungen bekommen und sie wie Literatur verstehen (Jesch et al. 2006)? Vom Nutzen der Narratologie haben wir von den Vertretern qualitativer Forschung gehört bzw. gelesen (Buchholz 2005). Werden wir auch von dem Patienten Burton selbst hören, den *Lachmann und Beebe* 1983 zunächst selbstpsychologisch aufgearbeitet haben und über dessen

Wendepunkt im neunten Jahr seiner Psychoanalyse sie nun eine »revidierte dyadisch-systemische Sicht« vorlegen (Beebe/Lachmann 2006)? Werden Tilmann Mosers (2004a) *Bekenntnisse einer halb geheilten Seele* viele seiner früheren Therapeuten zum Nachdenken bringen und ihre »Psychotherapeutischen Erinnerungen« an die Arbeit mit diesem schwierigen Kunden auffrischen (Brentano 2006a)? Das Genre dieser Texte hat seinen eigenen Stellenwert, der noch immer nicht genügend gewürdigt wird. Diesen Perspektivenwechsel nimmt *Esther Grundmann* vor, die als Literaturwissenschaftlerin Berichte und Erzählungen von PatientInnen analysiert; dabei werden die Bedeutung und Funktion von Therapiegeschichten genauer bestimmt und mögliche Konsequenzen aufgezeigt: Therapiegeschichten verweisen nicht nur auf eine eigene ethische Dimension, sondern ermöglichen auch spezifische Erkenntnismöglichkeiten zu menschlichem Denken und Fühlen.

Zur Illustration dieser Feststellung folgt ein Auszug aus dem Buch *Unordnung und spätes Leid*, den die Verfasserin dieses Berichtes, *Margarete Akoluth*, zur Verfügung gestellt hat. *Marie Brentano* kommentiert im Anschluss den »Versuch, eine misslungene Analyse zu bewältigen«.

Das Problem einer angemessenen Berichterstattung ist nach wie vor aktuell. Geben wir uns mit eindrucksvollen klinischen Behandlungsberichten zufrieden, wie sie Joseph Schachter (2005) unter dem ansprechenden Titel *Transforming lives. Analyst and patient view the power of psychoanalytic treatment* von namhaften Kollegen zusammengetragen hat? Erstaunlich und selten genug werden dort einige Berichte durch Kommentare der Patientinnen ergänzt! Doch wie sind diese zusammenfassenden Berichte entstanden? Haben die Therapeuten täglich, wöchentlich Aufzeichnungen gemacht oder haben sie im Rückblick für sie befriedigende Beispiele zusammengestellt? So ist es nicht unwesentlich, ob ein Therapeut sich abends seine täglichen Notizen gönnt oder dies nur dann tut, wenn er besonders Interessantes oder besonders Problematisches glaubt festhalten zu müssen. Die Bandbreite der zum Schreiben führenden Gründe ist verständlicherweise groß; sie reicht von der Betonung der Ausbildungsfunktion von Falldarstellungen und ihrer kritischen Rolle bei der Zertifizierung (Bernstein et al. 2008) bis zum Plädoyer, eine wissenschaftlich verwendbare Dokumentation des therapeutischen Geschehens zu produzieren. Deshalb berichtet *Horst Kächele* über ein wenig beachtetes, fast verborgenes Material, das allerdings die Schnittstelle von klinischer Tätigkeit und reflektiver Praxis darstellt, nämlich die täglichen Notizen von Therapeuten, die unter dem Gesichtspunkt des Logbuchs betrachtet werden. Durch einige Beispiele aus der Praxis Ulmer Therapeuten beleuchtet er die materiale Eigenart dieser Textsorte.

Der Funktion der Abschlussberichte im Rahmen der Ausbildung, einer trotz aller lehranalytischen Erfahrungen gefürchteten Prüfungssituation, widmet *Annakatrin Voigtländer* eine Studie, in der ein recht typischer Abschlussbericht vorgestellt wird.

Das Material der Abschlussberichte wird auch im Beitrag von *Lisbeth Klöß-Rotmann und Horst Kächele* zu einer Studie zum prototypischen Sprachgebrauch herangezogen. Das Schreiben über Patientinnen und Patienten reflektiert nämlich immer auch unvermeidlich eigene Beteiligung, wie in dieser Studie ersichtlich wird.

Was muss und was darf ein Verfasser wissenschaftlicher Veröffentlichungen psychoanalytischer An- oder Einsichten im Interesse des Patienten und seinem eigenen Interesse dem aufgeschlossenen Leser mitteilen oder vorenthalten? *Gebhardt Allert und Horst Kächele* reflektieren ethische Aspekte wissenschaftlicher Veröffentlichungen und diskutieren die Frage des »informed consent« im Umgang mit klinischem Material. Gilt »nisi nihil bene« oder ist es ein konstitutives Element psychoanalytischer Arbeit, dass »confidentiality«, zu deutsch »Vertraulichkeit«, über Allem zu stehen hat? Und wer entscheidet, was vertraulich zu bleiben hat?

Gutachterliche Tätigkeit für ein Gericht bringt wieder andere Komplikationen; die Zahl der Psychoanalytiker, die sich diesem Geschäft widmen, ist nicht sehr groß. *Friedemann Pfäfflin* behandelt diese speziellen Krankengeschichten, die primär für Gerichte abgefasst werden, nämlich forensische Gutachten, hier vor allem psychiatrische Gutachten im Zusammenhang mit Strafsachen, die bislang nicht so gewürdigt wurden, wie sie es verdienen.

Anschließend nimmt *Ulrich Stuhr* den Leser auf einen Weg mit, der zu einem Ziel führen soll, das er im Vorwort des dritten Bandes der *Psychoanalytischen Therapie* von Thomä und Kächele (2006c) gefunden hat und von dem er glaubt, dass es nicht nur ein großes, vielleicht utopisches Ziel für die Einzelfallforschung darstellt, sondern dass es ein Ziel ist, das viele Forscher in diesem Bereich latent verfolgen. In seinem Beitrag fragt er, ob es eine Nomothetik des Einzelfalles geben kann.

Einige der hier versammelten Texte wurden 2005 auf der Ulmer Werkstatt vorgetragen, die in Leipzig anlässlich der Verleihung des Titels »Dr. med.

honoris causa« an Helmut Thomä durch die Universität Leipzig stattfand. Auf Wunsch des Jubilars ist dies keine *Festschrift*, sondern ein Beitrag zur notwendigen Durchdringung klinischen Handelns durch kritisches Nachfragen.

Wenn die intersubjektive Wende der gegenwärtigen Psychoanalyse (Altmeyer/Thomä 2006a) tatsächlich einen Paradigmenwechsel in die Wege leiten soll, muss dann nicht den Behandlungsberichten eine neue, wichtige Funktion zukommen? Wo, wenn nicht in dem aufgezeichneten Material, lässt sich das ominöse »Dritte« denn finden, von dem allenthalben die Rede ist? Die Therapieforschung hat schon lange erkannt, dass die subjektiven Perspektiven von Therapeut und Patient durch ihren (aufgezeichneten) Dialog ergänzt und objektiviert werden können und müssen. Vor und nach der relationalen Wende haben (tonbandaufgezeichnete) Dokumentationen die unschätzbare Möglichkeit geboten, sich ein relativ unvereingenommenes, wenn auch nicht theoriefreies, Bild des therapeutischen Geschehens zu verschaffen, weshalb der lange Kampf um Tonbandaufzeichnungen psychoanalytischer Behandlungen, den Helmut Thomä konsequent geführt hat, den Aufbruch zu neuen Ufern signalisierte. Ob Untersuchungen mit qualitativer oder quantitativer Methodologie durchgeführt werden, richtet sich nach der Fragestellung. Qualitative Forschung fördert die relationale Perspektive nicht per se. Gewiss konnte die diskursanalytische Forschung schon Hinweise darauf geben, dass grundlegende kommunikative Regeln im klassischen Psychoanalyseverständnis unnötig außer Kraft gesetzt wurden (Thomä/Kächele 2006a, Kap. 7), weshalb eine stärkere Berücksichtigung von realer Interaktion im Theoriegebäude der Psychoanalyse schon lange zu berücksichtigen war. Welche Form der Interaktion nun zum gewünschten Ziel führt, kann die Diskursanalyse nicht präjudizieren. Das muss man der Ergebnisforschung überlassen.

Parallel zu der geforderten Ergänzung der klinischen durch formalisierte Forschungsstrategien (Thomä/Kächele 2006c) dürfte jedoch eine Erweiterung der Perspektive auf die Rolle und Funktion der schriftlichen Verständigung ebenfalls von wachsender Bedeutung werden. Psychoanalytiker, deren Handwerkszeug auch das Schreiben ist, sollten den Blick über den Zaun wagen und sich verstärkt auch mit den Eigenarten ihres analytischen Schreibens beschäftigen. Ebenso sollten Patienten bzw. Ex-Patienten verstärkt ihre Sicht therapeutischer Erfahrungen einbringen. Wir brauchen beides.

Die Fallgeschichte[1]
Robert Michels

Psychoanalyse beruht auf Theorien und klinischen Daten, den Ereignissen, die sich zwischen Patient und Analytiker im Sprechzimmer abspielen. Die Darstellung von Theorien und klinischen Fällen sollte das Kernstück unserer wissenschaftlichen Literatur ausmachen und im Zentrum unseres klinischen Diskurses stehen. Die Proportionen sind jedoch bemerkenswert unausgewogen. So schrieb Anna Freud 1971: »Die psychoanalytische Literatur [...] ist arm nur auf einem einzigen Gebiet: wir finden eine verhältnismäßig geringe Zahl von gut belegten, ausführlichen und flüssig geschriebenen Krankengeschichten« (S. 11). Das Komitee für wissenschaftliche Aktivitäten der American Psychoanalytic Association hat Literatur von 1969 bis 1982 durchgesehen, indem es die meist zitierten Artikel auswählte (Klumpner/Frank 1991). Sie fanden überhaupt keine Fallstudien. Als das International Journal of Psychoanalysis 1991 einlud, klinische Darstellungen von Psychoanalysen einzureichen, reagierten nur 26 Autoren (Tuckett 1991). Unter den 15 ausgewählten Berichten befanden sich nur zwei aus den Vereinigten Staaten. Aus England waren keine eingereicht worden.

In den seither vergangenen Jahren sind Fallberichte vielleicht etwas häufiger geworden, aber sie fallen noch immer hauptsächlich durch ihre Abwesenheit auf. In der Tat war der Fallbericht seit Beginn der Psycho-

---

1 Michels, R. (2000). The case history. Journal of the American Psychoanalytic Association, 48(2): 355–375. Copyright © (2009) by American Psychoanalytic Association. Reprinted by permission of SAGE Publications, Inc. Der Originalbeitrag wurde von SAGE Publications, Inc. veröffentlicht. Der Abdruck erfolgte mit freundlicher Genehmigung von SAGE Publications, Inc. Der Beitrag und die Kommentare wurden von Claudia Simons (Ulm) übersetzt.

analyse problematisch und ist es paradoxerweise noch mehr geworden, in dem Maße, wie die klinische Grundlage unserer Wissenschaft breitere Anerkennung gefunden hat. Uns ist die Wichtigkeit des psychoanalytischen Prozesses als Ganzem zunehmend bewusst geworden, der Geschichte der sich entwickelnden Beziehung zwischen dem Patienten und dem Analytiker und ihres Einflusses auf alles, was sich in der Analyse ereignet. Und dennoch bestehen gleichzeitig die klinischen Daten in unserer Literatur zunehmend nur noch aus Fallvignetten und Momentaufnahmen, nicht aus umfassenden Berichten. Warum ist das so, und was können wir lernen, indem wir die Geschichte der Fallgeschichte studieren?

Das Problem wurde von Anfang an erkannt. In den *Studien über Hysterie* (Breuer/Freud 1895) beschrieb Breuer einen Fall und Freud vier. Den letzten dort berichteten Fall, den von Elisabeth von R., nannte Freud seine »erste Analyse einer Hysterie in voller Länge«. Er sprach von seinem Unbehagen mit seiner Darstellung:

> »Ich bin nicht immer Psychotherapeut gewesen, sondern bin bei Lokaldiagnosen und Elektroprognostik erzogen worden wie andere Neuropathologen, und es berührt mich selbst noch eigentümlich, dass die Krankengeschichten, die ich schreibe, wie Novellen zu lesen sind, und dass sie sozusagen des ernsten Gepräges der Wissenschaftlichkeit entbehren. Ich muss mich damit trösten, dass für dieses Ergebnis die Natur des Gegenstandes offenbar eher verantwortlich zu machen ist als meine Vorliebe; Lokaldiagnostik und elektrische Reaktionen kommen bei dem Studium der Hysterie eben nicht zur Geltung, während eine eingehende Darstellung der seelischen Vorgänge, wie man sie vom Dichter zu erhalten gewohnt ist, mir gestattet, bei Anwendung einiger weniger psychologischer Formeln doch eine Art von Einsicht in den Hergang einer Hysterie zu gewinnen. Solche Krankengeschichten wollen beurteilt werden wie psychiatrische, haben aber vor letzteren eines voraus, nämlich die innige Beziehung zwischen Leidensgeschichte und Krankheitssymptomen, nach welcher wir in den Biographien anderer Psychosen noch vergebens suchen« (Freud 1895, S. 227).

In dieser kurzen Passage, vor mehr als einem Jahrhundert geschrieben, führt Freud den bis heute fortbestehenden Dialog zwischen Psychoanalyse als Wissenschaft und Psychoanalyse als Kunst ein, zwischen Ursache und Bedeutung, Objektivem und Subjektivem, Erklären und Verstehen. Er machte auch seine persönliche Meinung deutlich:

(1) Eine Krankengeschichte sollte »den ernsthaften Stempel der Wissenschaft tragen«;
(2) »sie ist eigentlich eher etwas anderes, eine Kurzgeschichte«;
(3) dies ist ein Grund, sich zu »trösten«; und
(4) kann er dies durch den Hinweis bewerkstelligen, dass dies »nicht Folge irgendeiner persönlichen Wahl ist, sondern vielmehr in der ›Natur der Sache‹ liegt«.

Freud schrieb noch fünf weitere Krankengeschichten, wie er sie nannte. Wie wir jedoch wissen, waren zwei davon (der kleine Hans und der Fall Schreber) eher Studien zur psychoanalytischen Psychologie als zur klinischen Psychoanalyse. Es waren keine Berichte über Patienten, die er selbst behandelt hatte. Als er damit kämpfte, die anderen drei zu schreiben, wurden seine Texte länger und länger, obwohl seine Titel hervorhoben, dass er die Ergebnisse für vorläufig und fragmentarisch hielt. Während die längste Fallgeschichte in den *Studien über Hysterie* 58 Seiten betrug und einfach als eine »Fallgeschichte« bezeichnet wird, umfasst »Dora« (Freud 1905e) 115 Seiten und wird »Fragment einer Analyse« genannt. Der »Rattenmann« (Freud 1909d) benötigt 104 Seiten und wird »Bemerkungen über einen Fall« genannt. Der »Wolfsmann« (Freud 1918b) benötigt 115 Seiten für einen Bericht, dem folgendes Dementi vorangestellt ist: »Ich habe davon abgesehen, eine vollständige Geschichte seiner Krankheit zu schreiben, seiner Behandlung und Wiederherstellung, weil mir klar war, dass eine solche Aufgabe technisch undurchführbar und sozial unerlaubt war« (S. 30). Freud führte weiter aus, dass »es wohl bekannt ist, dass noch kein Weg gefunden worden ist, um in irgendeiner Weise in der Darstellung einer Analyse das Gefühl von Überzeugung deutlich zu machen, das aus der Analyse selbst entsteht« (ebd., S. 36). Kurz gesagt, Freud hinterließ uns ausführliche Berichte von drei Patienten, die er selbst analysiert hatte, und er nannte den ersten ein »Fragment«, den zweiten »Bemerkungen« und beschränkte sich beim dritten darauf, die infantile Neurose zu enträtseln, während er uns wissen lässt, dass eine vollständige Geschichte »technisch undurchführbar« und »sozial unerlaubt« sei und sowieso nicht überzeugend wäre.

Die Natur von Fallgeschichten

Die Präsentation der Daten

Auf den ersten Blick sollte dies ziemlich unkompliziert sein. Stephen Bernstein (1995) äußert für das Board of Professional Standards Committee on Certification, es sollte »eine Erzählung über das, was in der Analyse passierte, darüber, was Sie dazu beigetragen haben, dass es sich ereignete, und wie Sie verstanden haben, auf welche Weise sich dies ereignete« (S. 7) sein. Er fährt fort, dass »kurze Zitate, Paraphrasen und Vignetten Abschnitten von Verbatimdialogen vorzuziehen seien« (ebd., S. 8); dabei greift er Freuds Ermahnung (1918b) auf, dass »umfassende wörtliche Berichte der Vorgänge während der Analysestunden gewiss keinerlei Hilfe wären« (Bernstein 1995, S. 13). Dem stimmt Martin Stein (1988a) zu; allerdings räumt er ein, dass ein »detaillierter ›vollständiger‹ Fallbericht ›theoretisch‹ (S. 111) am Besten wäre«. Er konstatiert, dass kurze klinische Vignetten »mit all ihren Einschränkungen, eine lebendigere Beschreibung unserer Arbeit vermitteln« (ebd., S. 115). Im Gegensatz dazu schlagen George Klumpner und Alvin Frank in ihrem Schreiben an das Committee on Scientific Activities eine Form vor, »die speziell für die Untersuchung der Patient-Analytiker Interaktion entwickelt wurde, welche die genaue Beobachtung kleinster Details erfordert« (1991, S. 545). Ihre Illustration verwendet Verbatim-Abschnitte, während Donald Spence (1994), der mit ihnen in dem Komitee arbeitete, sich darüber beklagt, »dass ein Verbatim-Dialog« in heutigen Fallberichten fast nie präsentiert wird und dass »das unangemessene sich Verlassen auf Anekdoten« unseren wissenschaftlichen Fortschritt gefährdet (S. 118–119). Arnold Goldberg (1997b) erklärt uns,

> »eine sehr lange Darstellung eines Falles [...] kann eine detaillierte Biographie erfordern und einen mehr oder weniger verbatimen Bericht der therapeutischen Interaktion. Der Gebrauch von Fallvignetten ist üblich, um den einen oder anderen Punkt zu illustrieren, kann jedoch niemals das tief greifende Studium eines Falles über die Zeit ersetzen. In der Tat denken viele in unserem Feld, dass diese Form der ausführlichen Falldarstellung die einzige wirklich wertvolle ist« (S. 437).

Kurz gesagt scheint erhebliche Uneinigkeit darüber zu bestehen, wie ein Fallbericht aussehen sollte. Das Thema Verbatimprotokoll versus Paraphrase ist natürlich wesentlich älter als die Psychoanalyse. Thukydides (1951) erklärt uns in seinen Aufzeichnungen über seine historische Methode, dass »es [...] schwierig war, (Reden) wortwörtlich im Gedächtnis zu behalten, so ist es meine Gewohnheit gewesen, die Redner das sagen zu lassen, was meiner Meinung nach die verschiedenen Umstände von ihnen erforderten, dabei hielt ich mich natürlich so eng wie möglich an den Sinngehalt dessen, was sie tatsächlich gesagt hatten« (S. 14). Mit anderen Worten, Freud hielt sich an die historische Tradition; er verfasste die Worte des Rattenmannes gerade so, wie Thukydides diejenigen von Perikles Grabrede gestaltete.

Was sollte der Inhalt eines Fallberichtes sein?

Nicht allein über die Form, sondern auch über den angemessenen Inhalt eines Berichtes besteht Uneinigkeit. Freud schrieb, dass seine »Krankengeschichten [...] die innige Beziehung zwischen Leidensgeschichte des Patienten und Krankheitssymptomen« verdeutlichen sollen (Freud 1895d, S. 227). Seine Krankengeschichten sollten beides umfassen, die objektiven symptomatischen Fakten und die subjektive erzählte Erfahrung der Krankheit des Patienten. Aber eine Krankengeschichte muss mehr enthalten als Symptome und die Geschichte der Erkrankung. So teilt Freud (1905e) uns in der Diskussion des Falles Dora mit: »Wir sind verpflichtet in unseren Krankengeschichten den menschlichen und sozialen Umständen unserer Patienten genauso viel Aufmerksamkeit zu schenken wie den somatischen Daten und den Symptomen der Störung« (S. 167). Wir haben also zusätzlich zu den Symptomen und der Krankheit des Patienten seine Lebensgeschichte. Dies reicht jedoch nicht aus, eine Fallgeschichte zu einer psychoanalytischen zu machen. Wir brauchen auch die Geschichte des Prozesses, der sich zwischen Patient und Analytiker entwickelt, das heißt der psychoanalytischen Behandlung. Über den Wolfsmann schreibend stellt Freud (1918b) fest: »Ich bin unfähig einen entweder allein historischen oder allein thematischen Bericht der Geschichte meines Patienten zu geben. Aber ich werde mich verpflichtet fühlen, die beiden Methoden der Darstellung zu kombinieren« (S. 36). Er schließt ein, was er lernte und wie er es lernte.

Jetzt haben wir die Symptome, die Krankheit, den Patienten und die Analyse. Aber da ist noch mehr. Da ist auch die Beziehung zwischen dem Analytiker und seinem Publikum und die Absicht des Analytikers, mit der er uns den Fall berichtet. Freud (1905e) führt seine »Dora«-Geschichte ein, indem er uns erläutert, dass er beabsichtigt, mit ihr seine früher geäußerten »Ansichten über die Pathogenese hysterischer Symptome zu untermauern« (S. 163) und zu zeigen, »wie Traumdeutung verwoben ist mit der Behandlungsgeschichte und wie sie zum Mittel werden kann, Amnesien auszufüllen und Symptome aufzuklären« (ebd., S. 167). Auch macht er seine Absichten deutlich, wenn er seinen Bericht über den Wolfsmann (1918b) mit der Mitteilung umrahmt, dass er »die Polemik […] durch eine objektive Einschätzung des analytischen Materials ersetzt« (S. 55), die er in »Aus der Geschichte der psychoanalytischen Bewegung« (Freud 1914d) begonnen hatte.

Das Problem wird deutlicher. Die Fallgeschichte soll eine Erzählung sein über das, was sich ereignet hat, illustriert eher durch Vignetten als durch Verbatim-Ausschnitte. Es sollte aber dennoch Wert auf Details gelegt werden und Verbatim-Dialoge sollten eingeschlossen sein. Die Fallgeschichte muss über die Symptome, ihre Bedeutung und die Lebensgeschichte des Patienten Aufschluss geben, aber auch über den Analytiker, den analytischen Prozess, die Leser-/Hörerschaft und die Intentionen des Analytikers, diese Fallgeschichte zu schreiben. Wir können Sympathie empfinden für Freuds Entschuldigung in seiner letzten Fallgeschichte, dem Fall einer homosexuellen Frau (Freud 1920a). Hier erklärt er uns, dass »eine lineare Präsentation keine besonders adäquate Art und Weise ist, um komplizierte mentale Prozesse, die sich in verschiedenen Lagen des Geistes abspielen, zu beschreiben« (S. 287). In einem Brief an Jung von 1908 drückt er dies sehr einfach aus: »Einen realen, vollständigen Fall kann man nicht erzählen, nur beschreiben« (McGuire/Sauerländer 1974, S. 156).

Ziele

Lernen

Lassen Sie uns für einen Moment die Symptome, die Krankheit, den Patienten, den Analytiker und den analytischen Prozess vergessen und uns auf die zusätzlichen Interessen des Analytikers konzentrieren, die er hat, wenn er den Fall präsentiert. Diese tendieren dazu, einem natürlichen Entwicklungsweg zu folgen, der parallel zur analytischen Karriere verläuft. Die frühesten Fallberichte sind normalerweise Teil des Lernprozesses. Ein Kandidat stellt einen Fall seinem Supervisor oder der Ausbildungsgruppe vor. Diese erste Vorstellung ist in der Regel mündlich oder mündlich mit einer schriftlichen Ergänzung, und sie ist immer aufschlussreich, nicht allein durch das, was sie einschließt, sondern auch durch die Art und Weise, wie dies ausgewählt, und insbesondere durch das, was ausgelassen wurde. Ein Kandidat wird mit der psychiatrischen Darstellung der im Vordergrund stehenden Beschwerden und der Krankheit beginnen, ein anderer mit der Darstellung der ersten Begegnung zwischen Analytiker und Patient. Ein dritter beginnt mit der Lebensgeschichte des Patienten und noch ein anderer mit dem Stellenwert, den der Patient für die Ausbildung des Kandidaten hat. Das Material kann in chronologischer Reihenfolge der Ereignisse beschrieben werden oder in der narrativen Sequenz, in der der Analytiker es entdeckt hat. Es kann uns mitgeteilt werden, was gesprochen wurde, welche Bedeutung es hatte oder was gedacht, aber nicht ausgesprochen wurde. Es ist wahrscheinlicher, dass die Mitteilungen des Patienten eher wörtlich zitiert werden als die des Analytikers. Der Supervisionsprozess kann zentral sein für den Bericht oder vollständig ignoriert werden. Die Stimme des Patienten kann beschrieben werden oder der Analytiker kann sie imitieren, was oft mehr über die Gegenübertragung aussagt als über den Patienten. Nonverbale Kommunikation kann diskutiert werden oder auch nicht, und die Details des analytischen »Rahmens« – zum Beispiel Arrangements bezüglich Zeit, Geld, die Choreografie der Bewegungen im Sprechzimmer, die Lokalisation der Toilette bleiben oft unerwähnt. Dies alles ist potenziell wichtig für den Lernprozess, aber ein Supervisand, der dies alles einschließen würde, würde ein Dilemma präsentieren, das dem sagenhaften Patienten ohne Abwehr entspräche – der Supervisor wäre wertvoller pädagogischer Mittel beraubt. Wie Freud (1905e) uns erklärt, ist eine »verständliche, widerspruchsfreie und ungebrochene Krankengeschichte« erst am Ende der Behandlung möglich (S. 176), und die Supervision beginnt am Anfang.

Der Kandidat in psychoanalytischer Ausbildung stellt den Fall vor, um zu lernen, aber auch, um den Supervisor und die Gruppe gewogen zu stimmen und Kritik und Demütigung zu vermeiden. Dazu hat Jerome Kavka (1974) folgendes angemerkt: »Das ungewöhnliche Ausmaß von Selbstunsicherheit und

Verlegenheit, welches der Anfänger erlebt, auch dann, wenn die Fallvorstellung einigermaßen gut war, bedarf der Erklärung; es erscheint so, als stünde die gesamte zukünftige Karriere des Analytikers zur Disposition« (S. 303). Die Erfahrung, die er hier macht, ist des Analytikers erste Lektion über das, was er in zukünftigen Präsentationen mitteilt und was er zurückhält. Gute Lehrer, genauso wie gute Analytiker, sind sich dessen bewusst. Der Wunsch des Kandidaten, die Lerngruppe positiv zu beeindrucken, ist Teil des Datenmaterials und kann zum Verständnis des Falles beitragen. Er sollte untersucht, nicht verdammt werden. Ein wichtiges Ziel des Lehrers bei Fallvorstellungen am Beginn der Ausbildung ist es, den Prozess so angenehm und freundlich wie möglich für den Lernenden zu gestalten.

Abschlusskolloquium

Wenn es das extrinsische Interesse des Analytikers bei einer ersten Fallvorstellung ist, supervidiert zu werden und zu lernen, so schließt sich daran gewöhnlich das Interesse an, zu graduieren und zertifiziert zu werden. Dies schließt einen Wechsel des Mediums und des Zieles ein – Fallberichte für die Supervision sind in der Regel mündlich, während die für das Abschlussexamen in der Regel schriftlich vorliegen. Zu diesem Zeitpunkt intensiviert sich der Kampf zwischen dem Wunsch, den Fall so akkurat wie möglich darzustellen, und dem Wunsch, gut angesehen zu werden. Die Balance dieser Kräfte ist jedoch zu dem Zeitpunkt, zu dem der Kandidat sich zum Kolloquium anmeldet, eine andere als während der Supervision. Zum Zeitpunkt des Kolloquiums geht es dem Kandidaten vor allem darum, das Examen zu bestehen. Dies führt häufig zu einem Fallbericht, der mehr über die Fantasien des Kandidaten in Bezug auf das Examen als über den Fall aussagt. Dies ist dem American Psychoanalytic Association's Committee on Certification wohl bewusst. Deshalb instruiert Bernstein (1995) die sich um die Zulassung zum Kolloquium Bewerbenden folgendermaßen: »Die Notwendigkeit, Ihre klinischen und Ausbildungserfahrungen zu objektivieren und Ihre Arbeit zur Überprüfung einzureichen, kann belastend und eine Herausforderung sein ... Der Ausbildungsausschuss [...] erwartet nicht, dass sie Ihre Meinung und Ihre Handlungsstrategien danach ausrichten, was Sie annehmen, was wir erwarten« (S. 7 und S. 11).

Seine Versicherung spiegelt die Erfahrungen des Komitees wider. Der Rest an Abneigung gegenüber einem Prozess, der sich für viele alles andere als vollkommen ehrlich anfühlt, kann Jahre andauern, und dies könnte zur Erklärung beitragen, warum Fallberichte aus der Literatur praktisch verschwunden sind. Wenn man ein operantes Konditionierungsprogramm mit dem Ziel, das Schreiben von Fallberichten zu entmutigen, entwickeln wollte, so wäre es in der Tat schwierig, unser Kolloquium zu verbessern. Ironischerweise dürfte das Committee on Certification der schlimmste Feind des Committee on Scientific Activities sein.

Dass die für das Kolloquium eingereichten Fallberichte besser unter dem Gesichtspunkt der Beziehung zwischen dem Einreichenden und dem Ausbildungsausschuss zu verstehen sein könnten als unter dem Gesichtspunkt der Beziehung zwischen Analytiker und Patient, lenkt unsere Aufmerksamkeit auf ein allgemeines Phänomen von Fallberichten. Sie alle sind Geschichten, die davon erzählen, was in einer Beziehung über eine andere deutlich wurde. Eine vollständige Würdigung einer Fallgeschichte macht es deshalb nötig, dass wir beide Beziehungen im Kopf haben. Dies ist eine von mehreren Parallelen zwischen analytischen Fallgeschichten und den psychoanalytischen Behandlungen: Der Kontext, in dem eine Geschichte erzählt wird, kann noch wichtiger werden als die Geschichte selbst.

Lehre

Nach Ausbildung und Kolloquium finden Analytiker den nächsten Platz für ihre Fallgeschichten in der Lehre. Merkwürdigerweise gelingt es den meisten jedoch zu lehren, ohne jemals eigene Fallgeschichten zu präsentieren. Lewin und Ross (1960) berichten uns, dass auch Freud kein Interesse daran hatte, Fallbeschreibungen zu Lehrzwecken zu benutzen, es sei denn, sie waren mit neuen Ideen verbunden; bemerkenswert ist, dass unsere modernen Fallkonferenzen erstmals von Sandor Rado in Berlin eingeführt wurden. Es gibt natürlich viele Ähnlichkeiten zwischen Berichten, die von Ausbildungskandidaten vorgestellt werden, und jenen von Lehrern, die ihre Arbeit präsentieren; in der Tat stammen letztere oft aus einer früheren Phase der eigenen Karriere. Beide werden gewöhnlich vor allem mündlich vorgetragen, auch dann, wenn sie auf schriftlichen Ausarbeitungen oder

Zusammenfassungen basieren. Es bestehen jedoch auch wichtige Unterschiede. Der Kandidat wird oft darauf hingewiesen, welches Material er vorstellen soll und auf welche Weise.

Zum Beispiel könnte der Lehranalytiker eine wörtliche Darstellung der ersten Stunde, eine Diskussion des ersten Traumes oder die erste Erwähnung der Beendigung verlangen. Der Lehrende hat eine größere Kontrolle bezüglich der Auswahl bei seinem eigenen Fall und kann deshalb, wie der Kandidat mit seinem ersten Fall oder wie der frei assoziierende Patient, durch die Wahl dessen, was er vorstellt, genauso viel offenbaren wie durch das Material, das er vorstellt. Vermutlich entsteht durch den Versuch des Lehrenden, den Fall so interessant und verständlich wie möglich zu machen, die häufigste Entstellung. Dies führt dazu, dass die klassischen Fallgeschichten, die in der psychoanalytischen Ausbildung verwendet werden, wie rekonstruierte Kindheitsgeschichten oder wie Grundschultextbücher zur Geschichte wirken – so dramatisch und fesselnd wie möglich. Sie erzählen eine Geschichte, die Sinn macht, ob es sich nun um einen Lehrbuchbeitrag über die Großartigkeit der Gründerväter und der Nation, die sie ins Leben gerufen haben, handelt oder um die psychoanalytische Rekonstruktion der Kindheitsbelastungen und des heroischen Kampfes, diese zu überwinden; ob es sich bei dem Bericht des Lehranalytikers über die provozierenden und herausfordernden Probleme von Übertragung und Widerstand handelt, um das anfängliche Verwickeltwerden, das schließliche Erkennen und Verstehen, das endliche Überwinden und die gleichzeitige Befreiung des Patienten. Wir alle wissen, dass die realen Ereignisse der Geschichte, sei es Kindheit oder Psychoanalyse, sich nicht unbedingt so zugetragen haben, aber ein guter Lehrer erzählt eine Geschichte, die darauf angelegt ist, lebendig und nützlich für die Ausbildung des Kandidaten zu sein und nicht, um die Erfahrung, beim realen Ereignis anwesend gewesen zu sein, möglichst exakt wiederzugeben. Kann sich irgendjemand daran erinnern, dass Freud einen Traum beschrieben hätte, den er nicht verstehen oder interpretieren konnte, oder einen Fall, der nichts verdeutlichte? Solche Fallgeschichten haben jedoch ihre pädagogischen Grenzen. Wie es David Tuckett (1993) formulierte: »Je intellektuell, emotional und ästhetisch befriedigender eine Erzählung ist, je mehr sie klinische Ereignisse in vielfältige und differenzierte Muster einbindet, umso weniger Spielraum bleibt den Zuhörern, alternative Muster wahrzunehmen und alternative Erzählungen auszuarbeiten« (S. 1183). Eine Geschichte, die zu gut erzählt ist, verheimlicht die Unsicherheit und Ambiguität der realen Welt.

Forschung

Der nächste Karriereabschnitt ist, wenigstens für einige Analytiker, der, zur Wissenschaft und wissenschaftlichen Forschung beizutragen, und er erfordert eine andere Einstellung, was Fallgeschichten betrifft. Hier kommen wir zu den philosophischen Paradoxa im Zentrum unserer Fallgeschichten und der Psychoanalyse selbst. Soll die Geschichte ein Bericht von etwas sein, das sich in der realen Welt ereignet hat, und wenn dem so ist, wie können wir ihn so verständlich und valide wie möglich machen? Verbatim-Aufzeichnungen, Transkripte, Tonbandaufnahmen, Videos, psychophysiologische Messungen und vermutlich eines Tages auch Darstellungen der Hirnaktivität von Patient und Analytiker – alles ist möglich. Tonbandaufnahmen und Verbatim-Transkripte sind zurzeit »state of the art«, da sie in diesem Paradigma Daten der höchsten Qualität liefern, aber es gibt andere Paradigmen. Einige würden die Fallgeschichte als eine parallele oder kongruente Struktur ansehen, die ein Verständnis der Analyse dadurch hervorruft, dass sie etwas vom Verbatim-Transkript Verschiedenes widerspiegelt, geradeso wie ein Gemälde eine Landschaft anders wiedergibt als eine Landkarte oder eine Fotografie der Gegend. Robert Galatzer-Levy (1991) hat es in einem Bericht auf dem Panel, das die Arbeit des Committee on Scientific Activities diskutierte, elegant folgendermaßen formuliert:

> »Welche Daten sollen gesammelt werden? Wenn Musik zentral ist, dann ist das Schwergewicht des Komitees auf Worten falsch gewählt [...], die Empfehlungen scheinen ›Wissenschaftlichkeit‹ zu unterstützen, die irrationale Ehrfurcht vor dem, was wissenschaftlich erscheint, anstelle des Benutzens wissenschaftlicher Methoden als Werkzeug. Diese Form der ›Wissenschaftlichkeit‹ schließt wertvolle analytische Ideen aus. Narrative preiszugeben, würde uns um die äußerst informative Perspektive des Erzählers bringen« (S. 736).

Was lernen wir von Freuds Abhandlung über den Rattenmann im Vergleich zu dem, was wir erfahren hätten, wenn wir im Sprechzimmer mit ihnen gewesen wären oder Tonbandaufzeichnungen gemacht hätten oder was wir aus den Notizen über die Stunden erfahren haben – welche, wie Patrick Mahony (1993) uns mitteilt, »bezüglich wesentlicher Fakten ernsthaft manipuliert« waren, als Freud schlussendlich die Krankengeschichte schrieb? Es ist leicht zu verstehen, dass das Committee on Scientific Activities möglicherweise mehr Verbatim-Material fordern wird, während das Committee on Certification (der Ausbildungsausschuss) uns gerade davor warnt.

Wissenschaftliche Rhetorik

Es ist eine Tatsache, dass nur ein geringer Anteil unserer Literatur aus Fallgeschichten besteht, die nur als Rohmaterial gedacht sind, Berichte, die von Verzerrungen so frei wie möglich wiedergegeben werden mit dem Ziel, anderen für weitere Analyse oder Studien zur Verfügung zu stehen. Das Komitee für wissenschaftliche Aktivitäten würde das gerne sehen, aber es kämpft einen ungleichen Kampf. Üblicherweise werden Fallgeschichten oder öfter noch Vignetten in Veröffentlichungen zur Argumentation verwandt. Die Fälle werden ausgewählt (oder manchmal, wie wir argwöhnen, konstruiert), um Argumente zu untermauern. Diese Argumente reichten von Freuds Behauptung, dass die Hysterie eine sexuelle Basis oder Jung Unrecht habe, bis zu der noch nicht lange zurückliegenden Behauptung, dass das Unterlassen, die latente negative Übertragung zu analysieren, zum Agieren des Widerstandes führe, dass Deutungen außerhalb der Übertragung therapeutisch hilfreich sein können oder dass die Übertragungserfahrungen des Patienten auch immer einen realen Aspekt haben. Fallbeispiele können sowohl für als auch gegen diese Positionen angeführt werden. Obwohl einige die Spärlichkeit von »unkontaminierten« Fallgeschichten in unserer Literatur beklagen und ihre Ersetzung durch rhetorisch ausgefeilte Vignetten fordern, könnte es ja sein, dass unkontaminiertes klinisches Material genauso wenig möglich ist wie eine unkontaminierte Analyse. Ein Fallbericht, aus dem des Analytikers unvermeintliches außeranalytisches Interesse am Vorstellen des Falles und, was das betrifft, daran, die Analyse zu unternehmen, deutlich würde, ist so betrachtet vollständiger, gerade weil er dieses Interesse widerspiegelt. Man beachte, dass *außeranalytisch* hier nicht extrinsisch in Bezug auf die Psychoanalyse als Wissenschaft oder Profession bedeutet; es bedeutet allein extrinsisch in Bezug auf diesen speziellen Patienten. Es sollte auch nicht abwertend verstanden werden. Ich habe andernorts argumentiert, dass wir es missbilligen sollten, wenn Analytiker keine anderen analytischen Interessen haben als ihre Analysanden zu analysieren. Sie sind Praktiker, aber keine Professionellen, da sie nichts für ihre Kollegen und für zukünftige Patienten beitragen.

Owen Renik (1994) hat zusätzliche Ziele psychoanalytischer Publikationen identifiziert, seien sie Fallgeschichten oder nicht: »bekannt zu werden und viele Patienten zur Analyse überwiesen zu bekommen« und »vom wissenschaftlichen Establishment akzeptiert zu werden«. Er nennt diese Ziele »politisch und sozial« (S. 1245–1246) und erachtet sie für weniger wünschenswert. Für ihn liegt das Hauptziel einer Fallgeschichte nicht im Erzählen einer wahren Geschichte, sondern vielmehr darin, »die psychoanalytische Entwicklung des Lesers anzuregen«, analog zum Ziel des praktizierenden Analytikers, wenn er interpretiert und nicht die Wahrheit verkünden will, sondern »die psychoanalytische Entwicklung des Patienten fördern möchte« (ebd., S. 1246). Ich bin der Meinung, dass das Offenlegen der extraanalytischen Ziele des Analytikers und der Art und Weise, wie diese in Beziehung zum analytischen Prozess stehen, sehr hilfreich sein könnte, um die psychoanalytische Entwicklung des Lesers anzuregen.

Mündliche versus schriftliche Berichte

Fälle werden mit Worten berichtet. Worte können gesprochen oder geschrieben werden. Das macht einen Unterschied. Der Begriff *Fallgeschichte* lässt an einen geschriebenen Text denken, und das meiste von dem, was über Fallgeschichten geschrieben worden ist, bezog sich auf die schriftliche Variante, aber ich habe den Eindruck, dass es wesentlich mehr mündliche als schriftliche Fallpräsentationen gibt. So sollte es auch sein. Analysen sind mündlich, nicht schriftlich, und der mündliche Analysebericht ermöglicht einen Zugang zu den vielfältigen Kommunikationskanälen, die in der Analyse so wichtig sind – Stimmklang, -volumen, Akzent, nicht-lexikalische und nonverbale Kommunikation – Kanäle, die oft ignoriert oder bestenfalls nur in eine schriftliche Version übersetzt werden. Gesprochene und geschriebene Sprache wird oft so behandelt, als sei diese faktisch identisch, aber wir als Analytiker sollten es besser wissen. Außerdem spielen sich mündliche Falldarstellungen – genauso wie Analysen – gewöhnlich in einem interaktiven Kontext ab, in den beide, der Erzählende und die Zuhörer, einbezogen sind, woraus eine Reflexion oder ein Parallelprozess entsteht, der wesentlich mehr von dem deutlich machen kann, »was wirklich in der Analyse geschah«, als der Inhalt der Fallgeschichte. Wie Edgar Lipton (1991) angemerkt hat, ist »der mündliche Bericht [...] flexibler, bietet eine größere Chance für Qualifikationen, für die Korrektur von Missverständnissen und für das Klären von Unverständlichem« (S. 982), während Stanley Olinick (1975) argumentiert:

> »[M]ündliche Berichte von Analytikern innerhalb der schützenden und intimen Kreise ihrer eigenen Ausbildungsgruppen zeigen oft sehr deutlich, was sich tatsächlich abspielt und welche Ereignisse in der psychoanalytischen Situation transportiert werden [...]. Die Kollegen können in äußerst wertvoller Weise zur Klärung und Vermittlung der basalen Daten beitragen« (S. 153).

Er schlug vor, schriftliche Berichte könnten auf Transkripten solcher mündlichen Präsentationen und dem sich entwickelnden Dialog basieren anstatt auf dem individuellen Nacherzählen des Falles durch den Analytiker.

Ich erinnere mich an eine Kandidatin, die einige ihrer Probleme mit der Durchführung einer Analyse durch ihre Unfähigkeit inszenierte, ihre Notizen zu ordnen, durch Verwirrung über die Abfolge der Sitzungen und sogar über Ereignisse innerhalb von Sitzungen und indem sie sich korrigierte und dann erneut korrigierte. Sie offenbarte weit mehr im Prozess des Berichtens als durch den Inhalt dessen, was sie sagte. Im Gegensatz dazu hätte ein schriftlicher Bericht steril wirken können. Unsere besten Verfasser klinischer Fälle, zurück bis zu Freud, waren gewandte Schriftsteller, die in der Lage waren, einen lebendigen Dialog mit dem imaginären Publikum in ihre Darstellung des Falles einzuflechten. Freuds Geschichten, die ich oben zitiert habe, sind durchsetzt von Nebenbemerkungen, die dem Leser erklären, wie und warum er den Fall beschrieben hat, was er für Schwierigkeiten damit hatte und was dessen Unzulänglichkeiten waren, sowie nachfolgenden Reflexionen. Diese rhetorischen Kunstgriffe sind oft erstaunlich effektiv, um die Atmosphäre einer mündlichen Darstellung herzustellen. Wie wir wissen, sind sie seither auf Bedeutungen durchforstet worden, deren er sich nicht bewusst war, die aber unseren wissenschaftlichen Diskurs bereichert haben.

Geschriebene Fallgeschichten sind Texte, aus denen der lebendige Autor verschwunden ist. Der Dialog spielt sich zwischen dem Leser und dem Text ab. Es ist viel über Leser und Texte geschrieben worden, wobei Freuds Werk eine der Grundlagen für viele dieser Schriften war, so zum Beispiel für Mahonys (1982) faszinierende Untersuchungen. Diese Literatur werde ich nicht besprechen, außer um spezielle Probleme des Schreibens über ein mündliches Ereignis aufzuzeigen. Evan Bellin (1984) bemerkt, dass psychoanalytische Narrative sich von anderen narrativen Texten dadurch unterscheiden, dass »bis auf Notizen und Fallgeschichten (sie) nie geschrieben (werden)«. Er diskutiert dann, wie die formalen Qualitäten der Analyse den Text von »der Intention des Autors« befreien (ebd., S. 40). Die schriftliche Darstellung einer Analyse befreit den Text ebenso vom Autor wie von der Absicht, sodass wir zurückgelassen werden ohne die übliche Intention, die der Autor zur Verfügung stellt, ohne die stellvertretende Intention, die der analytische Prozess bereitstellt, und ohne die Alternative, die sich aus der Interaktion zwischen dem mündlich Vortragenden und dem Publikum ergibt.

Die Fallgeschichte und der analytische Prozess

Vertraulichkeit

Von Arnold Goldberg (1997b) stammt die Feststellung, dass »wenig Zweifel darüber zu bestehen scheint, dass man extreme Vorsicht walten lassen muss, um die Vertraulichkeit des Patienten zu wahren, wenn man Fallgeschichten für einen Vortrag oder eine Publikation verfasst« (S. 435). Er schließt daraus, dass »wir das Risiko eingehen, essentiell Fiktion zu schreiben, wenn wir strenge Verfechter der Vertraulichkeit werden, während wir das Risiko moralischer Überschreitungen eingehen, wenn wir auf einer wahrheitsgemäßen Darstellung unserer Arbeit bestehen« (ebd., S. 438). Freud (1905e) diskutierte dieses Problem in seinen Vorbemerkungen zum Fall Dora, er befürchtete, er könnte »angeklagt werden, Informationen über seine Patienten zu geben, die nicht gegeben werden sollten« (S. 163). Er beschrieb die Vorsichtsmaßnahmen, die er unternommen hatte – einen Patienten aus einer entfernten Gegend auszuwählen, einen, der nur noch von einem anderen Arzt gesehen wurde, das Verändern aller Namen etc. –, und bot dann eine ungewöhnlich starke Festlegung an: »Ich kann den Lesern versichern, dass jede Fallgeschichte, die ich in Zukunft Gelegenheit haben werde, zu publizieren, gegen ihren Scharfblick durch gleiche Garantien der Vertraulichkeit geschützt sein wird« (ebd., S. 165). Ein moderner Risikomanagement-Spezialist würde von einer solchen Blankoversicherung abgeraten haben – und das mit gutem Grund. Emma Eckstein, Anna von Lieben, Fanny Moser, Aurella Kronich, Ilona Weiss, Ida Bauer, Herbert Graff, Ernst Lanzer, Serge Pankejieff und Anna Freud haben alle eines gemeinsam: Trotz Freuds Bemühungen, ihre Identität als Irma, Frau Cecilie, Frau Emmy, Katharina, Elisabeth von R., Dora, Kleiner Hans, Rattenmann, Wolfsmann und Kind zu verschleiern, haben wir ihre wahren Identitäten inzwischen erfahren. Eine Verschleierung ist schwer aufrecht zu erhalten, wenn die Daten nahezu vollständig sind.

Goldberg (1997b) sagt uns, dass Verschleierung »sicherlich die populärste und häufigste Lösung« des Problems ist; jedoch die daraus entstehende Unzuverlässigkeit der »Fakten« macht ihm Sorgen. Das Anonymisieren wäre leichter, wenn wir wüssten, welche Tatsachen entscheidend und welche irrelevant sind; aber einer der Gründe, weshalb Fallgeschichten vorgestellt werden, besteht darin, dem Leser zu ermöglichen, die Angemessenheit der Entscheidung des Analytikers bezüglich dessen, was relevant ist, zu beurteilen. Es besteht kein Konsens darüber, wie weit das Anonymisieren gehen sollte. Klumpner und Frank (1991) berichten von einer Fallgeschichte, in der ein Patient, der an Diabetes litt, als einer, der an einem Ulkus litt, dargestellt wurde, und von einer anderen, in der ein jüngerer Bruder in einen älteren verwandelt wurde (S. 520–521). Mary Ann Clifft (1986) hat vorgeschlagen, einen Todesfall in der Familie in eine Scheidung zu verwandeln, ein lebendes Familienmitglied als tot darzustellen oder umgekehrt. Sie zitiert auch Davidson (1957) anerkennend mit dem Vorschlag, »Daten, die nicht wesentlich zum Verständnis des Falles beitragen«, wegzulassen (S. 165). Offensichtlich meint sie das Verständnis des Analytikers, denn wenn viele Daten entfernt worden sind, kann es kein anderes Verständnis geben. Lipton (1991) diskutiert die Schwierigkeit, »eine Veränderung der Fakten so durchzuführen, dass sie gleichzeitig effektiv ist und dennoch die Integrität der Arbeit nicht kompromittiert oder in irgendeiner Weise in die Irre führt« (S. 975). Glen Gabbard (1997) reagiert auf Goldbergs Leitartikel, indem er mit Clifft gegen Lipton Partei ergreift. Er sagt: »Ein gut anonymisierter Fall kann dennoch eine sehr genaue Darstellung dessen sein, was sich tatsächlich abgespielt hat« (S. 820). Goldberg (1997a) erwidert, dass »sogar scheinbar geringe Veränderungen eine Bedeutsamkeit haben, die der Aufmerksamkeit des Autors entgeht ...« (S. 821).

Freud vertrat einen eindeutigen Standpunkt. In einer Fußnote von 1924 zu den *Studien über Hysterie* (Freud 1895d) verrät er, dass Katharina das Opfer sexueller Annäherungen seitens ihres Vaters war, nicht des Onkels, wie er ursprünglich angegeben hatte. Er erkannte jetzt an, dass es sich hierbei um eine erhebliche Entstellung gehandelt hatte, und er schlug als Beispiel einer geringfügigen Entstellung die »Verlegung einer Szene von einem Berg auf einen anderen« vor (S. 195). Die Identität des Besitzers des Phallus war wichtig, der Name des Berges, auf dem er lebte, nicht. Schon früher, in seiner Einführung zum Rattenmann, hatte er geschrieben:

> »Die vollständige Behandlungsgeschichte kann ich nämlich nicht mitteilen, weil sie ein Eingehen auf die Lebensverhältnisse meines Patienten im einzelnen erfordern würde. Die belästigende Aufmerksamkeit einer Großstadt, die sich auf meine ärztliche Tätigkeit ganz besonders richtet, verbietet mir eine wahrheitsgetreue Darstellung; Entstellungen aber, mit denen man sich sonst zu behelfen pflegt, finde ich immer mehr unzweckmäßig und verwerflich. Sind sie geringfügig, so erfüllen sie den Zweck nicht, den Patienten vor indiskreter Neugierde zu schützen, und gehen sie weiter, so kosten sie zu große Opfer, indem sie das Verständnis der gerade an die kleinen Realien des Lebens geknüpften Zusammenhänge zerstören« (1909d, S. 381).

(Man möge sich erinnern, dass dies derselbe Fall ist, in welchem seine Darstellung nach Mahony die Fakten »ernsthaft manipuliert« hatte.)

Freuds eindeutigste Stellungnahme in dieser Angelegenheit findet sich in seinem Bericht über »einen Fall von Paranoia« von 1915:

> »Ehe ich meinen Bericht fortsetze, will ich bekennen, dass ich das Milieu der zu untersuchenden Begebenheit zur Unkenntlichkeit verändert habe, aber auch nichts anderes als dies. Ich halte es sonst für einen Missbrauch, aus irgendwelchen, wenn auch aus den besten Motiven, Züge einer Krankengeschichte in der Mitteilung zu entstellen, da man unmöglich wissen kann, welche Seite ein selbstständig urteilender Leser herausgreifen wird, und somit Gefahr läuft, diesen letzteren in die Irre zu führen« (1915f, S. 264).

Jahre später hat Theodor Shapiro (1994) das Dilemma von der anderen Seite beleuchtet: »Nur mit Schwierigkeit kann der externe Beobachter oder Leser dem dargebotenen Material eine neue Wendung geben, weil der externe Beobachter nicht in der privilegierten Position des Analytikers ist« (S. 1227).

Einverständnis

Freud, Stein, Lipton, Goldberg, Gabbard und andere halten die Verpflichtung des Analytikers, die Vertraulichkeit des Patienten zu schützen, für vorrangig. Es gibt jedoch eine noch fundamentalere Verpflichtung – den Respekt für die Autonomie des Patienten. Der Analytiker darf die Vertraulichkeit des Patienten nicht verletzen, es sei denn mit Einverständnis des Patienten. Freud sah diese ethische Hierarchie eindeutig. 1923 schrieb er in einer Fußnote zum Fall Dora: »Das Problem der ärztlichen Diskretion [...] fällt für die anderen Krankengeschichten dieses Bandes außer Betracht, denn drei derselben sind mit ausdrücklicher Zustimmung der Behandelten, beim Kleinen Hans mit der des Vaters, veröffentlicht worden« (Freud 1905e, S. 171). Indem er dies schrieb, widersprach er seiner zwei Dekaden vorher geäußerten Behauptung:

> »Es ist gewiß, dass die Kranken nie gesprochen hätten, wenn ihnen die Möglichkeit einer wissenschaftlichen Verwertung ihrer Geständnisse in den Sinn gekommen wäre, und ebenso gewiß, dass es ganz vergeblich bliebe, wollte man die Erlaubnis zur Veröffentlichung von ihnen selbst erbitten« (1905e, S. 164).

Robert Stoller (1988) hält fest, dass er die Zustimmung aller Patienten einholt, ihnen die Manuskripte zugänglich macht und ihnen Gelegenheit gibt, seine Darstellung zu modifizieren oder zurückzuweisen, sowie ihnen das Recht zugesteht, ihre Zustimmung jederzeit zurückzuziehen. Er berichtete, dass kein Patient die Zustimmung je verweigert oder sie später zurückgezogen hätte. Lipton (1991) befragte 15 Kollegen und berichtete, dass ungefähr die Hälfte von ihnen ihre Patienten um Erlaubnis fragten. Nur einer von ihnen hatte jemals eine Ablehnung erhalten (S. 969). Dennoch fragt Stoller sich, ob ein wirklicher »informed consent« möglich ist, Lipton beschäftigt sich mit der Bedeutung der Zustimmung im Kontext der Übertragung des Patienten und Goldberg (1997b) warnt, dass »es schwierig sei zu bestimmen, woraus ›informed consent‹ hier genau besteht« (S. 436) – ich möchte hinzufügen: »oder irgendwo sonst«. Allerdings haben sich Psychoanalytiker noch weniger mit dem »informed consent« für das viel größere Unterfangen der psychoanalytischen Behandlung beschäftigt. Wie viele regen eine Diskussion über die Beunruhigungen an, die ein kluger zukünftiger Patient haben könnte – alternative Behandlungsformen, die Häufigkeit von Grenzverletzungen, die Kehrseite von Übertragungsagieren etc. Die äußerst geringe Anzahl von Ablehnungen, wenn ein Analytiker um die Erlaubnis, Fallgeschichten zu verfassen, nachsucht (nur eine unter den Patienten von zehn Analytikern – Freud, Stoller, Lipton und die Hälfte von Liptons Kollegen, die Erlaubnis einholen), macht nachdenklich. Es wäre das deutlichste Zeichen für wirkliche Autonomie, wenn unsere Patienten gelegentlich ablehnen würden.

Die Frage der Autonomie macht deutlich, dass die Einwilligung genauso eine klinische wie eine ethische Fragestellung ist. Wie wirkt sich unser Fragen um Einwilligung aus – auf den Patienten, auf uns selbst und auf den analytischen Prozess? Wie vor, während oder nach der Analyse? Goldberg (1997b) merkt an, dass »das Timing der Nachfrage sicherlich wichtig ist« (S. 436), führt dies aber nicht weiter aus. Wenn während der Analyse angesprochen, handelt es sich um einen klaren Eingriff in den Prozess, wenn nach Beendigung, um einen Eingriff in das Leben des Patienten. Stoller und Lipton diskutieren beide Fälle, in denen sie um Einverständnis nachsuchten. Lipton (1991) vergleicht einen Patienten, an den er während der Analyse herantrat, mit einem, den er ein Jahr nach einer Unterbrechung kontaktierte. Er fand beide Vorgehensweisen schwierig. Zum ersten Fall führt er aus: »Meine eigenen Bedürfnisse gerieten in Konflikt mit der neutralen analytischen Haltung, die ich aufrecht zu halten meinte« (S. 973), obwohl er auch bemerkt, dass, »wenn man nach Beendigung der Analyse nachfragt, dies den Patienten in einer Weise beeinflussen könnte, die weitere Analyse erforderlich machen würde, aber die Möglichkeit dazu könnte begrenzt sein« (S. 977). Der Patient, den er nach einer Unterbrechung kontaktierte, wurde beim Lesen seiner eigenen Fallgeschichte depressiv und entschied sich, seine Analyse wieder aufzunehmen. Lipton schweigt sich darüber aus, ob dies wünschenswert erschien.

Die Beteiligung des Patienten

Die Zustimmung ist nur ein Element einer großen Vielfalt von Möglichkeiten der potenziellen Teilnahme des Patienten am Schreiben eines Fallberichtes. Stoller (1988) radikalisiert die Teilnahme bis hin zum »gemeinsamen Schreiben« (S. 373). Er argumentiert, dass »die Psychoanalyse eine neue Rhetorik entwickeln sollte, in der die Positionen unserer Patienten sichtbar werden« (S. 385). Lipton (1991) ist vor allem besorgt über die unvermeidbaren Eingriffe, obwohl er hinzufügt, dass »in einer ziemlichen Anzahl von Fällen [...] meines Wissens kein unnötiger Schaden entstanden ist« (S. 977). Er sagt, dass der Eingriff zum Wasser auf der analytischen Mühle wird, aber es ist ein spezielles Wasser, eingeführt durch den Analytiker und für Zwecke, die extrinsisch zur Analyse dieses Patienten sind. Anders als Honorar und Ferienregelung spiegelt er Interessen wider, die nicht Teil des üblichen Arrangements zwischen Analytiker und Patient sind.

Die Beteiligung des Analytikers

Natürlich schüttet der Analytiker auch anderes Wasser auf die analytische Mühle. In letzter Zeit gab es viel Interesse bezüglich des unvermeidbaren persönlichen Beitrags des Analytikers zur Analyse. Der Wunsch des Analytikers, eine Fallgeschichte zu schreiben, ist nur einer davon. Weil er jedoch das einzig persönliche Anliegen ist, das unmöglich im Fallbericht selbst verborgen werden kann, mag er wertvoll sein, stellvertretend für andere, verborgenere Interessen. In diesem Sinne könnte die Fallgeschichte in mancher Hinsicht eine validere Version einer Analyse sein als eine Tonbandaufnahme oder sogar als die persönliche innere Repräsentation des Analytikers von der Analyse, weil die private Version durch einen persönlichen Mythos von Altruismus ohne Eigeninteressen getrübt sein kann, während die Fallgeschichte immer auch andere Interessen verrät. Die Haltung von schreibenden Analytikern in Bezug auf das Deutlich-Machen ihrer Interessen für den Leser reicht von Freuds offenem Bekenntnis einer polemischen Absicht zu neueren Versuchen, »unvoreingenommene«, objektive klinische Tatsachen zu präsentieren; dies kann genauso enthüllend sein bzgl. ihres Stils, eine Analyse zu führen und mit der analytischen Autorität umzugehen, wie der Inhalt des Falles selbst. Auch hier kann der parallele Prozess uns genauso viel sagen wie die Handlung selbst.

Der sichtbar werdende Analytiker

Historiker vermeiden es im Allgemeinen, über Ereignisse zu schreiben, an denen sie selbst beteiligt waren, da kein Leser ihren Ausführungen trauen würde. Bei Analytikern ist das anders, da es nicht möglich ist, dass Dritte Zugang zu den kritischen primären Daten haben können. Die Fallgeschichte ist nicht allein die Geschichte, sie ist auch das Archiv und das Modell en miniature. Steven Marcus (1985) hat Freuds Fälle als ungeheuer erfolgreich beurteilt, insofern, als er »wie jeder große Schriftsteller uns Material zur Verfügung stellt, um einige Dinge zu verstehen, die ihm selbst entgangen sind, um einige Lücken zu füllen und bestimmte Fragmente zu vervollständigen« (S. 67).

David Tuckett (1993) geht sogar noch weiter, indem er ausführt, dass

> »des Analytikers Wahl des Materials Information liefert über die analytische Situation und über die Pathologie und Übertragung des Patienten, deren sich der *vortragende Analytiker möglicherweise nicht vollständig bewusst ist*: anstatt eine Schwäche zu sein, wie es bei einem strikt historischen Zugang zur Wahrheit wäre, könnte dieses Merkmal des Narrativs des Analytikers nicht als der wesentliche Aspekt einer psychoanalytischen klinischen Präsentation angesehen werden? [...] [I]n seinem Versuch, sich mitzuteilen, sagt der Analytiker mehr, als ihm bewusst ist.«

Und Tuckett fügt hinzu: »Der Analytiker präsentiert einen Prozess, an dem er wesentlich beteiligt ist; so gesehen ist die Präsentation einschließlich der Auswahl Teil des Materials, das den Zuhörern/Lesern vorgestellt wird« (S. 1184). Jeder Analytiker, der einen Fall vorstellt, ist wie der Kandidat, der einen ersten Fall vorstellt, und jede Fallvorstellung ist – wie die Analyse selbst – sowohl Theater als auch Bericht, wobei der vorstellende Analytiker sowohl Schauspieler als auch Autor ist, dessen Leistung als Vorstellender wichtige Einblicke in seine oder ihre Leistung als Analytiker vermittelt.

Die Fallgeschichte und die Gegenübertragung

Ich habe weiter oben zwei Analogien verwendet, die der weiteren Modifikation bedürfen. Zum einen verglich ich Freud mit Thukydides, der Perikles Grabrede verfasste. Insofern, als aber eine Fallgeschichte eine Geschichte über die Arbeit des Analytikers wie auch des Patienten ist, erinnert sie mehr an Churchills Darstellung seiner eigenen Reden oder vielleicht an Perikles, wenn er über seine Ansprache berichten würde. Auch wenn wir weiterhin über die Validität des Berichtes besorgt wären, wird uns eine einzigartige Möglichkeit geboten, etwas zu erleben, was dem Erleben des ursprünglichen Publikums ähnlich ist, und dadurch eine Perspektive gewinnen, die vom Bericht Dritter nicht gewonnen werden kann. Dann verglich ich eine Fallgeschichte mit einem Gemälde anstelle einer Landkarte oder einer Landschaftsfotografie. Aber dieses Gemälde ist eher ein Selbstportrait als eine Landschaft, und wie ein gutes Selbstbildnis vermittelt es ein Gespür für die verborgene Seele neben seinem öffentlichen Gesicht.

Die Fallgeschichte ist gleichzeitig die Geschichte eines analysierenden Analytikers und eine Darstellung desselben Analytikers, der die Geschichte dazu verwendet, um ein Publikum zu beeinflussen. Die Darstellung stimmt überein mit den Ereignissen, die in der Geschichte beschrieben werden: der Versuch des Analytikers, den Patienten während der Analyse zu beeinflussen. Das Publikum hat so zwei Perspektiven auf die Analyse: eine durch die erzählte Geschichte, die zweite durch das Erleben des erzählenden Therapeuten entsprechend der Erfahrung des Patienten vom analysierenden Analytiker. Aus letzterer Perspektive ist es nicht verwunderlich, dass Fallgeschichten in einer Ära, in der Analytiker in Abrede stellten, jemals irgendjemanden beeinflussen zu wollen, aus unserer Literatur fast vollständig verschwunden sind; das Genre kommt nun wieder in Mode, da Analytiker begonnen haben, ihren unvermeidbaren Einfluss auf den Patienten zu diskutieren.

Eine Fallgeschichte zu schreiben oder – so betrachtet – auch nur zu planen oder daran zu denken, sie zu schreiben, ist wenigstens teilweise ein Gegenübertragungsthema oder ein »acting-in«. Dies bedeutet, dass sie in Analytiker und Analyse einen Einblick gewährt, indem sie verdeutlicht, wie die Bedeutung der Analyse mit dem persönlichen und professionellen seelischen Leben des Analytikers verbunden ist. Stein (1988a) hat angeregt, die Fallgeschichte wie einen manifesten Traum zu werten (S. 112); ich würde hinzufügen, dass die latente Bedeutung wesentlich näher an der analytischen »Wahrheit« sein könnte als die erzählten manifesten Daten.

Wir haben viele Kollegen, die dafür bekannt sind, dass sie ein spezielles Interesse für das eine oder andere Thema haben: Eine diagnostische Kategorie wie zum Beispiel Perversion, eine Lebenserfahrung wie das Kind von Holocaust Überlebenden zu sein oder ein soziales Thema wie Feminismus. Wenn ein Patient, der in eine dieser Kategorien zu passen scheint, im Interviewverfahren gesehen wird, taucht oft die Frage auf, ob man diesen Patienten zu einem dieser

Experten verweisen soll, und manchmal erscheint es sinnvoll, dies zu tun. Ich muss jedoch gestehen, dass ich in solchen Situationen oft gemischte Gefühle habe, und das noch sehr viel mehr, wenn es sich nicht um eine Psychotherapie, sondern um eine Psychoanalyse handelt. Das Problem besteht darin, dass durch die Kategorisierung des Patienten Annahmen gemacht werden und Optionen ausgeschlossen werden; eine Analyse entwickelt sich am Besten, wenn frühe Engführungen minimiert werden. Ganz ähnlich wird der Patient, sobald der Analytiker eine Fallgeschichte zu schreiben beginnt, und sei es auch nur gedanklich, dem Modell des Analytikers angepasst. Der Analytiker wird zum Experten dieses speziellen Aspekts der Theorie und dieser speziellen Sicht auf den Patienten. Natürlich ereignet sich dies generell in Analysen, und zu erforschen, welche Theorien und Modelle ausgewählt werden und warum und wie der Analytiker sie benutzt oder manchmal verwirft, ist eines der Hauptthemen in der Analyse der Gegenübertragung. Aber da ist etwas Starres und weniger Einfühlsames gegenüber dem Patienten in der Vorauswahl eines bekannten Experten oder in der Expertise, die aus der Vorbereitung eines formellen Fallberichtes erwächst, etwas, von dem es unwahrscheinlich erscheint, dass es leicht modifiziert werden könnte, wenn es zum Hindernis für den Fortgang der Analyse würde. Eine gute Fallgeschichte ist in dieser Hinsicht eine Kristallisation der Gegenübertragung des Analytikers. Diese kann das Verständnis des Publikums bezüglich dessen, was sich tatsächlich in der Analyse abgespielt hat, bereichern und mehr vermitteln, als der Analytiker weiß, aber sie ist auch stark genug, um den analytischen Prozess zu behindern. Die Kristallisation der Gegenübertragung oder die Vorbereitung eines Fallberichtes sollte am besten bis nach Beendigung der Analyse vermieden werden oder wenigstens bis sie so weit fortgeschritten ist, dass sie nicht mehr so leicht durch eine verfrühte Einengung beschädigt werden kann.

Schlussfolgerung

Was ist die Absicht meiner Diskussion der *Absicht* von Fallgeschichten? Ich habe argumentiert, dass alle Fallberichte mit einem Zweck geschrieben werden, dass sie diesen Zweck entweder implizit oder explizit erkennen lassen und in dieser Beziehung die Analysen, die sie beschreiben, widerspiegeln. Ich argumentiere weiter, dass sie dadurch einen speziellen Blick auf die

Analyse ermöglichen, da sie das Bewusstsein um und das Vertrautsein mit den Intentionen deutlich werden lassen wie auch den Stil des Analytikers, dieses Bewusstsein mit den geläufigeren Themen der Analyse zu integrieren. Ich weise darauf hin, dass Fallberichte, die als »reine« wissenschaftliche Daten angeboten werden, Illustrationen von impliziten, versteckten oder nicht anerkannten Intentionen oder Absichten sind, während erfundene oder fiktionale Berichte von prototypischen Patienten die reinen Intentionen deutlich machen, unkontaminiert von Fallberichten. Ich schließe damit, zu bekennen, dass ich es wesentlich erhellender finde, dass Analytiker uns, so gut es ihnen möglich ist, mitteilen, warum sie uns überhaupt etwas mitteilen wollen, und dann eine Darstellung dieser Intentionen mit der Darstellung einer Analyse verbinden. Die peinlichst genaue Wiedergabe detailliertester Daten, losgelöst vom Kontext, warum sie ausgewählt wurden, für welches Publikum und zu welchem Zweck, sind wie ein von der Identifikation des Gewebes, des Organs, der Spezies oder der Färbung isoliertes elektronenmikroskopisches Bild – es ist eine Demonstration einer von der wissenschaftlichen Relevanz isolierten Methode.

Kommentare
Sydney Pulver[2]

Einführung

Wenn Analytiker gebeten werden, eine Präsentation im Plenum vor der American Psychoanalytic Association zu geben, so versuchen sie gewöhnlich, ein Thema zu wählen, das sie für wichtig für das Feld halten. Robert Michels befasst sich mit dem Fallbericht, und es ist schwer vorstellbar, was wichtiger sein könnte. Er fokussiert auf die Quintessenz dessen, wie wir miteinander und mit dem Rest der Welt bezüglich unseres Tuns kommunizieren.

Michels präsentiert zwei Hauptthesen. Zunächst beschreibt er die vielen Probleme, die mit dem Fallbericht verbunden sind, seit Freud, dem selbst damit etwas unbehaglich war, dieses Medium benutzte. Dass es Probleme gibt, wird durch die relative Seltenheit von umfassenden Fallberichten in unserer Literatur deutlich. Ihr Platz wird fast immer von klinischen Vignetten eingenommen. Zeitliche und räumliche Einschränkungen erklären dies natürlich zum Teil, aber Michels zeigt mehrere andere Faktoren auf, die zu der Schwierigkeit, Fallberichte zu verfassen, beitragen:
(1) Die Frage, was ein guter Fallbericht enthalten sollte;
(2) der Unterschied zwischen mündlichen und schriftlichen Berichten;
(3) das Thema Objektivität versus Subjektivität;
(4) die Frage, wie Daten erhoben werden sollten;

---

2 Pulver, Sidney E. (2000): Commentary on Michels's »The case history«. Journal of the American Psychoanalytic Association 48: 376–381.

(5) die Frage, zu welchem Zeitpunkt Fallberichte geschrieben werden sollten und
(6) Fragen der Vertraulichkeit und der Zustimmung des Patienten.

Michels Hauptpunkt bezieht sich jedoch darauf, dass Berichte immer für spezifische Zwecke geschrieben werden. Einige davon sind dem Autor bewusst, andere nicht. Nolens volens beeinflussen die Absichten des Autors Form und Inhalt des Berichtes, oft in enthüllender Weise. Michels drängt uns, wenn wir das vollständigste Verständnis eines jeden Berichtes, dem wir begegnen, erzielen wollen, aufmerksam auf die bewussten und die unbewussten Ziele des Autors zu achten.

Inhaltliche Faktoren

Die Frage, was ein guter Fallbericht enthalten sollte, erscheint ziemlich klar zu beantworten zu sein.

> »Die Fallgeschichte«, sagt Michels (in diesem Band), »soll eine Erzählung sein über das, was sich ereignet hat, illustriert eher durch Vignetten als durch Verbatim-Ausschnitte. Es sollte aber dennoch Wert auf Details gelegt werden und Verbatim-Dialoge sollten eingeschlossen sein. Die Fallgeschichte muss über die Symptome, ihre Bedeutung und die Lebensgeschichte des Patienten Aufschluss geben, aber auch über den Analytiker, den analytischen Prozess, die Leser-/Hörerschaft und die Intentionen des Analytikers, diese Fallgeschichte zu schreiben« (S. 18).

David Tuckett (in diesem Band) führt in seiner Diskussion aus:

> »Der Bericht muss auch Informationen darüber enthalten, wie sich der Analytiker fühlte und wie er oder sie zu diesem Zeitpunkt sowohl die Worte des Patienten wie auch seine oder ihre Reaktionen verstand. Der Bericht muss enthalten, was der Analytiker dachte, was er oder sie dem Patienten sagte, wenn er/sie eine Intervention machte, eine Idee darüber, wie der Patient reagierte und was der Analytiker daraus machte« (S. 72).

In seinem Kommentar führt Stephen Bernstein (in diesem Band) aus, dass, da Fallberichte für unterschiedliche Zwecke geschrieben werden, diejenigen, die für die Ausbildung geschrieben werden, weder den Inhalt noch die Form solcher

Berichte haben könnten, die für Abschlussprüfung oder Forschung geschrieben werden. Bernsteins Hauptinteresse ist die Verwendung schriftlicher klinischer Berichte in der analytischen Ausbildung und den Kolloquien, und er beschreibt in einiger Ausführlichkeit ein Format des Schreibens für solche Zwecke. Andere Diskutanten streifen andere mögliche Formate. Es ist naheliegend, dass kein einzelnes Format allen Absichten gerecht werden kann, und wahrscheinlich, dass jedem einzelnen Zweck, wie zum Beispiel Ausbildung, am besten damit gedient ist, Formate entsprechend der Situation, in der sie verwandt werden, zu variieren.

Mündliche versus schriftliche Berichte

Michels spricht sich sehr deutlich für mündliche Berichte aus. Analysen werden mündlich geführt, nicht schriftlich; es ist sehr viel wahrscheinlicher, dass mündliche Berichte des behandelnden Analytikers ein Gefühl für die Interaktion, die stattgefunden hat, vermitteln. Praktikabilität scheint das Hauptargument zu sein, was zum verbreiteten Gebrauch von schriftlichen Berichten führt. Unsere Ausbildung verlässt sich in der Tat deutlich auf mündliche Berichte, und unsere Versuche der Evaluation bewegen sich in diese Richtung, wie an der zunehmenden Bedeutung von Interviews im Zulassungsprozess zu erkennen ist. Mündliche Berichte könnten sich unter bestimmten Bedingungen sogar für Forschungszwecke eignen. Michels diskutiert einen interessanten Vorschlag von Olinick, dass die Grundlage von Forschung Transkripte von mündlichen Präsentationen und dem sich anschließenden Dialog mit Kollegen anstelle von Verbatimprotokollen oder vorbereiteten schriftlichen Berichten sein könnten. Aber Praktikabilität setzt sich durch. Wie zum Beispiel können mündliche Berichte auf einfache Weise den Lesern von psychoanalytischer Literatur zugänglich gemacht werden? Es scheint, dass schriftliche Berichte immer nötig sein werden. Eine vergleichende Studie dieser zwei Formen des Berichtes, mündlich und schriftlich, ist unbedingt nötig.

Objektivität versus Subjektivität

Ein erheblicher Teil der Diskussionen fokussiert auf ein zentrales Faktum bezüglich jeder Psychoanalyse und, in der Tat, bezüglich der menschlichen

Natur: Einiges, was vorgeht, kann als objektiv charakterisiert werden und einiges als subjektiv. Viel von dem, was in einer Analyse vor sich geht, ist von der Art, dass ein Beobachter, wenn er zugegen wäre, es sich ereignen sehen und hören könnte: Worte werden gesprochen, Bewegungen ausgeführt, prosodische Veränderungen treten auf. Diese Dinge werden als »objektiv« bezeichnet. Es geht jedoch auch vieles vor sich, das kein Beobachter erfahren könnte. Analytiker und Patient denken, fantasieren, fühlen und reagieren aufeinander auf Weisen, die nur ihnen selbst bekannt sind und oft nicht einmal ihnen selbst bewusst. Diese werden als »subjektiv« bezeichnet. Sie können Beobachtern nur zugänglich werden, wenn sie mitgeteilt werden. Alle Diskutanten scheinen sich darüber einig zu sein, dass sowohl subjektive als auch objektive Ereignisse wichtig sind, aber es besteht keine Einigkeit bezüglich ihrer *relativen* Wichtigkeit. Tuckett (in diesem Band) zum Beispiel befasst sich mit der entscheidenden Notwendigkeit, das subjektive Erleben des Analytikers zu verstehen, während Imre Szecsödy (in diesem Band) die Notwendigkeit, das Objektive vermittels solcher Dinge wie audiovisuelles Monitoring einzufangen, hervorhebt. Mehr davon später.

Einige der Debatten über die relative Wichtigkeit von objektiven und subjektiven Ereignissen in den Stunden drehen sich um so basale Fragen wie die, ob die Psychoanalyse als Wissenschaft angesehen werden sollte. Arnold Wilson (in diesem Band) argumentiert, dass, wenn die Psychoanalyse eine Wissenschaft ist, sie sicherlich keine Wissenschaft im positivistischen Sinne ist. Er führt eloquent aus, dass wir den Pragmatismus als unsere philosophische Basis betrachten. Pragmatismus, die erste unabhängig entwickelte amerikanische Philosophie, behauptet, dass es sinnlos ist, nach abstrakten Definitionen der Wahrheit in solchen Dingen wie der Übereinstimmung einer Theorie mit der Realität zu suchen. Für Pragmatiker ist der reale Test der Wahrheit einer Behauptung ihre Nützlichkeit. Je besser sie funktioniert, umso wahrscheinlicher ist sie wahr. (Ich ignoriere den Zweig des Pragmatismus, der sich mit Fragen der Moral befasst, der, wie ich denke, nicht von besonderem Interesse für uns im Kontext der Fallgeschichte ist.) Wilson erwähnt insbesondere den Wert des Fallberichts in so unterschiedlichen Feldern wie Medizin, Psychologie und Recht und beschreibt einen kleinen Auszug aus dem extensiven Denken über den Fallbericht in diesen Feldern. Wie er bemerkt, befassen wir Analytiker uns selten mit Arbeiten aus diesen anderen Gebieten. Unsere Beschränktheit ist demütigend, wenn nicht erniedrigend.

Im Gegensatz zu Wilson hängt Philip Rubovits-Seitz (in diesem Band) in

Übereinstimmung mit Szecsödy dem positivistischen Gesichtspunkt an. Das Bedürfnis nach einer Vorgehensweise zur Rechtfertigung unserer Interpretationen ist essenziell für diese Perspektive. Mit »Interpretationen« meint er nicht die dem Patienten mitgeteilten Worte, sondern die Bedeutungen, die wir dem, was vorgeht, zuschreiben, ob wir diese Bedeutungen verbalisieren oder nicht. »Da es sich um Schlussfolgerungen erster Ordnung handelt, der niedrigsten Ordnung theoretischer Aussagen in der Psychoanalyse, sind Interpretationen die einzigen Behauptungen, die durch direkte empirische Evidenz – d. h. durch die Daten des untersuchten Falles – getestet werden können« (S. 58). Als Individuen, die versuchen, anderen zu erklären, was sich in einer Analyse ereignet hat, brauchen wir Verfahren, die diesen anderen zu entscheiden erlauben, ob wir Recht oder Unrecht haben. Wir haben solche Verfahren, und Rubovits-Seitz hat sie sorgfältig kategorisiert.

Ein anderer Aspekt der objektiv-subjektiv-Dichotomie ist subsumiert unter die Frage: Was genau sind die Daten der Psychoanalyse? Die Frage ist zutiefst kontrovers, wobei die Meinungen von Szecsödys Betonung der Art von objektiven Daten, die von Tonbandaufnahmen gewonnen werden, bis hin zu Tucketts (in diesem Band) nachdrücklicher Aussage reichen:

> »[I]nnerhalb des Fokus, der durch die Hintergrundorientierung für jeden Analytikers Beobachten und Zuhören zur Verfügung steht, [...] wenn Psychoanalyse unternommen wird, *die Ereignisse, die vom Analytiker in der Stunde wahrgenommen werden*, vorausgesetzt sie werden innerhalb des Rahmens der frei schwebenden Aufmerksamkeit und freien Assoziation wahrgenommen, das sind, was als *die Daten der Psychoanalyse* zu betrachten sind« (S. 70).

Man bemerke, dass »die Ereignisse, die vom Analytiker wahrgenommen werden«, sehr viel mehr in den subjektiven als in den objektiven Bereich fallen. Michels lässt beide Ansichten gelten, ohne Partei zu ergreifen.

Wie sollten die Daten gewonnen werden?

Die verwirrende Frage, wie Daten erhoben werden sollten, wurde in mehreren Diskussionsbeiträgen erörtert. Sollte sich der Analytiker Notizen machen über beides, das, was in der Stunde offenkundig vor sich geht, und das in seinem oder ihrem Kopf? Sollte das Material direkt nach der Stunde rekonstruiert werden?

Am selben Abend? Sollten wörtliche Prozessnotizen erstellt werden über das, was vor sich geht, und das, was sich im Kopf des Analytikers abspielt später rekonstruiert werden? Oder sollte der Analytiker die Stunde auf Tonband aufnehmen, das Band abhören und rekonstruieren, was er oder sie zu jedem Zeitpunkt gedacht hat? Unvermeidlich wird die beste Methode von Analytiker zu Analytiker variieren und vermutlich auch bei verschiedenen Patienten desselben Analytikers unterschiedlich sein. Dennoch, generell sollte es einen besten Weg geben, und wir sollten versuchen, diesen zu finden. So nebenbei empfiehlt Tuckett Aufzeichnungen, die nach der Stunde erstellt wurden. Rubovits-Seitz benutzt ein zweistufiges Verfahren: Während der Stunde macht er schnell sehr kurze Notizen und diktiert zusätzliche Details unmittelbar danach. Wie er erwähnt, wurden einige Studien zum Thema mit dem Ziel durchgeführt, verschiedene Methoden zu vergleichen, aber mehr sind nötig. Hier ist viel Raum für objektivierende Studien, wenn wir nur in der Lage sind, den Willen aufzubringen, sie anzupacken.

Zu welchem Zeitpunkt sollte ein Fallbericht geschrieben werden?

Michels schlägt in der Nachfolge Freuds vor, dass es peinlichst vermieden werden sollte, einen Fallbericht während einer laufenden Analyse zu verfassen. Er hat den Eindruck, dass, wenn wir dies tun, es unsere Ideen über den Patienten in einer Weise kristallisiert, die ernsthaft unserem Bedürfnis zuwiderläuft, offen und aufnahmefähig zu sein. Keiner der Diskutanten hat zu diesem Argument Stellung bezogen, ein Versäumnis, das einigermaßen erstaunlich ist, weil seine Empfehlung dem zuwiderläuft, was in der heutigen analytischen Praxis gang und gäbe und das direkte Gegenteil von dem ist, was wir von unseren Kandidaten erwarten.

Vertraulichkeit und Zustimmung des Patienten (informed consent)

Wie Michels anmerkt, besteht ein ungeheures Spannungsverhältnis zwischen unserem Bedürfnis, die Wahrheit zu präsentieren, und unserer imperativen Forderung, die Vertraulichkeit des Patienten zu wahren. Das Material zu entstellen, ist eine allgemein gewählte Lösung, aber sie strandet an der Schwierigkeit festzustellen, ob die Entstellung (Anonymisierung) dann, wenn das Material in nicht voraussehbarer Zukunft benutzt wird, die Bedeutung der Darstellung verfälscht wird. Ein anderer Weg, die Vertraulichkeit des Patienten zu wahren, besteht darin, die Zustimmung des Patienten zur Publikation einzuholen und sogar seine Mitarbeit zu gewinnen. Viele haben jedoch den Eindruck, dass dies intrusiv und kontaminierend ist. Eine unterschiedliche Haltung in diesem Punkt führt zu einem interessanten Austausch. Tuckett, der sich für ausführlicheres Berichten mit relativ wenig Entstellung einsetzt, verficht, dass der potenzielle Schaden für den individuellen Patienten, der durch das Berichten entstehen könnte, abzuwägen sei gegenüber dem potenziellen Schaden für die Gemeinschaft potenzieller Patienten, wenn nicht berichtet wird. Michels spricht sich dezidiert für den Schutz des individuellen Patienten aus: primum non nocere. Er stellt das Problem gut dar, hat jedoch auch keine Lösung parat und vermutlich gibt es keine.

Die Intentionen des Autors

Hier kommen wir zu Michels Hauptpunkt: ein Fallbericht wird, wie alles andere auch im Leben, mit einer Absicht geschrieben. Einige dieser Intentionen sind ziemlich bewusst. Analytiker schreiben, weil sie lernen, graduieren, zugelassen werden, lehren, beitragen wollen zum Korpus psychoanalytischen Wissens oder um andere von ihrer Art zu denken zu überzeugen. Einige Intentionen sind weniger bewusst. Analytiker schreiben, weil sie ein Publikum für sich einnehmen, weil sie gut angesehen sein wollen, um einen Gegner zu attackieren oder um jede beliebige Anzahl von unbewussten Fantasien und Wünschen zu befriedigen. Schreiben ist, wie jedes andere Verhalten, zu einem bestimmten Grad unbewusst motiviert, und diese Motivation führt eine Anzahl potenzieller Verfälschungen ein. Sie beeinflusst, was der Analytiker für den Bericht auswählt, wie die Daten gewertet werden, welche Schlüsse gezogen werden und wie das Material präsentiert wird. Diese Einflüsse sind unvermeidbar und sie verringern den Wert des Fallberichtes ganz entschieden nicht. Es ist aber, wie Michels betont, von größter Wichtigkeit, dass wir sie berücksichtigen, wenn wir einen Bericht lesen oder hören. Unser

Ziel ist es nicht allein, das Material zu verstehen, sondern auch den »versteckten Analytiker« aufzufinden und dieses Bild des Analytikers mit in all das andere Material, das wir dem Bericht entnehmen, einzubeziehen. Bernstein argumentiert, dass es gefährlich sei, Vermutungen über die Absichten des Autors anzustellen, aber Michels erwidert, dass der gesamte Prozess des Versuchs zu verstehen gefährlich sei und wir alle Daten, derer wir habhaft werden können, benutzen müssen.

Aus dieser wichtigen Diskussion ergibt sich eines ganz klar. Michels und unsere Kommentatoren verlangen dringend nach mehr gelehrter (wissenschaftlicher) Arbeit auf diesem Gebiet. Unsere derzeitige Arbeit auf dem Gebiet des Fallberichtes als eines Mittels, analytische Daten (Fakten, Tatsachen) mitzuteilen, ist sporadisch, bruchstückhaft und beschränkt.

Der Aufruf, der hier von Michels und seinen Kommentatoren ausgeht, ist in der Vergangenheit gehört worden, aber die Psychoanalyse hat nie systematisch darauf reagiert. Michels und die Diskutanten haben uns einen großen Dienst erwiesen, indem sie uns noch einmal auf die dringende Notwendigkeit einer sorgfältigeren Berücksichtigung dessen, wie wir unsere Daten gewinnen und präsentieren, aufmerksam gemacht haben. Lasst uns hoffen, dass sie nicht nur Rufer in der Wüste sein mögen und dass das Feld schließlich den strittigen Fragen, die sie aufwerfen, Aufmerksamkeit schenken wird.

Stephen B. Bernstein[3]

Wir haben bis jetzt noch keine generell akzeptierte und überzeugende Methode entwickelt, über unsere klinische Arbeit in einer Weise zu schreiben, die es uns erlauben würde, sie unseren Kollegen zu demonstrieren oder anderen die einzigartige und wirksame Behandlungsmethode zu zeigen. Wir haben selten eine effektive Methode der Übersetzung vom vertrauten, privaten, mündlichen Modus, in welchem die Analyse stattfindet, zu einem öffentlicheren, schriftlichen Modus bei Beibehaltung der »Musik« der analytischen Interaktion. Robert Michels spricht einige dieser Schwierigkeiten

---

3 Bernstein, Steven B. (2000): Commentary on Michels's »The case history«. Journal of the American Psychoanalytic Association 48: 381–391.

in seiner umfassenden »Geschichte der Fallgeschichte« an. Er bespricht und untersucht die historischen, politischen und dynamischen Kräfte, welche die Entwicklung des analytischen Fallberichts geformt und behindert haben.

Michels zentrale These befasst sich damit, was er »Intention« in Fallgeschichten nennt. Das heißt, er glaubt, dass Fallberichte in einem bestimmten Kontext und mit einer bestimmten Intention geschrieben werden und dass diese Intention sich im Text entweder explizit oder implizit zeigt. Michels würde es gerne sehen, dass Autoren sich dieser Intentionen bewusst werden und sie offener mit den Lesern teilen würden, weil er glaubt, dass eine solche Offenheit ein Licht auf den Analytiker und den analytischen Prozess werfen würde.

Diese These ausführend – dass wir Texte mit größerem Gewinn lesen können, wenn wir den Kontext der Intention des Analytikers, mit der er diese Fallgeschichte schreibt, berücksichtigen –, stellt Michels zwei Sichtweisen einander gegenüber, wie klinisches Material dargestellt werden sollte. Er zitiert die Empfehlung des Committee on Certification, dass der Bericht ein Narrativ sein sollte über das, »was sich in der Analyse ereignet hat, wie Sie dazu beigetragen haben, dass es sich ereignete, und wie Sie verstanden haben, auf welche Weise es sich ereignete«, und dass dies vermittels »kurzer Zitate, Paraphrasen und Vignetten« erreicht werden kann (Bernstein 1995, S. 7). Dem stellt er die vom Committee on Scientific Activities empfohlene Methode des Berichtens gegenüber, einer Methode, die kurze Verbatim-Zitate verwendet und »speziell für die Untersuchung von Analytiker-Analysanden Interaktionen, die der Beobachtung kleinster Details bedürfen«, entwickelt wurde mit spezifischen Kommentaren und dem Ziel, Beispiele zu archivieren (Klumpner/Frank 1991, S. 545). Spence (1993), ein Mitglied des Committee, stellte sich vor, dass zu nachhaltig diskutierten Beispielen mit der Zeit eine Reihe von Kommentaren gesammelt würden […] und die Durchsicht dieser Kommentare hilfreich sein würde, »um unser Verständnis des ursprünglichen Vorgangs zu vertiefen« (S. 45).

Beide Methoden waren ursprünglich ein Versuch, Elemente klinischer Daten zu veranschaulichen, allerdings mit sehr verschiedener Absicht – die eine für die Darstellung des klinischen Prozesses im Zuge der professionellen Qualifikation und Examinierung, die andere für das Sammeln klinischer Daten zu Forschungszwecken. Obgleich das Ziel unterschiedlich ist, haben beide Empfehlungen doch gewisse Ähnlichkeiten. Beide stellen explizit Elemente dar, die ein Bericht enthalten könnte, beide präsentieren eine strukturierte, vorherzusagende Form der Beschreibung und ermutigen eine Darstellung der Erfahrungen und Reflexionen des Analytikers. Eines Tages könnten die beiden Methoden sich gegenseitig befruchten, wenn Kliniker sich sicherer fühlen, das, was sich ereignet hat, offen darzustellen, und Forscher Methoden entwickeln, die »Musik« der Analyse einzufangen.

Meine eigene Perspektive entsteht aus dem Umgang mit klinischem Material in der analytischen Ausbildung und Abschlussprüfung. Es war mein Interesse, den Verfassern zu helfen, den analytischen Prozess und den Beitrag des Analytikers darzustellen, indem ich einen Leitfaden (Bernstein 1995) und in jüngster Zeit ein Format für klinisches Schreiben erstellte. Ohne eine solche Hilfestellung verbergen Autoren oft unabsichtlich die analytische Arbeit und den Analytiker hinter ausufernden historischen Darstellungen, unreflektierten wörtlichen Aufzeichnungen des Prozesses, theoriegeleiteten Beschreibungen, unintegrierten Anhäufungen von Zwischenberichten, die während der analytischen Ausbildung verfasst wurden, oder unlebendigen Zusammenfassungen, die oft im Passiv verfasst sind. In meiner Suche nach dem »verborgenen Analytiker« und dem »verborgenen analytischen Prozess« (Bernstein 1998) überschneidet sich meine Arbeit mit der von Michels. Wir sind beide interessiert an dem, was in schriftlichen Fallberichten verborgen ist. Meine Absicht ist es, den Autoren einen Weg aufzuzeigen, den Prozess zu entdecken und aufzudecken, während sie ihr Material organisieren, um darüber zu schreiben. Michels nimmt an, dass der Akt des Schreibens natürlicherweise Kontexte und Intentionen beinhaltet, die oft dem Autor genauso verborgen sind wie dem Leser.

Michels erwähnt verschiedene Arten, Fallberichte zu lesen und zu verstehen. Ein Weg achtet auf die Parallele zwischen der Geschichte der Analyse und dem Stil des Analytikers im Führen der Analyse. Ein anderer Weg zieht eine Parallele zwischen der Art und Weise, wie der Leser den Analytiker erlebt, und dem Erleben des Patienten. Aber Michels zentraler Fokus liegt darauf, dass der Analytiker sich der »unvermeidlichen außeranalytischen Interessen für das Schreiben eines Berichtes und genauso für die Durchführung der Analyse« bewusst ist und sich damit wohl fühlt, diese zu beschreiben; wie dies in die Analyse integriert ist und wie sich der Analytiker mit dem Offenbaren seiner Motivation für das Erstellen eines Berichtes fühlt. Michels vernachlässigt jedoch einen anderen Weg, wie man Fallberichte betrachten kann. Leser können eine Parallele ziehen zwischen der Art und Weise, wie sie während der Leseerfahrung vom Autor unterstützt werden und wie ihnen in der analytischen Erfahrung mit dem Analytiker geholfen werden könnte, da beides, die klinische Arbeit und der schriftliche Bericht, Auswahl, Takt, Empathie, Wahl des rechten Zeitpunktes und Sensitivität gegenüber dem Patienten und dem Leser demonstrieren. Der Leser eines konfusen, schlecht dargestellten Fallberichtes kann sich irritiert und frustriert fühlen in seinem Versuch, der klinischen Arbeit zu folgen. Der mobilisierte Affekt und die benötigte Anstrengung, um im Geschriebenen »die Analyse zu finden«, kann das Verständnis des Lesers vom Prozess behindern.

Nach Michels besteht bis in jüngste Zeit ein Zögern, die Intention des Analytikers anzuerkennen, nämlich beide, den Patienten in der Analyse und den Leser des Fallberichtes, zu beeinflussen. Er nimmt an, dass wir einen Rest von Unbehagen mit diesem Bewusstsein haben. Er erwähnt viele Faktoren, die den Analytiker dazu ermutigen, das Material, über das er schreibt, zu formen. Einer davon ist der enorme Einfluss von Freuds Fallgeschichten mit all ihren Unzulänglichkeiten. Ein anderer Faktor ist, dass Analytiker im klinischen Schreiben wenig geschult sind, sondern stattdessen in klinischen Seminaren und in der Supervision mündlich vorgestellt haben. Kandidaten haben oft Angst, sich zu exponieren, und den Wunsch, gut dazustehen. Michels meint, dass mit Beginn der schriftlichen Darstellung für Examen und Zulassung ein Bemühen aufkommt, eine engagierte und dramatische Geschichte zu präsentieren, um gut anzukommen. Das Resultat ist eine Geschichte, in der die natürliche Unsicherheit und die Ambiguität, die den analytischen Prozess begleiten und beleuchten können, ausgespart bleiben. Ich glaube nicht, dass der Akt des Schreibens die analytische Erfahrung notwendigerweise verschleiern oder verfälschen muss. Ein klar geschriebener Fallbericht kann die Unsicherheiten, Rätsel und Überraschungen enthalten, die dem analytischen Prozess innewohnen, und diese können vom Autor reflektiert und vom Leser entdeckt werden. Wenn aber ein Text verwirrend wirkt, kann der Leser nicht sicher sein, ob die Konfusion das Ergebnis des Schreibens oder des Prozesses ist. Gleichzeitig hege ich Zweifel daran, dass Michels Supervisandin, die Schwierigkeiten hatte, ihre Aufzeichnungen zu ordnen und die Sequenzen und Ereignisse in ihrer mündlichen Darstellung durcheinander brachte, tatsächlich in der Lage gewesen wäre, ihr Material in einem schriftlichen Fallbericht erfolgreich zu »sterilisieren«. Wenn der

Text wie eine polierte wunderschöne Geschichte klingt, dann klingt er im Allgemeinen nicht wie eine Analyse.

Michels sieht den Fallbericht als ein Selbstportrait, ein Fenster zur Seele des Analytikers. Er schaut mit einem Auge auf die dargestellten oder latenten Intentionen des Analytikers, die »sogar wichtiger werden können« als die Geschichte selbst. Ich stimme zu, dass jedes Schriftstück notwendigerweise ein Portrait des Verfassers ist, zumindest indirekt, da wir sehen, was der Autor in den Mittelpunkt stellt und wie er dies präsentiert. Für mich erscheint es jedoch gefährlich, die Einschätzung der Intention des Autors durch den Leser als Basis für die Evaluierung der Arbeit eines Analytikers zu nehmen. Analytische Arbeit aus dieser Perspektive zu beurteilen, ist besonders dann problematisch (und möglicherweise unfair), wenn der Kontext die analytische Ausbildung, der Fortschritt oder die Zertifizierung ist. Die Ebenen von Motivation und Abwehr in einem Fallbericht sind extrem vielschichtig und komplex. Wir können unsere Schlussfolgerungen nicht so überprüfen, wie wir das in einer klinischen Situation tun; dies besonders deswegen, weil wir uns unserer Gegenübertragungsreaktionen auf das schriftliche Material nicht bewusst sein könnten. Daher werden unsere Schlussfolgerungen über die Intentionen des Autors notwendigerweise indirekt, spekulativ und unzuverlässig sein. Die Verwendung dieser Schlussfolgerungen in der Beurteilung von Kompetenz und Bereitschaft für berufliche Progression könnte des Autors Misstrauen, Angst und Gefühl der Einschüchterung verstärken. Solche Bedenken haben viele Analytiker davon abgehalten, über ihre klinische Arbeit zu schreiben.

Fruchtbar wäre es, zu untersuchen und einen Konsens darüber herbeizuführen, welche Elemente und Konventionen notwendig sind, um über unsere klinische Arbeit zu schreiben und diese zu beurteilen; vielleicht unter Einbeziehung von Punkten, die dem Analytiker nicht bewusst sind, wie von Michels vorgeschlagen. Es könnte sich als erhellend herausstellen, die Art und Weise zu untersuchen, in welcher der Analytiker Elemente des analytischen Prozesses auswählt, um daraus einen Bericht zu konstruieren, und wie er oder sie diese dem Patienten und dem Leser interpretiert oder übersetzt. Dies sind zentrale und reife Fähigkeiten des Analytikers sowohl als Kliniker als auch als Autor. In beiden Rollen führt der Analytiker ein, wählt aus, reflektiert über und integriert momentane und langfristige Perspektiven; er erleichtert die Regulation von Affekten durch den verbalen Austausch und strukturiert und misst den

Prozess in verständlichen Portionen aus. In diesem Vorgang strukturiert der Analytiker, leitet und misst der Analyse oder dem Text Bedeutung bei.

Bis jetzt hat sich noch kein Konsens darüber entwickelt, welche Elemente im Bericht über klinische Arbeit notwendig sind, und wir haben über das Schreiben und die Auswertung klinischer Berichte keine lehrbaren Konventionen und Kriterien entwickelt. Nur durch einen übereinstimmenden Zugang zum Schreiben, Lesen und Beurteilen solcher Berichte können Texte und unsere Methoden, sie zu verstehen, der klinischen Interaktion gerecht werden. Ein anderes Problem entsteht, wenn Fallberichte dazu verwendet werden, um die Anforderungen für höhere Ebenen der professionellen und politischen Aktivität in psychoanalytischen Organisationen zu erfüllen. Weil es keinen Konsens über die Standards für das Schreiben von Fallberichten gibt, sind sie für verschiedene wissenschaftliche und politische Differenzen und Unzufriedenheiten Blitzableiter geworden, was die Teilnahme in analytischen Organisationen betrifft, die lokale Autonomie, nationale Aufsicht und Lehrkörper- oder Lehranalytikertreffen. Einigen erscheint es so, als würden Macht und Position sich aus einem Test ergeben, für den sie sich nicht vorbereitet fühlen. Ich würde gerne ein Schema für Fallberichte vorschlagen, dass dem Autor helfen kann, die analytische Interaktion unter Einschluss der Beteiligung und des Verständnisses des Analytikers und auch des Erlebens des Patienten darzustellen.

Das Format

Das Format hat eine dreigeteilte Struktur, die sich in der gesamten Präsentation des klinischen Materials wiederholt. Im ersten Teil, dem des *Erlebens*, wird der Leser konfrontiert mit erlebnisnahen (Mikroprozess-)Beschreibungen von sorgfältig ausgewählten Segmenten der analytischen Arbeit oder Interaktion, die eine relativ umschriebene Periode umfassen und ein oder mehrere zentrale Themen illustrieren. Diese Beschreibungen können durch die Aufnahme von kurzen Zitaten oder Paraphrasen in narrativen Sätzen belebt werden. Jede Mikroprozessbeschreibung kann oft in drei oder vier Abschnitten untergebracht werden.

Im zweiten Teil, dem *reflektierenden Schritt*, löst sich der Autor aus dem Eintauchen in den analytischen Mikroprozess und reflektiert (etwa über die Länge eines Abschnitts) über die Bedeutung im Längsschnitt (den Makroprozess) der vorausgegangenen Beschreibungen. In diesem Abschnitt kann der Autor teilweise Hypothesen über den Prozess zwischen Analytiker und Patient formulieren. Dies fügt das innere Erleben des Analytikers zur üblichen Formulierung der Psychodynamik des Patienten hinzu. Auf diese Weise zeigt der Autor, wie die analytische Interaktion die Vergangenheit widerspiegeln kann, die nun zunehmend mit dem Analytiker erlebt wird, und wie der Analytiker dies versteht und damit arbeitet. Ein reflektierender Abschnitt könnte mit einer Aussage wie »ich habe das Vorangehende folgendermaßen verstanden ...«, »während der letzten zwei Monate habe ich eine Veränderung dahingehend gespürt ...« oder »ich sah diese Sequenz als Ergebnis von ...« beginnen. Die Trennung des Erlebnisabschnitts vom reflektierenden Abschnitt geht parallel zu der wichtigen Unterscheidung zwischen »erlebendem Ich« und »beobachtendem Ich«, wie sie von Kanzer und Blum (1967) in ihrer Ausführungen zu Sterbas Arbeit (1934) diskutiert werden.

Im dritten Teil wird der Leser weiter zum nächsten Satz von Erlebens- und reflektierenden Abschnitten geführt; dies geschieht durch einen Abschnitt mit einem *Übergangsnarrativ*, das als Brücke zu einer späteren Zeit in der Analyse dient. Hier können Veränderungen im Prozess oder im Leben des Patienten, die sich zwischenzeitlich eingestellt haben, zusammengefasst und ihre Beziehung zum momentanen Prozess diskutiert werden. Die wiederholten Abschnitte des Erlebens, Reflektierens und die Übergangsnarrative sind ein Basisformat für die Darstellung des klinischen Prozesses in einem analytischen Fallbericht. Der Autor oszilliert zwischen der Aufgabe, dem Leser zu zeigen, was Analytiker und Patient erlebt haben, dem Beschreiben des Verständnisses des Analytikers und die Weiterentwicklung dieser Beschreibung zu einer Formulierung eines Fokus.

Benutzung des Formats

Ich werde das vorgeschlagene Format nun mit klinischem Material illustrieren, das aus dem Anfang einer Analyse eines älteren Mannes stammt.

SEKTION ERLEBNISQUALITÄT

Schon früh in unserer Arbeit hatte mich Herr A. beeindruckt. Dieser ältere Geschäftsmann war in die Behandlung mit einem Gefühl der Leere gekommen; er sagte sehr bestimmt: »Ich will fühlen, bevor ich sterbe.« Nun, während einer Stunde am frühen Morgen im Frühling, berichtet er: »Sie haben Gras ausgesät im Rasen. Es braucht Feuchtigkeit, um zu keimen.« Gestern hatte er in einem Restaurant einen Sprudel bestellt, und eine reizende ältere Bedienung hatte gesagt: »Sprudelnd, so wie sie.« Er mochte das: »Es war nichts Sexuelles, aber ich wurde wahrgenommen, und wenn man 62 ist und eine Glatze hat, ist es schön, wahrgenommen zu werden.« Er sprach davon, seine Augen zu schließen, »sich auszuruhen in einer komfortablen Limousine zum Flughafen«. Sein Gefühl der Behaglichkeit und des Beschütztseins bei mir in der Stunde machte mir deutlich, dass es nicht nötig war, jetzt gleich etwas dazu zu sagen.

Dann sprach er von seiner Frau und von einem Buchhalter, der ihm nicht zugehört hatte, und wie beleidigt und verletzt er sich dabei gefühlt hatte. Ich fragte mich, warum er von dem Vergnügen, sich »sprudelnd« zu fühlen, zu diesem Gefühl von Beleidigtsein gewechselt hatte, und sagte: »Es ist schwierig, wenn einem nicht zugehört wird.« Er antwortete: »Es verletzt mich und ich schiebe es weg, aber ich kann es nicht untenhalten, wenn ich hier bin, es kommt einfach zum Vorschein.« Ich sagte: »Es ist schön, für ›sprudelnd‹ gehalten zu werden und zu spüren, hier einen Platz gefunden zu haben, wo sie ausruhen können und ein paar Wurzeln schlagen wie das Gras, aber knapp unter der Oberfläche keimen Wünsche und Zweifel. Und da sind die Fragen über Sie selbst und Ihr Gefühl von Verletztheit und Beleidigtsein.« Er beendete die Stunde mit folgenden Worten: »Ja, ich denke einige meiner Gefühle sind wie eine kleine Ameise, die aus einer Ritze im Boden kriecht.« Als er ging, drehte er sich um und mit Humor und einem wissenden Lächeln sagte er: »Werden Sie heute den Rasen gießen? Möchten Sie, dass ich es tue?« Dies war die Frage danach, ob seine Gefühle in der Analyse gehegt würden oder ob er dies alleine machen müsste, wie er es immer getan hatte.

In der nächsten Stunde beschrieb er eine ärgerliche Interaktion mit seiner Frau. Er beendete diese Beschreibung mit dem Wink seiner Hand und dem Kommentar »nächstes Thema«. Als ich ihn dazu fragte, meinte er: »Ich fühle mich wie ein Preiskämpfer, der im Ring herumtanzt. Es ist schwierig, engagiert zu bleiben und nicht zuzumachen und mich zurückzuziehen.« Ich dachte an seinen bewegungsunfähigen, invaliden Vater, von dem er erfolglos Bestätigung gesucht hatte, der aber die unbetrauerte kritische Repräsentanz darstellte, mit der er oft kämpfte und die er jetzt zu vermeiden suchte. Ich sprach darüber, wie er Gefühle der Verletzung und Kränkung abschneidet, indem er »nächstes Thema« sagt. Darauf erwiderte er: »Ich kann den Ärger mit meiner Frau und im Geschäft spüren, aber ich kann die Liebe nicht spüren.« Während er sprach, seufzte er und rieb seine Augen. Er sagte: »Ich habe heute nicht viel gesagt oder gefühlt. Es ist wie eine vergeudete Stunde.« Ich fragte ihn, ob es etwas gäbe, wie er sich heute mit mir gefühlt hätte, was dazu geführt hätte, dass er sich distanzierter fühlte und so kritisch sich selbst gegenüber war, insbesondere da er einige intensive Gefühle verspürt hätte. Er sagte: »Nein, ich habe mich nur so angespannt und kontrolliert gefühlt.«

Vielleicht war es meine Frage danach, wie er mich in der Stunde erlebt hatte, oder meine Bestätigung seiner Gefühle oder mein Bemerken seiner Selbstkritik, aber seine nächste Assoziation war: »Ich hatte einen feuchten Traum letzte Nacht. Es war eine Überraschung, und ich kann mich nicht an einen Traum erinnern, aber es hat sich gut angefühlt zu wissen, dass alles funktioniert.« Er hatte vorher in der Stunde von dem Gefühl des Vergeudens gesprochen, und ich fragte mich, ob er fühlte, dass der feuchte Traum auch vergeudet war. Ich war mir hier seiner kürzlich erwähnten Assoziationen bezüglich seiner abnehmenden Kontrolle seiner Gefühle bewusst und dachte, dies könnte mit dem nächtlichen Samenerguss zusammenhängen. Ich erwähnte, dass er über seine vergeudete Ehe gesprochen hatte und die vergeudete Stunde und sagte ihm, dass ich mich frage, ob er meine, der feuchte Traum sei ebenfalls vergeudet. »Manchmal«, erwiderte er, »habe ich den Eindruck, mein ganzes Leben ist vergeudet.« Die Stunde endete mit seinem anscheinend defensiven Abschwächen seiner Gefühle. Ich bemerkte bei mir den Wunsch, uns beide zu beruhigen, dass die Stunde nicht vergeudet war, und dies führte mich dazu, mir Gedanken über die Wirkung seiner Gefühle auf mich zu machen. Ich denke, wir reagierten beide auf seine zugrunde liegende Trauer über die Jahre der vergeudeten Möglichkeit. Ich fühlte jedoch, dass er mich zu diesem Zeitpunkt brauchte, um mit ihm die Intensität seiner Gefühle zu teilen und sie zu tolerieren. Die Beruhigung durch mich könnte das verhindert haben.

Reflektion

Ich habe den Prozess in diesen Stunden trotz der neu mobilisierten Gefühle am Beginn der Analyse auf das Sich-wohler-Fühlen des Patienten bezogen. Er erschien mit dem Wunsch nach einem Gefühl der Verwurzelung und des durch mich Angenommenseins und war zugleich mit Ängsten beschäftigt, dass die Intensivierung seiner Erfahrung seine Kontrolle seiner sexuellen und aggressiven Fantasien lockern könnte. Ich empfand seinen Versuch mich zu beruhigen, dass der Ausspruch der Kellnerin »nichts Sexuelles« war, als eine Abwehr eines narzisstischen Wunsches, von mir als »funkelnd« wahrgenommen zu werden, ebenso wie als Abwehr seiner Angst, seine sexuellen Wünsche zu offenbaren. Sein Verlangen nach mir in der Übertragung führte dazu, dass er sich wie eine verletzliche Ameise fühlte. Er schien besorgt zu sein, dass, wenn ich seine aufkeimenden liebevollen Gefühle nicht pflegen würde, er zornig und zurückgezogen werden würde, und dass dies zu weiteren vergeudeten Gelegenheiten führen würde. Die größere Nähe und Sicherheit, die der Patient mit mir erlebte, schien angenehm und lohnend für ihn wie die Fahrt in der Limousine und die Schläfrigkeit, die er, wie er des Öfteren erwähnte, im Wartezimmer erlebte. Aber er fürchtete, dass sein Verlust von Kontrolle über seine Fantasien zu gefährlichen Aktionen und zum Bruch unserer wichtigen Beziehung führen könnte. Er wollte seine Scham und meinen Widerwillen vis-à-vis seines inneren Lebens vermeiden. Ich fragte mich und wusste zu diesem Zeitpunkt noch nicht, wie der feuchte Traum sich auf den zunehmenden Druck durch den sich vertiefenden analytischen Prozess bezog.

Es war klar, dass der Patient anerkannt werden wollte und die Zurückweisung und Verlassenheit des »Nicht-gehört-Werdens« fürchtete. Wir haben dann begonnen, seinen Rückzug und sein Abschneiden von Gefühlen durch seine Reaktion, auf ein »nächstes Thema« zu wechseln, zu analysieren. Ich sah auch sein Bedürfnis voraus, sich mit seinen unbewussten Gefühlen und Fantasien der Zurückweisung durch seinen Vater als einer nicht betrauerten richtenden Gegenwart zu beschäftigen. Ich fragte mich, ob mein Aufbringen des Themas des Vergeudens in seinen Assoziationen und in Beziehung zum feuchten Traum notwendig war oder zu diesem frühen Zeitpunkt der Analyse Scham hervorgerufen haben könnte. Hätte ich es noch einmal zu tun, würde ich das Thema des Vergeudens angesprochen und ihm die Verbindung zum Traum überlassen haben.

Weiterführendes narratives Statement

Während der folgenden Monate fuhr Herr A. fort, sich im sich vertiefenden Prozess wohlzufühlen; er zeigte ein Wohlbefinden und eine Leichtigkeit, die auch ich empfand. Ich erkannte dies in seinen Assoziationen, in denen es um größere Gelassenheit bei der Arbeit und eine deutlich größere Nähe zu seinen drei Söhnen ging. Er hatte bisher nicht vermittelt, als erkenne er deren Leistungen an. Aber jetzt schien sich ein Verständnis für ihre Erfolge und ein deutlicheres Zeigen von Fürsorge und Nähe ihnen gegenüber einzustellen. Außerdem berichtete er von häufigeren Diskussionen mit seiner Frau. Nach einer Analysenstunde fand er sich auf dem Weg nach Hause weinend in seinem Auto wieder. Zu Hause angekommen, saß und weinte er mit seiner Frau und beschrieb ihr seine Traurigkeit. Er begann Fantasien über seine verstorbenen Eltern zu haben, wie sie am Strand auf ihn zukamen, und obgleich noch keine Gefühle damit verbunden waren, spürten wir beide, dass die Fantasien sich in irgendeiner Weise weiter ausbilden und entwickeln würden.

Diskussion

Diskussion des Erlebens

In diesem Beispiel des unmittelbaren Erlebens des Patienten hat der Autor den Leser dazu eingeladen, allmählich in die Analyse einzutauchen. Wir sehen die Progression des Themas Wohlfühlen und Keimen, abgewehrt durch Isolierung vom Affekt und Rückzug. Dies ist während einer relativ kurzen Zeitspanne beschrieben, und der Leser wird durch kurze Zitate aus dem sich entwickelnden Narrativ in den Prozess hineingezogen. Wir sehen, wie der Analytiker verschiedene Themen teilweise als Ergebnis seiner inneren Erfahrung entdeckt hat, und wir spüren, wie der Analytiker entscheidet, wann und wie zu intervenieren und wann zu schweigen ist. Der Autor ist persönlich und direkt mit dem Leser und benutzt das Aktiv, um uns zu sagen, wie er hört und was er dem Patienten zu sagen auswählt. Der Autor teilt uns sein Erleben des Patienten mit, er ist berührt von der Aussage des Patienten, dass er fühlen will, bevor er stirbt, wir hören sein Verständnis der Metapher in den Assoziationen des Patienten und wir beobachten den Humor und das Akzeptieren der Frage des Patienten bezüglich des Rasengießens. Der Autor zeigt uns das Gewahrwerden des Patienten bezüglich seiner sich intensivierenden Gefühle und dessen Rückzug von diesen und er zeigt, wie er den »nächstes Thema«-Rückzug von Gefühlen analysiert. Dann, nachdem er die Anspielungen auf Kontrollverlust verfolgt hat, erwähnt der Autor den feuchten Traum, seine Beziehung zum Thema »Vergeuden« und seinen Platz in der sich vertiefenden Analyse. Schließlich wird die Reaktion des Patienten auf eine vorläufige Interpretation erwähnt. Der Autor beendet diesen Abschnitt mit einer Anspielung auf eine Gegenübertragungsreaktion in seinem Wunsch, den Patienten zu beruhigen, dass die Stunde nicht vergeudet war.

DISKUSSION DES REFLEKTIERENS

In diesem reflektierenden Abschnitt benutzt der Autor einen umgangssprachlichen und kollegialen Ton, indem er vom Beschreiben des Prozesses zurücktritt, um dem Leser zu erklären, wie er die Interaktion zwischen Patient und Analytiker versteht. Wenn der Autor Formulierungen wählt, so formuliert er etwas über die Interaktion und nicht nur über den Patienten. Er erkennt an, dass er ein Teilnehmer in diesem Prozess ist, nicht nur ein Beobachter der Dynamik des Patienten. Es wird uns mitgeteilt, wie er das Material gehört hat, wie seine Assoziationen oder Ideen zu einem spezifischen Verständnis führten und wie und warum er zu intervenieren oder zu schweigen wählte. Er erwähnt den Effekt seiner Gegenübertragung und anderer Erfahrungen auf sein Verständnis und seine technischen Entscheidungen. Er stellt seine Interpretation über das Thema »Vergeuden« in Frage und sagt, dass er im Reflektieren anders gehandelt haben könnte. So mag der Analytiker als Autor beschließen, einiges Material zu re-analysieren, um eine Veränderung der Perspektive oder der theoretischen Haltung oder ein differenzierteres Verständnis aufzuzeigen. Zusätzlich kann der Analytiker seine Gedanken über die Natur der Übertragung offenlegen. Der Analytiker kann Veränderungen beschreiben, die sich während der Analyse ereignen, und wie diese als durch die Beteiligung des Analytikers gefördert gesehen werden.

DISKUSSION DER ÜBERLEITUNG

Der Autor hat die erlebenden und reflektierenden Abschnitte ausgeführt und mit dem nächsten Abschnitt des analytischen Mikroprozesses verbunden. Wir erfahren vom größeren Wohlbefinden des Patienten in der Analyse, dem direkteren Zugang zu seinen Gefühlen in der Übertragung und seiner

Sorge über sein vermindertes Gefühl der Kontrolle. Es gibt Veränderungen in seinen Beziehungen und Gefühlen für seine Frau und seine Kinder und den direkten Ausdruck von Trauer. Der Autor präsentiert einen Überblick über das, was er für einen Hinweis auf einen Fortgang der Vertiefung des analytischen Prozesses hält, auch wenn wir spüren, dass wir über einen Fortgang des Prozesses zu einem späteren Zeitpunkt lesen werden.

Abschließende Bemerkungen

Die analytische Ausbildung könnte eines Tages in einer »schreibenden Umgebung« stattfinden. In einer solchen Umgebung würde die interpretierende Übersetzung vom Mündlichen ins Schriftliche durch zunehmende Aufgaben graduell während der gesamten Ausbildung eingeführt werden: in Seminaren, Workshops, Schreibkursen und als Teil der Supervision. Diese Kurse könnten beginnen, während der Kandidat noch in der Lehranalyse ist. Ein Format wie das von mir beschriebene ist ein Ausgangspunkt und kann ausgearbeitet, verändert oder ad acta gelegt werden, wenn sich die Vertrautheit mit dem Schreiben und die Kreativität des Autors entwickeln. Solch ein Schema könnte dem Leser eine vorhersagbare Struktur an die Hand geben, dem Autor einen Leitfaden für den Rückblick, dem Analytiker eine Methode, Fragen der Intention, wie sie von Michels dargestellt wurden, zu untersuchen und zu klären.

Philip Rubovits-Seitz[4]

Mein Diskussionsbeitrag präsentiert Argumente für zwei Verbesserungen psychoanalytischer Fallberichte, nämlich häufigere Berichte von ganzen Analysen und größere Betonung klinischer Evidenz. Beide Vorschläge hängen zusammen, weil sich eine wichtige Quelle klinischer Evidenz – die Begründung von Interpretationen – auf die gesamte Analyse bezieht.

---

[4] Rubovits-Seitz, Philip (2000): Commentary on Michels's »The case history«. Journal of the American Psychoanalytic Association 48: 391–396.

Am Anfang seiner Ausführungen bemerkt Michels, dass unsere klinische Literatur weitgehend aus Vignetten anstelle von vollständigen Berichten des therapeutischen Prozesses besteht, und er fragt, warum dem so ist. In einer seiner Schriften vertrat Freud (1918b) die Meinung, dass die Darstellung einer vollständigen Geschichte weder »technisch durchführbar« noch »sozial erlaubt« sei und auf jeden Fall nicht überzeugen würde (S. 30). Andernorts jedoch (Freud 1905e) kam er zu der Ansicht, dass eine »intelligente, zusammenhängende und ungebrochene Fallgeschichte« allein am Ende der Behandlung möglich ist, dass abgeschlossene Fälle den Vorteil der späteren Einsicht für sich haben und die definitive Interpretation eines Elementes erst nach Vollendung der gesamten Analyse möglich ist (S. 176) – kurz gesagt, »die gesamte Analyse ist nötig, um es zu erklären« (Freud 1911e, S. 353; siehe auch Schafer 1986, S. 156; Goldberg 1997b, S. 437). Somit wird die Anfertigung eines Fallberichtes am besten aufgeschoben, bis die Analyse beendet ist.

In seinem Bericht über den Wolfsmann bezog sich Freud (1918b) auf noch einen weiteren Vorteil, den das Schreiben eines Fallberichtes am Ende der Analyse birgt. Er deutete an, dass die gesamte Information, die es möglich machte, die Neurose des Patienten zu verstehen, »aus der letzten Periode der Arbeit stammte, während derer der Widerstand vorübergehend verschwand und der Patient vorübergehend eine Luzidität zeigte, die normalerweise nur unter Hypnose zu erreichen ist« (S. 11; für ähnliche Ansichten über die Klarifikation der Psychodynamik in späteren Stadien der Analyse siehe auch French 1958, S. 403–404; Waelder 1976 S. 263; Mahony/Singh 1979, S. 442; Leavy 1980, S. 75; Rubovits-Seitz 1992, 1998).

Die Anregung, häufiger Fallberichte von vollständigen Analysen zu publizieren, bedeutet keine Eliminierung klinischer Vignetten. Diese haben eine wichtige Funktion in Fallberichten, da sie relevante Themen im therapeutischen Prozess illustrieren. Vignetten stimmen mit der Art und Weise, in der eine Analyse tatsächlich voranschreitet, überein – das heißt durch relativ diskrete dynamische Episoden, die sich erst allmählich, während Monaten oder Jahren, zu größeren Konfigurationen verbinden.

Mit seiner Behauptung, dass die definitive Interpretation irgendeines *Fragments bis zum Abschluss der gesamten Analyse warten müsste*, wies Freud (1911e, S. 353) auf einen zusätzlichen Vorteil dabei hin, den gesamten therapeutischen Prozess zu studieren und darzustellen, nämlich die Verfügbarkeit extensiverer klinischer Evidenz. Freuds Gebrauch des Wortes *definitiv* in diesem Kontext beinhaltet Fragen der Vollständigkeit und Korrektheit. Letztere ist einer der am meisten vernachlässigten Aspekte unserer Wissenschaft. Klumpners Übersicht (1989) von 60 häufig in der psychoanalytischen Literatur zitierten Artikeln ergab zum Beispiel, dass keine dieser Veröffentlichungen Hinweise auf die Evidenz der aufgestellten Behauptungen lieferte.

Wenn die Psychoanalyse den Anspruch der Wissenschaftlichkeit erhebt, so ist ein Modell der Rechtfertigung zentral wichtig. Wie Sherwood (1969) bemerkte, »besteht die Essenz von Wissenschaft nicht so sehr aus einer Ansammlung von Fakten als vielmehr in dem Vorhandensein einer Methode, einem Verfahren, durch welches ›Tatsachen‹ systematisch ermittelt und fortlaufend revidiert werden können« (S. 260). Die Genauigkeit von Interpretationen hängt von der Stärke der Evidenz ab, die aus empirischen Daten und logischen Argumenten besteht, die eine Schlussfolgerung unterstützen oder widerlegen. Da es sich um Schlussfolgerungen erster Ordnung handelt, der niedrigsten Ordnung theoretischer Aussagen in der Psychoanalyse, sind Interpretationen die einzigen Behauptungen, die durch direkte empirische Evidenz – das heißt durch die Daten des untersuchten Falles – getestet werden können. Klinische Theorien höherer Ordnung werden auf andere Weise getestet.

Eine interpretative Begründung während der Behandlung eines Patienten ist jedoch nur in begrenztem Umfang möglich; sie besteht hauptsächlich aus dem Versuch, die plausibelste unter alternativen Konstruktionen zu einem bestimmten Zeitpunkt zu bestimmen. Zu diesem Zweck überprüft der Therapeut, wie viele der Daten durch eine Konstruktion abgedeckt werden können, verändert die Konstruktion, sodass sie mehr Daten abdeckt, und überprüft nochmals, ob die Konstruktion nun alle (oder zumindest die meisten) Daten abdeckt. Das prinzipielle Auswahlkriterium während dieser vorläufigen und partiellen Phase der Begründung ist interne Evidenz – das heißt zu bestimmen, welche der alternativen Hypothesen die Daten am widerspruchsfreiesten, kohärentesten und am verständlichsten erklären.

Kohärenz war das Verfahren der Begründung, das in der Psychoanalyse am häufigsten verwandt wurde, dessen Effektivität aber aus zwei Gründen angezweifelt wurde: Erstens produziert die dem interpretativen Prozess innewohnende Zirkularität eine Illusion von Kohärenz (Hirsch 1967); zweitens ist das Kriterium der Kohärenz unsystematisch und fast ausschließlich auf makroskopische Aspekte der klinischen Daten anstatt systematisch auf kleine Elemente angewandt worden. Dieser detaillierte Zugang ist für eine definitivere

Begründung notwendig. Im Extremfall produziert ein »Kohärenz-Bias« eine interpretative »tour de force« – eine überdehnte Hypothese von geringer Kohärenz, die sich bemüht, alle Daten einzubeziehen. Am Ende wird sie Details ignorieren, die nicht dazu passen (Spence 1982, S. 23–26).

Die meisten zeitgenössischen Psychoanalytiker haben sich außerdem Freuds Betonung der Reaktion des Patienten auf Interpretationen zu eigen gemacht und sehen dieses Kriterium als hauptsächliche Methode an, diese zu rechtfertigen (Michels 1994, S. 1136). Wisdom (1967) wies jedoch darauf hin, dass »die Reaktion ihrerseits interpretiert werden muss, bevor wir überlegen können, ob sie die getestete Interpretation bestätigt oder zurückweist. Dies sieht jedoch verdächtig nach einem zirkulären Prozess aus, weil es kaum sinnvoll erscheinen kann, eine Interpretation durch eine andere zu testen, deren Wahrheit genauso fragwürdig sein kann« (S. 46). Aus diesem und anderen Gründen haben einige Forscher (z. B. Schmidl 1955) den Gebrauch der Reaktionen des Patienten als ein Kriterium der Rechtfertigung abgelehnt. Andere argumentieren gegen das Kriterium der »günstigen Effekte« (durch die Interpretation) mit der Begründung, dass therapeutische Verbesserung auch auf unexakte Interpretationen erfolgen kann oder auf gar keine Interpretationen.

Aus all diesen Gründen ist die Möglichkeit zur Überprüfung von Interpretationen während der laufenden Behandlung von Patienten relativ begrenzt. Eine definitivere Rechtfertigung klinischer Interpretationen bedarf zusätzlicher Untersuchung nach Therapieende, die sich auf den gesamten therapeutischen Prozess stützt, den der Therapeut oder der klinische Forscher retrospektiv so detailliert wie nötig studieren können. Dieser Prozess kann vielfältige, methodisch zunehmend genaue Methoden der Überprüfung inklusive mikroanalytischer Verfahren verwenden.

Genaue Fallbeschreibungen von vollständigen Analysen können sich nicht allein auf das Gedächtnis verlassen, sondern sie müssen gute klinische Aufzeichnungen heranziehen. Michels bemerkt in seinem Artikel, dass »Tonbandaufnahmen und Verbatim-Transkripte [...] zurzeit ›state of the art‹ [sind], da sie [...] Daten der höchsten Qualität liefern« (S. 23), aber er ergänzt, dass es andere Herangehensweisen gibt. Shakow (1960) behauptete zum Beispiel, dass wichtiger Fortschritt in der Psychoanalyse »durch die Fähigkeit, Daten zu konzeptualisieren entstehen wird, mehr als vom eleganten Sammeln von Daten« (S. 96). Und Freud, entgegen dem weit verbreiteten Glauben, hat Verlaufsnotizen nicht kategorisch verboten; er empfahl lediglich, dass

Therapeuten nicht versuchen sollen, vollständige Protokolle zu erstellen wie ein Stenogramm. Er hatte nichts gegen kurze Notizen »im Falle von Daten, Traumtexten oder besonders bemerkenswerten Ereignissen« (Freud 1912e, S. 379; siehe auch 1909d, S. 385).

Wolfson und Sampson (1976) haben demonstriert, dass Prozessnotizen für die Erfassung repräsentativer Stichproben der gesamten klinischen Daten als Verbatim-Transkripte günstiger sind, und Spence (1979, S. 494) glaubt, dass Prozessnotizen tatsächlich besser sind als Verbatim-Aufzeichnungen, weil sie Bezüge zur inneren Reaktion des Therapeuten und zu seinen interpretativen Überlegungen enthalten (siehe auch Argelander 1984). Ich wende eine zweistufige Methode an, um Prozessnotizen zu erstellen. Während der Therapiesitzung nehme ich schnell sehr kurze Notizen auf, die die Sequenz sowie das Wesentliche der Assoziationen des Patienten wiedergeben. Unmittelbar nach jeder Stunde oder so bald wie möglich verwende ich diese kurzen Notizen, um zusätzliche Details bezüglich dessen, was sich in der Stunde ereignet hat, zu diktieren (siehe auch Spence 1982, S. 218–232).

Trotz der Schwierigkeiten, klinische Aufzeichnungen herzustellen und zugänglich zu halten, erscheint ihr klinischer, wissenschaftlicher und pädagogischer Wert evident. Greenacre (1975, S. 711–712) hat berichtet, dass ihr das Durchsehen der Notizen geholfen hat, Verbindungen zu erkennen, die sie vorher nicht wahrgenommen hatte, und Fisher und Greenberg (1977) betonen, dass, damit Psychoanalyse wissenschaftlich untersucht werden kann, »das Einzige, was notwendig ist, eine klare und wiederholbare Buchführung über das Beobachtete ist« (S. 9). Ich würde hinzufügen, dass klinische Aufzeichnungen auch notwendig sind für den wichtigen aber vernachlässigten Prozess, Interpretationen zu rechtfertigen, was wiederum den wissenschaftlichen, pädagogischen und therapeutischen Wert unserer Fallberichte erhöht.

Freud und andere Analytiker haben über ein Dutzend unterschiedlicher Methoden vorgeschlagen, um Interpretationen zu begründen; diejenigen mit mehr Beweiskraft beziehen sich auf Daten der gesamten Analyse. Diese Methoden schließen ein in der Reihenfolge ihrer relativen Vollständigkeit:

(1) pluralistische Methodologien (Kombinationen der folgenden Methoden);
(2) Kreuzvalidierung von unabhängigen Datensätzen aus derselben Analyse;
(3) Konvergenz der Evidenz aus verschiedenen rechtfertigenden Methoden;

(4) organisierte, ineinander greifende Mikrostrukturen, die den Interpretationen zugrunde liegen;
(5) »indirekte« Postdiktion (Klassen von vorangegangenen Ereignissen vorhersagen);
(6) »indirekte« Vorhersage (Klassen zukünftiger Ereignisse vorhersagen);
(7) Wiederholen von Themen und Mustern;
(8) Kohärenz (interne Konsistenz) und Verständlichkeit;
(9) die Reaktion des Patienten auf eine Interpretation;
(10) quantitative Methoden;
(11) externe Evidenz (z. B. alte Tagebücher, Krankenakten, Familienfilme);
(12) Überprüfung durch Beobachtung;
(13) Überprüfung durch Implikation und
(14) Ausschließen des Unwahrscheinlichen.

Für eine detaillierte Darstellung dieser Überprüfungsmethoden und klinische Illustrationen innerhalb einer Fallgeschichte vergleiche Rubovits-Seitz (1998, S. 211–282).

Imre Szecsödy[5]

Es ist beides, eine Ehre und eine Herausforderung, auf Robert Michels umfassenden und interessanten Beitrag zu antworten. »Psychoanalyse«, beginnt er, »basiert auf Theorien und klinischen Daten, den Ereignissen, die sich im Sprechzimmer zwischen Patienten und Analytikern zutragen.« Er weist dann auf den Mangel an ausführlichen Fallberichten hin und bemerkt, dass »die klinischen Daten in unserer Literatur mit immer größerer Wahrscheinlichkeit aus Vignetten und Schnappschüssen bestehen als aus Berichten in voller Länge.« Michels betont, wie wichtig es ist, »den psychoanalytischen Prozess als Ganzen zu verstehen, die Geschichte der sich entfaltenden Beziehung zwischen Patient und Analytiker und ihren Einfluss auf alles, was sich in der Analyse ereignet«. Er organisiert seine Diskussion nach fünf Perspektiven:

---

5 Szecsödy, Imre (2000): Commentary on Michels's »The case history«. Journal of the American Psychoanalytic Association 48: 397–403.

(1) die Natur und
(2) den Zweck von Fallberichten,
(3) mündliche versus schriftliche Berichte,
(4) die Beziehung zwischen Fallberichten und Analysen und
(5) wie der Fallbericht einen speziellen Blick auf die Analyse ermöglicht, »indem er das Bewusstsein des Analytikers und sein sich Wohlfühlen vis-a-vis seiner Intentionen deutlich werden lässt« und mehr ausdrückt, »als der Analytiker weiß, da er wenigstens zum Teil ein Gegenübertragungsthema oder eine Gegenübertragungsinszenierung ist«.

Es ist leicht, seinem Text zu folgen, da er seinen Standpunkt klar darstellt. Seine Schlussfolgerung lautet:

> Es sei »wesentlich erhellender [...], dass Analytiker uns, so gut es ihnen möglich ist, mitteilen, warum sie uns überhaupt etwas mitteilen wollen, und dann eine Darstellung dieser Intentionen mit der Darstellung der Analyse verbinden. Die peinlichst genaue Wiedergabe detailliertester Daten, losgelöst vom Kontext, warum sie ausgewählt wurden, für welches Publikum und zu welchem Zweck, sind wie ein von der Identifikation des Gewebes, des Organs, der Spezies oder der Einfärbung isoliertes elektronenmikroskopisches Bild – es ist eine Demonstration einer von der wissenschaftlichen Relevanz isolierten Methode« (S. 36).

Dies ist, worauf ich fokussieren möchte: der Aspekt des *Zwecks* eines Fallberichtes. Ich werde die Notwendigkeit betonen, Fenster auf den analytischen Prozess zu öffnen.

Verstehen, Teilen von Erfahrungen, Introspektion und Empathie sind Voraussetzungen für die psychoanalytische Behandlung, aber irgendeine Art von objektivierenden Methoden ist ein unverzichtbares Korrektiv (Thomä/Kächele 1973). Analytiker haben ein emotionales Bedürfnis, ihre Arbeit in einer Weise auszuführen, die zu ihrer Persönlichkeit passt, und jeder stellt in seinem Sprechzimmer eine einzigartige individuelle Atmosphäre her. Der Analytiker konstruiert die psychische Realität des Patienten im Rahmen der psychoanalytischen Theorie, die er bevorzugt. Sydney Pulver (1987) hebt dies in einer faszinierenden Diskussion der von Martin Silverman präsentierten klinischen Daten hervor: »Die theoretische Orientierung eines Analytikers hat bedeutendes Gewicht bzgl. der Art und Weise, wie er über Patienten denkt und mit ihnen arbeitet« (S. 289). Ich würde hinzufügen, dass alle, die Silvermans Vortrag diskutierten, hauptsächlich daran interessiert zu sein schienen, ihre eigenen Ideen darzulegen. Kaum jemand versuchte zu verstehen, warum Silverman so dachte und arbeitete, wie er es tat. Pulver stellt eine »bemerkenswerte Frage: Wie können Kliniker, die so unterschiedlich denken und sich verhalten, gleich gute analytische Ergebnisse erzielen?« (ebd.). Sind die Unterschiede mehr scheinbar als real? Sind die persönlichen Vorlieben ausreichend, um das, was erforscht wird, zu verfälschen? Werden die Unterschiede dramatisiert? Gibt es spezifische Faktoren, die in der Psychoanalyse wirken, oder kommt es auf den unspezifischen Faktor, der alle psychodynamischen Therapien auszeichnet, an? Ist es so, dass Patienten, wenn sie »sich an die Art des Therapeuten zu arbeiten, gewöhnt haben, sich de facto verstanden fühlen?« Und dass »alle Analytiker dieselben unbewussten Affekte und Phantasien in der Übertragung ausarbeiten, auch dann, wenn sie dies auf unterschiedlichen Ebenen tun?« (ebd.) In derselben Diskussion wies Evelyne Albrecht Schwaber (1987) darauf hin, dass »die Position der Diskutierenden nicht überzeugen kann, weil sie für Alternativmodelle plädieren, ohne gleichzeitig einen Weg zu untersuchen, deutlich zu machen, wie ihr Modell sich auf das Erleben des Patienten auswirken würde« (S. 275).

Wir könnten schlussfolgern, dass Psychoanalytiker nicht eine, sondern mehrere Modelle der Psyche haben, und dass diese die Art und Weise beeinflussen, wie wir Daten über klinische Arbeit sammeln und diese anderen vermitteln, um zu lernen, zu lehren, wissenschaftlich zu arbeiten, eine Qualifikation zu erreichen oder zu anderen Zwecken, seien es rhetorische, politische oder soziale. Wie Schwaber (1996) betont: »die Sicht des Analytikers auf das Verhalten eines Patienten ist keine Tatsache bezüglich des Erlebens des Patienten; solange dieser Unterschied nicht explizit gemacht wird, werden Hypothesen und Tatsachen vermischt« (S. 246). Auch Steven Cooper (1996) warnt, dass »Tatsachen immer mit einer Meinung verbunden sind«. Sie sind Fiktionen, merkt er an, »von vorübergehender Glaubwürdigkeit und vergehender Nützlichkeit« (S. 259); »unsere Fakten und Formulierungen sind Fiktion insofern als unsere Haltung oder unsere Interpretation ein bewusster Versuch sind, Bedeutung zu schaffen« (ebd., S. 260).

Meiner Meinung nach ist es Ziel der Psychoanalyse, Veränderung zu fördern, Wachstum und Emanzipation für das belastete Individuum. Die Aufgabe besteht darin, eine spezifische Beziehung in einem spezifischen Rahmen herzustellen, in welchem dem Patienten Einsichten in bewusst und unbewusst inszenierte Erfahrungen, Erwartungen, Wünsche und Ängste zugänglich werden. Zentral in dieser Arbeit ist die konsequente Anwendung der sogenannten mobilen Aspekte des Rahmens – die kontinuierliche, reflektierende Betrachtung unserer Arbeit gemeinsam mit dem Patienten unter Verwendung der impliziten Regeln und basalen Annahmen der Psychoanalyse inklusive unbewusster Motive, Übertragung, Gegenübertragung und der historischen und narrativen Bedeutung von Symptomen. Der Rahmen macht es dem Analytiker auch möglich, »sich einzustimmen auf die affektiven Zustände des Patienten, für genügend feste Grenzen zu sorgen, um gesunden Protest aufzunehmen und eingestimmt zu sein in die Gegenübertragung, sodass weder Ziellosigkeit noch Kontrolle überwiegt« (Holmes 1998, S. 237). Innerhalb des Rahmens kann das »implizite Beziehungswissen« (Stern et al. 1998) von beiden, Analysand und Analytiker, erkannt und verändert werden. Die umfassenden Ziele der Analyse bestehen darin, das Sich-Entfalten eines Entwicklungsprozesses in Gang zu setzen und eine neue Weise zu konstruieren, sich selbst mit einem anderen zu erleben. Nach Holmes und Stern ist dies nicht so weit von klassischer Psychoanalyse entfernt. Was neu ist, ist der Kontext, in dem Psychoanalyse praktiziert wird, die Einführung von Ideen aus der Entwicklungsforschung und Psychotherapie-Ergebnisforschung sowie die Möglichkeit, analytische Techniken mit Techniken anderer Therapieverfahren zu verbinden.

Um den psychoanalytischen Prozess zu studieren, ist es notwendig, Veränderungsprozesse im Zeitverlauf zu verfolgen und wiederholt Information darüber zu gewinnen, wie sich diese Veränderungen während der Behandlung entwickeln. Diese Prozesse schließen die Veränderung in der Weise, wie der Patient sich selbst und den anderen wahrnimmt (Mentalisierungsfunktion oder reflective functioning, siehe Fonagy 1995), Veränderung in der Dynamik der Interaktion und Veränderung in der Qualität der Beziehung ein. Die Wissenschaft hat gerade erst angefangen, sich auf den Prozess der Veränderung in der Psychoanalyse zu konzentrieren (siehe z. B. Bachrach 1995; Bucci 1985; Teller/Dahl 1995; Emde 1991; Fonagy 1995; Gill/Hoffman 1982; Horowitz 1993; Kächele/Thomä 1995; Kantrowitz 1995; Kernberg 1995; Luborsky/Luborsky 1995; Thomä/Kächele 1973; Wallerstein 1986; Weiss et al. 1986). Unglücklicherweise löst empirische Forschung gelegentlich Widerstand in der psychoanalytischen Gemeinschaft aus. Zum Beispiel wurde 1974 auf der Herbsttagung der American Psychoanalytic Association mit Nachdruck empfohlen, dass in den Instituten und Gesellschaften eine wissenschaftlichere Atmosphäre gefördert werden sollte, eine Atmosphäre, in welcher Mitglieder, Lehrende und Kandidaten beim Verständnis, dem Herausfordern und Erweitern der psychoanalytischen Methode und Theorie zusammenarbeiten können. Größter Wert wurde darauf gelegt, ein Klima herzustellen, in dem das selbstständige Studieren und aktive Lernen in der Verantwortung der Studierenden liegen. Engere Zusammenarbeit mit Universitäten wurde empfohlen, und es wurde vorgeschlagen, Ausbildung in Forschungsmethodik (vielleicht sogar die Mitarbeit in einem Forschungsprojekt) zu einem integralen Teil der Ausbildung zu machen, der früh im Curriculum beginnt. Trotz dieser Empfehlungen gab es 1998 nur vier Institute, an denen Forschung ins Curriculum aufgenommen war (Schachter/Luborsky 1998).

Obwohl eine große Anzahl von psychoanalytischen Behandlungen in den letzten dreißig Jahren auf Tonband aufgenommen wurden, gibt es doch noch einen starken Widerstand unter Analytikern, ihre Stunden aufzuzeichnen. Es wird argumentiert, dass Analytiker und Analysand, wenn sie aufgenommen werden, nicht länger Analyse betreiben, oder dass das Studium eines Transkriptes nichts von dem verrät, was sich zwischen und in den Teilnehmern abspielt. Gill und seine Kollegen (Simons et al. 1970) zitieren Glover dahingehend, dass die Tonbandaufnahme einer analytischen Sitzung die zentralsten spontanen Aspekte der Reaktionen des Analytikers zerstören würde.»Er sprach jedoch nicht aus eigener Erfahrung mit Tonbandgeräten, und unsere Erfahrung führt dazu, dass wir bezweifeln, dass er Recht hatte« (S. 95). Gill et al. (1968) versuchten herauszufinden, ob die aufgenommene Therapie die wesentlichen Bestandteile einer Analyse aufweist, und den Einfluss des Aufnehmens auf die beiden Beteiligten zu studieren.

>»Unsere Erfahrung«, so schlussfolgerten sie, »führt uns dahin zu glauben, dass die Schwierigkeiten einer aufgenommenen Forschungsanalyse übertrieben wurden und nicht anders sind als die Probleme irgendeiner normalen Analyse. Wie mit so vielen Dingen ist es auch hier, wenn wir überzeugt worden sind, dass sich das Unterfangen lohnt und uns dazu gebracht haben, spezifische Probleme wahrzunehmen und mit ihnen umzugehen, sind sie nicht halb so ein Schreckgespenst wie sie schienen, als sie noch im Bereich des Unsichtbaren und Unaussprechlichen waren« (S. 243).

Ein weiteres Hindernis, den psychoanalytischen Prozess zu beforschen, ist die Idee, dass die Gegenwart eines »Dritten« die Vertraulichkeit aufs Spiel setzt. Ich stimme mit Gill überein, dass

> »Vertraulichkeit nur Sinn macht in Bezug darauf, was sie für die beiden Teilnehmer bedeutet. Das Arbeitsbündnis ist letztlich auf Vertrauen gegründet, und Vertrauen gründet sich – angenommen der Patient ist nicht einer, der unfähig ist zu vertrauen – darauf, dass der Analytiker dem Patienten im Verlauf der gemeinsamen Arbeit zeigt, dass er in der Tat vertrauenswürdig ist. Vertrauen wird weder durch das formale Kriterium der Vertraulichkeit garantiert noch durch seine Abwesenheit zerstört, genauso wenig wie die analytische Situation durch formale Kriterien wie Frequenz der Sitzungen, liegende Position etc. garantiert wird noch zerstört durch ihre Abwesenheit« (S. 238).

Wie der Bericht des »House of Delegates Committee« über die Krise der Psychoanalyse hervorhob (1997), »stehen wir an einem entscheidenden Punkt in der Geschichte der Psychoanalyse (von einigen als Wendepunkt, von vielen als Krise bezeichnet), wenn wir keine klugen Entscheidungen treffen, wird die Psychoanalyse tot sein – wenigstens als Therapieform – obwohl sie in anderen Feldern wie Literatur und Kunst überleben mag«. Wie wir wissen, verringert die Gesellschaft – die ökonomisches Wachstum und Produktivität ebenso wie die schnelle Beseitigung von Leiden enorm betont – ihre Ausgaben für die Humanwissenschaften und für Forschung, die keine sofortigen Lösungen für Probleme verspricht. Dieser abnehmende Grad an Unterstützung wird sicher diejenigen zum Schlechteren beeinflussen, die psychoanalytische Behandlung oder Ausbildung suchen. Ich bezweifele nicht, dass Psychoanalyse effektiv ist, die Methode der Wahl für eine wichtige Patientengruppe, aber es ist schwierig, dies zu beweisen. Wie Arnold Cooper (1995) feststellt:

> »Unsere Fähigkeit, Patienten für eine Analyse auszuwählen, ist gering, die Hälfte von ihnen entwickelt nie einen analytischen Prozess; sie zeigen Verbesserungen, aber es kann nicht gezeigt werden, dass dies das Ergebnis spezifischer Komponenten ist, es gibt Beispiele, die zeigen, dass das Gegenteil der Fall ist. Wir würden gerne allen Interessenten zeigen, dass wir, basierend auf klarer Evidenz, das therapeutische Resultat mit vernünftiger Sicherheit voraussagen können« (S. 385).

Das wichtigste Ergebnis von drei Studien (Bachrach 1995; Kantrowitz 1995; Wallerstein 1995a) besagt, dass weder erfahrene Kliniker noch differenzierte psychologische Tests das Ergebnis vorherzusagen vermögen, wenn sie den Patienten allein beurteilen.

Wir müssen mit dem relativen Mangel an gut dokumentierter Forschung, die den Wert und die Effizienz psychoanalytischer Behandlung belegen, umgehen. Wir müssen in der Lage sein, unser Wissen, unsere Erfahrung und die Ergebnisse unserer Forschung dritten Zahlenden, unseren Kollegen, die nicht Analytiker sind, und der Öffentlichkeit zu »verkaufen«, und das verlangt, dass wir unsere Arbeit in einer Weise darstellen, die sie verständlich und nützlich macht. Wir müssen in der Lage sein zu zeigen, dass Analyse schlussendlich eine lohnende Investition an Zeit und Geld ist. Es ist notwendig, dass wir den Dialog mit anderen Disziplinen vertiefen (Neurowissenschaften, Sozialwissenschaften, Geisteswissenschaften) und in der Gesellschaft wirken. Wir müssen erforschen, wie Psychoanalyse wirkt, und bestimmen, welche Art von Interventionen unter welcher Art von Bedingungen welche Art von Veränderungen auslösen. Wir müssen an unseren Instituten und in unseren Gesellschaften diese wissenschaftlichere Atmosphäre fördern, zu der wir 1974 gedrängt wurden. So verstehe ich Michels Emphase, dass wir »keine Analytiker anerkennen sollten, die keine analytischen Interessen haben außer der analytischen Behandlung ihrer Patienten. Sie sind Praktiker aber keine Professionellen, weil sie es unterlassen, beizutragen für ihre Kollegen oder zukünftige Patienten«.

David Tuckett[6]

Robert Michels kundige und scharfsinnige Diskussion der Geschichte der psychoanalytischen Fallgeschichte exponiert auf eine Weise, die wir von ihm zu erwarten gewöhnt sind, den immer noch chaotischen Zustand unserer Intentionen, wenn wir versuchen, aus dem, was wir einander über das, was wir tun, sagen, Schlüsse zu ziehen.

Michels Überblick ist exemplarisch und ergänzt ein früheres Bestreben von Widlöcher (1994), das ich parallel zu lesen interessant fand – teilweise als einen interessanten Vergleich von französischen und amerikanischen

---

6 Tuckett, David (2000): Commentary on Michels's »The case history«. Journal of the American Psychoanalytic Association 48: 403–411.

Ansichten zu diesem Thema. Widlöcher als Inhaber des Charcotschen Lehrstuhles an der Salpetrière fokussiert interessanterweise weniger auf die Fragestellung, inwieweit klinische Berichte irgendetwas »beweisen« können, sondern mehr auf die Fragestellung, wie Kliniker aus Erfahrung lernen können. Der Unterschied in der Betonung ist relevant für Widlöchers akademische Stellung. Man hat argumentiert, dass Freud bei seinem Besuch bei Charcot in der Salpetrière gelernt hat, klinische Daten in einer Weise zu werten und zu interpretieren, die von dem Vorgehen in der deutschsprachigen, physiologisch ausgerichteten Medizin jener Tage ziemlich verschieden war (Schwartz 1999, S. 38). Wie Freud (1893f) berichtete, hat Charcot bemerkt: »La theorie c'est bon, mais ca n'empeche pas d'exister (Theorie ist gut, aber sie verhindert nicht die Existenz anderer Dinge)« (S. 23). Die Spannung zwischen der Schwierigkeit, »reine« klinische Erfahrung zu benutzen, um die Wissenschaft voranzutreiben, und der Notwendigkeit, dies zu tun, scheint mir fortzubestehen und wunderbar eingefangen zu sein in Michels Vortrag wie auch in gegenwärtigen Unsicherheiten darüber, wie Analytiker Vertrauen in ihre Ideen entwickeln sollten. Jedoch ist mein Hauptanliegen in diesem Kommentar, vier der Hauptpunkte, die Michels angesprochen hat, aufzugreifen und sie ein wenig weiter zu betrachten.

Wissenschaft

Das erste Thema ist die Frage, wie wir klinische Daten betrachten. Michels zeigt die enorme Schwierigkeit, sichere Schlussfolgerungen aus klinischem Material zu ziehen, das wir bis dato in unserer Disziplin angesammelt haben. Er wirft die Frage auf, was »wissenschaftliche Daten« ausmachen könnte und wie die »Auswahl«, die typischerweise in psychoanalytischer klinischer Präsentation enthalten ist, »wissenschaftlichen« Kriterien entsprechen kann. Spott vermeidend, demonstriert Michels en détail Grenzen der Bemühungen bis heute und das Versagen, sich während der letzten hundert Jahre weiterzubewegen. Ich stimme vollständig zu.

Bei jeder Betrachtung dieser Dinge riskieren wir, wie ich denke, zwischen der Skylla der Naivität und der Charybdis des Nihilismus hin- und herzuschwanken. Zu diesem Zeitpunkt der Geschichte und Philosophie der Wissenschaft ist es sicher gut etabliert, dass weder »Wahrheit« noch »Fakten« außerhalb einer dialogischen Betrachtung durch Kollegen bezüglich ihrer Validität existieren. Aber das ist nicht dasselbe wie zu sagen, dass jede Meinung so valide ist wie jede andere. Wahrheit und Fakten werden beide durch Debatten hergestellt. Eine erste Überlegung für eine Debatte innerhalb eines solchen Dialoges wird es sein, die Beobachtungshaltung festzulegen, von der aus Ansprüche auf Wahrheit und Fakten ausgehen. Michels demonstriert, wie alle Beobachtungen von einer intentionalen Stellung ausgehen – das heißt von bewussten und unbewussten Intentionen. Intentionen stellen den Kontext für die unvermeidliche zeitliche und räumliche Auswahl dar, wann immer wir versuchen, irgendetwas über irgendetwas zu sagen. Hier geht er der Sache auf den Grund. Zusätzlich möchte ich betonen, dass die Erklärung, alle Beobachtung sei fehlerhaft, von geringem Interesse ist, außer in einer Debatte mit Naiven. Wesentlich wichtiger für das Feststellen von Validität ist eine Einschätzung der Richtung, in der ein systematischer Fehler ein Argument kippen wird. Eine Internet-Debatte, die 1999 durch ein Editorial im International Journal of Psycho-Analysis von Spence angeregt wurde, drehte sich um den Effekt von Intentionen im Bericht klinischen Materials. Es ging um Verzerrungen, die durch Berichte eingebracht werden, die mit der Absicht der Publikation von Schlussfolgerungen aus klinischen Daten erstellt werden und solcher mit dem Ziel der Zulassung durch die American Psychoanalytic Association.[7]

Mündliche und schriftliche Berichte

Ein zweites Thema, das Michels aufwirft, ist der Unterschied zwischen mündlichen und schriftlichen Berichten. Ich bin sicher, dass er Recht damit hat, den Unterschied zu betonen, und ich denke, dass das Prob-

---

[7] Das folgende Statement wurde kürzlich an die Mitgliederliste der American Psychoanalytic Association im Internet verschickt: »In der Tat, was Spence (1999) nahe legt, ist, dass Fallberichte das Ergebnis von »*bewusstem* und vorbewusstem narrativem Glätten ist« (Hervorhebung hinzugefügt). Um offen zu sein, ich denke, er sagt, dass das Fallmaterial, auf das die Berichte gegründet sind, als eine Art Rohmaterial oder Formerde dienen, aus der fiktionale (Spences Wort) Berichte von Fällen geformt werden – Berichte, die dem Verlauf einer idealisierten Analyse folgen, einem Verlauf, von dem die Bewerber offensichtlich denken, dass das Komitee ihn sehen will. Wenn das wirklich so ist, dann ist das, was im Zertifizierungsprozess de facto ausgewertet wird, die Fähigkeit des Bewerbers zu erkennen, wie ein idealisierter Fall klingen würde, und dann einen Bericht zu entwerfen, der diese Fähigkeit widerspiegelt – in anderen Worten »das Spiel zu spielen« (Mosher 1998).

lem, welches auf diese Weise in jede Überlegung zur Validität unserer klinischen Literatur eingebracht wurde, bedeutend ist. Angesichts meiner eigenen Beschäftigung damit, die Entwicklung unserer Disziplin durch das geschriebene Wort zu fördern, denke ich jedoch, es könnte möglich sein, das Problem etwas exakter zu analysieren, um festzustellen, wo die Schwierigkeit tatsächlich liegt. Die Problematik zu verstehen, könnte uns befähigen, sie anzugehen.

Für mich schneidet Michels das Thema der Notwendigkeit an, das Niveau der Daten, die kommuniziert werden, zu spezifizieren und hierauf gründlichere und sorgfältigere Überlegung zu verwenden als bisher üblich. Das gesprochene und das geschriebene Wort transportieren Sinn in etwas unterschiedlicher Weise. Das erstere vermittelt symbolische Bedeutung innerhalb eines direkt beeinflussten Kontexts von affektiven und interaktionellen Kanälen, die uns weitgehend unbewusst sind (siehe auch Canestri 1994; Tuckett 1983). Wenn dies zutrifft, dann müsste diese Behauptung auf beide zutreffen, auf die Mitteilungen des Patienten an den Analytiker und die Bemerkungen des Analytikers gegenüber dem Patienten. Wenn der Analytiker einen Bericht über einen Teil einer Stunde vorstellt, teilen sich diese verschiedenen Ebenen der Kommunikation dem Publikum unbewusst mit. Ich schlage vor, dass die Kombination von Präsentation und Diskussion dann, wenn die spezifischen Positionen von Vortragendem und Publikum angemessen beachtet werden, eine besondere Qualität der Validierung erzeugen sollten (Tuckett 1993,1994b).

Dies alles führt zu der grundlegenden Frage, was Daten in der klinischen Psychoanalyse tatsächlich sind. Hier, so denke ich, können wir die Prämisse nicht umgehen, dass das Beobachtungsinstrument die Subjektivität des Analytikers und der Kontext für diese Subjektivität das spezifische Setting der 50-Minuten-Stunde ist. Diese Ansicht hat mich argumentieren lassen (Tuckett 1994b), dass

> »innerhalb des Fokus, der durch die Hintergrundorientierung für jeden Analytikers Beobachten und Zuhören zur Verfügung steht, [...] wenn Psychoanalyse unternommen wird, *die Ereignisse, die vom Analytiker in der Stunde wahrgenommen werden*, vorausgesetzt sie werden innerhalb des Rahmens der frei schwebenden Aufmerksamkeit und freien Assoziation wahrgenommen, das sind, was als *die* Daten der Psychoanalyse zu betrachten sind« (S. 1160–1161; Betonung hinzugefügt).

Ich bin noch dieser Ansicht und in diesem Sinne glaube ich jetzt,

> »dass, wenn ein angemessen detaillierter klinischer Bericht vorliegt mit der Absicht zu beschreiben, was tatsächlich in der Stunde vor sich gegangen ist, dieser Bericht dann sinnvollerweise als die klinischen Fakten enthaltend anzusehen ist. Der Bericht wird Information darüber enthalten, was der Analytiker wahrgenommen hat, und kann sogar auch durch Andeutungen, die andere Analytiker sehr wahrscheinlich bemerken, wichtige und bedeutsame Informationen geben über das, was unbewusst wahrgenommen, aber nicht unmittelbar verstanden wurde oder sogar, was vollständig ignoriert wurde ...« (ebd., S. 1161).

Im letzten Abschnitt habe ich den Begriff *frei schwebende Aufmerksamkeit* nicht im Sinne von »den Kopf freibekommen« von Gedanken und Erinnerungen verwendet, sondern vielmehr als die Fähigkeit zuzulassen, dass alle möglichen Gedanken, Tagträume und Assoziationen im Bewusstsein des Analytikers auftauchen. Sie werden dort registriert, während er oder sie gleichzeitig dem Patienten zuhört und ihn aufmerksam wahrnimmt (siehe auch Sandler 1976, S. 44).

Ich wiederhole diesen Standpunkt über die Subjektivität von Daten, weil ich denke, wir könnten erheblich verwirrt werden, wenn wir dächten, wir könnten das Problem klinischer Daten durch irgendeine Form der Pseudoobjektivität lösen. Das Grundproblem kann weder dadurch angegangen werden, dass wir Regeln festsetzen, die die analytische Aktivität erschöpfend vorschreiben, noch durch Audio- oder Videoaufnahmen der Stunden (oder in Zukunft das Aufnehmen von messbaren Hirnaktivitäten). Ich bin nicht gegen Aufnahmen. Es kann durchaus interessant sein, sie zu benutzen, um zu sehen, was bemerkt wird und was nicht, und um herauszufinden, was der Analytiker dazu zu sagen hat. Aber das Wesentliche der Psychoanalyse besteht darin, dass der Analytiker als ein aufnahmefähiges menschliches Wesen, das Sinn innerhalb eines kommunikativen Feldes herstellt, unbewusst (wie auch bewusst) die Daten innerhalb eines Rahmens von Bedeutungen aufnimmt. Ein subjektiver Bericht ist deshalb eher unverzichtbar als ein »objektives« Transkript.

Wenn etwas in dieser Richtung akzeptiert ist, können wir einige Richtlinien festhalten, um Intentionalität direkt zu berücksichtigen und um mehr evidenzbasierte schriftliche Argumente in unserem Feld zu ermöglichen, als dies bisher machbar war. Der Bericht des Analytikers muss als Hintergrundinformation das enthalten, was er oder sie notwendig findet, um die subjektiven Ereignisse, die berichtet werden sollen, zu erklären. Der Bericht muss auch Informationen darüber enthalten, wie sich der Analytiker fühlte und wie er oder sie zu diesem Zeitpunkt sowohl die Worte des Patienten wie auch seine oder ihre Reaktionen verstand. Der Bericht muss enthalten, was der Analytiker dachte, was er oder sie dem Patienten sagte, wenn er/sie eine Intervention machte, eine Idee darüber, wie der Patient reagierte und was der Analytiker daraus machte. Wenn man einen solchen Bericht schreibt, ist das Ziel, etwas von dem zu vermitteln, was in mündlichen Berichten oft präsent ist, und wir müssen uns auf des Autors Integrität verlassen, uns die Fakten so zu vermitteln, wie er oder sie sie erlebt hat[8]. Hier könnten Herausgeber von Zeitschriften und andere Publizisten darauf bestehen, dass etwas dieser Art der minimale Ausgangspunkt für Autoren sein sollte. Aber meiner dialogischen Sicht treu bleibend, wie man Wahrheit durch Vertrauen herstellt, würde ich jederzeit ein explizites Argument zulassen, etwas anders zu machen.

Schädliche Effekte

In seinem gründlichen Überblick bedenkt Michels die schädlichen Effekte der Intentionen der Analytiker auf ihre potenziellen Wahrheitsansprüche bei Berichten und den möglichen Einfluss dieser Intentionen auf die Daten. Ich stimme zu, dass dies eine Angelegenheit ist, über die zu spekulieren bezüglich der Validität der präsentierten klinischen Daten (für einen bestimmten Zweck) legitim ist. Ich glaube, dies verdient weitergehende Gedanken, als Michels darauf verwandt hat. Zunächst denke ich, wir sollten zwischen offenen (und unehrlichen) Entstellungen und den nicht beabsichtigten, systematischen Fehlern trennen. Ersteres, ein Problem in allen Disziplinen, ist nicht leicht anzugehen, es sei denn man besteht auf sehr viel mehr als nur einem gut geschriebenen Bericht, bevor man sich bezüglich irgendeiner Behauptung sicher fühlt. Darüber hinaus denke ich, dass die Angst, Aufzeichnungen

---

8 Dies ist zugegebenermaßen eine Achillesferse, aber man sollte sich daran erinnern, dass auch sogenannte harte Wissenschaften einige Fälle von Betrug zu verzeichnen hatten und dass diese nicht weit verbreitet waren (in der Tat konnten sie dies nicht sein, weil das Konzept des Betrugs die Annahme voraussetzt, dass die meisten Menschen ehrlich sind). Als Schutz haben wir unser kollektives Gefühl der Überzeugung und die Erwartung, wie in anderen Gebieten, dass lohnende und nützliche Ideen sich als nützlich erweisen werden und dann auch von anderen berichtet werden.

nach der Sitzung könnten diese verfälschen – oder in der Tat jede Form der Aufzeichnung derselben –, tatsächlich etwas Grundsätzlicheres anzeigt, was in unserer Disziplin im Argen liegt.

Wie ich argumentiert habe, ist die Tatsache des systematischen Fehlers per se von geringer Bedeutung. Was wichtig ist, ist die systematische Richtung eines verzerrenden Effektes und seine Konsequenz für einen spezifischen Wahrheitsanspruch. Ich behaupte, die Rolle solch schädlicher Effekte wird übertrieben, solange sie abstrakt diskutiert wird (d. h. außerhalb des Kontextes einer spezifischen Behauptung, die wir validieren möchten). Meiner Meinung nach ist dies so, weil wir als Disziplin einen so niedrigen Standard des Aufzeichnens und Berichtens haben, dass wir ihre Auswirkungen argwöhnen. Ich erinnere daran, wie häufig Kollegen, die detaillierte Daten öffentlich vorstellen, als »mutig« bezeichnet werden – nur weil sie zeigen, was sie etliche Stunden des Tages, jeden Tages, im Austausch gegen Bezahlung tun. Wenn das Berufsethos eines Analytikers eine strikte normative Forderung nach regelmäßigen und systematischen Aufzeichnungen (durch Notizen nach der Stunde) enthielte, dann frage ich mich, ob der verzerrende Effekt des Aufzeichnens so groß sein würde (siehe auch Tuckett et al. 1985, S. 30–31). Seltenes Protokollieren und Berichten könnten die verzerrenden Effekte maximieren.

Eine zweite Überprüfung irgendeines Wahrheitsanspruches kann aus dem »Sehen, was als nächstes kommt« resultieren. Wir waren oft nachlässig in unserer Disziplin (und als Herausgeber, Autoren und Kommentatoren), indem wir zugelassen haben, dass Kollegen Theorien entwickeln, die auf Schnellschüssen basierten, ohne dass wir routinemäßig darauf bestanden haben zu erfahren, was sich am Ende ereignete. Ich erinnere mich gut an das große Erstaunen, das ich einmal bei einem älteren Kollegen hervorrief, als ich die Information weitergab, dass der Referent, der einen eingereichten Artikel dieses Kollegen besprochen hatte, nicht dachte, dass das präsentierte Material das Argument des Artikels unterstützte und mehr darüber wissen wollte, was später in ähnlichen Situationen geschah. Eine nachsichtige Interpretation der Unfähigkeit dieses Kollegen, dies zu beantworten, wäre, dass die Prozessaufzeichnungen vielleicht verloren gegangen waren. Weniger nachsichtig könnte argumentiert werden, dass das Argument des Autors nicht durch weiteres Material illustriert werden konnte. Die vergleichende Methode (Vergleich ähnlicher Situationen im Zeitverlauf) und die fantasievolle und aufmerksame Untersuchung von Einwänden (oder Widersprüchen) sind grundlegend für die Aufgabe, eine Disziplin mit wirklichem Vertrauen in sich selbst zu etablieren.

Verzerrungen anzugehen und in angemessener Form damit umzugehen, erscheint mir nicht besonders problematisch. Aber es wird von uns allen gefordert, dass wir uns zentralen Aspekten unserer klinischen und wissenschaftlichen Arbeit zuwenden, die vielleicht dringend verändert werden müssten. Es könnte sogar nötig sein, dass wir aus psychoanalytischer Perspektive überlegen, warum es so lange gedauert hat, diese ziemlich offensichtlichen Anforderungen zur Kenntnis zu nehmen.

Vertraulichkeit und Verschleierung

Michels schließt seinen Überblick mit einem doppelten Thema ab: Das Problem des klinischen Berichtens stellt sich, weil der Bericht einen Effekt auf den Patienten und dessen Behandlung hat; bemüht man sich dies zu vermeiden, führt dies zu Verzerrungen der Daten. Zu dieser Diskussion möchte ich nur zwei Punkte hinzufügen.

Das Problem, die Vertraulichkeit zu wahren, muss im Rahmen von Konflikten, die umfassender sind (Tuckett 1976, S. 193), gesehen werden. Die Rolle vieler Professioneller enthält eine Reihe von inhärenten, unlösbaren Konflikten, die allein von Fall zu Fall verhandelt werden können. Ich denke da an den Konflikt jedes Klinikers zwischen den Interessen eines Patienten zu einem bestimmten Zeitpunkt und diesem Patienten und allen anderen zu einem späteren Zeitpunkt. Dieser Konflikt ist in der gesamten Medizin gegenwärtig, wie in der Tat jedwede Innovation (z. B. in der Erziehung) von einer gegenwärtigen Population verlangt, Versuchskaninchen für die nächste zu sein. Ich möchte deshalb hervorheben, dass die Vorzüge und Nachteile für den Patienten, über den berichtet wird, fortlaufend mit den Vorzügen und Nachteilen späterer Patienten ausbalanciert werden müssen. Dieses Thema wird zu oft in fundamentalistischen Termini diskutiert. In meiner Sicht sind die negativen Effekte einer Profession, die nicht aus klinischer Erfahrung lernen kann, indem sie diese vollständig und offen im Detail miteinander teilt, alarmierend deutlich geworden. Das Risiko, dass einem individuellen Patienten durch Enthüllung geschadet werden kann, gibt es, aber es muss in diesem weiter gefassten ethischen Rahmen gesehen werden. Der Trend in vielen

Ländern (sicherlich in Großbritannien) geht in Richtung erheblich strengerer Regeln klinischer Kontrolle für verschiedene Professionen – und aus gutem Grund, wenn man das Recht der Öffentlichkeit auf angemessene Standards und alles, was wir über Einzelkämpfer in den verschiedensten Professionen wissen, bedenkt[9]. Dieser Trend macht das Entwickeln kreativer Lösungen für die Probleme der Vertraulichkeit zu einer dringlichen Aufgabe.

Zum Schluss kommend finde ich, dass Michels Botschaft und die grundlegenden Themen, die er aufwirft, ein rechtzeitiger Aufruf an unsere Profession sind, sich um die Probleme zu kümmern, die, wenn sie nicht gelöst werden, deren Anspruch auf Legitimierung gefährden. Wir sollten die Praxis der Psychoanalyse aus einem individuellen organisatorischen Kontext in einen kollektiven überführen – d.h. in das Arbeiten mit Individuen mit regelmäßigen und routinemäßigen Notizen für uns selbst und dem Diskutieren unserer Fälle mit Kollegen. Außerdem sollten wir von unserer gegenwärtigen Methode des Querschnittsberichts fort und hin zu Längsschnittsberichten schreiten. Das bedeutet: Es ist notwendig, dass wir mit Individuen arbeiten, aber wir könnten diese Arbeit in Gruppen organisieren (analog dem Hampstead Index Projekt). Solche Gruppen könnten sich routinemäßig treffen, um Hypothesen zu jedem Fall zu formulieren und deren Nützlichkeit im Detail und im Verlauf zu untersuchen. Solche Anstrengungen würden eine Chance für klinische Berichte und Forschung bieten, wenngleich vielleicht für den Preis von individuellem Narzissmus. Fälle und Befunde könnten von Studiengruppen statt Individuen veröffentlicht werden, auf diesem Weg würden Details der Vertraulichkeit sowohl berücksichtigt als auch erleichtert.

Arnold Wilson[10]

In dieser Diskussion möchte ich drei generelle Punkte ausführen:
(1) Das psychoanalytische Schrifttum über die Fallstudie hat bisher, zu seinem Nachteil, die Denkrichtung des Pragmatismus übersehen;
(2) die Fallgeschichte ist das Vehikel par excellence, um Probleme anzugehen

---

9 Bollas und Sundelson (1995) argumentieren überzeugend dagegen, dass sich die psychoanalytische Profession dem allgemeinen Trend in Richtung »Disclosure« öffnet.
10 Wilson, Arnold (2000): Commentary on Michels's »The case history«. Journal of the American Psychoanalytic Association 48: 411–417.

und zu lösen, die klinischer Arbeit innewohnen, und dies trifft auf die Psychoanalyse ebenso zu wie auf andere angewandte Disziplinen wie zum Beispiel das Recht (siehe auch Bromley 1986);
(3) der umfassende Vortrag von Michels ist faktisch ein Manifest des Pragmatismus, obwohl er sich nicht als solches zu erkennen gibt.

Psychoanalytiker haben sich in produktiver Weise mit den Implikationen verschiedener vorherrschender Trends heutigen Denkens befasst, wie zum Beispiel mit der Postmoderne, der linguistischen Wende in den Sozialwissenschaften und dem Aufstieg der kognitiven Neurowissenschaft. Es ist rätselhaft, warum uns die bemerkenswerte Wiederbelebung des Pragmatismus entgangen ist, da diese Bewegung doch zu so etwas wie einer »cause célèbre« geworden ist. Es liegt wenigstens ein Vorschlag auf dem Tisch, dass der zeitgenössische Pragmatismus eine integrative Alternative zu zwei ziemlich lauten Stimmen in den anhaltenden Kulturkriegen sein könnte. Der Vorschlag ist, kurz gesagt, dass wir epistemologische Einsichten und Wertbewusstsein einiger Strömungen der Postmoderne mit den methodologischen und konzeptuellen Errungenschaften des positivistischen Paradigma verbinden (Fishman 1999). Die Wendung zum Pragmatismus könnte auch dazu beitragen, eine Spannung in bestimmten psychoanalytischen Schriften über die Fallstudie, die vor Michels Arbeit erscheinen waren, zu entwirren. Jene Schriften stammen nicht zufällig von diesen selben scheinbar diametralen Polen. Einerseits fand Edelsons Vorschlag (1988), die »ehrlich« geschriebene Fallstudie als Chance zu nutzen, im Sinne Poppers zu testen, in der analytischen Ideenwelt nie große Verbreitung; dies teilweise, weil er eine Epistemologie suchte, die die klinischen Anliegen, die als Vehikel zur Fallstudie gehören, beiseite fegte (der Pragmatiker hat ebenso viel Interesse an anderen Formen von Wahrheitsansprüchen). Andererseits hatten die Ideen von Spence (1982) über die Fallstudie, dass diese unvermeidlich narrativ konstruierte klinische Daten liefert, auch nicht das Gewicht, das sie verdienten, weil auch sie die praktische Verantwortlichkeit eines Analytikers zu wenig berücksichtigten, die in einer pragmatischen Untersuchung vorrangig ist. Die beiden Pole haben jedoch mehr gemeinsam, als es zunächst den Anschein hat. Beides sind Untersuchungen über die psychoanalytische »Wahrheit«, und sie ziehen die Fallstudie heran, um auf ihre Weise über Dinge nachzudenken und die Psychoanalyse wissenschaftlich zu positionieren. Edelson und Spence sind beide loyal gegenüber einer bestimmten Tradition in der Suche nach psychoanalytischer Wahrheit, und sie sind, das muss ihnen zugute gehalten werden, in diesen Traditionen fest verankert. Was Michels uns ermöglicht, ist, uns über das Gruppieren nach Wahrheitsansprüchen hinauszubewegen, aber weil dies ohne eine konsequente philosophische Haltung geschieht, birgt seine Untersuchung das Risiko, zu einer Reihe kluger aber unverbundener Beobachtungen zu werden.

Heutige Pragmatiker befassen sich genauso mit richtig und falsch (im weitesten Sinne) wie mit Wahrheit und Unwahrheit (siehe auch R. Bernstein 1992). Natürlich war richtig und falsch für unsere analytischen Vorfahren wesentlich klarer als für uns. Wenn wir den Pragmatismus auf die Analyse ausdehnen, wird es uns möglich, auf die moralischen Ansprüche, die die Psychoanalyse durchziehen, einen (wenigstens für Analytiker) neuen Blickwinkel zu richten. Modische Bestrebungen wie »Eklektizismus« oder »Pluralismus« haben in diesem Sinne erhebliche Einschränkungen, weil sie keine plausiblen Vergleichswerte oder Standards haben, mittels derer identifiziert werden könnte, was in der heutigen psychoanalytischen Welt richtig und falsch ist. Pluralismus, unsere heutige rettende Grazie, kann sich leicht in den Alptraum von morgen verwandeln, wenn nicht einige leitende Prinzipien den sich immer weiter entwickelnden Integrationskurs skizzieren.

Der heutige Pragmatiker würde das Potenzial hierfür im Fallbericht ansiedeln. (Fishman (1999) macht dies zum zentralen Argument seines Buches). Er würde unter Betonung unserer Eingebundenheit in eine interpretierende Gemeinschaft nach den vorherrschenden Ideen Ausschau halten. Diese versteht wesentlich mehr von Sprache und Realität, von auktorialer Intentionen – Textualität, von Stärken und Schwächen jeder dieser Methoden, die wir auf unsere Daten anwenden –, als es die Begründer unserer psychoanalytischen Schulen taten. In anderen Worten, die Arbeiten von Spence, Edelson und anderen müssen nicht zur Seite gelegt, sondern vielmehr in eine breitere theoretische Palette eingewoben werden.

Pragmatismus hat eine Art, die Landschaft, mit der er sich befasst, zu verändern, sodass Fragen, die einstmals heftig umstritten waren, plötzlich keinen Sinn mehr machen, und ehedem untergegangene Fragen wieder zur Oberfläche aufsteigen und es wert werden, untersucht zu werden. Pragmatismus wird von sehr unterschiedlichen Denkern und Positionen repräsentiert, aber diese haben einige Züge gemeinsam. Ein Zug, den ich in dieser Diskussion hervorheben will, besteht darin, dass der Pragmatismus nicht die Suche nach der Wahrheit, die in den Dingen verborgen ist und – solange inadäquate Methoden angewendet werden – lauert und darauf wartet, entdeckt zu werden, an wichtigste Stelle setzt. Pragmatismus untergräbt die Unterscheidung von Erscheinung/Realität (Rorty 1998), indem er »Übereinstimmung« als die letzte entscheidende Frage, was wahr ist, herunterspielt. Er setzt auch nicht den Anspruch auf »Kohärenz« als Alternative und weist der Erzählbarkeit keine herausragende Rolle zu. Vielmehr ist Pragmatismus die Stimme der Zweckmäßigkeit; Wahrheit wird nicht verworfen, aber sie wird auch nicht abstrakt als wissenschaftliches Ziel gesehen, das mehr überzeugte als das Ausbuchstabieren dessen, was zweckmäßigerweise eine bestimmte Aufgabe erfüllt, und zu wessen Nutzen. Um Wahrheit zu definieren, muss man sich zuerst über die Art der Aufgabe Klarheit verschaffen, anstatt Methoden in Untersuchungsgebiete hineinzuzwingen, die besser geeignet wären, andere, unabhängige Aufgaben zu erfüllen. Der Pragmatiker stellt Fragen von Sicherheit und Unsicherheit nicht zurück, obwohl argumentiert worden ist (Putnam 1998), dass sich Pragmatismus besser mit einer Philosophie des Realismus als des Antirealismus verträgt.

Michels bemerkt, dass die Fallstudie janusköpfig ist und das Potenzial für beides besitzt, aufzuklären und zu täuschen. Deshalb kann sie nicht naiv angegangen werden. Die Sorge um die Täuschung hat in vielen Verkleidungen die Wissenschaft tyrannisiert und war oft im Zentrum eines skeptischen Zweifels, der es unmöglich machte, den Wert einer Idee zu bedenken. Ein Pragmatiker würde argumentieren, dass das Potenzial zu täuschen ein Faktor sein mag, aber keiner, der verhindern sollte, die Nützlichkeit einer Idee zu erkennen. Wir können besser aus unseren Fehlern lernen, wenn wir uns auch damit befassen, was die Fallstudie wem und für wen *tut*, wie auch damit, ob sie wahr ist. In Tradition mit Freuds sorgfältigen Überlegungen zu seinen Ergebnissen, wie im Fall Dora, kann die Fallstudie am nützlichsten sein, wenn sie sowohl aufgreift, was in einer Analyse schief und was gut läuft.

Die Medizin lebt einen Pragmatismus vor, mit dem sich die Psychoanalyse identifizieren kann, da sie keine harte Grenze zwischen Wahrheit und den Erfordernissen der Behandlung zieht. Da sind diejenigen, die glauben, dass Psychoanalyse als eine Behandlungsmethode untersucht werden sollte, aber erkennen, dass die Übersetzung – von dem, was tatsächlich stattfindet, zum operationalisierten Messen – am Horizont noch nicht (und vielleicht niemals) erkennbar ist. Für diese könnte der Pragmatismus eine neue Art bereitstellen, über Psychoanalyse nachzudenken. Pragmatismus in der Psychoanalyse würde betonen, dass es nicht mehr wirklich wichtig ist, ob ein theoretischer Beitrag in empirischen, experimentellen, deskriptiven oder narrativen Termini formuliert ist; alle sind akzeptabel im psychoanalytischen Haus der Wissenschaft. In diesem Sinne begrüßt Pragmatismus eine harte und scharfe Trennung zwischen Reichenbachs (1938) Kontexten von Entdeckung und Rechtfertigung. Dementsprechend führt Pragmatismus zu der Erkenntnis, dass es nicht notwendigerweise ein Zeichen von Fortschritt oder auch nur eine gute Idee ist, wissenschaftlicher zu werden. Es kann jedoch auch ein Zeichen von Fortschritt sein, wenn dies vordem strittige Probleme löst.

Michels macht deutlich, was an unserem Fundus von Wissen charakteristisch psychoanalytisch ist und wie unser institutionelles Leben dieses Wissen aufnimmt und benutzt, um sich selbst zu regulieren und die Profession zu perpetuieren. »Darstellungen von Theorien und klinischen Fällen«, sagt er, »sollten den Kern unserer wissenschaftlichen Literatur ausmachen und das Herz unseres wissenschaftlichen Diskurses. Die Proportionen sind jedoch auffallend unbalanciert.« Man beachte den Mangel an Beunruhigung über abstrakte Kämpfe um Wahrheitsansprüche in dieser im Wesentlichen pragmatischen Aussage. Er beschreibt, wie Freud den Dialog begonnen hat, »der bis heute fortbesteht, zwischen Psychoanalyse als Wissenschaft und Psychoanalyse als Kunst, zwischen Ursache und Bedeutung, Objektivem und Subjektivem, Erklären und Verstehen«. Man bemerke auch, dass diese Liste nicht alle Stimmen, die gehört werden wollen, enthält, denn die Stimme des Pragmatikers fehlt.

Ein Pragmatiker könnte zu Michels Beschäftigung mit der Natur einer Fallgeschichte den Punkt hinzufügen, dass Fallgeschichten, anstatt sich damit zu befassen wiederzufinden, was schon bekannt ist, eine Neigung zu Originalität haben sollten. Alte Probleme auf neue Art und Weise anzugehen, sticht das Angehen neuer Probleme auf alte Art und Weise aus. Die eigene Stimme zu finden, ist ein sehr wichtiges Produkt eines progressiven demokratischen Geistes, der überall zu finden ist, und solche Werte sollten in psychoanalytischen Instituten selbstverständlicher repräsentiert sein. Jede Fallgeschichte sollte eine Übung der Imagination sein, nicht die Wiederholung der Imagination eines anderen. Der Pragmatiker befasst sich mehr mit Unterschieden als mit Ähnlichkeiten, und deshalb muss man sich darauf konzentrieren, wie man mit Individuen oder Aspekten derjenigen, die auffallend anders sind als wir, und den uns Nahestehenden, die wir gut kennen, sympathisiert. Dies ist kein reines Lippenbekenntnis, diese Prinzipien sind mit der Geschichte des Pragmatismus verbunden (siehe auch West 1989).

Jede Fallgeschichte sollte die Probleme, mit denen sie sich befasst, ebenso wie die angestrebten Lösungen klar darstellen. Wenn dieses offen und ehrlich geschieht, werden sich viele Lösungen als Bemühen, die falschen Probleme zu lösen, herausstellen. Ein Kandidat, der einen Fallbericht schreibt, um zu graduieren, hat mehr gemein mit dem Graduierten, der für die Zertifizierung schreibt, als mit dem Analytiker – in jedem Stadium der beruflichen Entwicklung –, der schreibt, um das Problem zu lösen, wie ein Patient besser verstanden werden kann. Lösungen sollten Ergebnisse von Problemen sein, die diese erfordern. Michels Arbeit zeigt wiederholt auf, wie sich die institutionalisierte Psychoanalyse auf verpasste Möglichkeiten spezialisieren kann; dies wird im beharrlichen Lösen von falschen Problemen deutlich, ein unvermeidbarer Vorgang, wenn die Psychoanalyse – als Institution – die wahren Probleme begräbt. Michels beschreibt dieses Phänomen nur zu schmerzlich. Pragmatiker gehen an Probleme nicht nur fantasievoll heran und diagnostizieren Entgleisungen, während sie ihre Lösungen verfolgen, sondern intervenieren auch, um das Problem zu einer Lösung zu führen. So ist die Frage, wie das Verständnis, das aus einer Fallstudie gewonnen wird, sich ins Handeln umsetzen lässt, ein angemessener Fokus der Untersuchung. Michels fragt, warum wir dem so wenig Aufmerksamkeit gezollt haben, und er schreibt die Verantwortung für den Missstand wenigstens teilweise unseren Institutionen zu. Er macht allerdings klar, dass dies ein Symptom eines generelleren Problems ist und dass man, wenn man es auf lokaler Ebene lösen will, die Folgen und nicht die Ursache behandelt.

Was führt noch dazu, dass die Fallgeschichte ihre Nützlichkeit nicht realisiert? Ein Grund, den Michels nicht erwähnt, ist die oft gedankenlose und unsensible Aufnahme, die Fallgeschichten an einer Vielzahl von Schauplätzen (Zertifikation, Fallkonferenzen etc.) finden. Die Psychoanalyse hat keine formalen Mittel ausgearbeitet, um die konstruktive Kritik inadäquater klinischer Arbeit von destruktiver Kritik zu unterscheiden, die Fallvorstellungen tendenziell anziehen. Vortragende Kollegen fühlen sich unvermeidlich verwundbar, und unsere psychoanalytische Kultur wird gut daran tun, zu lernen, Fallgeschichten freundlich aufzunehmen und damit ihren Gebrauch zu ermutigen. Stanley Coen (2000) schreibt über die Nützlichkeit, Fallgeschichten so zu behandeln, als wären die Charaktere Figuren in einem Roman; er argumentiert, dass dies zu einer Methode führe, die vermeidet, Autoren für das zu bestrafen, was ihre Fallgeschichten nicht sind. Da Fallgeschichten auf eine virtuell unendliche Weise konstruiert werden können, sollte eine strafende oder verächtliche Reaktion als ein ziemlich billiger und beunruhigend großspuriger Sieg erkannt werden. Eine Analogie könnte hilfreich sein: Man denke an einen Onkologen, der während einer Tumorvisite Befunde vorstellt. Diese Fallgeschichten sind sehr direkt mit der Behandlungsplanung bei komplizierten und lebensbedrohlichen klinischen Problemen verbunden, und das Ziel ist, dass für alle, Studenten, Kollegen und Patienten, die Diskussion hilfreich sein wird. Die Teilnehmer werden ein »brain storming« veranstalten über die Ätiologie und die Reichweite möglicher Behandlungsmaßnahmen. Niemand ist interessiert, nach Hause zu gehen und ein Gerücht in Umlauf zu setzen, dass der Vorstellende ungeeignet und daher die Ursache des Problems ist. Denn ob der Vortragende ungeeignet ist oder nicht, ist nicht der Punkt der Übung, und diese Methode der Fallstudie erfreut sich der Anerkennung auf Onkologie-Einheiten in Lehrkrankenhäusern.

Michels untersucht, wie die Psychoanalyse am falschen Ort gesucht und versucht hat, den Wert von Fallgeschichten, die mehr über den Analytiker als über den Patienten aussagen, aufzufinden. In der Tat kann es heute keine überzeugende Untersuchung der Übertragung ohne gleichzeitige Untersuchung der Gegenübertragung geben. Aber wir können noch weiter gehen. Ein Freund hat einmal bemerkt, er sei misstrauisch gegenüber dem Meisten von angewandter Psychoanalyse, weil er denke, dass das einzig vertretbare Subjekt psychoanalytischer Forschung jemand sei, der antworten kann. Ähnlich könnte es als Chance gesehen werden, den Analytiker zu untersuchen, für ihn oder sie zu »antworten« anstatt »exponiert« zu sein. Hiermit wird nahe gelegt, dass die Unterscheidung zwischen mündlicher und schriftlicher Fallgeschichte nicht etwa deswegen nützlich ist, weil sie etwas über den Analytiker als Erzähler sagt, sondern weil sie klärt, wie unter verschiedenen Bedingungen ein anerkennender Dialog gefördert werden kann; mit allen Vorteilen, die sich daraus ergeben. Dialog – nicht Monolog – ist hier der operative Satz.

Um zum Abschluss zu kommen: Ich habe Gedankengänge berührt, die Michels Vorschläge, die Fallstudie in den Mittelpunkt, ihrem rechtmäßigen Platz in der Psychoanalyse, zu stellen, bekräftigen. Es ist eine Bewegung im Gange und wir sind heutzutage eindeutig mehr daran interessiert, erst einmal die Bedeutung zu verstehen und erst danach Unterscheidungen zu treffen und uns zwischen theoriegeleiteten Daten und datengeleiteter Theorie hin und her zu bewegen. Ich habe einen Weg vorgeschlagen, eine Vereinbarkeit der Gedanken zu erreichen, die zusammenbinden kann, was wie unzusammenhängende Beobachtungen über die Fallgeschichte wirken könnte. In dieser Weise können sich Analytiker zusammentun, indem sie das Gebiet der Fallgeschichte ausweiten und Daten erzeugen, die genauso spezifisch und gleichwertig sind mit dem, was einige Physiker im Ringen mit dem Universum, das sie zu verstehen suchen, Quantenteilchen, andere »strings« nennen. Generell sind psychoanalytische Ideologien heute sicher nicht obsolet, aber sie werden durch Regeln der Zunft reguliert, die durch heutige Diskursverfahren gesetzt werden. Friedman (1977) frohlockt über eine neue intellektuelle Bewegung in der Psychoanalyse – in ihren Journalen und bei ihren Treffen – und Michels Aufsatz ist ein wichtiger Beitrag zu einem unaufhaltsamen Trend. Psychoanalyse befindet sich im Übergang, sie untersucht sich selbst während der Metamorphose und zieht neue Linien in den Sand, die sich ihrerseits unweigerlich bald verändern werden.

Antwort von Robert Michels[11]

Es ist ein doppeltes Privileg: zum einen eingeladen zu werden, einen Plenarvortrag zu halten, und zum anderen auf fünf herausragende und gedankenvolle Diskutanten zu antworten. Jeder von ihnen stimmt mir zu, dass das Thema wichtig ist, und im Allgemeinen stimmen sie auch mit meinen Gedanken zum Thema überein, allerdings mit einigen wichtigen Ausarbeitungen, Erklärungen und Ergänzungen. Meine Erwiderung wird hochgradig selektiv sein, und ich werde mich auf ihre Ergänzungen konzentrieren und auf einzelne Divergenzen eingehen.

Imre Szecsödy und David Tuckett schreiben aus der größten geografischen Entfernung und betonen den weitesten Kontext meiner Bemerkungen. Szecsödy spricht von der Zielsetzung von Fallberichten, ein »Fenster zu öffnen auf den analytischen Prozess«, und zitiert zustimmend die Warnung des IPA-

---

11 Michels, Robert (2000b): Response to commentaries. Journal of the American Psychoanalytic Association 48: 417–420.

Komitees, wonach die Psychoanalyse tot sein wird, jedenfalls als Therapiemethode, wenn wir nicht einige weise Entscheidungen treffen. Er teilt meine Kritik an Kollegen, die nichts zum Öffnen jener Fenster beisteuern, indem sie ihre klinische Erfahrung nicht mit dem Fach teilen. Solches Mitteilen ist unentbehrlich für die Forschung, für den interdisziplinären Dialog und für unsere Beziehung zur Öffentlichkeit.

Auch Tuckett konzentriert sich auf die Bedeutung der Fallgeschichte für die essenziellen Funktionen des psychoanalytischen Faches. Die Fallgeschichte liefert die basalen Daten unserer Wissenschaft. Obwohl wie alle wissenschaftlichen Daten mit systematischen Fehlern versehen, stellt dieses Material doch den einzigen Weg zu neuem psychoanalytischen Wissen dar. Ich stimme völlig mit Tuckett überein, dass die grundlegenden klinischen Daten nicht allein das einschließen müssen, was in der Stunde gesagt wird, sondern auch das, was der Analytiker dachte, aber nicht auszusprechen beschloss, sowie – soweit sich der Analytiker dessen bewusst ist – warum er diese Entscheidung traf. Tuckett ergänzt, dass »wir uns auf die Integrität des Verfassers verlassen müssen, dass er uns die Fakten so zur Verfügung stellt, wie er oder sie sie erlebt hat«. Das ist zweifelsohne richtig, aber ich denke nicht, dass Integrität unser größtes Problem ist. Ich denke, es ist nötig, dass wir eine Tradition entwickeln, wie wir die Gedanken des Analytikers präsentieren – nicht allein die Gedanken in direkter Verbindung mit der sich abspielenden Interaktion, sondern auch die, die sich auf die Bedeutung des Falles (und der Fallgeschichte) für den Autor beziehen. Tuckett hat den Eindruck, dass ich zu besorgt über die möglichen »schädlichen Effekte« der »Intentionen des Analytikers, den Fall vorzustellen«, bin. Ich bin sehr interessiert an den Auswirkungen, aber nicht speziell den »schädlichen«. Ohne irgendeine Absicht gäbe es keine Vorstellung. Ich meine, dass der Bericht nicht vollständig verstanden werden kann, ohne ihn in den Kontext der Intention zu stellen. Analytiker sollten realisieren, dass Motivation und Intentionalität alles menschliche Verhalten beeinflusst, und dass wir wertvolle Daten verlieren, wenn wir diese ignorieren. Ich behaupte nicht, dass Analysen oder Fallberichte durch die extraanalytischen Motive des Analytiker-Berichterstatters an Wert verlieren. Vielmehr behaupte ich, dass eine Analyse tiefer und detailreicher verstanden werden kann, wenn wir diese extraanalytischen Motive in unsere Überlegungen einbeziehen.

Die einzige wirkliche Differenz besteht zu Tucketts Ansichten über Vertraulichkeit und Ethik beim Vorstellen von Fällen. Ich stimme mit seiner

Schlussfolgerung überein, dass es einen unlösbaren Konflikt zwischen den Interessen eines spezifischen Patienten auf der einen Seite und denen des Berufsstandes und der Öffentlichkeit auf der anderen geben könnte und dass wir als Berufsstand ständig – *generell* – in Richtung dessen drängen müssen, was für den Berufsstand und die Gemeinschaft am besten ist. Es ist jedoch eine mächtige Tradition der Medizinethik, dass, wenn der Einzelfall zur Debatte steht, die Balance dieser wetteifernden Interessen und die letztliche Entscheidung vom Patienten und von niemandem sonst getroffen wird – nicht vom Arzt und nicht einmal durch Aushandeln zwischen Arzt und Patient. Freud sah es offensichtlich so, er holte das Einverständnis seiner Patienten zu seinen Falldarstellungen ein. Tatsächlich stimmen – wie ich in meinem Vortrag ausführte – die meisten Patienten zu, aber dies ist ihre Sache, nicht unsere. Dies ist, was »informed consent« bedeutet.

Tuckett schließt seine Diskussion, indem er meine und Szecsödys Ansicht wiederholt, dass wir »die Praxis der Psychoanalyse aus einem individuellen organisatorischen Kontext in einen kollektiven (ich würde sagen professionellen) verlagern müssen«. Um das zu tun, müssen wir uns über unsere Arbeit austauschen, und dazu bedarf es der Fallgeschichten.

Arnold Wilson erklärt mir, dass ich ein heimlicher (oder eher naiver) Pragmatiker sei. Er ist weniger mit dem befasst, was ich sage, als – zu Recht, wie ich glaube – mit meinem Scheitern, es auf eine einheitliche philosophische Basis zu stellen. Er stimmt mit mir darin überein, dass die Frage lautet, was uns hilft, unsere Probleme zu lösen, und nicht, was wahr ist. Wissenschaft ist kein Ziel in sich selbst, sondern eine Methode, Probleme zu lösen, und nicht alle Probleme sind am besten durch Wissenschaft zu lösen. (Ich werde hier an den fehlgeleiteten jüngsten Versuch, Wissenschaft zu benutzen, um die politischen und die Öffentlichkeitsarbeit betreffenden Probleme unserer Profession zu lösen, erinnert – eine Taktik, die meistens zu schlechter Wissenschaft und wenig Problembewältigung führt.)

Wilson führt aus, dass eine pragmatische Haltung gegenüber der Fallgeschichte einen weiteren Vorteil hat: Die Fallgeschichten werden interessanter! Originalität und Imagination werden höher bewertet als abstrakte theoretische Belange und das Aufwärmen der Imagination eines anderen. Pragmatismus berät auch die Etikette – wenn wir mehr Fallgeschichten haben wollen, so müssen wir die, die sie vorstellen, belohnen, anstatt sie zu demütigen.

Philip Rubovits-Seitzs Diskussion konzentriert sich auf die Fallgeschichte als solche. Er hält es für wertvoll, die ganze Analyse darzustellen, hauptsächlich weil sie die entscheidende klinische Evidenz für die Rechtfertigung analytischer Interpretationen liefert, ein zentrales Problem im wissenschaftlichen Fortschritt der Psychoanalyse. Er ist skeptisch, Kohärenz, externe Bestätigung, die Reaktionen des Patienten und Prädiktion und Postdiktion als Mittel der Begründung zu verwenden. Er ist der Meinung, dass man den Gesamtkontext der Analyse heranziehen muss, um ein Ereignis in einer Analyse so vollständig wie möglich zu verstehen. Er argumentiert für bessere Aufzeichnungen, um bessere Fallberichte zu erzielen, und stimmt Tuckett zu, dass diese Aufzeichnungen neben den Worten des Analytikers und des Patienten auch die Gedanken des Analytikers enthalten sollten.

Stephen Bernstein fokussiert ebenfalls auf die Fallgeschichte selbst. Er möchte sie dazu verwenden, Kollegen die eigene Arbeit »offenzulegen« und »anderen zu zeigen«, was Psychoanalyse ist. Mit anderen Worten sind seine Ziele eher bewertend, rhetorisch und politisch als wissenschaftlich. Er stimmt mit mir darin überein, den »verborgenen Analytiker« und den »verborgenen Prozess« finden zu wollen, der in den vorhandenen Fallgeschichten schwierig zu finden sein dürfte. Er glaubt, dass das Problem im Fehlen eines strukturierten Formates für die Präsentation des Materials besteht: »Ohne eine solche Hilfestellung verbergen Autoren oft unabsichtlich die Analyse und den Analytiker.« Sein Diskussionsbeitrag dreht sich größtenteils darum, ein solches strukturiertes Format darzustellen.

Ich finde mich am deutlichsten in Widerspruch zu Bernstein, wenn er sagt, er glaube nicht, dass »der Akt des Schreibens notwendigerweise die Erfahrung verdecken oder verfälschen muss«. Für mich würde das bedeuten, dass Schreiben kein Verhalten ist, dass mit unserem üblichen psychoanalytischen Ansatz verstanden werden kann – dass es nicht Konflikt, Abwehr, Kompromiss und (unter anderen Intentionen) verdeckende und verfälschende Aspekte der Erfahrung enthält. Ich halte es nicht für möglich, diese Intentionen zu vermeiden; ich will sie lediglich in Betracht ziehen. Standardisierte Formate können wertvoll sein, wenn Daten von vielen Analysen für systematische Forschung zusammengefasst werden, aber Regeln und Strukturen können Daten ebenso begrenzen wie ermöglichen. Ich fühle mich mehr in Einverständnis mit Wilsons Pragmatismus und mit dem klinischen psychoanalytischen Vorgehen, die Traditionen und Strukturen zu verstehen zu suchen, die Analytiker dazu ermutigen, das, was sie uns mitteilen, zu begrenzen, ebenso wie die Motive, die diese Traditionen und Strukturen hervorgebracht haben, während ich Analytiker gleichzeitig ermutige, ihre Geschichten auf ihre Weise zu erzählen.

Bernstein ist beunruhigt darüber, dass ich analytische Arbeit beurteile, indem ich die »Intention des Autors« beurteile, und dass dies »gefährlich« sei. Er hat recht mit beiden Annahmen. Die Intention des Autors ist ein sehr schwaches Instrument, aber wir haben nur schwache Instrumente, wie Bernstein besser als die meisten weiß. Ich würde alle Daten, die zur Verfügung stehen, berücksichtigen und dennoch den ganzen Prozess als »gefährlich« ansehen.

Ich bin zufrieden darüber, dass meine Kollegen mein Interesse an der Fallgeschichte und meine Ansicht teilen, dass sie zentral für den psychoanalytischen Dialog ist. Psychoanalyse hat sich seit ihren Anfängen erheblich verändert, aber sie beginnt das zweite Jahrtausend noch stärker als bei ihrem Beginn in der geteilten klinischen Erfahrung des psychoanalytischen Prozesses verwurzelt, wie er in Fallgeschichten wiedergegeben wird.

Gleichschwebende Aufmerksamkeit und interesseloses Wohlgefallen
Einige Gedanken zur Ästhetik der psychoanalytischen Fallgeschichte[1]

Timo Storck

»Dem Leser, der noch selbst keine Analyse gemacht hat, kann ich nur den Rat geben, nicht alles sogleich verstehen zu wollen, sondern allem, was kommt, eine gewisse unparteiische Aufmerksamkeit zu schenken und das Weitere abzuwarten.« (Freud 1909b, S. 299)

»Geschmack ist das Beurteilungsvermögen eines Gegenstandes oder einer Vorstellungsart durch ein Wohlgefallen, oder Missfallen, ohne alles Interesse. Der Gegenstand eines solchen Wohlgefallens heißt schön.« (Kant 1790, S. 124)

Im folgenden Aufsatz geht es um die Ästhetik der psychoanalytischen Fallgeschichte. Dies ist insofern von besonderem Belang, als diese zu denjenigen Elementen gehört, die die von Freud begründete Wissenschaft vom psychischen Erleben in ihrer Besonderheit kennzeichnen; sie ist »unverzichtbare[r] Baustein in der Hervorbringung wie im Verständnis von Theorien« (King 1998, S. 46). Die Fallgeschichte hat – so wäre es zumindest zu prüfen – einen besonderen Status: Hier wird nicht nur Darstellung und Erkenntnisgewinn hinsichtlich der Lebensgeschichte eines Patienten vollzogen, sondern – insbesondere in Freuds eigenen großen Falldarstellungen – immer auch hinsichtlich der (Behandlungs-)Theorie: In Freuds Dora-Geschichte (1905e) etwa wird die Dynamik von Übertragung und Gegenübertragung deutlich, und das nicht wegen deren Stellenwert in der Behandlung zum Thema, sondern vielmehr indem ihre Nicht-Berücksichtigung in den entsprechenden Kon-

---

[1] Philipp Soldt habe ich für gemeinsame Diskussionen meiner Gedanken zur Fallgeschichte zu danken, die den vorliegenden Aufsatz wesentlich vorangetrieben haben.

sequenzen deutlich wird. Das bedeutet: Die Dora-Fallgeschichte kann nur verstanden werden, wenn man aus ihr heraus (denn anders ist dies schließlich nicht denkbar) die Begriffe der Übertragung und Gegenübertragung entwickelt, um das Interaktionsgeschehen zu kennzeichnen. Freud (1927a, S. 293f.) spricht davon, dass »[u]nser analytisches Verfahren« das einzige sei, »bei dem dieses kostbare Zusammentreffen« aus Heilen und Forschen gewahrt bleibe. Psychoanalytische Fallgeschichten sind immer polyvalent: Zwischen Darstellungen über Theorie, Technik und »Lebensroman« eines Patienten entsteht ein Spannungsfeld, in dem sich alle erwähnten idealiter gegenseitig vorantreiben.

Wenn ich im Weiteren von der psychoanalytischen Fallgeschichte spreche, so meine ich damit die klassische, novellistisch genannte Form, wie Freud sie in seinen sogenannten großen Fallgeschichten geprägt hat, welche das Ziel verfolgt, »die sinnvolle Ordnung […], die zwischen Patient und Therapeut im Konsens zustande gekommene Integration von Erfahrung und Erleben zur Geschichte einer kohärenten Identität des Patienten« (Overbeck 1993, S. 53) abzubilden beziehungsweise diese herzustellen hilft und dabei drei Forderungen zu begegnen hat: Sie soll »erstens den Ansprüchen der Metapsychologie genügen […], zweitens die Behandlungstechnik dokumentieren […] und [muss] drittens […] Erfordernissen der Darstellung genügen« (ebd., S. 52). Kurz gesagt: Vorrangig wird der Anspruch der Psychoanalyse, ein Junktim aus Heilen und Forschen zu transportieren (Freud 1927a, S. 293f.), von der Fallgeschichte eingelöst (vgl. King 1998, S. 49). So kann sie die ihr zugedachte »wichtige kommunikative Funktion innerhalb der Profession« (Stuhr 2004; Kächele et al. 2006, S. 395) erfüllen und muss in diesem Sinne immer *sowohl* Krankengeschichte *als auch* Behandlungsbericht sein (vgl. Freud 1918b, S. 36; Kächele 1981; Thomä/Kächele 2006b, S. 2ff.).

Sofern die Fallgeschichte nicht bloß angenehm zu lesende Ausschmückung sein will, so muss in ihr mehr geschehen als nur eine Dokumentation des einzelnen Behandlungsverlaufs. Am Einzelfall gewonnene Erkenntnisse, vom Besonderen Verstandenes, muss eine Relevanz für »Forschung« in einem weiter gesteckten Rahmen haben, ohne dass allerdings der Fehler begangen wird, das Besondere dafür zu instrumentalisieren, allgemeingültige Gesetze zu formulieren. Das halte ich für den Dreh- und Angelpunkt der Diskussion über den Wert der psychoanalytischen Fallgeschichte: Wie kann in ihr etwas präsentiert werden, das von *allgemeiner* erkenntnisbringender Relevanz ist, wenn sie doch den Verlauf einer *besonderen* Behandlung vorstellt? In welchem Verhältnis steht die Präsentation des durch den Verfasser und Behandler am Einzelfall gewonnenen Verständnisses zum Verständnis des Lesers?

Ich werde bei der Präsentation meiner Gedanken zu diesen Fragen vom Phänomen ausgehen, dass die Freud'schen Fallgeschichten, in deren Tradition sich psychoanalytische Fallgeschichtsschreibung unübersehbar noch heute sieht[2], als ästhetisch-literarisch schön bewertet beziehungsweise Freud als Künstler oder Schriftsteller gelobt wurde und wird. Folgt man der These, die psychoanalytische Fallgeschichte sei mehr als nur schöner beziehungsweise angenehmer Schein, so gilt es zu klären, was sie von einem literarischen Text unterscheidet. Ich werde zu verdeutlichen versuchen, dass die psychoanalytische Fallgeschichte als Möglichkeit der (Weiter-) Entwicklung und Revision von (Behandlungs-)Theorie in legitimer Weise beansprucht, einem Junktim aus Heilen und Forschen verpflichtet zu sein. Dies wird anhand einer Untersuchung des ästhetischen Status der Fallgeschichte entwickelt werden, denn dies ist offenbar ein zentraler Topos der Fallgeschichtenrezeption. Mit Schneider (1998) werde ich den Versuch unternehmen, die Kantsche Ästhetik (1790) auf das Verstehen einer Fallgeschichte anzuwenden. Ich werde für einen quasi-ästhetischen Blick auf die Fallgeschichte argumentieren, einen, der gleichsam die klinische gleichschwebende Aufmerksamkeit auf die Rezeption transponiert, das heißt sie zunächst – mit Kant gesprochen – nicht begrifflich bestimmt, sondern sich gefühlshaft auf diese einlässt, um schließlich das so gewonnene Erlebnis reflexiv, das heißt im Rückgriff auf nicht zuletzt wissenschaftliche Begriffe einzufangen und so sowohl hinsichtlich des Besonderen wie des Allgemeinen zu neuen Erkenntnissen zu gelangen. Dies ist möglich, sofern einer gewissen Sperrigkeit im Verstehen des Besonderen in negativer Abgrenzung zu vorhandenen Erkenntnissen über allgemein mögliche Zusammenhänge eine Explikation neuer Interpretationen und Begriffe folgt, die den Einzelfall verstehbar machen und als Form des Wissens über mögliche Zusammenhänge Einzug erhalten in (Behandlungs-)Theorie und Technik. Die Haltung des Behandlers, seine »gleichschwebende Aufmerksamkeit«, kann analog zu der Haltung des Fallgeschichten-Lesers, dessen »interesselosem Wohlgefallen«, gesehen werden, und beide Haltungen werden im richtigen Moment verlassen,

---

2 Vgl. etwa die umfangreiche Tagungsreihe der Wiener Psychoanalytischen Vereinigung: »Sigmund Freud: Die großen Krankengeschichten. Geschichten der großen Kranken« (2006).

um zu einer Erkenntnis zu gelangen. Als solches Instrumentarium kann die Fallgeschichte wissenschaftliches Kommunikationsmittel sein.

Ich teile nicht die Ansicht Pohlens (2006, S. 29f.), in der Novellistik von Freuds »fünf bekannten großen Fallgeschichten« komme »nichts von den Erfahrungen zum Vorschein […], denen diese Novellen ihre Entstehung verdanken«. Ich denke, dass gerade eine novellistische Form der Falldarstellung diejenigen (Behandlungs-)Szenen abzubilden vermag, die allererst Gegenstand klinischen Verstehens sind. Allerdings wird sie dadurch allein noch nicht zu einem wissenschaftlichen Text. Die Fallgeschichte ist – im Sinne der Kantschen Ästhetik – schön *und* gut, wenn und weil in ihr gelingt, was ihr Anspruch ist: anhand der einzelnen Lebens- *und* Behandlungsgeschichte (und diese kann ja nichts anderes als eine Interaktionsgeschichte sein) aufzuzeigen, welches die (theoretisch-technisch-praktischen) Bedingungen sind, unter denen eine besondere Behandlung mit dem Ziel der Heilung abläuft. Gerade darin allerdings kann sie ein Forschungsinstrument darstellen, mittels dessen begründet werden kann, »dass psychoanalytische Behandlungen erfolgreich sein werden, wenn in ihnen die in der Behandlungstheorie strukturell verallgemeinerten Verläufe entsprechend den Besonderheiten der Patienten in den Therapien realisiert werden« (Zepf 2005, S. 109).

Der Status der Fallgeschichte als Text

Ausgangspunkt von Überlegungen zur psychoanalytischen Fallgeschichte ist oftmals Freuds (1895d, S. 227) bekannte Äußerung, seine Krankengeschichten läsen sich wie Novellen. Dies ist nun keine einseitige Feststellung, die nur den Psychoanalytiker seine Nähe zum Dichter überprüfen ließe, denn schließlich sind – wie beispielsweise Cremerius (1987, S. 44) betont – (nicht erst) »unter dem Einfluss der Psychoanalyse Dichtungen entstanden, die sich wie psychoanalytische Krankengeschichten lesen«, und auch Sartre schreibt über Flauberts Werk: »Man glaubt, einen Neurotiker zu hören, der auf dem Sofa des Analytikers vor sich hin spricht« (Sartre 1977, S. 8). Hier schließt sich eine breite Diskussion an, die die Geschichte der Psychoanalyse von Beginn an begleitet hat: War Freud viel mehr Dichter als Wissenschaftler und seine Produkte (in erster Linie die Fallgeschichten) von literarischem statt wissenschaftlichem Wert?

Marcus (1974, S. 33) bezieht eine eindeutige Stellung hinsichtlich der Frage der literarisch-künstlerischen Beurteilung Freuds und dessen Werk, wenn er schreibt: »Ich gehe von der Annahme aus […], dass Freud ein großer Schriftsteller und diese Krankengeschichte [Dora; Anm. d. Verf.] ein literarisches Kunstwerk ist – d. h. sowohl eine hervorragende Schöpfung der Einbildungskraft als auch eine intellektuelle Leistung ersten Ranges.« Auch im Weiteren lässt sich viel Lob finden, wenn etwa von »über hundert Seiten blendender Originalität, einer genialen Leistung, die in ihrer Kompaktheit, Komplexität, Kühnheit und Großartigkeit in ihrer Art fast unvergleichlich erscheint« (ebd., S. 49), die Rede ist, von »Takt und Formgefühl […], die man […] mit Proust, Mann oder Joyce [.] assoziieren würde« (ebd., S. 60), oder von »wahrhaft schwindelnde[n] Dimensionen in bezug auf Kraft und Komplexität« (ebd., S. 72). Man fühlt sich hier an Freuds Entgegnung auf die von Havelock Ellis (1917) vorgenommene Bewertung seines Werkes als künstlerische Leistung erinnert, in der er »eine neue Wendung des Widerstandes und eine Ablehnung der Analyse« sieht und ihr »aufs entschiedenste« widerspricht (Freud 1920b, S. 309), und die er in einem Brief an Ernest Jones als »die verfeinertste und liebenswürdigste Form des Widerstands« bezeichnet, »mich einen großen Künstler zu nennen, um auf diese Weise die Gültigkeit unserer wissenschaftlichen Ansprüche herabzumindern« (zit. n. Jones 1962, S. 35). Auch jenseits des vielfältig (z. B. Holland 1998; Schönau 1968) vorgetragenen ambivalenten Verhältnisses Freuds zum Künstler ist seine Kränkung nachvollziehbar: Er sieht den wissenschaftlichen und behandlungspraktischen Wert seiner Entdeckungen und seiner Arbeit entwertet, indem seine Schriften in den Bereich des schönen Scheins verwiesen werden – »[V]ersuchen Sie nicht, mir Literatur statt Wissenschaft zu geben« (Freud 1926e, S. 225). Diese Art des Lobes wird in polemischer Überspitzung als Abwertung entschleiert, wenn etwa Eysenck schreibt, »die große geistige Leistung Freuds müsse mit derjenigen H. C. Andersens verglichen werden – und nicht mit derjenigen von Kopernicus oder Darwin« (zit. n. Meyer 1993, S. 71f.). Hier ist Freud nun nicht einmal mehr bloß Literat, sondern zum Märchenerzähler geworden. Aber auch eine Gleichsetzung mit Proust, Mann oder Joyce, wie sie Marcus vornimmt, verfällt meines Erachtens dem gleichen wissenschaftstheoretischen Missverständnis der Psychoanalyse und besonders deren novellistisch genannter Form der Präsentation von Praxis und Forschung in den großen Fallgeschichten. In den Begriffen der Kantschen Ästhetik, die im weiteren Verlauf eine Rolle spielen wird, müsste gesagt werden, dass das Lob des wissenschaftlichen Stils der Freud'schen Fallgeschichten diese nicht als »schön«, sondern als »angenehm« auffasst, nämlich als etwas, das gefällt, weil es Vergnügen bereitet. In diesem Urteil wird allerdings das wesentliche Charakteristikum der Fallgeschichte – nämlich Kommunikationsmittel einer wissenschaftlichen Gemeinschaft zu sein – vernachlässigt. Ich denke daher nicht, dass Pohlen (2006, S. 42) richtig liegt, wenn er behauptet, es sei »[i]m engeren Kreis Freuds [...] immer bekannt gewesen, dass seine großen literarischen Fallgeschichten eigentlich als Novellen zu lesen sind, die keinen wissenschaftlichen Anspruch erheben«.

Eine differenziertere Beschäftigung mit »Sigmund Freuds Prosa« unter literaturwissenschaftlicher Perspektive lässt sich bei Schönau (1968) finden, der betont, es sei nicht seine Absicht, »nachzuweisen, Freuds Schriften seien ›eigentlich‹ Kunstwerke«, oder »zu behaupten, Freud sei im Grunde eine Künstlernatur gewesen, die sich in die Wissenschaft verirrt habe« (S. 8). Schönau bezeichnet Freud vielmehr als »Autor wissenschaftlicher Prosa«, der »sein künstlerisches Talent seinen wissenschaftlichen Intentionen unterordnete« (ebd., S. 13). Es wird zwar hervorgehoben, »dass Freuds Themen (seelische Konflikte, Schicksale) bis zu einem gewissen Grade zu einer künstlerischen Gestaltung prädisponiert« (ebd., S. 14) seien, aber auch betont, dass bei der »Lektüre der durchschnittlichen psychiatrischen Kasuistik« ins Auge falle, dass »psychologische Themen nicht *qualitate qua* zu stilistisch wertvollen Darstellungen Anlass geben« (ebd., S. 15)[3]. Schönau bezieht also die Position, bei den Freud'schen Schriften, damit auch bei den Fallgeschichten, handele es sich um wissenschaftliche Texte, die durch einen literarischen Stil, eine besondere Begabung, wesentlich geprägt sind, die allerdings dem Zweck einer wissenschaftlichen Abhandlung untergeordnet sind. Der Text wird also danach beurteilt, welchem Zweck er dienen soll – man »wird [...] Goethes naturwissenschaftliche Schriften mit anderen Maßstäben messen als seine dichterische

---

3 Vgl. hierzu auch Kiceluk (1993). Dort wird u. a. entlang der »Traditionen vom Konstrukt des ›Krankheitsbildes‹« eine Linie psychiatrisch-psychologischer Fallbeschreibungen von Pinel, Charcot, Kraepelin und Meyer bis hin zu Freud gezeichnet (zur Historie der psychoanalytischen Fallgeschichte vgl. a. Rudolf 1993), dessen wesentlicher Beitrag zur Kultur der Falldarstellung darin bestanden hätte, eine »Verknüpfung zwischen dem [körpersemiotischen Krankheits-] Bild und der [Lebens-]Geschichte« zu ziehen (Kiceluk 1993, S. 844), unter Berücksichtigung der Tatsache, »dass die Psyche nicht bloß eine Affinität zu narrativen Konstrukten hat: Unter bestimmten Umständen hat sie ihnen gegenüber auch eine Antipathie. Patienten leisten gegen das Erzählen ihrer Geschichten Widerstand« (ebd., S. 852). Dieser Widerstand gegen das Erzählen der Geschichte muss natürlich zwingend als deren Bestandteil gesehen werden.

Prosa« (ebd., S. 20). Natürlich ist dem Text nicht immer anzumerken, mit welcher Intention er geschrieben wurde. Buchholz und Reiter (1996, S. 90) weisen in allgemeiner Weise auf eben diesen Umstand hin: »Es gibt einige Fallgeschichten, die nur deshalb als solche erkennbar sind, weil die darin beschriebenen Personen als Patienten ausgezeichnet werden.« Die Autoren führen dies kritisch vor, indem sie das Vorhandensein von »Markern« (etwa »Patient«, »Behandlungsstunde« o. Ä.) aufzeigen, die es in vielen Fällen sind, welche einen Text als Fallgeschichte kenntlich machen.

Allerdings ist anzumerken, dass diejenigen formalen beziehungsweise stilistischen Unterschiede, die zwischen novellistischer Kasuistik und psychologistischer Belletristik bestehen, komplexer gelagert sein dürften als in Gestalt von »Spezialworten«. Ich will versuchen dies anhand zweier Beispiele zu veranschaulichen:

> »Als Kind hatte er den natürlichen Verschleiß der Gegenstände, die Tatsache, dass sie zerbrachen oder sich abnutzten, nicht ertragen können. So hatte er etwa jahrelang die beiden zerbrochenen Enden eines kleinen weißen Plastiklineals aufbewahrt, es unzählige Male wieder repariert, mit Klebestreifen umwickelt. Durch die dicke Schicht der Klebestreifen war das Lineal nicht mehr gerade, konnte nicht mehr dazu dienen, Striche zu ziehen, also die Aufgaben eines Lineals zu erfüllen; und dennoch bewahrte er es auf. Wenn es erneut zerbrach, reparierte er es, fügte eine weitere Schicht Klebestreifen hinzu und legte es wieder in sein Etui« (Houellebecq 1998, S. 185).

> »Nach der Enttäuschung bei der Mutter zog er sich langsam in eine eigene Welt zurück. Er spielte für sich in einer Ecke, ganz davon in Anspruch genommen, die Spielsachen seiner Macht und seinem Willen zu unterwerfen. Entsprechend der bereits eingeleiteten analen Entwicklungsstufe und der sich früh einstellenden Ichreifung sammelte er alle möglichen Dinge, hielt sein Spielzeug extrem sauber und funktionsfähig und wachte darüber, dass der kleine Bruder nicht an seine Spielsachen herankam« (Argelander 1972, S. 42).

Entscheidend ist hier nicht, dass im zweiten Beispiel Stichworte wie »anale Entwicklungsstufe« oder »Ichreifung« fallen, sondern dass das Präsentierte erläutert und mit vorangegangen theoretischen Überlegungen verknüpft wird. Was den zweiten Ausschnitt als Teil einer Fallgeschichte auszeichnet, ist, dass die Verbindung zwischen der durch die Mutter hervorgerufenen Enttäuschung und dem Umgang mit Spielsachen gezogen wird. Der zweite Text sagt: »Der

Junge spielte, um Macht zu erleben, nachdem seine Omnipotenzvorstellungen durch die Mutter nicht bestätigt worden waren.« Anders verhält es sich im ersten Text, bei dem es sich um einen Romanausschnitt handelt. Wenngleich hier Wichtiges über die Psychologie des Protagonisten gesagt wird, so wird die Doppelsinnigkeit des Klebens des Lineals nicht zum Thema. Hier wird nicht explizit gesagt, dass der Junge etwas anderes als das Lineal – nämlich seine verletzte kindliche Seele – zu kitten versucht. Hier wird nicht erläutert, was etwas bedeuten könnte, und es wird auch nicht auf theoretische Überlegungen vor- oder zurückgegriffen. Der Philosoph Martin Seel (1996, S. 182) formuliert dazu: »Literatur sagt nicht, ›was Sache ist‹, sie gibt ihrer Sache ein Erscheinen.«

Der erste Ausschnitt ist also wesentlich bestimmt durch seinen Stil, nämlich, dass er mit der Metapher »Zerbrochenes muss man kleben« spielt, ohne dabei eindeutig zu werden, die dadurch erzeugte Spannung aufzulösen, indem etwa gesagt wird: Eigentlich klebte er damit sein gebrochenes Herz. Nun ist es allerdings möglich, etwa den Satz zu formulieren: »Der Junge umwickelte sein zerbrochenes Lineal mit Klebeband, wie er auch seine verletzte Seele zusammenzuhalten versuchte.« Die Tatsache, dass man sich diesen Satz wiederum sowohl in einem Roman als auch in einer Fallgeschichte vorstellen kann, macht meines Erachtens deutlich, weshalb das Urteil, Freud habe wissenschaftliche Prosa verfasst, so nahe lag und liegt. Der Unterschied liegt allerdings darin, dass der literarische Text sich dadurch auszeichnet, *wie* er etwas sagt, nämlich etwa wie im angeführten Beispiel darüber, dass die Gekränktheit des Jungen über die Metapher des zerbrochenen und geklebten Lineals, das nun nicht mehr gerade ist, präsentiert wird. In der Fallgeschichte (als Gesamtheit) verhält es sich anders.

Der Argelander entnommene Abschnitt steht in einem größeren Rahmen, ist eingebettet in Überlegungen zu Narzissmus und psychoanalytischer Entwicklungstheorie und vor allem auch in die Darstellung eines Behandlungsverlauf, das heißt eines Wechselspiels aus Intervention des Analytikers und Handeln und Denken des Analysanden. Hier ist entscheidend, *warum* etwas so ist, wie es präsentiert wird, das heißt das Vorstellen von Interpretationen ist notwendig. Mit Seel, der im Sinne der Unterscheidung zwischen Philosoph und Literat argumentiert, könnte also auch für Psychoanalytiker gesagt werden, sie könnten »*auch* Schriftsteller sein, aber […] nicht *allein* Schriftsteller sein. Sie müssen und sie werden das Literarische ihrer Texte immer auch verraten: an den Gedanken, an die These, an die Theorie, die sie *durch* diese ihre Texte in die Welt gesetzt haben« (1996, S. 170).

Die Fallgeschichte ist also von der literarischen Geschichte nicht durch ihre Protagonisten unterschieden, sondern durch ihre Form, und zwar vermittels des Zwecks, den sie zu erfüllen hat, das heißt den Heilungsprozess zu beschreiben und damit verschränkt Gedanken zur behandlungstheoretischen Forschung zu geben[4]. Die Fallgeschichte ist daher und dadurch nicht alltagsnarratives oder literarisches Produkt – und auch nicht als Teil »poetischer Forschung«, wie es Poscheschnik (2005, S. 16) ausdrückt, zu bezeichnen –, sondern genuin wissenschaftlich: »Die Fallgeschichte muss [...] von der Novelle unterschieden werden, um sie zu einer wissenschaftlichen Untersuchungsmethode machen zu können« (Stuhr 1995, S. 190). Es gilt allerdings zu klären, ob und, wenn ja, wie sie diesem Anspruch gerecht werden kann. Um die Legitimität der psychoanalytischen Junktim-Behauptung aufrechterhalten zu können, muss der Schwierigkeit begegnet werden, die Nitzschke (1994, S. 21f.) anspricht: Er bezeichnet als den »ursprünglichsten *Sinn* des Junktim-Satzes« ein »Streben nach heilsamem Wissen und die begleitende affektive Inbesitznahme solchen Wissens«. Damit ist darauf verwiesen, dass Forschen hier zunächst »konkretes und affektives Wiederaneignen verlorenen Wissens, das unter dem Einfluss äußerer und innerer Verbote [...] aufgegeben, vergessen werden musste«, meint. Jedoch stößt man hier auf das Problem, wie die am Einzelfall *für den Einzelfall* gewonnen Erkenntnis generalisiert werden kann, wenn Nitzschke betont:

> »Soweit allerdings das Ziel der psychoanalytischen Behandlung, die vorstehend als integrierter Heilungs- *und* Forschungsprozess charakterisiert worden ist, in der Rekonstruktion des Besonderen, also der einmaligen und unwiederholbaren Subjektivität des Forschungs-›Gegenstandes‹, des Analysanden, besteht, sind der Verallgemeinerbarkeit solchen Wissens prinzipiell Grenzen gesetzt.«

Fallgeschichte und wissenschaftliche Erkenntnis

Ein entschiedener Gegner der Novellenkultur in der psychoanalytischen Fallpräsentation ist A. E. Meyer (1993), der die kasuistische Novelle infolge von Weiterentwicklungen als »heute antipsychoanalytisch und unwissen-

---

4 Bude (1993, S. 16) schreibt: »Dieser Weg des Deutungsprozesses [im Fall Dora] lässt sich in der Form einer Novelle nicht mehr darstellen.«

schaftlich« (S. 63) abqualifiziert. Als Weiterentwicklung nennt Meyer die Tatsache, dass in heutigen psychoanalytischen Behandlungen weniger auf neue, ungewöhnliche Ereignisse hinsichtlich der Symptomentstehung gestoßen werde, die erst in allgemeiner Weise verstanden werden müssen. Meines Erachtens liegt darin allerdings ein Missverständnis: Die Struktur psychoanalytischer Therapie besteht ja gerade darin, das vom jeweiligen Patienten in die analytische Situation Hineingetragene und die sich daraus entwickelnde Beziehungsstruktur als Individuelles zu verstehen; insofern findet der Analytiker in jedem Patienten etwas Neues und Ungewöhnliches (vgl. a. Leuzinger-Bohleber 1995, S. 223), als er schließlich nicht weiß, was er finden wird – man kann »nicht behandeln, ohne etwas Neues zu erfahren« (Freud 1927a, S. 293f.). Des Weiteren führt Meyer als Veränderungen solche der Behandlungstechnik und der Rolle der Übertragung an (Meyer 1993, S. 63); in beiden Fällen wird jedoch nicht ersichtlich, warum diese nur mittels der von ihm vorgeschlagenen »Interaktionsgeschichte«, durch die die Fallnovelle zu ersetzen sei (ebd., S. 73), greifbar gemacht werden könnten: Schon Freud selbst stieß an entscheidenden Punkten seiner Theorieentwicklung auf derartige theoretisch-praktische Veränderungen, zu nennen wären hier beispielsweise die Entwicklung der Methode der freien Assoziation aus der Hypnose, die Wandlungen der Triebtheorie oder allgemein die »Modelle der Seele« (vgl. Sandler et al. 2003). Gerade diese Veränderungen jedoch konnten mit der »novellistischen« Fallgeschichte eingefangen und (wenn auch zum Teil erst nachträglich) konzeptualisiert werden, was nicht zuletzt für den Übertragungs- beziehungsweise den Gegenübertragungsbegriff zutrifft (vgl. Breuer/Freud 1895; Freud 1905e).

Auch in neuerer Zeit liegt ein hoher Wert der novellistischen Fallgeschichte darin, derartige behandlungstechnische Veränderungen sowohl in der Beschreibung der Praxis zu verankern als auch hinsichtlich theoretischer Konzepte zu explizieren, wie dies – ebenfalls für einen anderen Blick auf Übertragungsgeschehen – zum Beispiel Kernberg (2004) tut (ich werde weiter unten genauer darauf eingehen). An die Stelle der Fallnovelle, die keinen wissenschaftlichen Beweiswert hätte und deren Überzeugungskraft auf eine Reihe von »Gläubigen« beschränkt sei, hätten laut Meyer »systematische Untersuchungen [zu] treten, welche so angelegt sind, dass auch die Null-Hypothese oder gar die Gegenhypothese eine Chance hat« (Meyer 1993, S. 79). Gerade dies ist allerdings problematisch.

Stuhr (1995, S. 191) führt an, »dass die therapeutische Beziehung nicht der Ort ist, psychoanalytische Hypothesen falsifizieren zu können«, und meldet Zweifel an, ob der »eigentliche Wert der Fallgeschichte« von der Frage nach der »Überprüfung rivalisierender Hypothesen« überhaupt tangiert werde. Zu dieser Frage liefert Zepf (2006b, S. 279) eine grundsätzliche Klärung: »Die Interpretationsmuster, mit denen der Analytiker operiert, sind keine Hypothesen«, das heißt keine Vorstufen von Gesetzen:

> »Während ein Gesetz in Beantwortung der Frage, warum und wie sich ein bestimmter Sachverhalt ereignete, das Verschiedene unter das Allgemeine subsumiert, fordert eine allgemeine Interpretation zu einer Antwort auf die Frage auf, warum sich dieser mögliche Zusammenhang realisierte. Dient in der Interpretation das Allgemeine der Erkenntnis des Besonderen, so dient in der Hypothese das Besondere der Erkenntnis des Allgemeinen« (vgl. a. Zepf 2005).

Auch Niemeyer (1987, S. 203) stellt heraus, dass »›[a]llgemeingültige Theorien‹ [sich …] nicht […] auf fallübergreifend wirksame ätiologische Faktoren« beziehen, sondern sich »im nicht-kontingenten Verallgemeinern als Methodologie, die ihrerseits wieder auf Metapsychologie verweist«, realisieren.

Ich verstehe den psychoanalytischen Erkenntnisprozess als (tiefen-)hermeneutischen, der allerdings in seiner Validierung über die bloße Forderung nach interner, narrativer Konsistenz hinausgeht, indem er seinen Gegenstand, die subjektive psychische Realität, als sowohl leibgebunden (»Hermeneutik des Leibes«; Lorenzer 1986) als auch in sozialen Interaktionserfahrungen konstituiert betrachtet (aus diesem Grund muss ein Instrument der Beschreibung und Erforschung des therapeutischen Prozesses auch dem Anspruch genügen, Szenen statt Fakten abzubilden; vgl. Schneider 1998, S. 95). Daher dient ihm die psychoanalytische Metapsychologie als Rahmentheorie und das Konzept des »szenischen Verstehens« (Lorenzer 1970) als Methode, ohne die der hermeneutische Prozess nicht spiralförmig werden, sondern bloß kreisförmig sich selbst bestätigen könnte (vgl. Zepf 2006b, S. 282).

Trotzdem muss die Frage gestellt werden, ob die mittels einer Fallgeschichte präsentierte beziehungsweise zu gewinnende Erkenntnis eine andere sein kann als eine solche über den besonderen Behandlungs- und Forschungsgegenstand. Läge es hier nicht nahe zu sagen, dass der (individuelle) Fall alles ist, was der Fall ist? Selbstverständlich tritt der Psychoanalytiker seinem Patienten nicht theorie-naiv gegenüber. Dies ist erstens nicht möglich, weil der entsprechende Hintergrund des Analytikers nun mal vorhanden ist, und zweitens auch nicht wünschenswert, denn schließlich handelt es sich bei der psychoanalytischen Behandlung um die Ausübung einer Profession. Was zum Verständnis des Besonderen nun sinnvollerweise herangezogen werden kann, sind nicht die Lebensgeschichten oder Persönlichkeitsmerkmale anderer Patienten, sondern lediglich die sich daraus ergebenen Vorstellungen über realisierbare Zusammenhänge (vgl. Zepf 2006b, S. 279), wie sie in die psychoanalytische Theorie und Behandlungstechnik Einzug gefunden haben.

Hierin sehe ich die Schnittstelle, in der die psychoanalytische Fallgeschichte zu situieren ist. Wenn das Allgemeine allenfalls hinzugezogen werden kann, um das Besondere zu verstehen, so stellt sich doch die Frage, wie überhaupt etwas über das Allgemeine herausgefunden werden kann. Die Fallgeschichte erfährt ihre wissenschaftliche Legitimität dadurch, dass sie präsentiert, in welcher Weise bisheriges Wissen nicht ausreicht, um das Besondere zu verstehen. Ich werde versuchen, dies anhand Kernbergs Gedanken zum Übertragungs-/Gegenübertragungsgeschehen zu verdeutlichen.

Er präsentiert im Zuge seiner Überlegungen zum »Umgang mit der Übertragung in der expressiven Psychotherapie« (1988) ein Fallbeispiel aus der Behandlung einer Patientin, in dem folgender Abschnitt auftaucht:

> »Schließlich hatte ich den Eindruck, dass die vorherrschende menschliche Beziehung, die zu diesem Zeitpunkt inszeniert wurde, die eines ängstlichen kleinen Mädchens war, das nach einer mächtigen Elterngestalt verlangte (deren spezifische sexuelle Identität irrelevant war), welche die Führung übernehmen und sie vor Schmerz, Angst und Leid im allgemeinen schützen sollte. Gleichzeitig hasste sie meiner Meinung nach diese Elterngestalt, denn dass ihr alles so aus der Hand genommen wurde, konnte nur daher kommen, dass sie litt, aber nicht aus natürlicher Besorgnis, Liebe und Zuneigung an ihr« (S. 186).

Hier ist von entscheidender Bedeutung, dass die präsentierte Übertragungs-Gegenübertragungs-Konstellation sich mit der Konzeption einer »klassischen« Übertragungsneurose nicht angemessen verstehen ließe, das heißt, ein adäquates Verstehen auf der Basis des auf einem entsprechenden Stand psychoanalytischer Theoriebildung vorhandenen Sets an wissenschaftlichen Konzepten würde sich nicht einstellen. »Neue« Begriffe wie »Projektive Identifizierung« oder »Spaltung« lassen sich nicht losgelöst von einer Behandlungserfahrung entwickeln, in der eine gewisse Sperrigkeit im Verstehen des Interaktionsgeschehens (und d. h. eine Inadäquatheit des vorhandenen begrifflichen Instrumentariums) dazu führt, dass neue Bezeichnungen eingeführt werden; zunächst als Namen für beobachtete Phänomene, später expliziert als Begriffe, die etwas über das Warum dieser Phänomene zu sagen vermögen. Auf diese Weise kann Kernberg das präsentierte Behandlungsgeschehen als »Spaltungsübertragung« bezeichnen oder von chronischen Gegenübertragungsreaktionen sprechen und diese verstehen (Kernberg 2004, S. 169ff.). Um diesen Erkenntnisschritt zu vollziehen, bedarf es psychoanalytischer Praxis, und um ihn zu kommunizieren, der psychoanalytischen Fallgeschichte. Anhand des Besonderen etwas über das Allgemeine zu erfahren, ist dann möglich, wenn das Zweite Ersteres nicht verständlich werden lässt. Hier ist wiederum ein zentraler Punkt der Ästhetik berührt: »Ästhetische Erfahrung ist ein negatives Geschehen, weil sie eine Erfahrung der Negation (des Scheiterns, der Subversion) des gleichwohl notwendig versuchten Verstehens ist« (Menke 1991, S. 43)[5]. Insofern, als die psychoanalytische Fallgeschichte allerdings dieses scheiternde Verstehen zu einer Explizierung ihres begrifflichen Inventars nutzen kann, reicht sie wiederum weiter als ein ästhetisches Produkt.

Daher bin ich der Ansicht, dass beispielsweise eine Systematik der »case study«, wie sie Jones und Windholz (1990) präsentieren, die psychoanalytische Fallgeschichte nicht zu ersetzen vermag: Sie präsentiert zwar reliable Ergebnisse, hinsichtlich derer unterschiedliche Rater übereinstimmen, es muss allerdings konstatiert werden, dass die verwendete Psychotherapy-Q-Sort-Methode (vgl. Jones 2000) »cannot provide complete information about the content of the analytic discourse, i.e., what was actually talked about« (Jones/Windholz 1990, S. 1009), beziehungsweise wird sie als »a kind of framework for working hypothesis« (ebd., S. 1010) bezeichnet, die meines Erachtens nur dann verständlich oder für weitere Erkenntnis hilfreich sein kann, wenn man sie gemeinsam mit einer klassisch-novellistischen Falldarstellung betrachtet, und zwar aus der einfachen Tatsache, dass sie allenfalls beschreiben kann, *was*, jedoch nicht *wie* oder *warum*, etwas passiert ist. Mit Overbeck (1993, S. 44), der dies auf Audio- und Videoaufzeichnungen bezieht, kann gesagt werden, dass auch hier »nur Oberflächenkriterien des eigentlichen Therapieprozess[es]« erfasst werden,

---

5 Dies könnte man im Sinne der *Ästhetischen Theorie* Adornos (1970) als »Krisenerfahrung« bezeichnen und in Bezug zum Konzept ästhetischer Negativität setzen, was an dieser Stelle allerdings den Rahmen sprengen würde.

die ihrerseits jedoch vor dem Hintergrund von »Gedächtnisprotokollen«, das heißt letztlich dem Urteil des behandelnden Analytikers, interpretiert werden müssen: »Was dort [in Text- bzw. Videoanalysen] nur zum Verständnishintergrund benötigt wird und manchmal auch nur gemacht wird, um etwas ›Butter bei die Fische‹ zu geben, ist nun gerade Hauptgegenstand einer Kasuistik, die Einblick in den eigentlichen Therapieprozess geben will.« Dieser Unterschied scheint mir auch in der von Kächele et al. (2006, S. 395ff.) betonten Differenz der Ebene der »klinischen Fallstudie« und derjenigen der »systematischen klinischen Beschreibung« (anhand z. B. von Tonbandaufzeichnungen), welche »auch durch nicht am Behandlungsprozess beteiligte Dritte möglich« sei, abgebildet. Jedoch wird auch hier deutlich, dass die Ergebnisse der »systematischen klinischen Beschreibung«, will man an ihnen etwas verstehen, nicht ohne die Ebene der »klinischen Fallstudie« auskommen kann – aus diesem Grund ist das von den Autoren vorgestellte Modell schließlich mehrdimensional. Es zeigt sich also umso mehr die Notwendigkeit einer den Behandlungsprozess – und das heißt, die dort stattfindende Interaktion – abbildenden Fallgeschichte, da an ihr das Verständnis sämtlicher hinzutretender »Oberflächengestalts«-Daten hängt. Die psychoanalytische Fallgeschichte unterscheidet sich ihrem Anliegen und ihren Möglichkeiten nach deutlich vom Verfahren der (aggregierbaren) Einzelfallstudie, sofern diese einen Anspruch auf ein besseres Verständnis des Allgemeinen mittels einer Reihe spezieller Fälle verfolgt.

Ich meine allerdings, dass eine Unterscheidung zwischen »empirischer« und »poetischer« Forschung (Poscheschnik 2005) einen künstlichen Graben erzeugt: Heutige empirische psychoanalytische Forschung scheint vielfach der Maßgabe zu folgen, die klassische, novellistisch genannte Fallgeschichte sei in der Psychoanalyse nurmehr Ornament, schlimmstenfalls Ballast, dessen Erkenntnisgewinn gering bis nicht vorhanden, in jedem Fall jedoch mit alternativen Methoden präziser und ertragreicher zu erhalten sei. Es gilt jedoch, im Auge zu behalten, dass der Begriff der Empirie einen historischen Wandel durchlaufen hat: Mit Bonß (1982, S. 18; vgl. Schneider 1998, S. 96f.) kann hervorgehoben werden, dass sich im Zuge der Entwicklung eines wissenschafts- statt alltagsweltlichen Empiriebegriffs (im Sinne eines »›Erkennen[s] der Einzelfälle‹, das ›aus der Erinnerung hervorgeht‹«, das der aristotelischen Philosophie zugeordnet wird; Bonß 1982, S. 31) die Tatsache, dass wissenschaftliche Empirie – seit Kopernikus – als bedingte, das heißt als theoretisch und methodisch voraussetzungsvolle zu verstehen ist (ebd.,

S. 34ff.), sich dahingehend gewandelt hat, dass aus der einfachen Bedingtheit empirischer Aussagen eine apparative geworden sei, das heißt eine solche, der »als ›empirisch‹ nur noch das galt, was sich mit Hilfe apparativer Mittel kontrollieren lässt« (ebd., S. 36f.).

Ich denke allerdings, dass es kaum berechtigt ist, eine »apparativ bedingte« Forschung als einzig empirische oder gar als einzig wissenschaftliche aufzufassen, ebenso wie es den eigenen Wissenschaftsbegriff verkürzen dürfte, empirische Forschung in toto als gegenstandsunangemessen zu verurteilen. Im Sinne eines zwar phänomenalistisch basierten empirischen Vorgehens (Aristoteles) ist es berechtigt, sinnvoll und nötig, »bedingt-empirisch« vorzugehen, indem es die Reflexion auf zugrundegelegte Theorien und Methoden ist, mittels der man zu Arten von Aussagen über den zu erforschenden Gegenstand gelangen kann, die nicht zufällige, sondern wissenschaftlich gewonnene sind (Kopernikus). Dazu muss das wissenschaftliche, empirische Vorgehen allerdings kein apparativ bedingtes sein. Mit Schneider (1998, S. 97) kann daher gesagt werden: »Unterm Aspekt des Freudschen Junktims *ist* jede psychoanalytische Therapie eine empirische Forschung. Das gilt allerdings nur dann, [...] wenn die im analytischen Prozess produzierte ›Empirie‹ jener ›sekundären Bearbeitung‹ zugeführt wird, die sie zur Folie von Theoriebildungsprozessen werden lässt.« Solch eine Möglichkeit des phänomenalistisch ansetzenden, Theorien und Methoden reflektierenden sowie vorantreibenden und dabei genuin empirischen Vorgehens sehe ich in der psychoanalytischen Fallgeschichte angelegt. Wie sie nun ihre Funktion als wissenschaftliches Kommunikationsmittel erfüllen kann, werde ich im folgenden Teil unter erneutem Rückgriff auf ihre Ästhetik skizzieren.

Die »subjektive Allgemeingültigkeit« der psychoanalytischen Fallgeschichte

Schneider (1998, S. 103) bringt das Lesen und Verstehen einer Fallgeschichte mit der Kantschen Ästhetik[6] in Zusammenhang, indem er von einer Urteils-

---

6 Eine Verbindung von projektiver Identifizierung und ästhetischer Erfahrung in der therapeutischen Situation hat kürzlich Hübner (2006) geknüpft: »Die Veränderungserfahrung, die der Analytiker macht, wenn er die sprachlich-leibliche Präsenz des Patienten *wahrnimmt*, ist eine ästhetische Erfahrung« (S. 342). Vgl. zu Identifizierungsprozessen und ästhetischer Erfahrung Storck 2007.

form spricht, »die das ursprüngliche Amalgam von theoretischer und praktischer Vernunft nach dem Modell einer ›ästhetischen‹ Betrachtungsweise fortentwickelt«:

> »Im Anschluss an die Kantsche Bestimmung des ästhetischen Urteils käme allen Operationen in diesem Feld ›subjektive Allgemeingültigkeit‹ zu. Sie gründen nicht auf Begriffen, sondern lassen sich allenfalls auf Begriffe beziehen, wobei die Zuordnung nicht logisch, sondern nach einem quasi-ästhetischen Prinzip der ›Stimmigkeit‹ erfolgt.«

Hierauf will ich kurz genauer eingehen.

Im Rahmen der Kantschen Ästhetik spielen zunächst drei Begriffsbestimmungen eine Rolle: Das *Schöne*, das zwar »ohne Begriff gefällt« (Kant 1790, S. 127), aber dennoch mit einem Anspruch auf Allgemeingültigkeit verbunden ist, und zwar eine subjektive (ebd., S. 129); das *Gute* als dasjenige, »was vermittelst der Vernunft, durch den bloßen Begriff, gefällt« (ebd., S. 119); und das *Angenehme*, das nicht bloß »gefällt, sondern [...] vergnügt« und »ganz auf der Empfindung beruht« (ebd., S. 120). Das ästhetische Geschmacksurteil – anders als ein Erkenntnisurteil über das Gute oder ein Sinnesurteil über das Angenehme – »bestimmt [...], unabhängig von Begriffen, das Objekt in Ansehung des [interesselosen] Wohlgefallens und des Prädikats der Schönheit« (ebd., S. 133), und »sinnet jedermann diese Einstimmung an, als einen Fall der Regel« (ebd., S. 130). Das Schöne löst Lust, als Erfahrung von Subjektivität, aus, das Subjekt bleibt jedoch auf dieser Gefühlserfahrung nicht stehen, sondern seine Individualität wird erst »durch das ästhetische Urteil, das aus der Reflexion auf den eigenen Gemütszustand hervorgeht«, gesichert (Schulte-Sasse 2001, S. 111).

Ein Bewusstsein des Gegenstandes, das nicht entlang von Begriffen erfasst wird, sei nur »durch Empfindung der Wirkung, die im erleichterten Spiele beider durch wechselseitige Zusammenstimmung belebten Gemütskräfte (der Einbildungskraft und des Verstandes) besteht, möglich« (Kant 1790, S. 134). Hier ist die zentrale These der Kantschen Ästhetik berührt: Die beiden Erkenntnisvermögen, welche zu einer Vorstellung gehören, damit dadurch Erkenntnis ihres Gegenstandes würde, nämlich »*Einbildungskraft* für die Zusammensetzung des Mannigfaltigen der Anschauung, und *Verstand* für die Einheit des Begriffs, der die Vorstellungen vereinigt«, befinden sich in einem »freien Spiel« (ebd., S. 132). Damit ist gemeint, dass die Erkenntniskräfte durch keinen bestimmten Begriff auf eine besondere Erkenntnisregel eingeschränkt seien (ebd., S. 132). Schönheit sei zwar »ohne Beziehung auf das Gefühl des Subjekts für sich nichts« (ebd., S. 133), der Zustand des freien Spiels der Erkenntnisvermögen als Bedingung eines ästhetischen Geschmacksurteils müsse sich allerdings allgemein mitteilen lassen, »weil Erkenntnis als Bestimmung des Objekts [...] die einzige Vorstellungsart ist, die für jedermann gilt« (ebd., S. 132). Denn auch im Zuge des Geschmacksurteils wird ein Gegenstand der Vorstellung (und den allgemeinen menschlichen Erkenntniskräften) gegeben, allerdings nicht begrifflich und logisch urteilend, sondern, wie erwähnt, »in Ansehung des Wohlgefallens« (ebd., S. 133), und zwar eines, das frei und interesselos ist (ebd., S. 124), den Gegenstand also nicht begrifflich bestimmt, jedoch trotzdem die Einstimmung anderer in dieses »Urteil [...] des Wohlgefallens« fordert (ebd., S. 126).

Die Aktualität dieser Bestimmung in der gegenwärtigen philosophischen Ästhetik zeigt sich besonders in den Forschungen von Kern (2000) oder Sonderegger (2002). Natürlich gilt es, eine Verbindung zur psychoanalytischen Fallgeschichte und der gleichschwebenden Aufmerksamkeit zu ziehen. Dies ist möglich, indem das Konzept des emotionssymbolischen Denkens (Zepf 2006a, S. 236ff.) hinzugezogen wird. Zepf (2006b, S. 342) zufolge beinhaltet »gleichschwebend« als Charakterisierung der Haltung des Analytikers, »dass er bewusst zwischen seiner sprachbegrifflichen Denkweise und [dem] Modus [...] oszilliert, den ich als emotionssymbolisches Denken beschrieben habe«. Damit ist eine Form des Denkens gemeint, in der »unter Abstraktion von Aspekten der Realität die Beziehungen zwischen den Interaktionsformen im Denken entlang lebensgeschichtlich entstandener Emotionssymbole strukturiert und die Ergebnisse dieses Prozesses [...] zu jedem Zeitpunkt im Lichte des realitätsbezogenen Denkens« betrachtet werden können (ebd., S. 166). Vereinfacht gesagt: Die Kompassnadel des Denkens ist hier zunächst nicht begriffs-, sondern emotionslogisch ausgerichtet. Hier wird berührt, was bei Kant damit gemeint ist, dass das Subjekt Lust an der freien (d.h. nicht auf begriffliche Erkenntnisregeln eingeschränkten) Betätigung der Erkenntnisvermögen erfährt und dass daraus ein ästhetisches (Geschmacks-)Urteil ableitbar ist – und zwar gerade deshalb, weil dieser Modus des Erlebens reflexiv eingefangen werden kann. Entscheidend ist das besondere Verhältnis von Gefühl und Verstehen, das ich im Folgenden zu charakterisieren versuchen werde.

Die psychoanalytische Fallgeschichte ist sowohl Resultat als auch Basis von

Verstehensvorgängen: Um sie verfassen zu können, muss der behandelnde Analytiker gemeinsam mit seinem Patienten etwas von dessen Lebens- beziehungsweise Kranken- beziehungsweise der gemeinsamen Interaktionsgeschichte verstanden haben. Dazu bedient er sich der psychoanalytischen Behandlungsmethode, die mit Konzeptionen psychoanalytischen Verstehens verbunden ist, um als legitim gelten zu können. Aus diesem Grund sollte schließlich, wie mit Buchholz und Reiter (1996) gesagt werden kann, eine Fallgeschichte nicht aus unverbundenen Teilen von Theorie und Fallmaterial bestehen. Beides dient dem Verstehen des jeweils anderen: Um anhand des präsentierten Fallmaterials eine Erkenntnis ziehen zu können, ist eine Reflexion auf die Methoden und Begriffe notwendig, die der Wissenschaft, die ich in meinem außeralltäglichen Verstehensversuch hinzuziehe, eigen sind. Ebenso dient das Fallmaterial seinerseits der Explizierung, Modifizierung oder gar Verwerfung bestehender theoretischer Auffassungen.

Aber eben aus diesem Grund und aufgrund der Zwischenstellung der Fallgeschichte zwischen zwei Verstehensvollzügen – dem ihres Produzenten und dem ihres Rezipienten – reicht es nicht aus, sie als rein ästhetisches Produkt zu verstehen. Die Fallgeschichte ist nicht bloß angenehm oder schön im Kantschen Sinne, da das durch sie angeregte Verstehen keines ist, das ohne den Begriff auskäme – es ist dazu sogar ein Zusammenhang *wissenschaftlicher* Begriffe nötig. Diese sind es schließlich, die ein psychoanalytisches Verstehen der Fallgeschichte ermöglichen und das Charakteristikum der ästhetischen Erfahrung, ein »nicht mit Gründen abschließbares Hin-und-Her-Spiel« von Verstehensstrategien zu sein (Sonderegger 2002, S. 228), nicht transportieren.

Trotzdem kann die ästhetische Konzeption als Basis einer Theorie der Fallgeschichte beziehungsweise einer Explizierung ihres Stellenwertes genommen werden. Mittels ihr ist es möglich, die analytische Situation in Textform zu rekonstruieren. Die quasi-ästhetische, das heißt *auch* literarische Form der Fallgeschichte ermöglicht dem Leser, eine Haltung des »interesselosen Wohlgefallens« einzunehmen, wie es analog das analytische Setting erlaubt, dem vom Patienten Gesagten zunächst mit gleichschwebender Aufmerksamkeit zu begegnen. Eine in diesem Sinne »psychoanalytische« Haltung kann der Fallpräsentation nicht trotz, sondern gerade aufgrund der novellistischen Form entgegengebracht werden: Mittels dieser wird in einer Weise die Fantasie des Rezipienten angeregt, die eine affektive Annäherung an das Behandlungsgeschehen ermöglicht. Da hier nun auch eine wichtige strukturelle Unterschiedlichkeit zwischen analytischer Situation (in der die Szenen zwischen Behandler und Patienten originär *hergestellt* werden) und dem Lesen einer Fallgeschichte (in der dem Rezipienten Szenen *präsentiert* werden) liegt, ist es die Aufgabe des Verfassers einer psychoanalytischen Fallgeschichte, beim Leser Fantasien anzuregen und ihn so am Präsentierten teilhaben zu lassen – und in diesem Punkt trifft sich seine Arbeit mit der des Literaten.

Stuhr (1995, S. 191) bezeichnet als »de[n] spezifische[n] Wert einer novellengleichen Fallgeschichte« ihre »kommunikative Struktur« und führt aus:

> »Das Verstehen, das die Grundlage für die therapeutische Technik im psychoanalytischen Prozess bildet, wird nun auch im Verstehen der Fallgeschichte durch die Rezipienten relevant [...]. Die novellenartige Darstellung in der psychoanalytischen Fallgeschichte hat nämlich vor allem die Funktion, beim Leser oder Hörer einer Fallgeschichte eine Gegenübertragungsreaktion auszulösen«[7] (ebd., S. 192).

Wenngleich hier Zentrales über die Wirkung und Funktion der psychoanalytischen Fallgeschichte gesagt wird, bin ich doch der Ansicht, dass es problematisch ist, die Reaktion des Rezipienten einer Fallgeschichte als Gegenübertragung zu bezeichnen: In diesem Punkt möchte ich mich Reiche (2001, S. 30) anschließen, der auch für die Betrachtung von Kunstwerken andeutet, dass Gegenübertragungsreaktionen nur solche sein können, die eine Antwort auf die erlebte Übertragung eines Subjekts sind. Um eine solche Übertragung vollziehen zu können, müsste es die Fallgeschichte und nicht der Patient sein, die eine konflikthafte Struktur von verinnerlichten Beziehungserfahrungen hat und diese aktualisiert. Dazu wiederum müsste die Fallgeschichte des Begehrens, des Sich-Ängstigens oder der Verdrängung fähig sein. Der Sache nach sehe ich allerdings in Stuhrs Formulierungen wichtige Aspekte angesprochen: Die Fallgeschichte regt auf zunächst unreflektierter, gefühlshafter Ebene einen Verstehensprozess an, der dem Verstehen des

---

7 Overbeck (1993, S. 45) geht sogar noch einen Schritt weiter, indem er darstellt, dass die »Kriterien der gelungenen mündlichen Vorstellung mit ihrer Erzählkultur [...] Leitlinien für die entsprechende schriftliche Darstellungsform abgeben« könnten. Gemeint ist damit, »dass der Leser über die kognitive Textaufnahme hinaus auch affektiv durch den Text zum Mitfühlen gebracht, zu Phantasien verleitet wird, so dass er auch subjektiv emotional am Therapieerlebnis teilnehmen kann«. Gerade in der (quasi-)literarischen Form der Falldarstellung sieht Overbeck (S. 56) für den Leser »einen erheblich besseren Zugang zur Drehscheibe des Therapiegeschehens, nämlich der Übertragung-Gegenübertragung«.

Analytikers in der Behandlung ähnlich ist. Analytiker wie Fallgeschichten-Rezipient begegnen dem, wovon sie etwas zu verstehen hoffen, mit der vielgerühmten gleichschwebenden Aufmerksamkeit (Freud 1912e, S. 377; 1909b, S. 259). Wäre dies nicht so, dann würde sowohl in der Behandlung als auch im Lesen der Fallgeschichte der Gegenstand, von dem etwas erkannt werden soll, verfehlt. Die gleichschwebende Aufmerksamkeit zeichnet sich nun, banal gesagt, dadurch aus, dass der Analytiker seine zugrundeliegenden theoretischen Konzepte nicht »über den Patienten legt«: Er sucht nicht nach der Liebe zur Mutter und dem Hass auf den Vater. Ebenso dürfte der Leser eines Textes, der eine ästhetische Wirkung zu haben beansprucht, in seinem Genuss und seiner Erkenntnis limitiert sein, wenn genaue Vorstellungen über Handlungsverlauf und Geschehen dem Lesen zugrundegelegt werden. Beide Verstehensvollzüge haben eine Form des Sich-Einlassens gemeinsam – und damit eine besondere Stellung des Gefühls hinsichtlich des Verstehens. Für den einfacheren Fall des Verstehens einer Metapher könnte man sagen, dass diese nur dann verstanden werden kann, wenn nicht begriffs-, sondern emotionslogisch gedacht wird (vgl. Soldt 2005b; 2007): Wird gesagt: »Das Kätzchen ist ein wahrer Sonnenschein«, so werde ich den Satz solange als unlogischen oder sinnlosen auffassen, wie ich überprüfe, ob Kätzchen im eigentlichen Sinne zum Beispiel morgens auf- und abends untergehen, ob ich mir an ihnen einen Sonnenbrand zuziehen kann oder ob ein Baum einen Schatten wirft, weil das Kätzchen davor sitzt. Beziehungsweise wird der Satz solange keinen Sinn ergeben, wie ich überprüfe, ob die Sonne »miau« sagt, mit einem Wollknäuel spielt oder beim Futter wählerisch ist. Begriffslogisch ist »Kätzchen« etwa verbunden mit »miauen«, »Wollknäuel« oder »Thunfisch aus der Dose«, wie »Sonnenschein« verbunden ist mit »Sonnenaufgang«, »Sonnenbrand« oder »Schatten«. In diesem Sinne würde man den Satz als unsinnig verwerfen. Wenn allerdings die Maßgabe meines Verstehensvollzuges weniger begriffs- als emotionslogisch beschaffen ist, dann gelingt unter Umständen das Verstehen der Satzbedeutung über den Umweg des gemeinsamen Dritten »Unbeschwertheit«, »Freude« oder ähnliches (vgl. zum Aspekt des durch die Metapher provozierten Vorstellungsbildes Soldt 2005a; 2005b).

Der Prozess des Verstehens einer Metapher ist in diesem Sinne verknüpfbar mit Begriffen wie gleichschwebende (weil einfühlende) Aufmerksamkeit, freie (weil nicht begriffslogisch eingezwängte) Assoziation oder dem Kantschen

Wohlgefallen, das ohne (begriffliches) Interesse ist. Allerdings ist das Verstehen einer Metapher ein prinzipiell kommunizierbarer Vorgang: Nachdem mein Denken vorrangig emotionslogisch strukturiert gewesen und mir daher der Sinn der Metapher aufgegangen ist, kann ich dieses emotionslogische Verstehen reflexiv einholen und mit Begriffen verbinden, etwa indem ich den Satz ergänze mit: »weil beide mir gute Laune bereiten«.

Der Sache nach findet meines Erachtens beim Verstehen einer Fallgeschichte etwas ähnliches statt[8], nur in sehr viel komplexerer Form: Ohne ein Sich-Einlassen – ob ich dies nun gleichschwebende Aufmerksamkeit oder interesseloses Wohlgefallen nenne – gibt es an einer Fallgeschichte nichts zu verstehen, was nicht vorher schon gewusst ist, es ergibt sich keine neue Erkenntnis. Der Rezipient muss sich darauf einlassen, nicht zu wissen, was ihn erwartet, ebenso wie es auch für den behandelnden Analytiker gilt. Und doch ist das Verstehen kein zufälliges, ist weder dieses noch der sich unter Umständen einstellende Genuss ein bloß intern hervorgerufener beziehungsweise bestimmbarer Prozess. Das Verstehen der Fallgeschichte geht darüber hinaus, diese aufgrund interner, narrativer Kohärenz »schön« zu finden. Hinzu treten die wissenschaftlichen Begriffe, mittels derer eine Fallgeschichte zu einer psychoanalytischen wird, diejenigen Begriffe, die nötig sind, um Fallmaterial in sinnvoller Weise zu präsentieren, und die ebenso nötig sind, um die Fallgeschichte zu *verstehen*.[9] Ebenso wie beim Verstehen der Metapher bleibt der Erkenntnisprozess nicht auf der Ebene der Emotionslogik stehen, sondern wird reflexiv eingefangen, eben indem Abstrakt-Allgemeines hinzugezogen wird, um das Besondere zu verstehen – und auch, um das Besondere *verständlich* zu machen. Schneider (1998, S. 104) bezeichnet in diesem Sinne die Notwendigkeit »einer Urteilsstruktur, die für sich ›subjektive Allgemeingültigkeit‹ in Anspruch nimmt«,

---

8 Da der Gegenstand meiner Darstellung ein anderer ist, sei hier nur knapp auf Buchholz' (et al. 1996; 2003) zahlreiche Arbeiten zur Verbindung von Metapher und psychoanalytischer Praxis hingewiesen. Vgl. a. Reinke (2007) zu Überlegungen zur »Metapher AD(H)S« und der Frage gescheiterter Verständigung darüber, was jemand damit meint.
9 Schneider (1998, S. 94f.) formuliert dazu: »Die *ästhetische* Form der ›Geschichte‹ (Novelle) als Darstellungsmittel des Dichters wiederum muss so lange als wissenschaftlich unzureichendes Medium verstanden werden, wie es nicht gelingt, sie als die Darstellungsform einer *realen*, unter der Einwirkung des Widerstandes erzählten (Leidens-)Geschichte aufzufassen, die nicht mehr unter beliebigen ›Erzählzielen‹ steht, sondern auf ein spezifisches Resultat, einen Ausdruck: das Symptom, ›verdichtet‹ ist. Ein ›mikroskopischer‹, vom Alltäglichen abweichender Blick ist nötig.«

als eine »exemplarische«, keine »theoretisch objektiv[e]«, womit sie allerdings selbstverständlich nicht theoretisch *ungültig* wird.

Es reicht für eine Fallgeschichte also ebenso nicht aus, bloß »gut« zu sein, das heißt bloß den Ansprüchen an einen wissenschaftlichen Text zu genügen: Insofern, als der Erkenntnisgegenstand in der Behandlung zunächst einmal diejenigen Szenen sind, die sich in der aktuellen Beziehung abspielen, muss, um den Rezipienten verstehen zu lassen, worum es in der Fallgeschichte geht, neben den theoretischen Begriffen auch eine Form gefunden werden, diese Szenen abzubilden. Deshalb wird schließlich zur Explizierung theoretischer Zusammenhänge nicht bloß ein Anamneseblatt zwischen zwei Theorie-Kapitel geschoben, sondern ein Narrativ entworfen, das mit theoretischen Überlegungen wechselseitig verknüpft ist. Offensichtlich ist, dass hier die Verbindung zwischen Psychoanalyse und Kreativität berührt wird (vgl. a. Holm-Hadulla 1997). Da es mir in meinem Aufsatz jedoch vornehmlich um Fragen der Legitimität (und) der ästhetischen Wirkung der psychoanalytischen Fallgeschichte ging, wird diese Lücke hinsichtlich der Frage, *wie* im einzelnen beim Schreiben einer Fallgeschichte vorzugehen ist, an dieser Stelle bestehen bleiben müssen (vgl. zum schöpferischen Prozess des Künstlers: Storck 2006, 2009; Storck/Soldt 2007).

Im Sinne eines besonderen wie allgemeinen Erkenntniswerts kann meines Erachtens jedenfalls mittels der psychoanalytischen, novellistischen Fallgeschichte Schneiders (1998, S. 93) Formulierung gefolgt werden, dass es der Einzelfallbezug sei, »der den heute generalisierten Gegensatz von Empirie und Theorie zu mildern imstande ist«, und gerade damit das Junktim aus Heilen und Forschen aufrechterhalten werden. Indem in der und über die Behandlung ein Narrativ geschaffen wird, werden zwei Ziele erreicht (Renik 1994, S. 1246): »to facilitate and to increase the patient's capacity for psychological self-investigation« (Heilen) und »to stimulate readers' psychoanalytic development« (Forschen).

Schluss

Ich habe im Vorangegangenen dafür plädiert, dass die psychoanalytische, novellistische Fallgeschichte nicht nur ein legitimes, sondern auch notwendiges Instrument einer Abbildung des in der Junktim-Behauptung postulierten

Zusammentreffens von Heilen und Forschen im psychoanalytischen Prozess vorstellt. Sie ist nicht bloß Literatur, ihr Verfasser nicht Künstler[10], sondern in ihr wird empirische Forschung abgebildet: nämlich die Erfahrung des Besonderen sowie ein Verstehensversuch, warum sich im Einzelfall ein bestimmter aus allen möglichen Zusammenhängen realisiert hat. Die psychoanalytische Theorie dient ihr dazu, das mittels der aus ihr entwickelten und dem Gegenstand angemessenen Methode Gewonnene, Besondere zu verstehen. Entscheidend ist zudem, dass mittels der Fallgeschichte präsentiert werden kann, an welcher Stelle die vorhandenen begrifflichen Zusammenhänge nicht ausreichen, um das Präsentierte zu verstehen. Die Falldarstellung ist somit verknüpft mit theoretischen Explizierungen ihres Verfassers.

Die psychoanalytische Fallgeschichte steht in der Mitte zwischen zwei Verstehensvollzügen, dem des Behandlers und dem des Rezipienten: Dieser überlässt sich angesichts der kasuistischen »Geschichte« in ähnlicher Weise einer in diesem Zusammenhang »emotionslogisch« genannten Haltung des Denkens wie es der Analytiker in der psychotherapeutischen Situation tut: Hier treffen sich »gleichschwebende Aufmerksamkeit« und »interesseloses Wohlgefallen«. Da die psychoanalytische Fallgeschichte allerdings im Kantschen Sinne nicht bloß »schön«, sondern auch »gut« ist, gelingt in ihr ein reflexives und kommunizierbares »Einfangen« der gefühlshaft gemachten Erfahrung, das heißt ein Verstehen des Besonderen vor dem Hintergrund psychoanalytischer Begriffe, ebenso wie es der Behandler getan und die sich daher entwickelnde Interaktionsgeschichte zwischen ihm und dem Patienten – ihre »Szenen« – im Schreiben der Fallgeschichte abzubilden gesucht hat.

---

10 Ich greife noch einmal auf Seel (1996, S. 147) zurück, der schreibt: »Denn dass sich jemand einer bestimmten literarischen Gattung zu bedienen versteht, heißt das noch lange nicht, dass er ein Schriftsteller ist. [...] Ein Schriftsteller im starken Sinn ist nur, wer sich in einer bestimmten Weise zu den Möglichkeiten des Verfassens literarischer Texte verhält.«

Das Schreiben der (Fall-)Geschichte
Was französische Analytiker von Fallgeschichten erwarten[1]

Kathrin Weber

Als Literaturwissenschaftler hat man zwangsläufig eine andere Perspektive als ein Kliniker oder ein Sozialwissenschaftler, für die sich der Wert einer Fallgeschichte nach ihrem Nutzen bemisst, das heißt danach, ob sie etwas abbilden, darstellen oder auch verstehbar machen kann. Die Literaturwissenschaften interessiert der Text oder das Kommunikationsmittel Fallgeschichte, weil dieser »Grenzfall der Literatur« hilft, zentrale Aspekte besser zu verstehen. Beide Sichtweisen überschneiden sich im Wunsch nach Texten, die den Kern der Fallgeschichte, den Fall, in sich reflektieren können. Ich hoffe in diesem Sinne, dass mein Rückgriff auf literaturwissenschaftliche Modelle nicht zu fremd erscheint und diese – etwas theoretische – Beschreibung als Versuch verständlich wird, Fallgeschichten in Hinsicht auf die lebendige und reflektierte Darstellung von Fällen auszuloten.

Mit den hier ausgewählten französischen psychoanalytischen Fallgeschichten stehen nun Texte zur Diskussion, die – bis auf einige Kinderfallgeschichten und protokollierte Erstgespräche – zur Novellenform tendieren und zwar häufig schöne und manchmal auch berührende Geschichten entwerfen, aber vom Fall selbst nur sehr indirekt, durch die Augen eines Autors und seines Ich-Erzählers, berichten. Insofern passt es gut, dass der Beitrag im ersten Teil dieses Sammelbandes steht: Die hier vorgestellten französischen Fallgeschichten

---

1 Die folgende Präsentation gehört zu einem romanistisch-literaturwissenschaftlichen Dissertationsprojekt zur Menschendarstellung in psychoanalytischen Fallgeschichten, in dem es insbesondere darum geht, wie Menschendarstellung und Falldarstellung miteinander verbunden werden, und in dem als Untersuchungsmaterial französische Fallgeschichten verwendet werden. Bis auf einige Besonderheiten aber gelten die Ergebnisse für Fallgeschichten im Allgemeinen und nicht nur für französische im Besonderen.

oder vielmehr Fallerzählungen sind allenfalls Auftakt zur Arbeit mit Fällen, vielleicht auch Texte, die diese Arbeit unterstützen, insofern die Aufgaben, die das Erzählen übernehmen kann, nicht zu unterschätzen sind: Aber es sind Texte, die zur Erforschung der Realität nicht wirklich geeignet sind und die diesem Anspruch auch gar nicht wirklich standhalten wollen, da sie etwas anderes wollen – worum es im Folgenden gehen wird.

Es sind darüber hinaus Texte, die man manchmal wegen ihrer sehr bewussten Verwendung von Sprache, Argumentation und ihres Sprachwitzes genießen kann, mich wegen ihres Desinteresses an lebendiger Darstellung, an Zuwendung des Autors zu seinen Schreibobjekten allerdings auch häufig erschreckt haben, weil man nie weiß, ob es sich nur um mangelnde narrative Fähigkeiten oder aber um ein korrektes Bild der Atmosphäre einer Behandlung handelt, in der wegen der Faszination am Unbewussten die Bedürfnisse des Patienten und seine tatsächliche Realität aus dem Blick verloren wurden (dieses kritisiert schon Viderman 1970). Viele französische Fallgeschichten sind im Übrigen vom Einsatz der Theorie her weit spekulativer und von der Darstellung des Geschehens noch weit selektiver als Freuds Fallnovellen. Ihre idealen Leser sind nicht unbedingt Analytiker, aber sie sind an der Psychoanalyse als Teil der französischen Geisteskultur interessiert, ihre Wirklichkeit ist eine psychoanalytische, die zwar sehr breit gefächert sein kann, aber sich dem Blick von außen zu verwehren versuchen, der die psychoanalytische Wirklichkeit eventuell als soziale und kommunikative Rahmung (wie in Deutschland lange schon etabliert, vgl. Wodak 1981 und Flader et al. 1982) beschreiben könnte. Diese Texte sind daher weniger in einem wissenschaftlichen oder klinischen Rahmen interessant als in einem Rahmen, der ihren schwierigen Aspekten Rechnung tragen und sie sogar für sich verwenden kann, weil sich jene sperrigen, nicht-gewünschten Texte zur Reflexion anbieten.

Teilweise findet in der französischen Sekundärliteratur schon eine solche Suche nach einem geeigneten Ort der Fallgeschichte statt, sei es in der Nutzung des Falls zur Reflexion von psychoanalytischen Identitätskonstruktionen und Rollenkritik, sei es in der Beschreibung des Falls als ästhetisches Ereignis: Dieses hat vor allem mit der französischen Rezeption von Fallgeschichten zu tun, die eine solche Reflexion quasi erfordern: Fallgeschichten sind in Frankreich mehr als in anderen Ländern »geliebte Objekte« im Sinne von Tilman Habermas (1996). Sie sind verknüpft mit Vorstellungen von französischer und psychoanalytischer Identität. Fallgeschichten sind in Frankreich psychoanalytische »Geschichten«, Teil psychoanalytischer »Geschichte und Geschichtsschreibung«. Das »Schreiben der (Fall-)Geschichte«, wie ich diesen Text in Anlehnung an den Historiker Michel de Certeau: »L'écriture de l'histoire« (1970) genannt habe, bedarf allerdings einer ausgeprägten Reflexion des Schreibens, damit es sich nicht im Kreis dreht und in den Windungen hermeneutischer Zirkel verliert: Denn dieses geschieht schnell, wenn der Autor sein Schreiben nicht reflektiert, sondern in Stereotype verfällt, und statt einer neuen Geschichte zu einer Aneinanderreihung von Topoi gelangt, die sich ihm allerdings beinahe aufdrängen, insofern es sich um narrative Kerne handelt, die das Schreiben wesentlich erleichtern.

Doch schafft ein Autor es, den zu bekannten Topoi aus dem Weg zu gehen beziehungsweise sich an ihnen abzuarbeiten, das Glatte zu fest gefügten lebensgeschichtlichen Rekonstruktionen, das zu einfache Bild aufzubrechen und sich als Autor und Besitzer des Falls nicht allzu ernst zu nehmen, entstehen unter Umständen sehr lebendige Texte, in denen Ich-Erzähler (Analytiker) und Patient dem Leser beinahe zu Ansprechpartnern werden, die ihn interessieren, die ihn nach Parallelen in der eigenen Berufspraxis oder im eigenen Privatleben suchen lassen. Die lebendige, erzählte Darstellung bietet Raum für ein Innehalten, für einen Moment des lustvoll sich selbst relativierenden Erkennens im Spiegel der Fallgeschichte, die von einem ganz anderen berichtet, mit dem man plötzlich zusammentrifft – plötzlich im Sinne dieses »Augenblicks ästhetischen Scheins« (Bohrer 1998): Ein Zusammentreffen verschiedener Wirklichkeitsräume. In diesem Sinne kann eine Fallgeschichte dem Schreibenden und Lesenden ein Möglichkeitsraum sein, in dem ein solches Erleben, das gleichzeitig Anschluss in Richtung Virtualisierung und Realisierung bietet, Platz hat. Anzieu (Anzieu/Tarrab 1991) hat einmal betont, dass er Raum zum »Träumen« schaffen wollte. Gemeint ist damit weder der hermetische Nachttraum noch der adoleszente Tagtraum noch die »rêverie«, sondern ein Nachdenken, das Anschluss an neue Metaphern und Theorien bietet, was sich bei vielen französischen und anderen erzählenden Fallgeschichten durchaus realisieren ließe.

In jedem Fall, gerade um dieses eher ruhige, sich auf diese erzählende, verallgemeinernde Rekonstruktion einlassende Nachdenken zu gewährleisten, bedarf es bei diesem Modell von Fallgeschichten einer gewissen theoretischen Aufbereitung sowohl der Textform »Fallerzählung« selbst wie der französischen Diskussion über diese Texte.

Der Beitrag enthält zwei Teile: Der erste Teil berichtet mehr oder weniger ins Detail gehend einige Charakteristika der französischen Fallgeschichte. Der zweite Teil versucht – aufbauend auf der französischen Sekundärliteratur –, die Fallgeschichte im Hinblick auf ihren Beitrag zur Identitätskonstruktion und -reflexion und zur Schaffung eines Möglichkeitsraums für psychoanalytisches Nach- und Weiterdenken zu beleuchten. Dabei handelt es sich, was den zweiten Teil angeht, um eine schematisierende und die Sekundärliteratur zum Teil auch interpretierende Darstellung, die versucht, neben dem aktuellen Stand auch die Zielrichtung der französischen Rezeptionsweisen aufzuzeigen. Dabei werden einige Aspekte der Rezeption und Diskussion natürlich auch vernachlässigt. Dieser Beitrag kann insofern kein vollständiges Bild der französischen Fallgeschichtenrezeption bieten, als mündliche Falldiskussionen nicht einbezogen werden können; dazu bedürfte es einer Untersuchung der französischen Fallgeschichte im Sinne der empirischen Literaturwissenschaften (Schmidt 1991), die aber noch aussteht – gerade aber wegen der hermeneutischen Zielrichtung der französischen Fallgeschichte einen eventuell reizvollen Kontrast darstellen könnte und vieles präziser formulieren ließe, was hier nur angerissen werden kann.

Zu den Traditionen der französischen Fallgeschichte

Der erste Teil enthält drei Punkte, die die französische Fallgeschichte formal und stilistisch auszeichnen, unabhängig von der Zugehörigkeit zu einer der vielen französischen psychoanalytischen Schulen:
(1)   der Fall als Text und Geschichte
(2)   die Rolle von Theorie und Generalisierung
(3)   Art und Stellenwert ästhetischer Gestaltung

Am Ende steht eine Zusammenfassung, die die Möglichkeiten und Grenzen dieses Erzählens von Fällen schematisch darstellt.

Fall als Text, Fall als Geschichte

Die französische Fallgeschichte erzählt von einem Fall, der immer schon Text ist, Text mit Verderbungen und fehlenden Seiten. Der Fall in seiner ursprünglichen Gestalt ist unerreichbar, er ist das oben genannte Reale, durchaus im lacanianischen Sinne, das ja sogar eine gewisse Gefahr für die symbolische Ordnung darstellt. Gerade deswegen, weil der Fall das »Reale« ist, muss der Text – als Gegengewicht – schon immer Text sein. Die Dechiffrierung und Rekonstruktion der Verderbungen des Textes führt daher nicht zum originalen Fall, sondern zu einem Text, der seine Funktion als »Beschreibung« des Falls in der neuen Rezeptionssituation besser erfüllen kann, letztendlich eine neue »Konstruktion« ist (Viderman 1978; Fédida 1990; Fédida/Villa 1999).

Die Fallgeschichte konzentriert sich auf das Erleben des erzählenden Subjekts, das wie ein Filter auf die im Fall angelegten narrativen Strukturen einwirkt und sie mit seiner eigenen, individuellen Art zu Erzählen füllt. Der Fall wiederholt nach Couchoud (2002; 2006) den partiellen Verlust und den Wiedergewinn symbolischer Aneignung von Welt im Erzählen und ist je nach Orientierung des Autors mehr oder weniger einsames oder mit dem Analysanden geteiltes Unterfangen.

Vorteil dieser Art, den Fall aufzuschreiben, ist die Betonung des »aisthetischen« Ereignisses »Fall«, das aber nicht im Raum der ästhetischen Illusion stattfindet, auch nicht stattfinden sollte, sondern wie ein Einbruch in einen geschützten Raum wirkt und das Empfinden auslöst, etwas sei sehr real, gegenwärtig und ginge gleichzeitig darüber hinaus, stelle eine Art Frage an das erlebende Subjekt (ebd.). Der Fall ist Einfall (Assoun 1990), Ereignis der Psychoanalyse (Kohn 2000), Krise des Analytischen (Mijolla-Mellor 1985), Abweichung von einer imaginären oder symbolischen Ordnung (Lyotard 1990) und ähnliches. Aulagnier (1984) spricht immer wieder von »rencontre« (Begegnung). Um diese Erfahrung des Anderen (ob man nun damit das Wahrnehmungserlebnis oder die Erfahrung eines tiefen Bedeutungszusammenhangs meint) vermitteln zu können, darf und muss jeder erzählen, wie er will – was für den Autor dann außer »Par où commencer?« (Womit anfangen?) (Kahn 1990) oder »Comment dire« (Es wie sagen?) (Anzieu 1990) noch ein paar mehr Fragen aufwirft, zum Beispiel was er bewirken will, und ob das, was er will, mit den Wünschen seiner Rezipienten vereinbar ist.

Wegen dieser Bestimmung des Falls als Aufgabe für das erzählende Subjekt gilt in Frankreich sicherlich, was Buchholz und Reiter (1996) für Deutschland festgestellt haben: Die Fallgeschichte als formal stabiles Genre gibt es nicht, die Texte sind lang oder kurz, besprechen den Verlauf oder eine einzige Szene, sind am Geschehen oder an der Theorie orientiert. Was sie verbindet, ist, dass sie sich an psychoanalytischen Konzepten orientieren und von einem Fall der (oder auch für die) Psychoanalyse berichten.

Sie verbindet darüber hinaus das, was Keitel (1986) als Modell der »theoretischen Psychopathographie« beschrieben hat: Es sind zum allergrößten Teil narrative Texte mit deiktischen Elementen, die den Leser zum Teilhaber oder Zeugen des quasi gegenwärtigen Geschehens machen, das gleichzeitig auf einen allgemeinen Wirkungszusammenhang hinweist.

Die Basis dieses Erzählens ist die medizinische Fallgeschichte des 19. Jahrhunderts. Im Mittelpunkt steht eine Pathologie und eine damit verbundene (Sinn-)Suche, die in der Beziehung von Behandelndem und Behandeltem quasi als drittes Element fungiert (Pigeaud 1990) und für eine mehr oder weniger dramatische Entwicklung sorgt. Über die Referenz auf andere oder eigene Autorität, vor allem Theoriebezug, profiliert ein Fall den Angehörigen der Profession, aber auch die Profession. Niemand außer anerkannten Professionellen kann einen Fall als Fall aufschreiben – hier wird der Unterschied zu Fallgeschichten, die sich für das reale Geschehen selbst stärker interessieren, besonders deutlich: Eine Behandlungsstunde aufschreiben oder protokollieren darf unter Einhaltung der Schweigepflicht letztendlich eigentlich jeder.

Ziel ist die Generalisierung des Singulären und die Konkretisierung der Theorie: Die »theoretische Psychopathographie« soll die Ordnung wiederherstellen, die durch die Abweichung, die der Fall ist, verloren ging, und neuer Unordnung vorbeugen. Darin sind sie letztendlich schon theologischen Kasuistiken verwandt, nehmen eine ähnliche, die Lehre erhaltende Funktion ein (Gagey/Gagey 1990). Allerdings, und dort hört die Analogie auf, gibt es in Frankreich gewiss keine »eine und allgemeine« Lehre, ist die Fallgeschichte sogar Ausdruck der Zersplitterung der französischen Psychoanalyse, werden an ihr die vielen Möglichkeiten deutlich, das dargestellte Geschehen einzuordnen.

Theorie im Fall und um den Fall herum ...

Die Rolle der Theorie, der metapsychologischen Erklärungen und Deduktionen, sind in der französischen Fallgeschichte beinahe folgerichtig nicht zu unterschätzen und spielen in der Diskussion des Falls eine herausragende

Rolle. Man könnte sagen: Die Theorie schafft da Ordnung, wo das Erzählen nicht genügt, ist also eine Art der Ergänzung des Erzählens, füllt jene Lücken, die durch narrative Wahrheitskonstruktion nicht geschlossen werden können, beziehungsweise weist auf jene Lücken hin, kann als antizipierende Dekonstruktion der Erzählung verstanden werden – auch wenn sie natürlich niemals alle Brüche in der Erzählung überbrücken und mit einer Klammer versehen kann, und immer noch genügend bleibt, was Fragen aufwirft, anders gedacht werden kann. Nicht zuletzt lassen sich ja auch die Generalisierungen wiederum auf ihre Kohärenz, ihre Verbindung zum Geschehen befragen: Läuft die Geschichte, die quasi auf der Ebene des Kommentars (in der Epikrise) entworfen wird, wirklich parallel zu der Geschichte, die vom Fall erzählt wird? Wirkt sie wirklich erhellend – oder verdunkelt sie ganz im Gegenteil das Geschehen, lässt es umso mehr im Korpus psychoanalytischer Texte verschwinden, statt es als Element der – letztendlich niemandem gehörenden – Realität auszuweisen?

Der theoretische Kommentar wurde in den betrachteten Fallgeschichten oft in einer Weise verwendet, die den dyadischen Raum, das Geschehen, kaum antastete, quasi daneben stand und eher als Kontrastelement des Textes denn als wirkliche Ausdeutung erschien: Denn es fand, wegen einer gewissen Verselbstständigung des theoretischen wie des erzählerischen Diskurses, oft kein wirklich homogener Übergang zwischen Metapsychologie, der letzten Ebene der Generalisierung und Abstraktion und den ersten beiden Ebenen, der Erkenntnisgewinnung, den klinischen Daten und der klinischen Interpretation statt (Waelder 1962, zitiert nach Schülein 1999, S. 83): Vielmehr klafften beide auseinander. Geht man so vor, wird das Geschehen in der Behandlung nicht unbedingt leichter verständlich (nach welcher Theorie handelt der Analytiker, was leitet seine Interventionen?). Wenn das Geschehen dann nicht besonders ausführlich berichtet wird, wird es sogar schwierig zu erkennen, was eigentlich geschieht, und der Leser muss mutmaßen. Doch letztendlich ist die Frage falsch gestellt: Wichtiger ist für die Leser und Zuhörer die Zähmung des Falls durch eine Argumentationspraxis. Dieses gilt nicht nur für psychoanalytische Fälle, sondern ist ein Erbe französischer Argumentationskunst im Allgemeinen, in deren Mittelpunkt vor allem die Erhaltung des verwendeten Diskurses steht, der auf einen Gegenstand *angewandt* wird, statt aus ihm hervorzugehen. Die angewandte Theorie holt das Geschehen aus seiner Privatheit, kann die »privaten Theorien zum psychoanalytischen Handwerk«, wie Streeck (1995) es genannt hat, objektivieren (statt sie der Erforschung zugänglich zu machen, wie es außerhalb Frankreichs eher das Ziel wäre).

Man kann es so ausdrücken: Die Theorie ist der Kontrapunkt zum Geschehen, unterstützt, orientiert das Erzählen auf ein Ziel und vermittelt quasi zwischen Himmel und Erde, stellt Verbindungen her zwischen dem Einzelnen und der Gesamtheit, holt das herausgefallene Singuläre wieder in das Allgemeine zurück. Ihr gelungener Einsatz ist das eigentlich Wichtige für die meisten Autoren.

Darüber, wie nun Theorie und Fallgeschehen zusammen gehören, haben sich zwangsläufig viele französische Autoren Gedanken gemacht. Cyssau unterscheidet drei »fonctions théoriques du cas«:

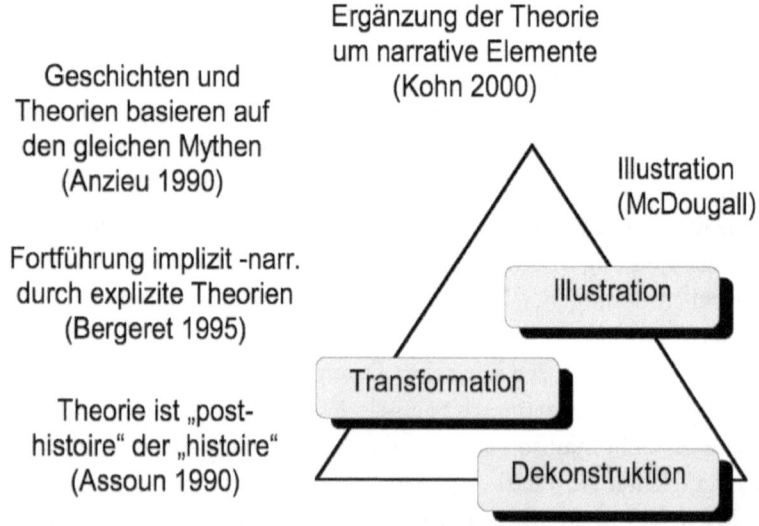

Abbildung 1: Theorie-Funktionen der Falldarstellung nach Cyssau (1999)

(1) Die eigentliche Falldarstellung als Beispiel für die Theorie: Eine Meinung, die so auch von McDougall vertreten wird, sich aber kaum auf ihre große Monografie (McDougall/Lebovici 1960) und auch nicht auf ihre Vignetten anwenden lässt, die oft in Fortsetzungen erscheinen und an der spannendsten Stelle abbrechen. Fallgeschichten, die nur illustrieren, findet man bei Bergeret (1974), der mit seinen Vignetten auch nichts anderes will als seine Klassifikation psychischer Störungen zu illustrieren. Grundsätzlich

gilt, dass sehr kurze Fallgeschichten, sehr kurze und letztendlich wenig gehaltvolle Vignetten nur illustrieren, die etwas längeren Fallgeschichten aber darüber hinaus so viele Brüche enthalten, dass sie die Theorie, die sie illustrieren sollen, gleichzeitig wieder in Frage stellen.

(2) Die Falldarstellung als potenzielle Dekonstruktion von Theorien, die – manchmal vom Autor in keiner Weise beabsichtigt – Lücken und Schwächen aufzeigen kann: Hier wird die Fallgeschichte zu einem »zu interpretierenden Text«, ist die Frage der Interpretation dem Leser zugeschoben, die Beziehung zwischen Geschichte und Theorie quasi beliebig, der Anspruch eines gewissen logischen Zusammenhangs mehr oder weniger aufgehoben. Weniger extrem findet sich eine solche Theoriefunktion des Falls natürlich in fast jeder längeren Fallgeschichte, weil alles nicht-schematisierte Erzählte Raum für Widersprüche bietet: In einer langen, detaillierten Fallgeschichte versucht Aulagnier (1984) ihre Theorien über den Zusammenhang von Wahn und nicht-interpretierbaren Erfahrungen darzustellen; nur zeigt Philippe, ihr Patient, in den Dialogen, dass der Kontakt zu Aulagnier, die sich affektiv engagiert, ihm viel mehr bedeutet. Ihre Theorie kommt wegen der philosophischen Prägung Philippes in der Behandlung vermutlich entgegen und trägt in der Fallgeschichte dazu bei, ein klares und einfühlsames Bild des Patienten zu zeichnen. Aber sie zeigt damit eben nur eine Seite Philippes, trägt dazu bei, einen sicherlich wichtigen Teil seiner Geschichte zu (re-)konstruieren, kann der affektiven und imaginativen Dimension aber nur bedingt Rechnung tragen. Sie erscheint damit als etwas, was sie selbst »pare-fantasme« (»Schutz vor Phantasmen«) nennt. Es wurde nur ein Teilziel erreicht, aber immerhin ein Teilziel. Theorie kann auch im Sinne einer Abwehr verwendet werden, wie Colin (1990) es zeigt: Er berichtet in seinem Aufsatz »Cas urgent« nicht eine Fallgeschichte, sondern die Geschichte eines Falls. Er beginnt mit dem Selbstmord eines jungen Mannes, ein Sprung von einem Hochhaus der Banlieue, ein das Leben beendender »Fall«, der nicht zwangsläufig ist und sich eigentlich durch keine narrative Konstruktion von einem gelebten oder auswegslosen Leben auffangen ließe. Doch genau das versuchen die mit diesem Selbstmord befassten Professionellen, die den »Fall« erst zu einem »Fall« machen: Sie vermessen den Ort des Sturzes, machen sich Gedanken über seine Vorgeschichte, holen Vor-

urteile über schlecht funktionierende Beziehungen hervor, sprechen von »régression narcissique« und beklagen die mangelnden Gelder zur Vorbeugung von suizidgefährdeten Personen – um sich von diesem Geschehen zu befreien, um vor allem dem Schwindel aus dem Weg zu gehen, der sich bei der Vorstellung des Absturzes einstellt. Tragisch nur, dass der Betroffene all diesen Theorien nicht mehr widersprechen kann und er dem Theoriekorpus nicht nur einverleibt wird, sondern sogar »verstoffwechselt«, »métabolisé«, wie Colin es (in Anlehnung an die Theorie Aulagniers) ausdrückt. Bei diesem Extrembeispiel ist natürlich der Zusammenhang von Theorie und Geschehen besonders schwer herzustellen. Wie soll man angemessen *über* etwas sprechen, das Schwindel bereitet? Letztendlich lässt sich bei manchen Fällen tatsächlich nicht mehr eine Fallgeschichte erzählen, sondern nur noch die Geschichte des Falls quasi von außen beobachten, weil der Fall fast jede Theorie, die versucht, sich vom emotional aufgeladenen Geschehen zu entfernen, dekonstruieren würde.

(3) Die Falldarstellung als Realisierung und Umschreibung von Theorie: Die radikalste Position vertritt hier Anzieu (1990), für den Erzählung und Theoriebildung auf den gleichen narrativ-metaphorischen Strukturen beruhen und damit beide aus einem »mythischen Reservoir« entspringen (bezieht man Lenks Vorstellung der »Kreatapher« (Lenk 2000) ein, erscheint diese Position nicht so radikal, wie es auf den ersten Blick scheint: Letztendlich liegen auch wissenschaftlichen Theorien gewisse »Gestalten«, räumliche und zeitliche Ordnungen zugrunde). Seine unten vorgestellte Vignette geht in diese Richtung. Assoun geht von einem zeitlichen Verlauf aus: In Anlehnung an die »Epikrise« entwickelt er die Idee einer »posthistoire«, einer Rückblende, die den Fall in Richtung Metapsychologie orientiert. Bei diesen Positionen, der Fall als Transformation von Theorie und die Theorie als Transformation des Falls, ist der Zusammenhang weder von vorne herein gegeben, wie beim Fall als Beispiel, noch beliebig, wie bei der dekonstruktiven Funktion. Vielmehr hat der Zusammenhang eine große Bedeutung. Bergeret (1995), dessen Vorstellung auch eine gewisse Bewertung gelungener Theorieführung erlaubt, nimmt an, daß es eine Entwicklung von impliziten zu expliziten Theorien gibt und die Fallgeschichte etwas von dieser Entwicklung spürbar machen sollte. Fallgeschichten, die

diesen Zusammenhang nicht kenntlich machen, sind in diesem Sinne nur bedingt brauchbar.

Im folgenden Modell, entwickelt nach Stierle (1973a und b), einem in den Literaturwissenschaften sehr geläufigen Strukturmodell narrativer Texte, greife ich diese Vorstellung auf. Das Modell kann nochmals veranschaulichen, wie der Zusammenhang von theoretischem Kommentar und Erzählung des Geschehens zusammenhängen. Die französische Fallgeschichte kann man sich auf Basis dieses Modells als einen zweigleisig laufenden Text vorstellen, bei dem die »Geschichte« und ihr Text, die sich aus dem Fallgeschehen entwickeln, durch einen theoretischen Diskurs ergänzt werden, der seine Wurzeln in den impliziten Theorien hat, die im Fall verwendet werden.

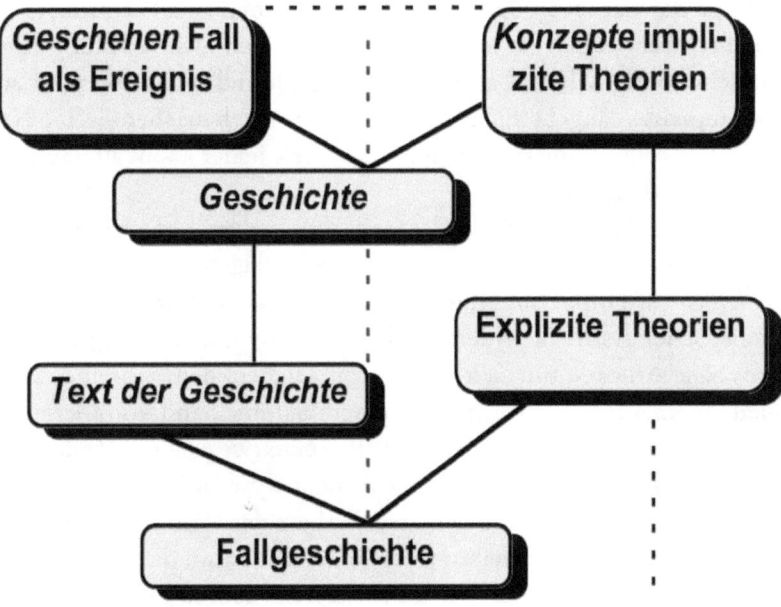

Abbildung 2: Modell der Struktur der narrativen Gattung »Fallgeschichte« nach Stierles Modell der Struktur narrativer Texte (Stierle 1973b)

Ästhetisierung und Literarisierung

Auch die Ästhetisierung und Literarisierung ist in gewisser Weise »typisch französisch« und nicht nur auf die Psychoanalyse beschränkt und auch nicht nur logische Konsequenz aus dem »aisthetischen« Verständnis des Falls: Quasi schon durch die Schulbildung bedingt ist das Interesse an einer eleganten Verwendung der französischen Sprache, bei der – klassizistischen Idealen nachfolgend – die »clarté«, »pureté« und »simplicité« eine größere Rolle als die Individualität spielt. Dieser klassizistische Stil führt zu einem schnörkellosen Umgang mit emotional besetzten Begriffen. Es ist ein Sprechen, das sich nicht selbst liebt (und damit auch sich in sich selbst verliert, doppeldeutig, widersprüchlich, angreifbar, absurd, aber eben auch lebendig werden kann), sondern die Klarheit der Argumentation, die größtmögliche Übereinstimmung von Inhalt und Form und das Unmäßige der barocken Sprache ablehnt. Lacanianisch beeinflusste Fallgeschichten verwenden oft jenen Stil, wenn sie sich nicht an bloße Phänomenbeschreibung halten: Lacan kann man, zumindest was seine »Ecrits« und »Seminaires« angeht, nicht dafür verantwortlich machen – seine Nachfolger haben seine manieristischen Sprachspiele leider kaum als »Spiele mit der Sprache« rezipiert.

Doch der erzählerische Kern, der ja oft weniger von unlösbaren Konflikten als von der conditio humana handelt, bedarf eigentlich eines Erzählens, das offen ist für Doppelsinn und Humor, die Banalität des Alltags und die klassizistischer Ästhetik widersprechenden individuellen Zugaben. Viele französische Autoren tun sich schwer mit solchen, dem schreibenden Ich entgleitenden Ausdrucksformen. In einem Sammelband von Gérard und Dominique Miller (1990) mit dem Titel *Psychanalyse 6 heures $1/4$*, der auf die »Kurzsitzungen« der lacanianischen Psychoanalyse anspielt, erscheinen die Personen wie Figuren des Unbewussten, herbeizitiert vom eigenen Begehren. So handelt die erste Beschreibung von einer Patientin, die, mit einem Regenmantel angetan, klein, zierlich und sehr natürlich, so gar nicht wirkt, als wollte sie zum Psychoanalytiker, sondern vielleicht eher zum Allgemeinmediziner nebenan – aber sie empfindet ihre Schicksalsschläge als ihr ureigenes Schicksal, dem sie nachforschen will. Hier verschwindet der reale Mensch mit seinen an den anderen adressierten Gefühlen und Wünschen, ist nur noch Figur auf der Bühne einer Psychoanalyse. Der »Blick des Anderen« ist es, der sich in den Personen spiegelt, statt sie in sich zu spiegeln und ihnen mit dem Abbild auch einen begrenzenden und konkretisierenden Rahmen zu geben. Statt der »menschlichen Person«, mit dem es die Psychoanalyse zu tun hat (Tress 1995), trifft man hier auf eine Art psychoanalytischer Chirurgie, wie sie Freud mit seinem Gleichnis des Analytikers als Chirurg sicherlich nicht gemeint hat – und dieses eben vor allem unterstützt durch einen eleganten Diskurs, der die Brüche in den Geschichten verwischt, unkenntlich macht, statt sie – was auch durchaus möglich wäre – deutlicher zu machen und der Geschichte damit ein gewisses Leben einzuhauchen. Der Stil hat hier eine ähnliche Bedeutung wie die Theorie: Er verhindert noch mehr den Einblick ins Persönliche – möglicherweise, weil es als etwas Privates empfunden wird, das die Öffentlichkeit nicht erfahren muss, möglicherweise aber auch, um dieses Persönliche zu mystifizieren, die psychoanalytische Praxis zu mystifizieren, indem die dargestellten Menschen quasi zu Allegorien der Psychoanalyse werden.

Eine weitere Aufgabe der literarischen Anleihen ist die Kenntlichmachung des kulturellen Hintergrunds, quasi eine Einordnung der Fallgeschichte in gewisse literarische Traditionen.

Doppelsinn und Humor schlagen sich weniger im Stil als zum Beispiel bei der Namensgebung nieder: Besson nennt seine Protagonistin »Laura«, deren Name Petrarcas Laura assoziieren lässt. Lefort (1980) nennt ihre kleine, sehr zurückgezogene Patientin »Nadja« und erinnert damit an André Breton und sein fotografisches und schriftstellerisches Experiment über eine Frau nahe der Psychose. Anzieu verwendet mit Vorliebe Namen der griechischen Mythologie, wie Marsyas, Pandora etc., sodass man die Vignetten beinahe für Legenden halten könnte, die den Namen erklären. Loewenstein macht sich das Alphabet zunutze: Die erfolglosen Analytiker seiner Patientin Mme N. (er selbst ist ja M. L.) heißen Docteur X., Y., Z.. Serge Leclaire beginnt den ersten seiner »Drei Fälle von Zwangsneurose« wie eine orientalische Erzählung: »Wenn noch weniger Schnee gefallen wäre, wenn ich mit mehr Eifer bei der Sache gewesen wäre, dann hätte ich ihnen heute Abend sicher eine hübsche, gut konstruierte Arbeit vorlegen können, gut durchkonstruiert wie ein sauber proportionierter Tempeleingang mit Rasen und Blumen davor, aber – ich bitte um Entschuldigung – wir sind mitten im Bau und der Rasen ist zertrampelt« (Leclaire 1971, S. 125).

Manchmal wird versucht, durch Bezug auf literarische Elemente die Reflexion des Schreibens und die Konstruktion des Falls als Geschichte zu unterstützen: Aulagnier überschreibt ihre Fallgeschichten mit »Histoires pleines de silence et de fureurs« und verweist damit auf Faulkners damals populäres »Bruits et fureurs«. Beim Lesen von Maud Mannoni (1970) glaubt man, bei einer Visite in einer psychiatrischen Einrichtung dabei zu sein. Eine Vignette von Anzieu (1990) ist einem Text Becketts nachgebaut, enthält innere Monologe unterbrochen durch ein »Bing«, bei dem man entscheiden darf, ob es sich um ein Geräusch oder eine Leerstelle handelt, an der ein geistiger »Sprung« stattfindet.

Die Produktivität der Verfahren ist, wie man merkt, sehr unterschiedlich, und man müsste sich Gedanken machen, welche Art und Weise der Darstellung von Fällen angemessen ist: Sollte man, wie Bergeret bezüglich der Verbindung von Observation und Theorie, einen gewissen Zusammenhang fordern? Anzieu (1990) und Donnet (1990) fordern die Anpassung der Darstellung an das Dargestellte: Die Darstellung von Einzelsitzungen soll dem Dialog, auch dem inneren Dialog des Analytikers Rechnung tragen (Anzieu) und die den Rahmen des Settings berührende (Inter-)Aktion darstellen (Donnet). Darstellungen ganzer Behandlungen dürfen in der notwendigen Breite von der Interaktion zwischen Analytiker und Analysand erzählen. Anfang und Ende der Beziehung spielen hier eine große Rolle. Anzieu, der von »récit de récit« und »récit de l'histoire« spricht, fordert zusätzlich eine Reflexion dieses Erzählens ein, das heißt eine bewusste und begründbare Wahl der Darstellungsart (er begründet seinen »récit de récit« à la Beckett dann auch mit den Konzepten des »monologue intérieur« und der »intertextualité«). Assoun (1990) spricht dagegen vom »récit du symptôme«, dessen Aufgabe es ist, das Auftauchen und Verschwinden der Symptome begreiflich zu machen, und der im Vergleich zu den Beziehungserzählungen eine etwas trockenere, stärker medizinalisierte Erzählweise verlangt, um dieses korrekt darstellen zu können.

Strukturale Oppositionen der Fallgeschichte

Ich fasse zusammen: Die Fallgeschichte enthält in dieser Lesart Spannungen und Gegensätze, strukturale Oppositionen. Wie genau wird der Fall in seiner Gestalt als Kette von Ereignissen, von Stunden und Redehandlungen dargestellt, wie stark ist seine Überformung durch narrative Schemata? Wie sehr ist der Fall schon Theorie, wie sehr widersetzt er sich ihr, entzieht sich ihrem Zugriff? Wie stark ist der Fall in der Fallgeschichte als professionell oder persönlich Erfahrenes dargestellt? Wie lebendig erscheint der Kontakt, wodurch scheint das Schreiben motiviert zu sein: Durch den Wunsch, etwas subjektiv Bedeutungsvolles zu schildern, oder um eine eigene Vorstellung von Psychoanalyse zu mystifizieren?

Fallgeschichten dieser Art leben davon, dass der Autor, gehalten von seiner »Besetzung« des Schreibens der Fallgeschichte, sich ein wenig mitfallen lässt. Denn an den Brüchen der Fallgeschichte macht sich deren Authenzität fest, getreu der Erfahrung, dass eine wahrscheinliche Tatsache erfunden sein kann, von einer unwahrscheinlichen Tatsache aber nicht erzählt würde, wenn es nicht etwas sehr Wichtiges für das erzählende Subjekt enthalten würde – und damit die Wahrscheinlichkeit größer ist, dass es auch, zumindest für das erzählende Subjekt, »wahr« ist. Die Brüche sagen, dass es sich um etwas Erlebtes handelt, nicht nur um etwas Vorgestelltes (Le Guen 2001).

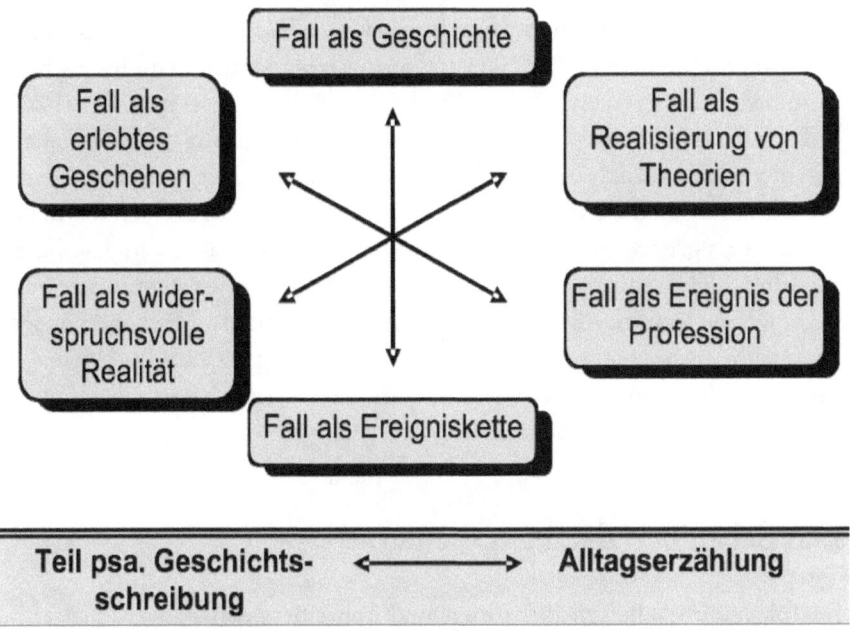

Abbildung 3: Oppositionen der erzählenden Fallgeschichte

Jede Fallgeschichte schließt einen Lektürepakt mit dem Leser, wie Lejeune (1996) es für das Genre der Autobiografie beschrieben hat: Sie sagt dem Leser: Dieses ist ein Fall, ein Ereignis der Profession, ein Erlebnis des Analytikers, das seine Spuren in ihm hinterlassen und ihn dazu gebracht hat, es aufzuschreiben, in seiner individuellen Art und Weise darzustellen, zu bearbeiten, umzuformen. Welcher Fall, was von einem Fall, wie ein Fall erzählt wird, ist also in keiner Weise beliebig. Durch diesen Pakt sollen professionelle Lesarten induziert werden, die das Gleichgewicht zwischen »littérature personnelle« (autobiografische Texte, Tagebuch, Briefwechsel) und der »littérature professionnelle« halten, und Fallgeschichten als Berichte aus einer Praxis rezipieren, die gleichzeitig über diese hinaus-, durch Generalisierungen, ästhetische Gestaltung und literarisch-kulturelle Anleihen aus dieser individuellen Praxis in den Bereich des offiziellen psychoanalytischen Diskurses hineinreicht.

Diese Fallgeschichten zeichnen kein realistisches Bild der Profession, sondern stehen quasi zwischen empirischen Methoden der Notation von Fällen, die nur etwas wert sind, weil sie tatsächlich stattgefunden haben, und den Gedankenexperimenten oder fiktiven Fällen zum Beispiel der Philosophie oder der Rechtswissenschaft, die versuchen, die Grenzen des Möglichen spürbar zu machen und bei denen »Realität« oft verunklarend wirkt. Zumindest haben diese beiden anderen Arten des »Denkens in Fällen« (Passeron/Revel 2005) in der französischen Psychoanalyse keine große Bedeutung, werden vielmehr als »nicht-psychoanalytisch« wahrgenommen: Das eine wegen der fehlenden Voranpassung an die Psychoanalyse, das andere wegen des fehlenden Bezugs auf die – als grundlegend wahrgenommene – psychoanalytische Klinik. Die erzählten Fallgeschichten stehen zwischen beidem: Daher steht ihnen wegen ihrer polaren Struktur die Reflexion des *Bildes*, das sie vom Fall und von ihrer Profession entwerfen, offen. In diesen Fällen reflektiert sich Psychoanalyse, kann sie Bilder von sich entwerfen, kann sich aber auch bespiegeln, wie im zweiten Teil hoffentlich deutlich werden wird.

Das Schreiben der Fallgeschichte

Im folgenden stelle ich das Lesen und Schreiben von Fallgeschichten als Reflexion und auch »Begründung« individueller psychoanalytischer Identitätssuche im Sinne der Abbildung psychoanalytischer Realität dem Lesen und Schreiben der Fallgeschichte als Suche nach individuellen präprofessionellen Zugängen gegenüber. Beide Arten, mit Fallgeschichten umzugehen, sind letztendlich gut denkbar. Wo die erste Lesart darauf zielt, den Text zu schließen, ihm Bedeutungen zu geben, die ihn zu einem Text machen, der diese oder jene Position unterstützt, da versucht die zweite Lesart ihn zu öffnen und offenzuhalten. Die zweite Lesart spricht aus vielen Texten der Sekundärliteratur: Französische Analytiker schreiben sehr emotional über das, was die Fallgeschichte ist oder sein kann: Die Fallgeschichte ist Traum, tiefgründiges Märchen für die psychoanalytische Profession (Fédida/Villa 1999), aber auch Ort der Katharsis (Mijolla-Mellor 1985), der Erholung, der Trauerarbeit und des Abschieds.

Fallgeschichten als Spiegel für ihre Rezipienten

Fallgeschichten teilen mit mythischen Erzählungen, dass sie nicht beliebige Erzählungen sind, die nachträglich als etwas Bedeutungsvolles erfahren werden, sondern von etwas handeln, das von Anfang an eine Bedeutung für die Profession hat. Als »referentielle Erzählungen« (Lejeune 1996) sind sie von vornherein mit Vorstellungen über den Beruf und seine Ausübung, seine Grenzen und seine Reichweite verbunden. Sie sind mehr als übliche Erzählungen mit der Frage nach der beruflichen Identität verbunden, insofern sie Erzählungen aus und über eine berufliche Praxis sind. Fallgeschichten haben mehr als andere Geschichten die Möglichkeit, ihren Rezipienten ein Spiegel zu sein: Sei es das eigene, schon bekannte Bild oder sei es ein Bild, das durch den Spiegel von draußen hereingeholt wird und das eigene Bild erweitert.

Die stärkere Verbindung mit der Identität ergibt sich dadurch, dass jeder Fall schon eine Art »Spiegelwirkung« hat, insofern jeder Fall ein »Fall-für-jemanden« ist. Ein Fall bestätigt den Professionellen in seiner Zuordnung zu einer Profession, in ihren Grenzen und Möglichkeiten, das aufzufangen, was aus anderen Rahmungen gefallen ist und nicht mehr enthalten werden konnte.

Die Fallgeschichte dokumentiert diese Versuche als etwas, das in der Realität stattfindet und die Fälle der Profession als sinnvolle »Aufgaben«

definiert. Durch diese dokumentarische Funktion kann die Fallgeschichte die Vieldeutigkeit der Realität abbilden; so gibt es meist mehrere mögliche alternative »Geschichten«. Der Leser darf aktiv werden und fühlt sich durch die selbst entwickelte Geschichte umso mehr anerkannt, betroffen und verstanden. »Was man gegen den Willen des Autors aus dem Text herausliest, erscheint einem immer wahrer und tiefgründiger« (Lejeune 1996, S. 28). Was für die Autobiografie gilt, gilt auch für die Fallgeschichte: Der Leser macht aus dem Autor ein Gegenüber, an dem er sich misst, das er nimmt, um sich von ihm abzustoßen, zu unterscheiden. Die freundliche, ungefragte Übereinstimmung von Autor und Leser bei klassischen fiktiven Texten, in denen der Autor nicht als Person auftritt, fehlt hier, fordert zu bewusster, aber deswegen nur noch stärker durchdachter Reflexion heraus. Harmonische Identifikationsmöglichkeiten gibt es natürlich trotzdem, nämlich mit den Reflektorfiguren und dem Ich-Erzähler (der zwar, wie bei der Autobiografie, mit dem Autor identisch ist, aber vom Leser, der den zeitlichen Abstand zwischen Autor, der aktuell schreibt, und dem Ich-Erzähler, der von der Vergangenheit erzählt, unterschieden wird), insbesondere, wenn persönliche Überschneidungen den Leser dazu bringen, ihm gern in die erzählte Welt nachzufolgen.

Erzählende Fallgeschichten können auch ein vorschnelles Gefühl von Evidenz erzeugen, so zum Beispiel durch einen geteilten »psychoanalytischen Dialekt« oder das Verschweigen von Elementen, die dem Selbstbild von Autor und Leser widersprechen. Erzählende Fallgeschichten selektieren stark und deuten schon vor der Darstellung, was das Hineinnehmen nicht schon vorher fokussierter Elemente schwierig macht. Umso mehr muss das Material möglichst vollständig und differenziert dargestellt werden, und es sollte analog zu Körner (2003) auch offengelegt werden, auf was der Rahmen des Falls aufbaut.

Fallgeschichten können aber auch Raum für die Herausbildung der eigenen narrativen professionellen Identität bieten. Es wird sogar davon gesprochen, dass das Schreiben einer Fallgeschichte neben der Analyse des Falls eine Art der Selbstanalyse sein kann: »Ecrire un cas, c'est faire son (auto)analyse« (nicht mehr auffindbare Internetquelle, Verfasser: Jean-Michel Thurin). Mijolla-Mellor (1985) erinnert daran, dass das Schreiben einer Fallgeschichte oft mit der Supervisionssituation verglichen wird, nur dass nun die Leserschaft den Autor supervidiert. Vor diesem Hintergrund wird nur noch verständlicher, warum viele Fallgeschichten so wenig vom Fall selbst zeigen und warum ein so großer Wert auf die Theorie und die Darstellung gelegt wird. Anzieu (1990) kritisiert, dass es in Bezug auf Fallgeschichten nur zwei Möglichkeiten gibt: »Etre un héritier, être un hérétique.« Dass der Fall das Erwartete zeigt (und nichts besonders Individuelles enthält), wird durch den Stil verschleiert (ebd.).

Eine für den einzelnen Autor weniger komplizierte Auswirkung der Vervielfachung der Spiegelwirkung ist die Tatsache, dass sich erzählende, vor allem »große« Fallgeschichten (»monographies cliniques«) sehr gut eignen, um als »Gründerfallgeschichten« gelesen zu werden und eine gewisse »geschichtliche« Identität der jeweiligen psychoanalytischen Gruppe zu unterstützen: Jede psychoanalytische Schule/Richtung besitzt diese. Der offenbare Mangel an Fallgeschichten im Werk Lacans hat zum Beispiel dazu geführt, dass seine an der Phänomenologie orientierte thèse de doctorat, der Fall der Marguérite Pantaine, zu einer solchen Fallgeschichte werden konnte. Weitere Gründerfallgeschichten sind – zum Beispiel für die verschiedenen Richtungen der französischen Kinderanalyse – McDougall (1960), Dolto (1971), Lefort (1980) und für die neuere Kinderanalyse Brun (1997). Auch die oben genannte Fallgeschichte von Aulagnier ist, wenn auch relativ spät nach der Gründung geschrieben, eine solche Fallgeschichte, mit der auch die OPLF (Organisation psychanalytique de Langue Française, auch Quatrième Groupe genannt) zu einem Ort wird, der Erzählungen mit generiert hat.

Vor allem aber erregt eine Fallgeschichte, die lebendig erzählt wird, bei den Lesern das Bedürfnis, sich über einen Fall zu verständigen, weil er ihnen mit dem Gefühl des Betroffen*seins* auch das der Betroffen*heit* vermittelt hat. Fallgeschichten können differenzierte Diskussionen anregen, in denen sich Personen quasi um den Fall versammeln, ihn zu einem Fall ihrer Diskussion machen und versuchen, ihre Schnittpunkte zu bestimmen. Die Fallgeschichte wird dann idealerweise von einem klinischen Ereignis zu einem sozialen Ereignis, wie es Overbeck (1993) für die deutsche Falldiskussion beschrieben hat. Die Fallgeschichte kann so – zumindest prinzipiell – *wie ein* Märchen, *wie ein* Traum oder ein Text werden, mit dem – neben der Diskussion des Falls und der Theorie – auch bestimmte Reflexionsprozesse der Gruppe in Bewegung gesetzt werden können, der neue Räume erschließt und zusätzlich auch Ausweich- und Erholungsmöglichkeiten schafft.

Fallgeschichte als Möglichkeitsraum

Die zweite Lesart nutzt die Fallgeschichte als Raum: Raum für neues Altes oder altes Neues, ob vorgefunden oder erst erschaffen. Sie nimmt das Bild als solches ernst und nicht als Spiegelung einer Praxis oder einer Vorstellung einer geeigneten Psychoanalyse und beruht nach Jauß (1982) auf »aisthesis«, »poeisis« und »katharsis«: *Wahr*nehmung, Reflexion von Schreibprozessen und von Identifikationen. Es geht hier nicht um das »Umschreiben«, das Übersetzen, sondern um das »Um-Schreiben«, das Finden von Anknüpfungspunkten für andere Texte. Seine Wurzeln hat ein solches Lesen nicht nur im Inhalt, sondern auch in den Elementen des Stils, den verwendeten Bildern und Metaphern. Sie erzeugen ein »plaisir du texte« (»Lust am Text«): Grundbedingung für ein Herangehen, das den Text weniger als Gegenstand aneignen denn als Raum nutzen möchte.

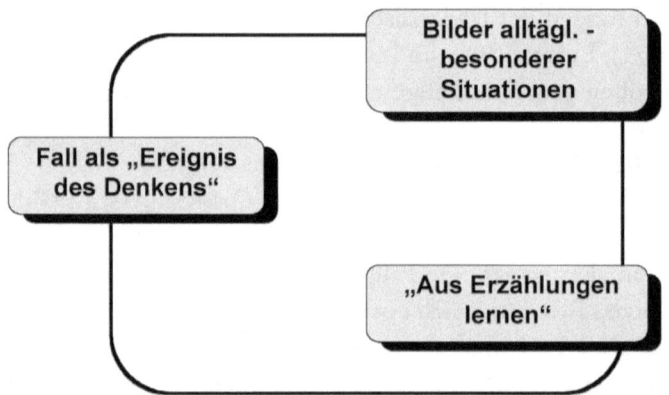

Abbildung 4: Elemente des »Möglichkeitsraums der französischen psychoanalytischen Fallgeschichte«

Folgende Punkte bilden diesen Raum der Fallgeschichte ab:
(a) der Fall als dekonstruktives Element;
(b) der Fall als Bild;
(c) die Frage, ob man aus Erzählungen lernen kann.

Zur Veranschaulichung stelle ich eine Vignette vor, letztendlich eher Anekdote und eher ungeeignet für eine am Inhalt orientierte Diskussion, die sich aber im Wunsch lesen lässt, Material zum Nachdenken zu erhalten, denn sie reflektiert sowohl Fall als auch Geschichte.

»Observation de Stéphane« aus: Anzieu, Didier (1996): Das Haut-Ich, S. 289–290

Mischformen
Bei ein- und derselben Person kann sich ein Teil des Selbst in seiner Funktion an einer bestimmten Gestalt des Haut-Ichs und ein anderer Teil gleichzeitig an einer anderen Gestalt des Haut-Ichs orientieren. Im folgenden ein Beispiel für eine solche Mischform.

Beobachtung von Stéphane
Stéphane träumt viel, seit er während der Sitzungen liegt, und gibt sich viel Mühe, seine Träume zu verstehen, da er nach schwierigen Anfängen einer Analyse im Sitzen ein gutes Arbeitsbündnis mit mir entwickelt hat. Allmählich gelingt es uns herauszufinden, an welchen Stellen er in seinem Verständnis regelmäßig an seine Grenzen stößt: wenn er sich sagt, daß dieses Bündnis nicht ewig dauern kann und daß er womöglich feindliche Gefühle mir gegenüber empfinden und zum Ausdruck bringen wird; wenn deutlich wird, daß die verbale und physische Gewalt seines Vaters während seiner Kindheit und Adoleszenz so stark war, daß Stéphane die Freiheit genommen wurde, selber aggressive Gefühle diesem Vater gegenüber auszuleben.

 Immer häufiger und ausgeprägter kommt es in den Sitzungen zu einem neuen Phänomen: Es gluckst in seinem Bauch. Es ist für ihn um so ärgerlicher und peinlicher, als es ihm sonst nie passiert. Die folgende Sitzung ist erfüllt von diesem Glucksen, dessen Sinn Stéphane nicht versteht. Auch ich habe keine Ideen dazu, denke darüber nach und ahne einen Zusammenhang zur Problematik der früheren Sitzungen.

 Ich: Was da in Ihnen gluckst, ist die Aggressivität, und Sie wissen nicht, ob das Ihre oder die Ihres Vaters ist.

 Stéphane bestätigt: Er hatte in diesen Tagen das Bild von Messerstichen in den Bauch.

 In diesem Moment beginnt es auch in meinem Bauch zu glucksen. Es kostet mich Überwindung, mich deshalb nicht schuldig zu fühlen und nicht zu versuchen dieses Glucksen zu unterdrücken, sondern es als eine Folge von Stéphanes Übertragung auf mich zu verstehen. Ich deute ihm folgendes:

Ich: Ihr Vater brachte die Aggressivität, die ihm unangenehm war, bei Ihnen unter, um sich ihrer zu entledigen; so übergeben Sie mir dieses Glucksen, das Ihnen unangenehm ist, damit es zu meinem wird und nicht mehr Ihres ist.

Stéphane: Es tut mir leid, ich nehme es wieder zurück.

Tatsächlich gluckst es jetzt nicht mehr in meinem Bauch, während es in seinem wieder anfängt. Mein psychisches Ich, das nicht mehr von seinem Körper-Ich erfüllt ist, findet zu seiner Denkfreiheit zurück; ich sage mir, daß es nicht reicht, den latenten Triebimpuls (die Aggressivität) und den Abwehrmechanismus (die projektive Identifikation) zu deuten, ohne nach der spezifischen Bedeutung der vom Symptom betroffenen Körperstelle (topische Perspektive) zu suchen.

Ich: Dieses Glucksen findet im Bauch statt. Die Mutter und ihr Baby teilen sich ihre Gefühle direkt durch den Bauch mit.

Diese allgemeine Deutung ermöglicht es Stéphane endlich, die hybride Gestalt seines Haut-Ichs (halb Haut-Ich-Panzer, halb Haut-Ich-Sieb) in Worte zu fassen.

Stéphane: Ich bin wie eine Schildkröte. Auf dem Rücken habe ich einen Panzer, und der Bauch ist weich. Wenn ich auf dem Rücken liege, füllt sich mein Bauch, der durchlöchert ist, mit der Aggressivität der anderen, und ich kann mich nicht mehr aktiv umdrehen. Es ist die Übertragung, die es Stéphane ermöglicht, sich der besonderen Gestalt seines Haut-Ichs bewußt zu werden.

Folgende Aspekte möchte ich kurz vorstellen:
(1) Die Hinterfragung dessen, »was der Fall ist«. Hier: die Frage von Ver- und Entmischung versus Verbindung und Trennung durch Reflexion auf verschiedenen Darstellungsebenen und Textebenen:
    (a) auf der Ebene des körperlichen Phänomens des Glucksens, das von Stéphane zu Anzieu und wieder zurück wandert;
    (b) auf der Ebene der Kategorisierung von Stéphanes Fall als Mischform, ausgedrückt im Bild der Schildkröte mit weichem Bauch und hartem Panzer;
    (c) auf der Ebene des Inhalts der sprachlichen Interaktion, die dazu führt,

dass das Glucksen als Kommunikation beziehungsweise kommunikationshemmende Aggressivität gedeutet wird;
(d) auf der Ebene der Interferenz von Geschehen und metapsychologischem Kommentar. Der Kommentar kontrastiert und klärt die Vermischung, die im Geschehen stattfindet. Wegen des harten Kontrastes verliert die Tatsache der Vermischung nichts von dessen Wirkung. Der triebtheoretische Ansatz der Kommentare wird dadurch relativiert. Ebenso erscheint er durch den Verlauf der Geschichte, die eine Entwicklung von der Entmischung der Triebe/Vermischung körperlicher Symptome zu Fragen von Trennung und Verbindung durch Kommunikation enthält, relativiert.

(2) Die Etablierung und Hinterfragung dessen, was »erzählwürdig« ist:
(a) Die Vignette ist Erzählung mit Einleitung, Hauptteil und Schlusspointe. Stéphane und Anzieu sind durch affektive beziehungsweise performative Doppeldeutigkeit ihrer Äußerungen sogar verschieden charakterisiert. Die Handlung ist lebendig, fast schon akrobatisch, wirkt verdichtet.
(b) Sie enthält Elemente des Witzes: Das Glucksen scheint sehr gut gezähmt zu sein, was ebenso paradox wie erheiternd ist. Die Vignette geht auch in die Richtung Selbstbewitzelung, denn die Kontrolle hat Stéphane. Doch wie immer bei Selbstbewitzelung bedeutet das Zeigen der eigenen Schwäche auch Etablierung anderer Wertmaßstäbe: Anzieus Mitbetroffensein eröffnet im Nachhinein Spielräume. Die gewisse Schlagfertigkeit und der Fantasiereichtum Stéphanes sind auch ein Gütekriterium von Anzieus nicht unbedingt besonders eleganten oder einsichtigen Deutungen: Sie geben Stéphane gerade wegen ihrer mangelnden Brillanz Gelegenheit, seine Schlagfertigkeit zu entfalten.
(c) Wie in einer gut erzählten Geschichte werden Affekte indirekt vermittelt. Dazu zählt zum Beispiel das Gefühl von Beklemmung und Befreiung.
(d) Die Pointe, die Rückkehr des Glucksens zu Stéphane, steht nicht am Schluss. Der Schlusssatz öffnet die Geschichte wieder, läßt sie als Teil einer sehr viel längeren Geschichte erscheinen.
(e) Nicht zuletzt sorgen die erzählerischen Aspekte dafür, dass der Leser sich dieser Geschichte erinnern und in gewisser Weise daraus lernen wird.

An der Fallgeschichte kann sich »das Denken in Fällen«, wie Revel und Passeron den von ihnen herausgegebenen Sammelband übertiteln (Passeron/ Revel 2005), üben. Das »Denken in Fällen« beinhaltet im wesentlichen drei Aspekte: Die Fallgeschichte kann durch ihre Widersprüche eine Dezentrierung bewirken: Sie bringt das logische Denken zu Fall und auch zum Fall, insofern sie den Leser zwingt, vorgeprägte Vorstellungen zurückzustellen. Statt sagen zu können, wie es »ist«, ist man gezwungen zu fragen, was man selber annimmt, sich in das Material nochmals und nochmals zu vertiefen, ohne zu einem wirklichen Ergebnis zu kommen. Gut geschriebene Fallgeschichten verhelfen damit vermutlich zu einer Art »Lockerungsübung«. Die Fallgeschichte regt auch zum Denken in Bildern an, Anzieu (1996) spricht von »penser par images«. Dieses Denken, das sich auf narrative Strukturen und Metaphern stützt, führt zwar nicht zu einem vollendet logischen Diskurs, ergibt aber etwas wie Freiheit im Denken. An ihr läßt sich auch das verallgemeinernde Denken reflektieren, lassen sich die genannten Brüche und Kontraste ausmachen und kann eine Sensibilisierung für diese erfolgen. Fallgeschichten dieser Art sind damit weniger Material, aus dem sich direkte Erkenntnis ziehen lässt, als ein Raum, in dem sich insbesondere individuelle Erkenntnismethoden reflektieren lassen. Unweigerlich wird man entdecken, wie metaphorisch die eigenen Theorien sind und wie häufig sie dazu dienen, sich festzuhalten, um nicht mitzufallen. Erzählende Fallgeschichten stellen zusätzlich, und dies erscheint mir als Literaturwissenschaftlerin besonders bedeutsam, auch ein Reservoir für Bilder von Patienten, Analytikern, Angehörigen, typischen Interaktionen her, zeigen Vorbildhaftes und weniger Vorbildhaftes, vermitteln Bilder der Praxis, wie es keine Beschreibung einer Technik kann. Die Fallgeschichte schildert ebenso alltägliche wie gleichzeitig besondere Situationen. An ihr zeigt sich die Ausdruckskraft des Alltags. Sie hat teil an den »Mythen des Alltags«, wie sie von Roland Barthes (1970) beschrieben wurden und die den stabilen Hintergrund für neue, individuelle Geschichten bilden und auf diese Weise gedankliche Bewegungsfreiheit erlauben (Barthes beruft sich auf das Konzept der Mythosvarianten von Lévi-Strauss).

Beeindruckend ist auch die Fähigkeit von Fallgeschichten, Gefühle beim Leser wachzurufen, ihn affektiv einzubeziehen, ihn nicht neutral zu lassen, was oben mit Betroffensein und Betroffenheit benannt wurde. Viele Autoren haben sich damit beschäftigt, wie Certeau, der an Freuds Studien über Hysterie vor allem die Darstellung von Affekten bewundert. Schuller (1990) versucht diese Fähigkeit mancher Fallgeschichten, etwas von der affektiven Prädisposition der Protagonisten auf den Leser übergehen zu lassen, im Konzept des »Textes der Hysterie« zu fassen.

Beeindruckend sind die Affekte aber erst, weil sie nicht von Dramenfiguren, sondern von alltäglichen Personen stammen. Wer Fallgeschichten aus Neugier auf psychopathologische Persönlichkeiten liest – was Laien durchaus tun –, wird enttäuscht werden, da er hier alltäglichen Personen begegnet. Der andere Mensch, ob Patient oder Analytiker, ist einem nah, und man versetzt sich gut in ihn hinein, gleichzeitig kann sich niemand *wirklich* an seine Stelle versetzen. Nutzt der Autor diesen Raum des Schreibens, ist der andere Mensch auch der Andere, eine begehrte Person: Nicht »Figur des Unbewußten«, Schnörkel in der Sprache des Begehrens, sondern Person, die durchaus für sich selbst spricht.

Eine zweite Lesart ähnelt dem, was »wechselseitige Erhellung der Künste« genannt wurde und jenseits des Medienwechsels eine Antwort auf den Text mit den eigenen, persönlichen Mitteln ist: Der Text ist weniger Rätsel als Frage, und es geht nicht um die beste Deutung oder Lösung, sondern um eine Auseinandersetzung mit den möglichen Bedeutungen, sinnlichen Aspekten, berührenden Beschreibungen. Dieses Leseinteresse bedarf keiner Übereinstimmung zwischen Text und Leser, denn es versucht den Text, wo es geht, lebendig werden zu lassen. Ganz ohne das Mitwirken des Textes funktioniert es allerdings nicht.

Schlussbemerkungen

Um die ganze Bandbreite des *Erzählens in, aus* und *für die Psychoanalyse* zu realisieren, müssen sich die Suche nach der besten Deutung und die Suche nach der besten Antwort ergänzen. Eine für beide Lesarten geeignete Fallgeschichte sollte wesentlich länger und genauer als die obige Vignette sein.

Die Grenzen des Erzählens, aber auch der differenziertesten Fallgeschichte, liegen dort, wo der Fall in seiner empirischen Dimension beginnt: Die französische Fallgeschichte sperrt sich mit ihrer individuellen und stärker literarischen Form gegen eine objektiv-wissenschaftliche Erforschung von Fällen, die genauer Transkripte und zum Beispiel auch des Konsenses über diagnostische Fragen bedürfte. Die Grenzen liegen auch dort, wo das Erzählen der Analytiker durch das Erzählen der PatientInnen ergänzt werden müsste, wie von Schneider (1998) gefordert. Es geht nicht, dass die Fallgeschichte als Text betrachtet wird, der ohne jede innere Rechenschaft gegenüber dem Patienten geschrieben werden darf und alleine dem Interesse des Analytikers dient, wie von Furlong (1999) vorgeschlagen und von Kantrowitz (2004b) gezeigt. Ohne eine wirkliche Auseinandersetzung mit der *eigenen* Erinnerung an *jemand anderen* und etwas anderes und der Verantwortung gegenüber dem Erlebten geht der Fallerzählung viel an Wert verloren. Dringend notwendig wäre es außerdem, überhaupt mehr beziehungsweise längere Fallgeschichten zu publizieren, insofern die Publikation längerer Fallgeschichten (über hundert Seiten) in den achtzig Jahren seit Bestehen der französischen Psychoanalyse das Dutzend kaum überschreitet und auch die mittellangen Fallnovellen (über 20 Seiten) nicht gerade in sehr großer Zahl vorhanden sind. Eine Untersuchung der Gründe für diese Zurückhaltung wäre möglicherweise erhellend und würde darüber hinaus Erkenntnisse über das Erzählen von Fällen in der französischen Psychoanalyse ergeben.

Die Grenzen des Erzählens lassen sich nicht aufheben. Umso wichtiger erscheint es, andere Arten der Notation zu fördern. Wer sich aber für das Erzählen entscheidet, muss das Risiko eingehen, dass seine Erzählung anders klingt als ursprünglich beabsichtigt. Das Ziel kann nie literarische Innovation, sondern nur der Versuch sein, etwas Vergangenes zu rekonstruieren beziehungsweise es immer wieder neu zu konstruieren. Daher sind vor allem Texte interessant, in denen das Erzählen nicht glatt und angemessen vor sich geht, sondern jene, in denen eine Auseinandersetzung mit den Schwierigkeiten dominiert, die das Erzählen des Falls begleitet, eben »Womit beginnen?«, »Wie erzählen?«. Auch der vom Standpunkt eines normativ »gelungenen« Erzählens gescheiterte Text ist aus dieser Perspektive noch interessant. Das Erzählen kann ähnlich wie die Deutung etwas über die Grenzen des Verstehens aussagen, ist ein Signal für den Leser, bis wohin ein narrativ geleitetes, nachvollziehendes Verstehen nicht nur möglich, sondern vor allem auch allgemein akzeptiert ist.

Berichte und Erzählungen von PatientInnen
Ein Perspektivenwechsel
Esther Grundmann

Einleitung

>»Die Geschichte psychoanalytischer Behandlungen wird wie die ärztliche Krankengeschichte gewöhnlich allein vom Therapeuten geschrieben. Was im therapeutischen Prozeß geschehen ist, was richtig und hilfreich und was falsch und störend war, wird von der Gruppe der Behandler festgestellt. Eine solche Einseitigkeit ist nicht nur für die Qualitätskontrolle der Behandlungen problematisch, sie widerspricht dem dialogischen Prinzip der Psychoanalyse und ihrem emanzipatorischem Ideal für den Patienten. Die subjektive Erfahrung des Patienten und seine retrospektive Aussage über Behandlung und Behandler stellen ein Material dar, das für eine psychoanalytische Behandlungslehre viel zu wenig genutzt wird.« (Bräutigam 1983, S. 117)[1]

Diese modern und zeitgemäß anmutende Forderung hat bereits vor 25 Jahren der Psychoanalytiker Walter Bräutigam in einem Artikel aufgestellt. Eine Forschungsmethode der Geschichtswissenschaften, die »oral history«, sei – so seine Überlegung – auf die Psychoanalyse zu übertragen (Bräutigam 1983, S. 118). Renate Stingl stellt dieses Zitat an den Anfang ihrer eigenen Arbeit *Auf der Couch. Frauen und Männer berichten von ihrer Analyse* (1992). Dieses Buch ist bislang einmalig im deutschsprachigen Raum. Vierzehn Männer und Frauen wurden über den Behandlungsverlauf ihrer Psychoanalyse befragt; die Gespräche beziehungsweise Interviews wurden von der

---
[1] Den Hinweis auf das Zitat verdanke ich Renate Stingl (1992, S. 11).

Herausgeberin protokolliert beziehungsweise mit Tonband aufgenommen. Das scheint einer der ganz wenigen Versuche zu sein, die Überlegungen von Bräutigam (und anderen) in die Praxis umzusetzen und zu nutzen. Es gibt merkwürdigerweise keine systematischen wissenschaftlichen Untersuchungen über Texte oder Erzählungen, die PatientInnen über ihre Behandlung verfasst haben. Dabei liegen diese Texte und Geschichten bereits vor.

Es wird mir im Rahmen dieses Beitrages nicht möglich sein, eine systematische Erfassung und Auswertung dieser Texte vorzunehmen. Dies kann schon deshalb nicht gelingen, weil wir im Moment nicht einmal über die Kriterien verfügen, die es uns möglich machen, diese Textsorte – ich nenne sie vorläufig »Therapiegeschichten« – von anderen Texten klar abzugrenzen. (Zählt z. B. das bekannte Buch von Fritz Zorn, *Mars* (1977), in diese Gruppe oder das Buch von Tilmann Moser (2004): *Bekenntnisse einer halb geheilten Seele*? M. E. ist das für beide Fälle zu verneinen.) Schwierig wird es insbesondere bei Texten, wo nur in bestimmten Auszügen oder Situationen die Therapie selber Gegenstand einer Erzählung oder eines Buches wird. Der Klarheit wegen beschränke ich mich in diesem Beitrag auf Texte, die eindeutig den Therapiegeschichten zuzuordnen sind. Die Untersuchung kann an dieser Stelle nur exemplarisch geschehen. Vielleicht kann ich aber den ersten Schritt in eine Richtung gehen, wo sich neue Aspekte, Fragen oder Forschungsmöglichkeiten auftun. So möchte ich in meinem Beitrag einige Beobachtungen und Überlegungen wiedergeben, mit denen ich bei der Beschäftigung mit Therapiegeschichten konfrontiert war.

Ich möchte zunächst mit literaturwissenschaftlichen Fragestellungen beginnen. Interessanterweise finden wir dort für diese Textform und damit verbundene Aspekte ein wenigstens marginales Interesse. Hier ist allen voran Thomas Anz zu nennen, der in seiner Arbeit *Gesund oder krank? Medizin, Ästhetik und Moral in der deutschen Gegenwartsliteratur* (1989) viele Beispiele für Krankengeschichten (im Allgemeinen) anführt, darunter nicht nur bekannte Erzählungen berühmter Schriftsteller (z. B. Georg Büchners *Lenz*, Heinar Kipphardts *März* oder Martin Walsers *Brief Liszt*), sondern auch PatientInnengeschichten, zum Beispiel Fritz Zorns *Mars*. Anz zeigt überzeugend, dass in der Literatur der letzten 200 Jahre Gesundheit und Krankheit zentrale Fragen gewesen sind. Es ist außerdem interessant, welche Bedeutung in den verschiedenen Epochen der Krankheit respektive der Gesundheit zugemessen wurde. Anz stellt die These auf: Wo Gesundheit und Krankheit in der

Literatur zum Thema gemacht werden, gehen damit erhebliche Bewertungs- und Normierungsversuche einher. In der Aufklärung wurde der Begriff der Gesundheit eng verbunden mit einer vernünftigen, rationalen und moralischen Lebensweise. Anders in der Romantik, in der der Krankheitsbegriff eine Um- und Neubewertung erfährt: Hier ist der Kranke immer auch Opfer einer krankmachenden Umgebung und die Krankheit symptomatisch für die problematischen Lebensbedingungen, die diese auslösen.

Die Literaturwissenschaften fordern uns aber auch auf, über den Gattungsbegriff nachzudenken, der seinerseits auch das Ergebnis von Normierungen ist: Es macht einen Unterschied, ob wir einen Text als Novelle, Fallgeschichte oder Behandlungsbericht auffassen; es verrät etwas über die Perspektive, aus der heraus ein Text verstanden und bewertet wird. Wollen PatientInnen, wenn sie ihre Geschichte in einem Text festhalten, ihn als einen Bericht verstanden wissen, der vorrangig dokumentiert und sichtbare, überprüfbare Daten wiedergibt, oder steht das Moment der Narrativität im Vordergrund, das heißt auch: Ist der Text vorrangig an einen Adressaten gerichtet, der in das Geschehen mit einbezogen werden soll, der um Einfühlung, vielleicht Parteinahme gebeten wird? Möglicherweise können Überlegungen zur Textgattung zum besseren Verständnis dieser Texte beitragen.

In diesem Zusammenhang werde ich vor allem auf eine Untersuchung von Evelyne Keitel über *Psychopathographien* (1986) zurückgreifen. Die »Psychopathographien«, die Keitel zu der großen Gruppe von Verständigungstexten zählt, zeichnen sich durch besondere Merkmale aus, die möglicherweise auch für die Therapiegeschichten geltend gemacht werden können, was ich beispielhaft an einigen Therapiegeschichten der letzten 30 Jahre untersuchen werde. Mithilfe dieser Untersuchungsergebnisse möchte ich abschließend die Bedeutung und Funktion von Therapiegeschichten genauer bestimmen und mögliche Konsequenzen aufzeigen: Therapiegeschichten verweisen nicht nur auf eine eigene ethische Dimension, sondern ermöglichen auch spezifische Erkenntnisse zu menschlichem Denken und Fühlen.

Gesundheit und Krankheit in der Literatur

Der Literaturwissenschaftler Thomas Anz zeigt in seiner Arbeit *Gesund oder krank?* auf, dass Gesundheit und Krankheit auch in der sogenannten schönen Literatur (und nicht nur in der medizinischen Fachliteratur) über weite Strecken ein interessantes Thema darstellten, geradezu eine Fundgrube sind, um literarische Szenarien zu entwickeln. Dies spätestens ab dem Zeitpunkt, wo in der Literatur respektive in der Philosophie oder im »Zeitgeist« das Individuum verstärkt in den Blick genommen wurde, damit aber auch das Gelingen und Scheitern von Lebensentwürfen zum Thema wurden.

Es scheint zum Wesen des Erzählens zu gehören, dass wir über etwas Besonderes, Abweichendes, Merkwürdiges erzählen, etwas, das überhaupt erst des Erzählens wert ist.[2] Menschen oder Ereignisse, die vom Gewöhnlichen abweichen, machen neugierig, wecken Interesse, machen, wie es ja so treffend heißt, »von sich reden«. Insofern gehören auch die Patientengeschichten in die große Reihe der Romane oder Erzählungen, die von einem besonderen Schicksal, nämlich dem der Krankheit, handeln. Sie haben darüber hinaus viel gemeinsam mit autobiografischem Erzählen.

Anz arbeitet heraus, dass Krankheit in den verschiedenen (Literatur-)Epochen einen unterschiedlichen gesellschaftlichen Stellenwert besaß. Insbesondere die Romantik sah – im Unterschied zur Aufklärung – in dem kranken Protagonisten einen tragischen Helden, der gegen eine kranke Gesellschaft ankämpft und ihr zum Opfer fällt. Seine Krankheit zeichnet ihn dennoch aus, da er – im Unterschied zu den angepassten, daher »unbewussten Kranken« – das Falsche, Ungesunde der Gesellschaft wahrgenommen hat und in dieser Erkenntnis, die ihm freilich wenig nützt, den anderen, den »Gesunden«, dennoch überlegen scheint. In diesem Sinne erfährt Krankheit in der Literatur der Romantik eine Aufwertung. Ohne dies in dieser Arbeit genauer ausführen zu können (hier kann nur noch einmal auf Anz' Buch verwiesen werden, das diese Überlegungen systematisch belegt), wird deutlich, dass Krankheit in der Literatur der verschiedenen Epochen – entsprechend dem jeweiligen gesellschaftlichen Denken – unterschiedlich bewertet wird.

Für unseren Zusammenhang sind die letzten Jahrzehnte der Literaturgeschichte interessant, nämlich das letzte Drittel des 20. Jahrhunderts. Die Literatur der 70er/80er Jahre lässt eine Aufwertung des kranken, beschädigten Subjekts erkennen und scheint damit der romantischen Tradition nahezustehen (vgl. Anz 1989, S. 68ff.). Es ist daher nicht erstaunlich, dass neben einer Fülle von Romanen in dieser Zeit, die das beschädigte Individuum im Blick haben

---

2 Zur Funktion des Erzählens vgl. auch Karen Joisten (2007).

(z. B. Karin Strucks *Klassenliebe*, Peter Schneiders *Lenz*, Martin Walsers *Seelenarbeit*), sich eine neue Literaturgattung herausbilden kann: die sogenannten »Verständigungstexte«.[3] Auch AutorInnen, die niemals vorher einen Roman oder ähnliches geschrieben haben, kommen zu Wort, meistens mit autobiografischen Berichten oder Darstellungen eines besonderen Ereignisses in ihrem Leben: Beispielhaft sei hier verwiesen auf die Suhrkamp-Buchreihe unter dem Titel *Verständigungstexte* (der später von den Literaturwissenschaftlern als Begriff übernommen wurde, vgl. Anz 1989, S. 64), auf die Fischer-TB-Reihe *Texte aus der Arbeitswelt* und die rororo-Reihe *Neue Frau*. Buchtitel, die aus dieser Zeit noch bekannt sein mögen, sind neben dem bereits genannten Buch von Fritz Zorn *Mars* zum Beispiel Svende Merians *Der Tod des Märchenprinzen* oder Erika Runges *Bottroper Protokolle*.

In allen Fällen geht es um Erfahrungsberichte von Menschen, die ein besonderes Schicksal erfahren haben, das zugleich für eine bestimmte soziale Randgruppe (z. B. Kranke, Ausgebeutete, Frauen) symptomatisch oder charakteristisch ist. Der damalige gesellschaftspolitische Zeitgeist scheint günstig für diese Form der Schreibkultur gewesen zu sein. Ein Kritiker kommentierte damals: »[A]ls hätte sich unsere literarische Öffentlichkeit verwandelt in eine Selbsterfahrungsgruppe.«[4]

Die Literatur in dieser Zeit ist geprägt von der »Neuen Subjektivität«. Als Prototypen dieser Literatur nennt Anz die schon erwähnten Bücher *Lenz* von Peter Schneider und *Klassenliebe* von Karin Struck; darüber hinaus viele andere, etwa Gabriele Wohmann, Martin Walser, Christa Wolf (in der damaligen DDR) und den österreichischen Schriftsteller Thomas Bernhard (vgl. Anz 1989, S. 66ff.).

AutorInnen und LeserInnen sind verstärkt an der *Erlebnisweise* des einzelnen Subjekts interessiert. Hier scheint sich eine Dimension aufzutun, die bislang vernachlässigt wurde, absorbiert im politischen Engagement, das durch partielle Ernüchterung oder Resignation nun nicht mehr als alleiniges Ziel der Veränderung angesehen wird. Freilich ist auch die Innerlichkeit der 70er Jahre noch politisch: sie glaubt an das politische Potenzial des Einzelnen, das allerdings erst erschlossen werden muss. Und deswegen scheint es ein

---

3 Vgl. zum Gattungsbegriff der »Verständigungstexte« auch Keitel (1986, S. 30ff.).
4 Baumgart, Reinhard (1984): Dem Leben hinterhergeschrieben. Der Künstler vor dem Spiegel – Vom Nutzen und Nachteil einer autobiographischen Literatur. In: Die Zeit, 5. Oktober 1984, S. 72. Zit. nach Anz (1989), S. 64.

wichtiges politisches Ziel zu sein, den Einzelnen, speziell den Benachteiligten, zum Reden zu bringen.

Soviel zum Hintergrund einer Erzählkultur – in unserem Zusammenhang vielleicht ein kleiner Exkurs, aber nicht unbedeutend, wenn wir recherchieren, zu welchen Zeiten und mit welcher Motivation Geschichten von PatientInnen geschrieben wurden.

Zur Bedeutung und Funktion von Verständigungstexten

Um welche Art von Texten oder Geschichten handelt es sich bei den Therapiegeschichten: um eine Novelle, einen Bericht, eine Fallgeschichte oder etwas von all dem Verschiedenen? Diese Frage nach der Gattung ist nur scheinbar einem genuin literaturwissenschaftlichen Anliegen verpflichtet, denn wie bereits deutlich wurde, impliziert schon der Gattungsbegriff ein bestimmtes Verständnis eines Textes und macht auch Vorgaben dazu, wie ein Text zu lesen ist.[5]

Für den Titel dieses Beitrags habe ich auf die Begriffe »Erzählung« und »Bericht« zurückgegriffen, die sicherlich nicht synonym, aber beide vergleichsweise neutral gehalten sind.

Es gibt bislang keinen eigenen Gattungsbegriff für die Texte, die hier im Zentrum des Interesses stehen. Es sind Formen des autobiografischen Schreibens, aber in aller Regel eben nicht eine vollständige Autobiografie; vielmehr fokussiert das Interesse auf die Krankheit und deren Behandlungs- und gegebenenfalls Heilungsprozess, die im Leben des Autors/der Autorin eine besondere Rolle spielen. Und insofern es sich meistens um eine besondere, bemerkenswerte Begebenheit handelt, hat diese autobiografische Geschichte oft auch den Charakter einer Novelle.

Ganz sicher sind es *keine* Fallgeschichten. Denn schon dieser Gattungsbegriff suggeriert die Distanziertheit und die »Außenperspektive«, die vermeintliche Objektivität einer Darstellung, die der einer wissenschaftlichen Studie gleichkommt. Zwar will auch der Begriff des »Berichtes« auf die Sachlichkeit

---

5 Dies wird auch deutlich in den Aufsätzen von Horst Kächele: »Der lange Weg von der Novelle zur Einzelfallanalyse« und von Adolf-Ernst Meyer: »Nieder mit der Novelle als Einzelfallanalyse – Hoch lebe die Interaktionsgeschichte«; beide Texte finden sich in: Stuhr/Deneke (1993), S. 32–42 und S. 61–84.

und Protokollhaftigkeit einer Darstellung verweisen, der Autor/die Autorin verbürgt sich gewissermaßen darauf, einen Verlauf nach bestem Wissen und Gewissen wiedergegeben zu haben; anders als bei dem Begriff der »Fallgeschichte« wird hier aber noch keine Klassifizierung oder Einordnung der Darstellung vorgenommen. Der Verfasser/die Verfasserin tritt aber, so könnte man sagen, hinter das Geschehen zurück. Ich habe in dem Titel des Beitrags den Begriff »Bericht« auch deshalb aufgenommen, weil einige Patientengeschichten im Untertitel ihren Text so charakterisieren (vgl. Valère 1978; Akoluth 2004) und damit offensichtlich auch einen Selbstanspruch verbinden.

Ein anderer Begriff scheint der der »Erzählung« zu sein. Er impliziert allerdings, dass der Erzähler/die Erzählerin eine eigene Perspektive mit einbringt, sie möglicherweise auch bewusst gestaltet. Darüber hinaus wird ein Adressat ausdrücklich mitgedacht: Ich erzähle eine Geschichte immer einem *anderen* und berücksichtige den anderen auch durch die Art, wie ich erzähle. Hier ist zwar auch die dargestellte und zugrundeliegende Handlung wichtig, aber der Autor/die Autorin versteht sich zudem als jemand, der/die dieses Geschehen noch einmal inszeniert, vielleicht auch auf den Unterhaltungswert achtet, in jedem Falle den Leser/die Leserin mit einbeziehen will in das Erfahrene – möglicherweise um Verständnis, Anteilnahme wirbt oder aber Fragen und Problemstellungen weitergeben will.

Keitel wählt in ihrem Buch *Psychopathographien* (1986) versuchsweise den Begriff der »Verständigungstexte«, weiß aber um die Problematik, insbesondere um die Heterogenität dieses Begriffs. Sie verwendet ihn aber auch als Hilfskonstruktion, um die von ihr zu untersuchende Gattung der »Psychopathographien« (ein nicht minder problematischer Gattungsbegriff) besser zu charakterisieren.

Nach Keitel stellen Verständigungstexte neue Literaturformen und Texttypen dar, die sich sowohl formal als auch inhaltlich gegenüber anderen Texttypen abgrenzen und die erst in den 70er Jahren entstehen (vgl. S. 31, Anmerkung 3). Prototyp dieses Genres ist für Keitel Peter Schneiders Erzählung *Lenz*:

> »In *Lenz*, wie in fast allen Verständigungstexten, besteht das zentrale Thema im Erforschen innerpsychischer Konflikte; unter dieser Perspektive wird der gesamte Handlungsverlauf geschildert: Lenz, der Protagonist, beschreibt seine Erfahrungen mit der Studentenbewegung, insbesondere aber die Entwicklungen innerhalb der undogmatischen Linken, jener Gruppe also, in der zumindest ansatzweise eine Kontinuität von Personen und Einstellungen zwischen der kulturkritischen

Bewegung der 60er Jahre und der subkulturellen Szene der 70er Jahre vorhanden ist« (ebd., S. 31f.).

Die »Verständigungstexte« haben autobiografische Züge, stellen aber keine Autobiografie dar. Verständigungstexte zielen nicht – wie die Autobiografie – auf die breite Öffentlichkeit, sondern auf eine spezifische soziale Gruppe, deren Mitglieder über potenziell ähnliche Erfahrungen verfügen (vgl. ebd., S. 37). Keitel sieht in diesen Texten eine »literarische Gegenöffentlichkeit«, als Beispiele nennt sie Christiane F.: *Wir Kinder vom Bahnhof Zoo*, Rolf Niederhauser: *Das Ende der bloßen Vermutung*, Judith Offenbach (Pseudonym, in der Neuaufl.: Luise Pusch): *Sonja. Eine Melancholie für Fortgeschrittene*. Zu dieser »literarischen Gegenöffentlichkeit« zählt Keitel zum Beispiel die Literatur der Frauenbewegung, der neuen Linken und der Alternativszene. In einer Phase, in der die Repräsentierbarkeit der Welt durch die Sprache in Frage gestellt wird, ja man sogar von einer Sprach- und Literaturkrise sprechen kann, erscheine der Umgang mit Sprache in den »Verständigungstexten« geradezu naiv, als gälte es, der Sprache diese Repräsentationsfähigkeit zurückzugeben (historisch geht diese Tradition auf das 18. Jahrhundert zurück; vgl. Keitel 1986, S. 27ff.).

Bei aller Unterschiedlichkeit innerhalb des Genres der »Verständigungstexte« gibt es klar benennbare Gemeinsamkeiten: So zielen sie nach Keitel formal und thematisch auf ein klar abgrenzbares Lesepublikum (vgl. ebd., S. 28). Weiter führt Keitel aus:

> »Die Verständigungstexte greifen literarische Formen auf, die bereits von der Literatur des 18. Jahrhunderts ausgebildet wurden […]. Dieses Aufgreifen konventioneller und vielseitig erprobter literarischer Darstellungsmöglichkeiten ist jedoch keineswegs bloße Imitation. Vielmehr entwickeln die Verständigungstexte unter Verwendung konventioneller Formen neue Kommunikationsstrategien zwischen Text und Leser« (ebd.).

Auch wenn die »Verständigungstexte« zunächst auf ein eingrenzbares Publikum zielen, heißt das selbstverständlich nicht, dass sich ihre Rezeption auf diese Gruppe beschränkt. Denn es mag auch solche LeserInnen anziehen, die sich über das Leben und die Erfahrungen einer bestimmten Gruppe informieren wollen (z. B. SozialarbeiterInnen, PsychologInnen, LehrerInnen), oder LeserInnen, die bestimmte Lebenskonzepte anderer Gruppen kennenlernen wollen (vgl. ebd., S. 37, Anmerkung 7). Ein Beispiel: Svende Merians Buch *Der Tod des Märchenprinzen* (1980) war zunächst für ein spezifisches Publikum konzipiert, nämlich das der sich emanzipierenden Frauen der 70er/80er Jahre. Doch wurde es offensichtlich auch von Männern gelesen. So erschien einige Jahre später das Buch *Ich war der Märchenprinz* (Piewitz 1982) – eine Replik auf Merians Roman. Dieses Beispiel zeigt deutlich, dass mit den »Verständigungstexten« auch eine neue literarische Kommunikationskultur einherging, die natürlich meistens weniger konkrete, sondern eher fiktive Formen annahm.

Außerdem ist den »Verständigungstexten« gemeinsam das Merkmal der Authentizität. Dies ist allerdings noch keine literaturwissenschaftliche Kategorie und sie kann nur im Zusammenhang mit der Intention von »Verständigungstexten« genauer bestimmt werden (Keitel 1986, S. 9f.). Tatsächlich gibt es aber auch formale Kriterien, die diese Authentizität belegen oder unterstützen sollen (z. B. Vorworte und Nachworte; vgl. ebd., S. 38).

Keitel versucht darüber hinaus, eine Einteilung innerhalb der »Verständigungstexte« vorzunehmen: der *literarische* Typus, der *theoretische* Typus und der *epigonale* Typus. Sie bezieht diese Unterscheidung auch auf die Gruppe der »Psychopathographien«, die sie vorrangig interessieren. Danach gehören zur *literarischen Psychopathografie* zum Beispiel *Der Hunger nach Wahnsinn* (1977) von Maria Erlenberger, zu der *theoretischen Psychopathografie* die Falldarstellungen von Freud oder Fromm-Reichmann und zu den *epigonalen Psychopathografien*, die sie nur annäherungsweise realisiert sieht, das Buch *I Never Promised You a Rosegarden* von Hannah Green (deutsche Übersetzung: *Ich habe dir nie einen Rosengarten versprochen*. Green 1964).

Ich erwähne diese Einteilung, weil sie einen ersten Versuch darstellt, innerhalb eines heterogenen Genres zu differenzieren[6]: Der literarische Typus zeichnet sich dadurch aus, dass er stärker als andere »Verständigungstexte« Gattungsmerkmale von anderen literarischen oder außerliterarischen Textformen mit aufnimmt; er versucht stärker den Text zu verfremden oder literarische Spielformen zu integrieren. Der epigonale Typus ist weniger »literarisch«; er rekurriert auf Gruppenprozesse und Auseinandersetzungen, die bereits stattgefunden haben, und wirkt somit in der Regel stabilisierend, »kontemplativ« (vgl. Keitel 1986, S. 120). Der theoretische

---

6 Auf Keitels Unterscheidung bezieht sich bereits Gerd Overbeck in seinem Aufsatz: »Die Fallgeschichte als literarische Verständigungs- und Untersuchungsmethode. Ein Beitrag zur Subjektivierung.« In: Stuhr/Deneke (1993), S. 43–60.

Typus zielt wesentlich auf Reflexion ab, wobei er »Raum für individuell begründete Projektionen« gibt (ebd., S. 59). Keitel räumt ein, dass die Einteilung nicht immer klar zu bestimmen ist; speziell die Abgrenzung zwischen dem literarischen und dem epigonalen Typus sei schwierig. Ich habe diesen Vorschlag hier nur in Ermangelung an Alternativen vorgestellt und werde am Ende meines Beitrags in modifizierter Form noch einmal darauf zurückkommen. Problematisch – das möchte ich abschließend zu der Arbeit von Keitel anmerken – finde ich die vielen Bewertungen, die Keitel in ihre Darstellung mit einfließen lässt, ohne dass die Kriterien benannt oder reflektiert würden. Davon möchte ich mich ausdrücklich distanzieren. Dessen ungeachtet verdanke ich ihrer Arbeit viele wertvolle Anregungen, die ich deshalb hier auch aufgenommen habe.

Therapiegeschichten

Therapiegeschichten an Beispielen: Inhaltliche und formale Aspekte

Ich möchte im Folgenden fünf Therapiegeschichten vorstellen und untersuchen:
- ➤ aus den 70er Jahren das Buch von Tilmann Moser (1974): *Lehrjahre auf der Couch. Bruchstücke meiner Psychoanalyse*;
- ➤ aus den 80er Jahren: Dörte von Drigalski (1980): *Blumen auf Granit. Eine Irr- und Lehrfahrt durch die deutsche Psychoanalyse* und Claudia Erdheim (1985): *Herzbrüche. Szenen aus der psychotherapeutischen Praxis*;
- ➤ aus den 90er Jahren eines der wenigen Bücher, die eine Behandlung beschreiben, die nicht psychoanalytisch ist: Vera Stein (1993): *Abwesenheitswelten. Meine Wege durch die Psychiatrie* und
- ➤ vom Anfang des 21. Jahrhunderts das Buch von Margarete Akoluth (2004): *Unordnung und spätes Leid. Bericht über den Versuch, eine misslungene Analyse zu bewältigen.*

Ich gehe bei der Präsentation im Wesentlichen chronologisch vor (Ausnahme: das Buch von Vera Stein, das ich erst am Ende vorstelle); auch deswegen, weil es Hinweise gibt, dass sich der Charakter oder die Darstellungsweise von Therapiegeschichten in den letzten 30 Jahren verändert haben. Dies ist jedoch nur ein Nebengedanke, den ich im Rahmen dieses Beitrags nicht weiter ausführen kann, der bei der geringen Literaturauswahl von nur fünf Texten auch nicht ernsthaft zu belegen ist.

Ich werde im Folgenden zunächst jeweils eine kurze inhaltliche Einführung geben und dann wesentliche inhaltliche und formale Merkmale benennen.

TILMANN MOSER (1974):
Lehrjahre auf der Couch. Bruchstücke meiner Psychoanalyse

Tilmann Mosers Buch *Lehrjahre auf der Couch* erschien 1974. *Bruchstücke meiner Psychoanalyse* heißt es im Untertitel. Moser widmet das Buch seinem »geduldigen Analytiker«. In den 70er Jahren heftig umstritten, gehört es heute gewissermaßen zu den Klassikern der Psychoanalyse. Zur Erinnerung: Moser beschreibt – bemerkenswerterweise ohne Pseudonym – in dem Buch seine Lehranalyse. Er ist sich dabei auch möglicher Probleme und Risiken bewusst, die er im Vorwort ausführlich erläutert (vgl. S. 21ff.). Moser benutzt das Vorwort weiterhin, um seinen LeserInnen, speziell seinen PatientInnen, auch eine Empfehlung oder Leseanweisung mitzugeben:

> »[I]ch benutze dieses Vorwort, um meinen Patienten abzuraten, sich in die Lektüre zu stürzen, sobald sie das Buch in den Händen halten. Die Ausforschung der Lebensrealität des Analytikers, an die sich viele Patienten heimlich machen, ist meist ein Zeichen heftigen Widerstands gegen den Fortgang der Analyse. Der Widerstand meiner Patienten kann sich an diesem Buch festmachen. Es zu lesen, *kann* unter bestimmten Umständen mir die Möglichkeit nehmen, ihnen wirklich zu helfen. Daß sie es irgendwann lesen werden, ist gewiß. Es geht nur um Aufschub und gemeinsame Vorbereitung« (Moser 1974, S. 25f.; Hervorhebung von Moser).

Dass ich an dieser Stelle mit seinen Bedenken gegenüber einer Veröffentlichung anfange, liegt daran, dass Moser selber damit beginnt und diese Überlegungen relativ viel Raum einnehmen. Natürlich äußert sich Moser auch zu seinen Motiven, das Buch zu schreiben und – trotz mancher Bedenken – auch zu veröffentlichen:

> »[D]ieses Buch ist ja ein Bekenntnis zur Psychoanalyse, zum Analytiker, zu meinen Störungen, zu seiner Art, sie zu mildern oder zu heilen« (ebd.,

S. 21). Es geht ihm wesentlich darum, am Beispiel seiner Person etwas über das Verfahren der Psychoanalyse – Methodisches und Prozesshaftes – darzustellen. Natürlich sind dies nicht die einzigen Motive. Moser wäre kein Psychoanalytiker, wenn er im Laufe des Buches nicht weitere Motive aufdecken und ansprechen würde. Wir finden auch immer wieder Passagen im Buch, die das Schreiben selbst zum Gegenstand der Reflexion machen. Auch das finden wir bei anderen Patientengeschichten (z.B. Zorn: *Mars*). Moser nennt das Motiv der Dankbarkeit gegenüber seinem Analytiker (vgl. Moser 1974, S. 36 und 41), auch die Formulierung »ihm ein Denkmal setzen« (ebd., S. 35) fällt; zudem hofft er gegen Ende des Berichts, mit dem Buch die Freundschaft des Analytikers zu gewinnen (vgl. ebd., S. 223). Das Schreiben über seine Psychoanalyse bedeutet für ihn aber auch, Autonomie zu erlangen (vgl. ebd., S. 40), und erfüllt damit einen therapeutischen Zweck.

In Mosers Büchern, besonders den autobiografischen, findet sich immer auch der Zug des Bekenntnishaften. In dem 2004 erschienenen Buch wird dies sogar explizit im Titel genannt: *Bekenntnisse einer halb geheilten Seele. Psychotherapeutische Erinnerungen*. Es scheint aber keine spezifische Eigenheit von Mosers Büchern zu sein, vielmehr bewegt er sich damit in einer literarischen Tradition, die eng mit dem autobiografischen Erzählen verbunden, ja vielleicht konstitutiv für autobiografische Texte ist (man erinnere sich an Augustinus *Confessiones* oder an Rousseaus *Bekenntnisse*, um nur ein paar Beispiele zu nennen).

Auch Moser nennt die Darstellung in seinen *Lehrjahren* einen Bericht. Seinem eigenen Vorwort wird ein Brief Heinz Kohuts – der ebenfalls als Vorwort fungiert – vorangestellt. Beide Elemente – das *eigene* Vorwort sowie das Vorwort durch einen anderen – werden auch bei einigen der noch vorzustellenden Büchern eine Rolle spielen. Das eigene Vorwort scheint ein geeignetes Mittel zu sein, den Leser/die Leserin etwas über den Hintergrund und die Motivation des Schreibens wissen zu lassen. Das Vorwort *eines anderen* – hier hat es die Form des Briefes – hat aber auch den Zweck, sich Unterstützung durch Autoritäten zu holen (vgl. dazu z.B. auch das Vorwort von Adolf Muschg in Fritz Zorn: *Mars*).

DÖRTE VON DRIGALSKI (1980): *Blumen auf Granit.*
Eine Irr- und Lehrfahrt durch die deutsche Psychoanalyse

Ein Buch, das meistens als Gegenstück zu Mosers *Lehrjahre* genannt wird und nur wenige Jahre später erschien, 1980, ist Dörte von Drigalskis Darstellung ihrer Lehranalyse: *Blumen auf Granit. Eine Irr- und Lehrfahrt durch die deutsche Psychoanalyse.* Während Mosers *Lehrjahre* eher ein Hymnus an oder ein Bekenntnis zur Psychoanalyse darstellen, ist das Buch von Drigalski eine radikale Kritik an der Psychoanalyse. Sie sieht sich durch ihre Lehranalyse als massiv geschädigt an, alle Versuche, die Verstrickungen zu ihrem Lehranalytiker aufzulösen und die Analyse wenigstens zu einem *guten, versöhnlichen Ende* zu bringen, misslingen. Drigalski sieht sich nicht nur persönlich, sondern, da es sich um eine Lehranalyse handelt, auch beruflich geschädigt.

Die Zielrichtung und Kritik des Buches werden bereits im Titel und Untertitel des Buches genannt: *Blumen auf Granit* ist als Metapher für die von ihr erlebte Psychoanalyse zu verstehen: Drigalski ist bei ihren AnalytikerInnen »auf Granit« gestoßen, auf verkrustete, lebenshemmende Bedingungen. Es ist geradezu ein Wunder, dass sich ein paar Blümchen auf diesem Granit halten können. Tatsächlich bezieht sie sich, wie wir im Laufe des Buches erfahren, auf ein Bild, das bei der ersten Analytikerin im Behandlungszimmer hing und das für die Autorin zum Sinnbild wurde. Der Untertitel *Eine Lehr- und Irrfahrt durch die deutsche Psychoanalyse* zeigt deutlich, in welche Richtung die Fahrt respektive ihre Erfahrungen gegangen sind: Sie bedeuteten im Wesentlichen ein zwar lehrreiches, aber vor allem bitteres Erkennen von Fehlern und Irrtümern, denen die Psychoanalyse – und mit ihr damals auch die Autorin – erlegen ist.

Drigalski verzichtet auf ein Vorwort, sie führt direkt in die Handlung ein:

> »Ihr Praxiszimmer lag im vierten Stock, an der Hauptdurchgangsstraße, am Ende eines ordentlichen, kahlen Neubauflurs. Die Möbel wirkten funktionell; um neun Uhr abends schien der Raum düster, die Analytikerin müde und abgespannt« (Drigalski 1980, S. 7).

Damit der Leser/die Leserin aber nicht völlig unvorbereitet mit dem Text/ der Erzählung konfrontiert wird, finden sich im Vorspann verschiedene Widmungen oder Zitate, man könnte sie die Begleit- oder Geleitworte zum Text nennen, die ich hier nur beispielhaft anführen kann (es sind ihrer sechs), die sich natürlich noch genauer interpretieren ließen und in Verbindung miteinander gebracht werden müssten. Hier beispielhaft die ersten beiden:

»Hinter den sieben Bergen bei den psychoanalytischen Zwergen«
»Denen, die Ähnliches radikal beendeten«

Sowohl das Zitat »Hinter den sieben Bergen …« als auch die Widmung »Denen, die Ähnliches radikal beendeten« enthalten eine klare Einschätzung über den Wert der von ihr erfahrenen Psychoanalyse. In dem Zitat, das wohl von einem Freund der Autorin stammt (sie nennt nur seinen Vornamen), wird die Psychoanalyse ins Märchenland verbannt, die PsychoanalytikerInnen werden auf die Größe von Zwergen reduziert; damit wird ihnen etwas von der Macht oder Gewalt, wie sie die Autorin erlebt hat, genommen. Ähnlich macht auch die Widmung »Denen, die Ähnliches radikal beendeten« die Ablehnung des Geschehenen deutlich. Gleichzeitig baut die Autorin mit dieser Widmung einen Kontakt auf zu potenziellen LeserInnen, benennt also auch eine Zielgruppe. Wir können festhalten, dass dieses Buch, obwohl ohne Vorwort, doch »Lesehinweise« enthält, die Auskunft geben über die Positionierung der Autorin und die eine Leseerwartung aufbauen.

(Hier sei noch angemerkt, dass die Neuauflagen des Buches (1991 und 2003) jeweils um Vorworte erweitert worden sind (u. a. zur Rezeption des Buches), auf die ich in diesem Zusammenhang nicht einzugehen brauche, weil es hier zunächst um das »Original«, d. h. die Ersterscheinung, geht.)

Doch bereits in der Erstauflage gibt ein Nachwort Auskunft über die Beweggründe der Autorin zum Schreiben:

> »Ich hatte 1977 mit Schreiben angefangen, um überhaupt mit dem Ganzen (686 Stunden, davon 583 als Lehranalyse) fertig zu werden; ich habe dann zwei Jahre gebraucht. Das Schreiben war kein überwiegend guter Zustand, auch quälend und körperlich belastend […].
>
> Meine Hauptschwierigkeit war, im intellektuellen Alleingang nicht das Vertrauen in mich zu verlieren, mich nicht für verrückt oder dumm zu halten. Einige, mit denen ich mich fachlich hätte austauschen können, waren nicht erreichbar; andere verletzten derartig mit freundschaftlich verpackten Deutungen, daß ich mich dann hütete. […]
>
> Warum ›deutsche Psychoanalyse‹? ›Deutsch‹ im Untertitel bezieht sich auf das psychoanalytische Klima, das ich – als Analysandin, Auszubildende an drei analytischen Instituten, Kollegin, Kongreßteilnehmerin, Bekannte, Freundin – von 1969–1975 erfahren habe; ein spezifisches Klima, welches auf seine Weise die politischen Verhältnisse in diesem Land widerspiegelt« (Drigalski 1980, S. 298).

Bei allen Unterschieden, die Mosers und Drigalskis Bücher aufweisen, ist beiden Büchern gemeinsam, dass sie eine klare Botschaft in Bezug auf die Psychoanalyse vermitteln wollen. Moser »bekennt sich« zur Psychoanalyse und führt seine eigene Lehranalyse an als Beispiel für psychoanalytisches Gelingen. Dabei gilt auch für sein Buch, dass es nicht vorrangig die Fachwelt oder die etablierte Psychoanalyse erreichen will; auch er schert gewissermaßen aus, appelliert an eine liberalere, großzügigere Psychoanalyse; schon der Umstand, dass er seine eigene Lehranalyse publiziert, stellt (unter den damaligen Bedingungen) eine mögliche Herausforderung dar. Drigalskis Buch ist eine offene, schonungslose Kritik an ihren AnalytikerInnen und an der zeitgenössischen Psychoanalyse. In diesem Sinne ist auch ihr Buch ein Bekenntnis. Sofern der Leser/die Leserin bei Moser oder bei Drigalski Zweifel an der Authentizität des Geschehenen haben sollten, können sie sich im Vorwort beziehungsweise Nachwort die Bestätigung holen, dass das Dargestellte tatsächlich so stattgefunden hat; hier äußert sich nicht nur ein Betroffener/eine Betroffene, sondern auch ein Zeuge/eine Zeugin. Im Unterschied zu anderen Erzählungen oder Geschichten wird der Leser/die Leserin in Kenntnis darüber gesetzt, dass Autor/in, Ich-Erzähler/in und Protagonist/in in diesem Fall identisch sind; der Autor/die Autorin verbürgt sich dafür. Damit ist aber auch das Verhältnis zwischen Autor/in und Leser/in ein anderes, ein unmittelbares.

CLAUDIA ERDHEIM (1985): *Herzbrüche.*
Szenen aus der psychotherapeutischen Praxis

Weniger bekannt geworden, zumindest in Deutschland, ist das Buch der österreichischen Schriftstellerin Claudia Erdheim: *Herzbrüche. Szenen aus der psychotherapeutischen Praxis* (1985). Auch hier geht es um die Leidensgeschichte einer Psychotherapie; die Erzählerin hadert ähnlich wie Drigalski mit dem Verlauf und dem missglückten Ende einer Psychotherapie, in diesem Fall einer psychoanalytischen Gruppentherapie. Dennoch unterscheidet sich das Buch in mancher Hinsicht von Drigalskis und auch von Mosers Buch. Bei *Herzbrüche*, so informiert uns der Untertitel, handelt es sich um einen Roman; es ist auch nicht Erdheims erster und einziger Roman (ihr Erstlingsroman *Bist du wahnsinnig geworden?* ist bekannter geworden; Erdheim beschreibt darin – ebenfalls autobiografisch – eine schwierige Mutter-Tochter-Beziehung). Obwohl deutlich wird, dass *Herzbrüche* ein autobiografisches, so oder ähnlich erlebtes Geschehen thematisiert, nennt die Autorin ihr Buch einen Roman; sie nutzt hier ein Mittel der Verfremdung, auf das bei Moser und Drigalski verzichtet wurde; sie verbürgt sich also nicht in letzter Instanz für die Authentizität des Dargestellten. Interessanterweise wird dieser scheinbare Mangel an Authentizität durch andere Elemente des Textes wieder aufgehoben: In die Romanhandlung selber werden immer wieder Gesprächsprotokolle, quasi Tonbandaufnahmen von einzelnen Gruppensitzungen beziehungsweise Gesprächssequenzen, montiert. Dadurch wird der Anschein von Authentizität zunächst verstärkt. Betrachtet man die Beispiele jedoch genauer, werden sie durch die Stereotypie, die zur Karikatur gerät, zugleich wieder gebrochen.

»PAT. 1 (*sitzt auf dem dritten Sessel links vom Analytiker. Eine Frau Mitte 40. Matronenhaft. Leichte Dauerwelle. Winterkleid. Wirkt sehr bieder*): Ich versteh mich mit meinem Mann eigentlich sehr gut. Er ist nur nicht viel zu Hause, seit er in Bielefeld Professor ist. Und wenn er da ist, hab ich immer so viel zu tun. Der Beruf und die Kinder. Um die Kinder kümmert er sich gar nicht. Wenn er mehr da wäre, wären wir sehr glücklich. Ich leide sehr darunter, daß er so wenig da ist.

ANALYTIKER: Sie klammern noch sehr. Eigentlich sind Sie noch ein Stück bei Mutter. Aber Sie wollen auch, daß Ihr Mann nicht so viel zu Hause ist.

PAT. 1: Nein, das will ich nicht.

ANALYTIKER: Sie haben Angst vor der Nähe.

PAT. 1: Nein. Ich will doch, daß mein Mann da ist und sich auch ein bißchen mehr um die Kinder kümmert.

ANALYTIKER: Aber da wird es doch für Sie viel zu eng.

PAT. 1: Nein. Wir führen doch eine sehr gute Ehe.

ANALYTIKER: Den Eindruck habe ich aber nicht.

PAT. 1: Ich finde schon. Wenn ich nur nicht immer so viel Arbeit hätte mit den Kindern.

ANALYTIKER: Ich weiß noch gar nicht, was Sie eigentlich wollen.

PAT. 1: Ich wollte die Kinder. Ich hab mir immer Kinder gewünscht. Ich liebe meine Kinder auch.

ANALYTIKER: Ich habe den Eindruck, daß Sie sehr dominieren.

PAT. 1: Nein. Wenn ich nur keine sexuellen Probleme hätte.

ANALYTIKER: Sie schieben die Sexualität vor.

PAT. 1: Nein. Ich leide doch so unter der Frigidität.
ANALYTIKER: Sie schieben die Kinder vor. Damit kastrieren Sie Ihren Mann.
PAT. 1: Mein Mann ist ja auch nie da.
ANALYTIKER *(bestimmt)*: Sie *wollen* das auch so. *(Böse)* Sie kastrieren ihn. *(Wieder freundlich)* Eigentlich sind Sie sehr einsam.« (Erdheim 1985, S. 13f.; Hervorhebung von Erdheim)

Beim Lesen wird deutlich, dass sich die Autorin hier in die Nähe von Karl Kraus oder Karl Valentin begibt, wenn auch vielleicht etwas verhaltener; hier wird eine Interpretation in der Schwebe gehalten, und entsprechend unterschiedlich können auch die Reaktionen ausfallen. Claudia Erdheim, die sich zu diesem Buch und seiner Rezeption selbst in einem Artikel geäußert hat, nennt folgendes Beispiel:

> »Als ich vor dem endgültigen Abschluß der ›Herzbrüche‹ mit einer Wiener Psychoanalytikerin über das Chiffrieren der Patienten sprechen wollte und ihr deshalb ein paar Seiten gezeigt habe, bekam ich die giftige Antwort: ›Da kannst gleich a Tonbandl hinstelln.‹« (Erdheim 1989, S. 173f.).

Es muss an dieser Stelle offen bleiben, ob diese Reaktion typisch ist oder nicht; Erdheim führt sie natürlich auch als Beispiel dafür an, auf welche Verärgerung und auch Unverständnis ihr Buch gestoßen ist, insbesondere bei PsychotherapeutInnen. Das aber ist im Moment nicht unsere Fragestellung. Festzuhalten bleibt: Die Technik, Gesprächssequenzen in den Roman zu montieren, führt zu Verfremdung, Distanzierung, Irritation; gleichzeitig erhebt sie formal den Anspruch auf Authentizität. (Der Vollständigkeit halber sei noch angemerkt – wie ja im obigen Zitat auch deutlich wird –, dass Erdheim natürlich auch zum Mittel der Verfremdung greifen muss, um die Gruppenmitglieder zu chiffrieren.)

Im Buch selbst, das sich ja als Roman versteht, gibt es weitere Hinweise zur Authentizität: Name und Vorname der Romanheldin sind identisch mit dem Namen der Autorin. Darüber hinaus werden verschiedene autobiografische Details in die Handlung mit aufgenommen (z. B. bzgl. ihres ersten Romans *Bist du wahnsinnig geworden?*) und auch als solche kenntlich gemacht. Ein Vor- oder Nachwort, in dem sich die Autorin selbst für die Authentizität der Handlung verbürgt, existiert nicht. Allerdings gibt es eine Vorbemerkung von

Thomas Leithäuser, die diese Aufgabe übernimmt und dem Leser/der Leserin eine Leseanweisung mitgibt. Zur Veranschaulichung ein Auszug daraus:

> »Wer therapiert hier wen? Der Therapeut die Patientin? Diese, *die Romanheldin, die Autorin*, den Therapeuten? Wer bringt wen zur Strecke, das ist die Frage.
> Die Antwort darauf ist ein unerbittlicher Kampf um Anerkennung, an dessen Ende nur Besiegte stehen. Das Tun des einen ist das Tun des anderen: schonungslose Anklage, an den Pranger stellen, Fallen stellen, Fallenlassen, subtile Erpressung, offene und versteckte Drohungen, Vorwürfe über Vorwürfe. Das sind nur einige Instrumente aus dem Gruselkabinett dieser Therapie.
> Um was geht es? Dem Therapeuten, so scheint es, um sein Selbstbild als unwiderstehlich Erfolgreicher, das demontiert wird. *Der Patientin, Romanheldin und Autorin um ein Stück unverbrüchlicher Authentizität, das sie sich nicht zuschütten lassen will mit klinischen Begriffen, Deutungen, Kommentaren und Tricks, von dem sie aber auch nicht recht weiß, was es sein kann, wenn es herausgearbeitet ist*« (Erdheim 1985, S. 5f.; alle Hervorhebungen von mir).

Der letzte Satz scheint geradezu programmatisch für viele Therapiegeschichten zu sein: ein Stück Authentizität soll entwickelt werden oder erhalten bleiben. Diese Absicht (eigentlich ein genuin therapeutisches Anliegen) tritt offensichtlich im ungünstigsten Fall in Konkurrenz oder Gegensatz zu dem, was der Patient/die Patientin in der Therapie erlebt hat.

In den bislang vorgestellten Büchern der 70er/80er Jahre ging es um Therapiegeschichten, die psychoanalytische Behandlungen zum Gegenstand hatten (bei Erdheim mit geringfügiger Modifikation: psychoanalytische Gruppentherapie mit Primärtherapie). Alle drei AutorInnen haben ihre Geschichten unter ihrem eigenen Namen herausgegeben, was für diese Textsorte eher untypisch ist.
Als weiterer »Klassiker« der Therapiegeschichten (ebenfalls aus der Psychoanalyse) wäre noch zu nennen: Marie Cardinal (1977): *Schattenmund*. Darüber hinaus finden wir in dieser Zeit viele autobiografische Texte respektive »Verständigungstexte«, in die Aspekte einer Behandlung mit einfließen, zum Beispiel in Judith Offenbach (alias Luise Pusch) (1980): *Sonja. Eine Melancholie für Fortgeschrittene* oder das schon mehrfach erwähnte Buch von Fritz Zorn.
In den neunziger Jahren nimmt die Anzahl dieser Texte ab. Ich habe für diese Zeit nur *einen* deutschsprachigen Analysebericht gefunden, nämlich: Clara Lehben (1997): *Ganz geboren werden. Tagebuch einer Psychoanalyse*. Dieses Buch ist nicht nur sehr umfangreich (knapp 400 Seiten), sondern enthält

neben Beiträgen zu der eigenen Psychoanalyse umfangreiche theologische, religiöse und literarische Betrachtungen, die den eigentlichen Behandlungsbericht eher marginal erscheinen lassen; wieder ein Beispiel für das Problem der Gattungsabgrenzung.

Bevor ich eine andere Therapiegeschichte aus den 90er Jahren vorstelle (diesmal *keine* psychoanalytische Behandlung), möchte ich die chronologische Darstellung kurz verlassen, um noch einen neueren psychoanalytischen Behandlungsbericht vorzustellen: Margarete Akoluth (2004): *Unordnung und spätes Leid*.

MARGARETE AKOLUTH (2004): *Unordnung und spätes Leid.*
Bericht über den Versuch, eine misslungene Analyse zu bewältigen

In dem Buch von Margarete Akoluth geht es um eine Patientin, nämlich die Autorin, die mit Ende fünfzig eine psychoanalytische Therapie beginnt, veranlasst durch eine Depression, die mit der Erkrankung und der Pflege ihres über 20 Jahre älteren Mannes zeitlich zusammenfällt. Sie erfährt in der Therapie Unterstützung und gewinnt innere Autonomie, die ihr hilft, mit der Krankheit und schließlich auch dem Tod ihres Mannes besser zurechtzukommen und ihre Isolation zu durchbrechen. Es kommt aber zur Katastrophe – und das ist das Thema des Buches –, als der Therapeut mit körpertherapeutischen Interventionen arbeitet, die nicht angemessen von ihm eingeführt werden (erst später erfährt die Patientin, dass er eine körpertherapeutische Zusatzausbildung absolviert). Dies führt zu einer heillosen Verstrickung, aus der weder Therapeut noch Patientin sich befreien können. Auch Hilfe von außen (Supervision, Anfragen bei der Ethikkommission) bleibt ihr verwehrt beziehungsweise führt nicht zum gewünschten Erfolg.

Dieses Buch ist thematisch in mancher Hinsicht mit dem Buch von Drigalski zu vergleichen, auch wenn die Autorin sehr viel vorsichtiger und zurückhaltender in ihrer Einschätzung ist und Schuldzuweisungen vermeidet. Es stellt aber einige grundsätzliche Fragen an die Psychoanalyse, insbesondere für den Fall, dass eine Behandlung scheitert.

Akoluths Bericht beginnt mit einem Brief an ihren ehemaligen Therapeuten, in dem sie ihn darum bittet, einen Beitrag, nämlich seine Sichtweise, zu dem Buch zu schreiben. Es wird deutlich, bereits am Anfang und auch das ganze Buch hindurch, was eigentlich Wunsch oder Absicht der Autorin ist: den Dialog wieder aufzunehmen und zu einem halbwegs guten Ende zu bringen und nicht beim Abbruch oder gescheiterten Ende stehenzubleiben. Auch wenn ihr das real nicht gelingt, ist das ganze Buch doch auf einen Dialog hin konzipiert: Ihr ehemaliger Analytiker ist in dem Buch die ganze Zeit über präsent, indem sie viele Stunden Revue passieren lässt, Situationen mit ihm und Reaktionen von ihm noch einmal hinterfragt. Ihrem Bericht liegen Tagebuchnotizen aus der Therapiezeit zugrunde sowie Gesprächsprotokolle, die sie im Anschluss an einige Stunden angefertigt hat, außerdem Briefe von ihr und Antwortbriefe ihres Therapeuten. Diese »Dokumente« werden in den Bericht eingefügt. Dadurch entsteht auch formal der Eindruck eines Dialoges.

Es gelingt aber noch in anderer Hinsicht ein Dialog, gewissermaßen stellvertretend für den nicht-geführten mit ihrem ehemaligen Therapeuten. Siegfried Bettighofer, der die Folgebehandlung übernommen hat, schreibt das Nachwort zu diesem Buch, Tilmann Moser das Vorwort.

Die Autorin Akoluth sagt zur Intention ihres Buches:

> »Psychoanalytiker stellen sich selbst unter einen besonderen Anspruch. Dieses Wissen ließ mich hoffen, dass in der Fachgesellschaft meines Therapeuten mein Anliegen gründlich und ernsthaft diskutiert würde. Doch wie streng und sachlich wird in einer Ethik-Kommission geprüft? […] [D]a sich niemand von meiner Verzweiflung und meinen Worten beeindrucken ließ, begann ich desillusioniert mit diesen Aufzeichnungen, die meine Erfahrungen einem größeren Kreis zugänglich und mein Erleben hoffentlich einfühlbar machen« (Akoluth 2004, S. 156).

Das Schreiben bekommt hier die Funktion, sich Gehör zu verschaffen, den Adressatenkreis zu vergrößern, um auf diese Weise vielleicht Unterstützung zu bekommen. Das ist eine der Absichten des Buches; andere, ebenfalls explizit genannte Absichten sind das Ringen nach Klarheit und Autonomie sowie der Wunsch, das Gespräch mit dem Analytiker aufrechtzuerhalten.

VERA STEIN (1993): *Abwesenheitswelten.*
Meine Wege durch die Psychiatrie

Die bisherigen Beispiele haben alle eine psychoanalytische Behandlungsgeschichte zum Gegenstand. Es hat in der Tat den Anschein, als ob AnalysandInnen häufiger schreiben als andere PatientInnen. Dafür gibt es naheliegende Erklärungen, die jedoch, wenn sie denn stichhaltig sein sollten, genauer untersucht werden müssten, was an dieser Stelle nicht geschehen kann. Wenn wir das Thema »Therapiegeschichten« aber ernst nehmen und auch den Versuch, sie als eine eigene Textsorte zu behandeln, dann scheint es geboten, auch nach anderen Behandlungsberichten von PatientInnen zu suchen. Es gibt derer nicht sehr viele; und so äußert Reinhart Lempp auch sein Bedauern in dem Vorwort des Buches von Vera Stein (1993): *Abwesenheitswelten. Meine Wege durch die Psychiatrie*:

> »Es gibt nur sehr wenige Menschen, die an psychischen Krankheiten gelitten haben und deswegen längere Zeit ambulant und stationär psychiatrisch behandelt worden sind und die dann über ihre eigenen Erfahrungen und Erlebnisse in allgemein zugänglicher Form berichten. Es ist nicht ganz klar, warum unter den Millionen Betroffener nur einige ganz wenige sich später dazu entschließen, über diese Zeit psychischer Störung und Krankheit auch zu berichten« (S. 7).

Mit Vera Steins Buch liegt ein solcher Bericht vor. Er erschien zunächst 1993 im Attempto-Verlag Tübingen, dann, drei Jahre später, im Fischer-TB-Verlag in der Reihe *Geist und Psyche*. Die Autorin hat diesen Text unter einem Pseudonym veröffentlicht.

Zunächst ein paar Informationen zur Biografie, die der Leser/die Leserin im Laufe des Buches erhält: Die Autorin und Protagonistin, 1958 geboren, erkrankt als Kleinkind an Kinderlähmung, die eine bleibende Gehbehinderung zur Folge hat und möglicherweise auch Einfluss hat auf die zunehmende Außenseiterrolle, die sie in der Familie (zwei Schwestern, ein Bruder) und in der Schule einnimmt. Sie setzt sich zur Wehr; ihr rebellisches Verhalten wird insbesondere für die Familie zum Problem; mit 15 Jahren wird sie zum ersten Mal in die Psychiatrie eingewiesen (Diagnose: Verdacht auf Hebephrenie). Es folgen viele Jahre, die sie abwechselnd in der Psychiatrie oder zu Hause verbringt, bis sie schließlich Anschluss an eine ältere Mitpatientin findet, die sie quasi als »Adoptivtochter« in ihrer Familie aufnimmt; dieser Familie widmet sie auch ihr Buch »in Dankbarkeit«. Im Unterschied zu den anderen vorgestellten Büchern geht es in diesem Buch nicht um einen besonderen Behandlungsverlauf, sondern um verschiedene Behandlungen, die die Autorin über Jahre in unterschiedlichen Kliniken erlebt hat. Diese Beschreibungen nehmen einen großen Teil des Buches ein, mischen sich aber mit anderen Erfahrungen, insbesondere natürlich ihrem Leben zu Hause, den Problemen in der Familie, aber auch ihren Erfahrungen in der Schule und mit Freunden.

Formal fällt auf, dass das Buch nicht in einem zusammenhängenden Text mit einem Handlungsbogen geschrieben worden ist, sondern sich aus vielen kleinen Teilabschnitten zusammensetzt, die jeweils mit Stichworten oder Fragen überschrieben sind, zum Beispiel: »Die angebliche Scheinwelt«, »Medikamente zur Beruhigung«, »Was heißt eigentlich ›verrückt‹?« So entsteht der Eindruck des Fragmentarischen. Form, Stil und Inhalt des Buches machen deutlich, dass die Autorin im Schreiben zunächst einmal versucht, das Vergangene überhaupt zu bewältigen, Konturen und Sprache für das Erlebte zu gewinnen. Der Leser/die Leserin erlebt eindrücklich mit, wie schwierig es ist, Gewalterfahrungen in Worte zu fassen. Hier scheint Schreiben im Wesentlichen auch eine (Zurück)Gewinnung von Autonomie zu bedeuten.

Der Text weist darüber hinaus sprachlich-stilistische Besonderheiten auf (etwa die vielen unpersönlichen Formulierungen, die die Autorin wählt: z. B. »Heimweh quälte« (S. 13), »Nach kurzen Versuchen fehlte die Geduld schon wieder« (S. 14), »Das beruhigte allen Kummer und die ganze Unausgeglichenheit« (S. 15)), die ich an dieser Stelle nicht genauer untersuchen kann, die aber unmittelbar Zeugnis ablegen über die Authentizität des Berichteten. Trotz der Misshandlungen beziehungsweise fehlerhaften Behandlungen, die die Autorin erfahren hat, bemüht sie sich um ein ausgewogenes Bild. Gerade dieses Sich-Selbst-Zurücknehmen und der Wunsch nach Akzeptanz ist besonders auffällig und bewegend an diesem Buch.

Zur Absicht ihres Buches sagt Stein:

> »Ich habe das Innenleben psychiatrischer Stationen über lange Jahre als Patientin erlebt, kenne die Zustände und Abläufe durchaus. Da diese normalerweise hinter geschlossenen Türen verborgen bleiben, wollte ich sie mit diesem Bericht, mit meiner Geschichte offen wiedergeben.
> Ich denke, es ist die Aufgabe von uns allen, sich mit Psychiatrie zu befassen und auseinanderzusetzen« (ebd., S. 192).

»Authentizität« und »Verständigungsabsicht« als Merkmale von Therapiegeschichten

In allen fünf untersuchten Texten geht es den AutorInnen darum, ihre Darstellung über die erfahrene therapeutische Behandlung glaubhaft zu vermitteln. Wir finden hier bestätigt, was Keitel (1986) für die Textgattung der »Psychopathographien« herausgearbeitet hat:

> »Auffallend ist [...] ein all diesen Texten gemeinsames, wenn auch unterschiedlich geartetes ›Beharren auf Authentizität‹. [...] [D]ie Trennung zwischen Erzähler und Protagonist [ist] aufgehoben. Beide sind in eine Textposition verdichtet, das Ich des Autors verschmilzt mit dem erzählenden Ich, und der Autor verbürgt sich für die Authentizität der dargestellten Erlebnisse durch die Zeugenkraft seiner Person, deren Glaubwürdigkeit unhinterfragt vorausgesetzt und deren Fähigkeit zu Authentizität nicht bezweifelt wird. Die Erlebnisberichte rücken somit in die Nähe von Dokumenten. Das Ich steht immer im Zentrum, es organisiert den Handlungsverlauf, die Textstrategien und deren Kommunikationsbedingungen« (S. 10).

Um ihre eigene Glaubwürdigkeit zu unterstreichen, verlassen die AutorInnen in der Regel die Distanz, die die Rolle (des Autors) bei erzählenden Texten gewährt, und nehmen unmaskiert mit dem Leser/der Leserin Kontakt auf. Diesem Umstand widerspricht nicht die Tatsache, dass sich manche AutorInnen (z. B. Vera Stein, Clara Lehben) ein Pseudonym zulegen, um die »Bloßstellung« und etwaige soziale Konsequenzen zu vermeiden; dies betrifft nicht nur die AutorInnen selbst, sondern auch ihr unmittelbares soziales Umfeld.

Das Moment der Authentizität kann unterschiedlich gestaltet werden: Oft werden im Vorwort noch einmal gezielt Stellungnahmen geäußert; im Nachwort häufig die aktuelle Situation des Protagonisten/der Protagonistin angesprochen. Gespräche, Briefe oder Tagebuchaufzeichnungen können in den Text montiert werden, um Situationen oder Einschätzungen zu verdeutlichen oder zu dokumentieren. Sprache und Stil können sich manchmal an die Form des Protokolls oder des Berichtes anlehnen und die Distanziertheit des Betroffenen sichtbar machen.[7] Bei den vorgestellten Beispielen wurde aber auch deutlich, dass sie sich voneinander unterscheiden, nicht nur formal, sondern auch mit Blick auf ihre Zielrichtung und ihre Intention. Im Anschluss, aber auch in Abgrenzung zu Keitel und der von ihr vorgeschlagenen Einteilung von »theoretischem«, »literarischem« und »epigonalem« Typus möchte ich für die

---

7 Vgl. hierzu auch die Einteilung der verschiedenen Formen von Dokumentarliteratur, die Dieter Hoffmann (2006a, S. 401 ff.) vornimmt.

von mir vorgestellten Geschichten vorläufig folgende Begriffe vorschlagen, um die Texte besser charakterisieren und unterscheiden zu können.
➤ die referierende Therapiegeschichte (V. Stein, M. Akoluth)
➤ die literarische Therapiegeschichte (T. Moser, C. Erdheim)
➤ die erörternde oder diskursive Therapiegeschichte (D. v. Drigalski)

Wir stoßen dabei aber auf ähnliche Probleme wie Keitel, denn eine klare Abgrenzung ist nicht immer möglich (etwa bei Erdheim, deren Buch auch zu den erörternden Therapiegeschichten gerechnet werden könnte; dies gilt möglicherweise auch für das Buch von Akoluth). Diese probeweise Einteilung soll auch nur ein Versuch sein, der Heterogenität innerhalb dieser Gruppe gerecht zu werden und den Umstand zu berücksichtigen, dass Therapiegeschichten unterschiedliche Reaktionen auslösen können (was zwar *auch*, aber *nicht allein* auf die RezipientInnen zurückzuführen ist). Ich werde im nächsten Abschnitt genauer darauf eingehen.

Die inhaltliche und formale Analyse von Therapiegeschichten hat darüber hinaus gezeigt, dass es den VerfasserInnen um das Kommunizieren eigener Erfahrungen geht und um einen Austausch darüber mit anderen. Formal ist dies bereits daran zu erkennen, dass die meisten der untersuchten Bücher dialogische Textelemente enthalten (z. B. Gespräche, Briefe, Vorworte).

Eine erste Hypothese wäre: *Das dialogische Prinzip ist für alle Therapiegeschichten konstitutiv.* Dies gilt auch für die stark auf Abgrenzung bedachten Bücher wie *Blumen auf Granit*.

Therapiegeschichten als Interaktionsgeschichten

Legen wir die Einteilung der verschiedenen Typen von Therapiegeschichten zugrunde, wird besser verstehbar, weshalb Drigalskis Buch für manche heute noch zu den »Skandalbüchern« gehört, während ein Buch wie das von Stein, das viel größere Skandale aufdeckt, nie in dieser Weise rezipiert worden ist. Drigalskis Buch will – darin den anderen unvergleichbar – eine Diskussion führen über die problematischen Bedingungen der Psychoanalyse. Aus Traumatisierungen, die ihr in der Psychoanalyse widerfahren sind, leitet sie eine grundsätzliche Psychoanalyse-Kritik ab. Dies provoziert in der Regel vehemente Lesereaktionen, die von der Identifikation (Ohnmacht, Wut ...) bis hin zum Leseabbruch reichen können. Das Buch zwingt aber andererseits nicht nur unter ethischen, sondern auch unter wissenschaftlichen Aspekten zur Auseinandersetzung.

Dies führt zu der grundlegenden Frage nach der wissenschaftlichen Auswertbarkeit von persönlichen Therapieberichten. Offensichtlich können wir sie nicht unmittelbar »übersetzen« (in eine Skala, einen Fragebogen o. Ä.); vielmehr scheinen auch hier (wie in der Psychoanalyse selbst) klassische hermeneutische Methoden erforderlich zu sein: dazu gehört unter anderem, den Standort, die Perspektive und die Zielrichtung des Verfassers/der Verfasserin zu eruieren. Die oben vorgestellten literaturwissenschaftlichen Kriterien könnten ein erster Schritt in diese Richtung sein.

Doch unabhängig davon, ob sich eine Therapiegeschichte eher als (sachlicher) Bericht versteht (»referierende Therapiegeschichte«), als literarisch gestaltete Therapiegeschichte oder als erörternde/diskursive Therapiegeschichte, die die Grundlagen diskutieren oder radikal in Frage stellen will, ist allen Therapiegeschichten gemeinsam, dass sie in einen Dialog eintreten. Dieser Dialog wird unterschiedlich gestaltet, richtet sich möglicherweise auch an unterschiedliche Dialogpartner – wie wir gesehen haben, gab es bei den Verständigungstexten der 70er/80er Jahre und möglicherweise auch bei den Therapiegeschichten jener Zeit die Tendenz eher gruppenspezifisch zu schreiben. Dies mag sich geändert haben (eine Untersuchung steht noch aus); ich wage aber eine erste vorsichtige Prognose, dass Texte wie etwa das Buch von Stein oder das Buch von Akoluth auf ein größeres Publikum, vielleicht auch auf ein Fachpublikum zielen.

Dem entspricht andererseits, dass die Wissenschaften (einschließlich Psychoanalyse) das Paradigma der Interaktion ebenfalls entdeckt haben. Dies stellt Michael B. Buchholz (2006) in *Stephen Mitchell und die Perspektive der Intersubjektivität* überzeugend dar (vgl. Altmeyer/Thomä 2006a). Im Unterschied zum klassischen psychoanalytischen Paradigma der Triebtheorie berücksichtigt das intersubjektive oder relationale Paradigma, welches sich in der gegenwärtigen Psychoanalyse herausgebildet hat, dass sowohl AnalysandIn als auch AnalytikerIn aktiv teilhaben an der Interaktion. Der Analytiker/die Analytikerin ist nicht länger ein ›neutraler Beobachter‹, der seine/n AnalysandIn quasi durchs Mikroskop beobachtet, sondern er arbeitet ebenso wie der Analysand/die Analysandin aktiv an der Beziehung mit. Ziel ist es, dass beide ein gemeinsames Narrativ[8] finden. Eine gemeinsame Geschichte erzählen können, ist ein Anliegen, das den meisten Therapiegeschichten bereits inhärent ist. Auch wenn in den Therapiegeschichten der 70er/80er Jahren oft nur die eine Seite, nämlich die AnalysandInnenseite (z. B. bei Drigalski), gezeigt wird, so ist die andere doch als »Leerstelle« mitgedacht (und oft wünschen die VerfasserInnen auch, dass sie durch den Analytiker/die Analytikerin gefüllt würde).

Auf diesem Hintergrund bekommt das Buch von Drigalski eine neue Lesart. Wir können es in diesem Sinne auch als Versuch verstehen, das Nicht-Gelingen der Beziehung zum behandelnden Analytiker zu rekonstruieren, vielleicht sogar zu reparieren. Drigalski findet so zu *ihrer* Geschichte, die eigentlich eine gemeinsame hätte werden können.[9]

Für die neueren Therapiegeschichten ist das relationale Paradigma ganz offensichtlich, zum Beispiel bei Akoluth: Briefwechsel mit Therapeuten, Begleitwort des Folge-Therapeuten. Auch die Analytikerin von Clara Lehben schreibt ein Vorwort zu dem Buch ihrer Analysandin: *Ganz geboren werden.*

Ausblick

Vor diesem Hintergrund müssen Therapiegeschichten auch von der (psychoanalytischen) Forschung mit besonderem Interesse betrachtet werden, denn Therapiegeschichten *zielen* nicht nur auf Verständigung und Interaktion, sondern die therapeutische Interaktion ist auch ihr *zentraler Gegenstand*. Durch ihre Rolle in der therapeutischen respektive der psychoanalytischen Beziehung sind PatientInnen nicht nur besonders angewiesen auf ihr Gegenüber, sondern sie entwickeln aufgrund ihrer Abhängigkeit auch spezifische Kompetenzen in der Interaktion. Deshalb scheint es geboten, die frühen Therapiegeschichten neu zu lesen. Der geschulte Leser/die geschulte Leserin wird Drigalskis *Blumen auf Granit* und Erdheims *Herzbrüche* nicht nur als Protokolle oder Pamphlete der »Abrechnung«

---

8 Buchholz, Michael B (2005): Stephen Mitchell und die Perspektive der Intersubjektivität, S. 645f., und Prager, Helga (2003): Ein »now moment« unter der Lupe. Eine Fallgeschichte, S. 314f.
9 Vgl. Brentano, Marie (2005): Ein unbegriffener Paradigmenwechsel? D. v. Drigalskis »Blumen auf Granit« – neu gelesen. Ulm. Unveröffentlichtes Manuskript.

verstehen, sondern er/sie kann daraus hilfreiche Informationen beziehen über die von PatientInnen erfahrene Interaktion in der Psychotherapie.

Unordnung und spätes Leid
Bericht über den Versuch,
eine misslungene Analyse zu bewältigen

Ein Auszug

Margarete Akoluth

Lieber Herr Dr. L.! 23. September 2002

In den letzten Monaten habe ich das Misslingen meiner Therapie aus meiner Sicht beschrieben und darüber hinaus meinen Versuch, dieses schlimme Erleben zu bewältigen. Das Manuskript ist nun fertig, und ich habe vor, es zu veröffentlichen. Natürlich habe ich Namen und Orte anonymisiert.
 In PSYCHE Heft 9/10 2000, S. 824 las ich von Werner Bohleber folgenden Satz: »Die Konfrontation mit der Realität des Traumas ruft auch im Zuhörer heftige Affekte hervor. Er richtet ebenfalls eine kognitive und affektive Abwehr gegen das Trauma auf, weil es die kulturellen und psychologischen Grundlagen unseres Lebens untergräbt.« Zwar bezieht sich der Artikel von Bohleber auf das traumatisierende Erleben im Holocaust, doch konnte ich einiges daraus in meine Situation »übersetzen«. Für mich heißt das, dass Leser meines Berichts sich möglicherweise innerlich gegen das beschriebene Geschehen wehren.
 Diese Aussage ließ erneut in mir den Wunsch wachsen, dass auch Sie, lieber Herr Dr. L., über meine Therapie aus Ihrer Sicht und Erfahrung schreiben, damit beide Berichte gemeinsam in einem Buch veröffentlicht werden können. Das möchte ich genauer erklären: Als ich begann zu schreiben, ging es mir vor allem darum, Klarheit für mich zu bekommen, was denn nun WIRKLICH in meiner Therapie geschehen war. Ich hatte viel gelesen, viel gefragt und nur einiges begriffen. Während des Schreibens habe ich weiter gelesen, gefragt, nachgedacht, neu definiert. Habe zu erklären versucht, geklagt, angeklagt.
 Nun aber glaube ich, begriffen und verstanden zu haben, was sich in meiner Therapie abgespielt hat; deshalb geht es mir jetzt darum, zu erklären und

deutlich zu machen, was Verstrickung (Kollusion) in einer Therapie ist und wie sie sich auf mich ausgewirkt hat. Noch wichtiger aber war mir darzustellen, wie ich versucht habe, den erlebten Missbrauch zu bewältigen. Mein Tagebuch, das zu führen Sie mich mehrfach aufgefordert haben, war mir eine große Hilfe bei meiner Arbeit.

Allerdings meine ich, dass meine Aufzeichnungen allein nur ein halbes Bild dessen geben, was in unserem therapeutischen Miteinander geschehen ist. Erst wenn Sie von Ihrer Warte und mit Ihrer Einsicht die Geschichte ergänzen und damit vervollständigen, können Leser sich ein umfassenderes Bild machen. Damit bringe ich meinen Wunsch zum Ausdruck, dass unsere verkorkste Gemeinsamkeit schließlich doch einen Sinn gehabt haben möge und alles letztlich eine Wendung zum Guten findet.

So komme ich endlich zu der Anfrage und Bitte, die Sie gewiss erstaunen wird: Wären Sie bereit, die Geschichte meiner Therapie aus Ihrem Wissen heraus zu beschreiben für das zu veröffentlichende Buch? Auch Ihre Aufzeichnungen könnten ohne Namensnennung sein. Herr B. hat diesen Brief gelesen, ist also über mein Vorhaben informiert. Evtl. wäre er bereit, einen verbindenden und integrativen Kommentar dazu zu verfassen. Es wäre schön und wünschenswert, wenn Sie mir bald antworten würden.

Lieber Herr Dr. L.! 10. November 2002

Sie können sich gewiss vorstellen, dass ich auf eine antwortende Nachricht von Ihnen warte. Aus dieser Ungewissheit heraus möchte ich Ihnen noch ein paar Gedanken zu meinem Anliegen mitteilen: Viele Therapeuten oder auch Analytiker haben im Laufe ihrer beruflichen Tätigkeit eine oder auch mehrere missglückte Therapien bzw. Analysen durchlitten. In der Literatur wird zur Genüge davon berichtet, allerdings fast ausnahmslos in verdeckter Form. Die Autoren berichten von Vorkommnissen, »die in einer Therapie geschehen können«. Denn jeder deckt über solchen Fehlschlag, nämlich das Falsche getan zu haben, um das Richtige zu erreichen, gern den Mantel des Schweigens.

Wenn nun ein Analytiker zu solch einer schwierigen Mitteilung bereit ist, nämlich vom Misslingen einer Therapie und der heillosen Verstrickung mit einer Patientin zu berichten, wird soviel Mut gewiss Anerkennung finden.

Unser beider Berichte, die dann in einem Buchdeckel vereint sind, sozusagen unter dem schützenden Dach eines wohlwollenden Kommentars, machen dann sichtbar, dass auch nach schlimmen Verletzungen Versöhnung und damit Heilung geschehen kann. Es wird das eindrucksvolle Zeugnis einer Begegnung zweier Menschen sein: Suche, Identifikation und Bußübung in einem. Wir würden beide etwas von uns preisgeben und damit etwas gut machen, nämlich unsere Geschichte zu Ende bringen. Ich wünsche mir so sehr, dass mein Versuch, scheinbar Unvereinbares miteinander zu vereinbaren, gelingt, sofern Sie bereit sind sich auf dieses Wagnis einzulassen.

An einem Septembertag des Jahres 1988 begann dieses Abenteuer einer menschlichen Begegnungsgeschichte. Ich hatte nach einem Psychotherapeuten gesucht und war nach mehreren Telefonaten auf den Arzt und Psychoanalytiker Dr. L. hingewiesen worden, der sich gerade niedergelassen und eine Praxis in ... eröffnet habe. Mit meinen 58 Jahren war ich noch immer eine wohlerzogene, etwas naive »höhere Tochter«. Ich war als mittleres von drei Kindern mit zwei Brüdern aufgewachsen, hatte Vater und Bruder, Heimat und alles im Krieg verloren. [...] Mein Fühlen und Denken war also von früh an durch Angst, Krieg, Tod geprägt. Nach Abitur, Ausbildung zur Buchhändlerin und – durch eine schwere Tuberkulose unterbrochene – Berufstätigkeit, war ich 1956 aus der DDR nach Westdeutschland entkommen. Hier hatte ich meinen späteren Ehemann getroffen, der, 25 Jahre älter als ich, seit längerem verwitwet war. Er war für mich der Märchenprinz gewesen, der mich aus Krankheit, Verlassenheit und Lebensangst errettet und geheiratet hatte. Er war ein liebevoller, gebildeter, schöner Mann, der mir sagte, ich hätte ihn nach dem Tod seiner ersten Frau aus einem Meer von Einsamkeit erlöst. Nach Jahren glücklicher Gemeinsamkeit wurde er nun hinfällig, klammerte sich mehr und mehr an mich. Ich suchte therapeutische Begleitung, da ich ohne Angehörige war und Angst vor seinem Sterben und der nachfolgenden Verlassenheit hatte.

Beim Kennenlernen fand ich den Therapeuten nett im Sinne von warmherzig und sympathisch. Dass er so viel jünger war als ich, störte mich nicht. Er bemühte sich um mich und hatte eine wundervolle Stimme. Ich war von ihrem Klang und dem Tonfall wohl genauso beeindruckt, wie vom Inhalt und den Formulierungen des Gesagten. Ich erklärte, dass ich Begleitung in meiner für mich schwierigen Lebenssituation brauche. [...]

In den folgenden sechs Jahren meiner Therapie, die zusammenfielen mit der Pflege meines dementen und inkontinenten Mannes, der fast rund um die Uhr betreut und versorgt werden musste, war ich wesentlich selbständiger geworden, als ich es je gewesen war. Zu Beginn meiner Therapie versprach mir der Analytiker, mit mir gemeinsam meine frühen Wunden auszuwickeln, wobei er betonte: »Das tut weh!« Wir wollten die Verletzungen miteinander anschauen, auf diese Weise Balsam darauf geben und sie neu verbinden, sodass sie langsam heilen und vernarben könnten. Danach würden die Narben zwar gelegentlich noch schmerzen, aber ich wüsste dann, was da weh täte, und dass das auch wieder verginge.

Nur langsam stellte sich Nähe ein, Vertrauen war sehr viel eher da, aber ich brauchte mehr emotionale Nähe. Dann, nach Stunden, Monaten, Jahren erhellender, wohltuender Therapie brach diese Nähe wie ein Erdbeben über mich herein und ängstigte mich bis ins Mark. Das Grauen klopft nicht an, es rammt sich dir in den Rücken. […]

Ich versuche jetzt mit dieser Darstellung zu erklären, was mir selbst erst allmählich klar wird, denn lange Zeit konnte ich meine Gefühle der Sehnsucht, des Verlassenseins, der hilflosen Ohnmacht nicht begreifen. Jedoch wollte und will ich meine Empfindungen und deren Zustandekommen verstehen, weil ich hoffe, dass meine Pein durch den Verstehensprozess gelindert wird. Ich suche Klarheit, aber mein Bedürfnis nach Klarheit mag für manche im Dunstkreis der Rachsucht angesiedelt sein. […]

Am 31. Oktober 1994 hatte mein Therapeut seine und meine Grenzen massiv überschritten. […] An diesem Tag hatte der Analytiker, während ich auf der Couch lag und wir miteinander sprachen, sich mit seiner Linken langsam bis zu meiner linken Hand vorgetastet und sie viele Minuten lang gehalten. Nur gehalten. Und weiter gesprochen. Dann losgelassen, einfach losgelassen, auch seine Rechte von meiner Schulter genommen, ohne ein Wort der Erklärung. Aber weitergeredet. Damit hatte er in meinem innersten Bereich Verheerungen angerichtet, die keinen Stein auf dem anderen ließen. In mir war ein Erdbeben geschehen, eine Implosion vulkanischen Ausmaßes. Ich verstand nicht, was es bedeutete. Ich spürte nur, dass mir etwas widerfahren war, was mein Sein von einer Stunde auf die andere völlig veränderte. […] An diesem Tag einer ersten unvermuteten, unerklärten Berührung begann für mich eine pathologische, verschämte, leidenschaftliche Verflechtung mit meinem Analytiker, die mich abhängig, süchtig, emotional hörig machte. […]

Ich hatte autonom werden wollen, unabhängig, lebensfähig auch ohne meinen Mann, und sah mich auf einmal abhängig vom Therapeuten. [...] Vor der nächsten Zusammenkunft hatte ich Sorge, allen Anstand, allen Stolz zu vergessen. Ich war voller Tränen und wollte nichts weiter, als in die Arme genommen sein, spüren, dass ich auch in dieser Gestimmtheit angenommen war, so, wie ich eben bin. Ich beschrieb dem Therapeuten, wie es mich nach und seit dem vorigen Beisammensein fast zerrissen hätte. Ich stieß bei ihm auf Verständnis und Besorgtheit, er sprach von seiner Zuneigung zu mir und dass er mich mag. Er sei, da mein todkranker Mann es nicht mehr sein könne, nun mein Vertrauter geworden. Da sei mein Empfinden für ihn verständlich, er habe mich doch auch gern. Dann legte er wiederum seine rechte Hand auf meine Schulter, nahm meine Linke in die seine und forderte mich auf, diese Berührung tief in mich hinein zu nehmen. Auch in den nächsten Stunden hielt er meine Hand.

Dann starb mein Mann. Es war ein sanftes Verlöschen seines irdischen Daseins. [...]

In all der Zeit (und nach mehr als sechs Jahren Therapie) hatte ich kaum bemerkt, wie sehr ich mich durch die zunehmend schwerer werdende Pflege meines Mannes selbst vernachlässigt hatte. Ich hatte zu lernen, allein in der Wohnung zu sein, für niemanden Sorge tragen zu müssen. [...] Ich war traurig, trostbedürftig, verloren. Und als mich der Analytiker nach Wochen fragte, was ich mir von ihm wünsche, wagte ich zunächst nicht, ihm anzuvertrauen, nach was ich mich von Herzen sehne. Nachdem er mich mehrmals ermuntert hatte, ihm doch meine Wünsche zu nennen, begann ich zögernd, dass er mich in seine Arme schließen, an sein Herz nehmen möge. Er ging langsam auf mich zu, legte beide Arme um mich; ich aber machte mich starr und steif aus Sorge, die Kontrolle über mich zu verlieren. In mir stieg der Satz auf »das ist verboten«. Doch in der darauf folgenden Stunde hielt er mich von neuem umfangen und trug mir auf, nun ihn zu umarmen. Bei einer der nächsten Begegnungen sagte er, während er mich hielt: »... und lassen Sie die Hände tun, was die Hände tun möchten.«

Zögernd strich ich ihm über den Kopf, die Haare, den Nacken. Und dann wanderten meine zärtlichen Hände über sein Gesicht, die Finger fuhren den Brauen nach und über die Lider, erfassten die Schläfen, kamen zu den Backenknochen, trafen sich an den Nasenflügeln. Meine Hände liebkosten seine

Wangen mit dem Bart, begegneten sich am Kinn, trennten sich, um am Hals herab zu Schultern, Armen, Händen zu gelangen. Ich spürte die Nähe und Wärme seines Körpers, atmete sie ein. [...] Unser Schweigen trennte uns, was hätte ich ihm sagen sollen? Dass er für mich das schönste aller Menschenkinder sei? Zudem machte mein Verstand mir wiederum klar, dass es nur eine therapeutische Umarmung war (das half aber gar nichts), auch als der Analytiker erneut sagte, dass er mich gern habe. Ich war ihm dankbar, anstatt glücklich zu sein. Und hatte Angst. Angst mich zu verlieren an eine mögliche, unmögliche Liebe. Ich hatte lernen wollen, mich wohler zu fühlen mit mir selbst, stattdessen war eine Tür geöffnet worden zu der unzerstörbaren Sehnsucht nach einem Leben, das so nicht ist und nie sein kann, und in keiner Verbindung zu meinem täglichen Leben stand. Derweil wiederholte er: »Sie sollen hier wissen und lernen, dass Sie gemocht und schön gefunden werden«. Und dass die Therapie eine besondere Form der Nähe sei. [...]

Ich hatte einmal während einer Umarmung gesagt: »Das ist verboten!« Und wurde mit den Worten: »Ich bin nicht so orthodox«, beruhigt. [...]

Der Therapeut hatte das sehnsüchtige Kind in mir immer von neuem verlockt. Es war ein fortwährendes Wechselbad für meine Empfindungen zwischen Vertrautheit und Fremdsein, zwischen Zaudern und sich überlassen. Mehrmals habe ich damals in Not und Verzweiflung gefragt: »WARUM HABEN SIE MIR DAS ANGETAN?«

Ich hatte mir lebendig sein anders vorgestellt, hatte nicht gedacht, dass ich täglich so viel Kraft brauche, um den Aufruhr meiner Gefühle unter Kontrolle zu halten. Wenigstens nach außen wollte ich ruhig und gelassen erscheinen! Der Analytiker fragte mich, nachdem ich mich wieder einmal beklagt hatte: »Wollen Sie die Gefühle zudecken? Einen Deckel drauftun? Oder wollen Sie sie bearbeiten? Das ist schwere Arbeit!«

»Ja, ich will diese Gefühle bearbeiten, denn sonst habe ich ständig Sorge, dass der Vulkan an ungeeigneter Stelle ausbricht.«

Und beim Abschied sagte er: »Spüren Sie Ihre Lebendigkeit, und nehmen Sie diese Umarmung tief in sich hinein!« [...]

In jener Zeit machte der Analytiker mir deutlich, dass meine Mutter meine kindliche Lebendigkeit nicht ausgehalten habe, und dass sie mir überdies »verboten« hatte, einen anderen Menschen als sie zu lieben. Das war nach intensiver analytischer (Traum-)Arbeit deutlich geworden. Er meinte, dass meine Mutter – wie die böse Fee in »Dornröschen« – mich verwünscht habe. Die Dornenhecke, die mich gefangen halte, könne nicht einfach von dem Königssohn durchhauen werden, der müsse warten, bis die Zeit erfüllt wäre. Aber dann sei Dornröschen frei. [...]

Die Erlaubnis des Therapeuten – immer wieder ausgesprochen – dass ich »hier meine Gefühle zulassen, meine Lebendigkeit zeigen dürfe«, sollte schließlich ein lebenslanges Verbot, lieben zu dürfen, außer Kraft setzen. Seine Worte waren von großer Ausdruckskraft, geprägt von einer geradezu spürbaren, umarmenden Zärtlichkeit. Und endlich, endlich hatte ich ihm geglaubt, vertraut, zeigte meine Gefühle: Ihn umarmend sagte ich all das, was Herz und Sinne ausfüllte. Diese Liebeserklärung wollte kein Antrag sein, gar für eine reale Verbindung, sondern im eigentlichen Wortsinn versuchen, meine Liebe zu erklären und damit zu verstehen. Bis zu diesem Zeitpunkt war ich nicht nachhaltig mit dem Gefühl überzeugt gewesen, von ihm so ganz und gar angenommen und wirklich gemeint zu sein. Wenn ich es dieses eine Mal zutiefst erfahren könnte, das Angenommensein und Verstandenwerden auch ohne Worte, dann brauchte ich nicht immer mehr Umarmungen, Worte der Bestätigung. Eine innere Gewissheit gaukelte mir vor, dass ich mich mit diesem Zeichen seiner Zuneigung von ihm lösen könne. So fragte ich Dr. L., ob er mir einen Kuss geben würde. [...]

Von meiner Mutter hatte ich mich bis zu ihrem Tod 1985 nicht lösen können. Als mein Vater zum Ende des Krieges 1945 eingezogen wurde, ermahnte er mich 14-Jährige – beim Abschied für immer am Kasernentor –, ich müsse für meine Mutter sorgen und auf sie aufpassen, sie selber könne das nicht. Zu diesem Zeitpunkt waren meine Brüder schon tot. Mein kleiner Bruder war an Diphtherie gestorben, mein großer Bruder 17-jährig am Ende des Krieges an der Ostfront vermisst. Ich war das letzte Kind, die schreckliche Tochter, die am Leben geblieben war, während die guten Kinder nicht mehr lebten. Ich war nie autonom geworden und wollte es doch unbedingt werden. Das alles war mir damals nicht so klar, wie ich es heute aufschreibe. Aber ich wusste ganz sicher um die unabdingbare Wichtigkeit meines Wunsches, mich vom Therapeuten ablösen zu wollen. Die Antwort auf meine Bitte war vernichtend! Er erklärte: »Ich küsse nur drei Frauen auf den Mund, meine Frau, meine Schwägerin und meine ehemalige Freundin.«

Ich war entsetzt, schämte mich, wusste nichts zu sagen, setzte mich auf meinen Stuhl. All meine gewaltig aufgetürmten Erwartungen, und dann passierte dies! Dabei zeigte er nichts anderes als sein nüchtern entspanntes Gesicht und schien kein bisschen irritiert. Eine trügerische Unaufgeregtheit. Ich hatte meine Hoffnung zu ihm getragen, gedacht, dass er »sehen« würde, um was es mir ging. Ich wollte spüren, ein Mal nur, eine Sekunde nur, aber das für immer, dass ich wirklich »gemocht und schön gefunden« werde. Dass meine Gefühle erlaubt und richtig sind, dass ich meine Lebendigkeit zeigen darf. [...]

»Ich habe meine Grenzen also nicht klar genug gemacht?«, fragte Dr. L.

»Nein«, meinte ich, »einerseits haben Sie bei den Umarmungen Ihre Grenzen ja immer von neuem überschritten, andererseits haben Sie versäumt klar zu machen, was alles tabu ist.«

Er fuhr fort, mich abzuwehren; leise, verhalten, dann deutlicher, bestimmter. In nahezu jeder Stunde sagte er: »Sie sind an meine Grenzen gestoßen«, und das klang wie eine Drohung. Ich war verzweifelt über diese Abwehr, die mir unbegreiflich war. Ich fragte, klagte, verstand nicht. Er leugnete seine Abwehrhaltung, sagte Dinge, die mich zutiefst verletzten (zum Beispiel: »Ihre Tränen rühren mich kein bisschen«, nach meiner Erzählung eines mich erschütternden Traumes) und versetzte mich in Panik, als er bekannte, er habe sich die ganze Zeit geirrt, er habe Tomaten auf den Augen gehabt.

In langen Jahren hatte ich meinen Therapeuten als warmherzigen, einfühlsamen, freundlichen, besorgten, klugen Helfer erlebt. Nun empfand ich ihn oft als abweisend, kühl, verschlossen und reagierte darauf mit Vorhaltungen, Anklagen, Vergleichen mit früheren Stunden. Ich stolperte ständig über sein plötzliches Unverständnis und verlor jede Orientierung. In diesem Hin und Her, diesen Qualen der Ungewissheit rief ich oft beklommen aus: »Ich begreife das alles nicht!« Ich spürte seine emotionale Abwehr und konnte seine intellektuelle Zuwendung nicht genügend wahrnehmen. Unerklärlich waren für mich meine übergroßen Nähewünsche, die mich bedrängten und abhängig sein ließen von Dr. L. Ich wollte sie verstehen, denn lange Zeit schien er sie doch verstanden und erlaubt zu haben. Aber nun beschuldigte er mich: »Ihre Nähewünsche sind Ihre Form der Attacke«, und dass ich eine Liebesbeziehung zu ihm anstrebe, dass ich Nähe um jeden Preis wolle. Bezichtigte mich: »Sie nehmen mir übel, dass ich auf meine Grenzen achte.« Ich war eingehüllt in das Gefühl, dass mir absichtlich und wider besseres Wissen Unrecht widerfuhr. Ich hatte keinerlei inneren Abstand mehr. [...]

Allmählich forderte seine Abwehr meine Gegenwehr heraus. Ich machte ihm Vorwürfe, die er mit Gegenvorwürfen beantwortete. Wir sagten einander schreckliche Sachen. Aber es wurde nichts davon thematisiert, bearbeitet. Ich wusste nicht, dass wir zu diesem Zeitpunkt schon so verstrickt waren, dass er oft keinen Durchblick, keinen Abstand hatte. Er war imstande gewesen, das Gefühl des Wunderbaren in mir zu wecken; dann jedoch außerstande, dieses Wunderbare unterstützend zu stärken oder auch nur zu tolerieren. [...]

Ich versuchte, mir mein Leben ohne Dr. L. vorzustellen – es ging nicht. Ein Abschiednehmen auszudenken war unmöglich. Wie sollte mein Leben, meine Zukunft, mein In-der-Welt-Sein aussehen, wenn ich nie mehr zu ihm gehen, nie mehr bei ihm sein durfte? Doch es musste sich etwas ändern, denn ich hatte mein inneres Gleichgewicht vollkommen verloren. Mein Herz schrie sich tot. Über mich war ein Schrecken hereingebrochen, den ich nicht einmal ansatzweise verstehen konnte. Ich hatte beständig das alles durchdringende Gefühl von Unwirklichkeit. Wie konnte ich lernen, mit dem Gefühl der Entbehrung von Nähe angemessener umzugehen, den Mangel besser zu verwalten? Immer wenn ich fragte, verwies er mich auf seine Grenzen, von denen ich meinte, dass er sie als Manövriermasse benutzte. Seine Mauern, Grenzen, Barrieren waren für mich Unheil drohend geworden, weil ich nie wusste, wann er sie wie ein falsches Trumpf-Ass aus dem Ärmel ziehen würde, oder wann er sie nur durch sein Schweigen markierte. Sie waren veränderlich, unzuverlässig, das machte sie noch bedrohlicher für mich. Ich kämpfte dagegen an und beschwerte mich: »Ihre Grenzen sind eine schwere Hypothek für eine Patientin«, und bekam zur Antwort: »Ja, das ist richtig.«

Oft erbat ich von ihm Eindeutigkeit in seinen Antworten oder Erklärungen, aber meist blieb er bei vieldeutigen Aussagen, oder er schwieg. Seine Unschärfe, seine manchmal ambivalenten Formulierungen luden mich zu Auslegungen ein, die gewiss oft nicht zutrafen. [...] Es war wie eine Unpersönlichwerdung aller Gefühle, unseres Bundes. Dabei war ich zum Bersten voll mit Verzweiflung über das Versteckspiel, mit Sehnsucht nach Berührung, mit Schuldgefühlen wegen meiner, mir von ihm vorgeworfenen versuchten Grenzverletzung, mit Hoffnungslosigkeit wegen der mir von ihm zuteil werdenden Geringschätzung. Ich fragte, welche Motive bei seiner Kehrtwende mitgespielt hätten? Blieb ohne Antwort. Und begann schließlich, weil ich mich in eine Sackgasse manövriert fühlte, offen zu rebellieren.

Ich hatte dem Therapeuten die Verantwortung für mich überlassen, als ich mich in der Not von meines Mannes Sterben und der Verwirrung meiner Gefühlswelt ihm restlos anvertraut und ausgeliefert hatte. Ich war so sicher gewesen, das er mein bestes wollte. Dass er viel wusste und konnte, hatte ich in sechs langen Jahren erlebt. »Ich bin sehr gut ausgebildet«, hatte er mir am Beginn der Therapie einmal erklärt; Eitelkeit war ihm nicht vollkommen fremd. Was nützte mir das jetzt, wenn ich in nahezu jeder Stunde spürte, dass er mit meinen Gefühlen nicht adäquat umgehen konnte und mich deshalb mit seinen Zurückweisungen quälte? Zwar hatte er mir schon mehrmals angekündigt, dass harte Arbeit vor uns liege, und ich hatte erwidert, dazu sei ich bereit. Dabei sah ich sein Vorgehen nicht als harte Arbeit, sondern als Bestrafung und wollte ich von ihm wissen, wofür er mich bestrafe? Seine Antwort war: »Sie werden hier nicht bestraft!« [...]

Gedächtnisprotokoll der Therapiestunde vom 22. Mai 1997

Nachdem ich es in einem Brief an Dr. L. geschrieben hatte, habe ich wiederholt:

»*Sie haben mich missbraucht, wie es früher Hochwürden mit mir getan hat. Sie bereichern mit mir Ihre Phantasie und diffamieren mich hier.*«

»Welche Fragen, welche Erwartungen haben Sie?«, fragte Dr. L. mit unterdrücktem Zorn in der Stimme.

»*Keine.*«

»Dann will ich eine Standortbestimmung versuchen, damit die Situation klar wird. Sie haben von Anfang an gewusst, dass ich Ihr Therapeut bin und Sie meine Patientin sind. Sie kommen hierher zur Therapie, um Ihre Lebendigkeit draußen leben zu können. Aber Ihre Lebendigkeit ist durch mich gefangen und eingeengt. Das muss mit Ihren frühkindlichen Erfahrungen zusammenhängen. Sie haben um Vaters Liebe gebuhlt, also müssen Sie trotz all seiner Abwehr etwas von seiner Zuneigung gespürt haben. Auch wenn Sie ihn mir nur negativ geschildert haben, habe ich versucht, Ihnen seine guten, Ihnen zugewandten Seiten zu zeigen.«

»*Ja, ich glaube, dass ich bei meinem Vater in eine harte Schule gegangen bin und es wohl nur deshalb so lange hier bei Ihnen aushalte.*«

»Mir Missbrauch in einem Atemzug mit Hochwürden vorzuwerfen ist unglaublich und ein schwerwiegender Vorwurf von Ihnen!«

»Das stimmt. Aber Sie haben mir erlaubt und mich mehrfach angehalten, Kritik zu üben, haben mich immer wieder aufgefordert, meine Wut raus zu lassen, meine Aggression auszusprechen. Leider spüre ich im Moment keine Wut sondern nur Bitterkeit. Doch im Grunde ist all das Schlimme, das Sie mir antun, winzig im Vergleich zu meiner Zuneigung zu Ihnen.«

»Vielleicht wäre es für Sie nicht auszuhalten, wenn beide Gefühle, Verletztheit und Zuneigung, gleich groß wären? Aber ich möchte die Sache heute mit dem Verstand angehen. Zuerst war zwischen uns ein normaler Kontakt, der sich dann gewandelt hat, weil ich zunächst mehr Nähe erlaubt habe. Und auch heute noch dürfen Sie Ihre Zuneigung verbal äußern.«

»Und das tue ich, obwohl ich weiß, dass das nicht angebracht ist. Aber mein Gefühl ist stärker als mein Verstand, die Worte liegen mir ganz vorn auf der Zunge. Ich kann mit dem Verstand nichts gegen mein Gefühl ausrichten. Ich will mich doch von Ihnen ablösen und komme nur noch ein Mal in der Woche zu Ihnen, obwohl das für mich die Hölle ist. Ich zähle die Stunden, bis ich wiederkommen darf. Aber ich will unbedingt durchhalten und es schaffen.«

»Und wie ist das für Sie, wenn Sie auf der Couch liegen?«

»Früher haben Sie mir zugewandt gesessen. Die letzten Male haben Sie zum Fenster schauend gesessen, da waren Sie sternenweit entfernt.«

»Aber wenn Sie mir gegenüber sitzen und mich sehen, sehen Sie auch in meinem Gesicht meine Reaktionen, die Sie dann verletzen«, sagte der Analytiker.

»Ja«, erwiderte ich, »Sie werden dann blass, und Ihr Gesicht und Ihr Körper werden ganz starr. Und in Ihr versteinertes Gesicht hinein muss ich dann meine tiefsten, heiligsten Gefühle sagen.«

»Ich merke das leider oft nicht. Sagen Sie es mir doch dann sofort. – Wie haben Sie die heutige Stunde empfunden?«

»Es war reine Verstandesarbeit. Mein Gefühl hungert und friert. Ich fand die Stunde dennoch wichtig, und ich hoffe immer, dass Erkenntnis mich aus diesem Tief herausholt.«

»Leider hat meine Erlaubnis so überaus tief in Ihnen Wurzel geschlagen, dass sie immer noch wirkt, obwohl die Zeit längst darüber hinweg gegangen ist.«

»Ich habe doch nie ein privates Liebesverhältnis zu Ihnen angestrebt! Aber Ihr Verhalten mir gegenüber, besonders im März vorigen Jahres hat mich *aufblühen lassen. Ich weiß doch nicht, was den ›switch‹ bewirkt hat. Ich spüre Ihre Mühe, Ihre Gedankenarbeit, Ihr Engagement, Ihre Zuneigung. Wenn ich Ihnen gleichgültig oder lästig wäre, hätten Sie mich bestimmt längst abserviert. Aber das ist eben das Vertrackte: Ich spüre Ihre Zuneigung und weiß doch nicht, woran ich mit Ihnen bin.«*

Nur allmählich erkannte ich unsere Verstrickung. Je mehr Nähe ich bei meinem Therapeuten suchte, um so schneller machte er dicht, und wenn er sich verschloss, bedrängte ich ihn umso stärker. Ich sprach es an, aber es gab kein Echo. [...]

Irgendwann hatte ich Dr. L. gefragt, ob er das emotionale Risiko mit mir eingehen wolle? Ja, das wollte er. Und ein anderes Mal zu ihm gesagt, wenn MICH jemand mit seiner Liebe so bedrängte, wie ich das bei ihm täte, würde ich eiligst die Flucht ergreifen. Er gab ungerührt zur Antwort, dass es seine Unterlassungssünde gewesen sei, mir seine Grenzen nicht früher gezeigt zu haben. Hatte zunächst erklärt, dass seine Barrieren nichts mit mir zu tun hätten (was ich nicht begreifen konnte und vergebens um eine Erklärung bat). Viele Monate später sagte er, dass seine Barrieren natürlich etwas mit mir zu tun hätten. Da war ich entsetzt und wollte wissen, ob es meine Gegenwart oder mein Verhalten sei, das seine Barrieren hochgehen ließe? Seine einfache Antwort war: »Es ist unsere Beziehung!« Und in dieser Zeit sagte er auch, dass er von nun an härter mit mir umgehen werde. Und etwas später: »Ich werde nicht mehr nett zu Ihnen sein.« Kränkend, geradezu entwürdigend war, dass er mir vorhielt, er habe mein schreckliches Gesicht nicht ertragen können, er habe es ausblenden müssen. Meine gute Erziehung hatte es mir lange Zeit verboten, dem Therapeuten meinen Zorn entgegen zu schleudern. Endlich war ich in der Lage, meine Empörung darüber zu artikulieren [...].

War ich wirklich an seine Grenzen gestoßen oder eher auf seine Unfähigkeit, mir auf der emotionalen Ebene zu antworten, wenn ich meine Gefühle zeigte und an ihn heran trug? Ich hatte wieder einmal auf der Couch liegen sollen, hatte bei geschlossenen Augen im schwarzen Raum ein Mandala gesehen, hellblau im goldenen Strahlenkranz, ernst, fern, erhaben. Als es Zeit war, aufzustehen und zu gehen, hatte der Analytiker gefragt: »Wollen Sie sagen, was in Ihnen vorgeht?«

»Ich habe gebetet, dass ich gut über die nächsten fünf Minuten wegkomme.«

Seine Gegenfrage: »Sie meinen die Trennungssituation?« Dass ich ihn früher oft umarmen durfte, war für mich ein Zeichen des Angenommenseins gewesen. Welch hohen Preis musste ich nun zahlen; ich fühlte mich nicht mehr willkommen, geradezu unerwünscht. »Sie sind sehr enttäuscht von mir«, fragte er, »was erwarten Sie von mir?« »Klarheit«, antwortete ich. »Klarheit worüber?« »Woher diese tiefe Sehnsucht kommt, die mich lähmt, blockiert, traurig macht; die ich nicht abschütteln kann. Die ich so schmerzhaft empfinde und nicht verstehe.« Dann: »Aber sprich nur ein Wort, so wird meine Seele gesund!« Das war tiefste Verzweiflung, innigstes Mich-an-ihn-Wenden! Seine Antwort: »Sie überhöhen mich!« [...]

Warum nur, warum ging ich regelmäßig und immer wieder in seine Praxis? Ich zählte die Tage, die halben Tage, die Stunden. Vor jeder Begegnung mit ihm war ich voller Hoffnung auf Verstehen, Zuwendung, Freundlichkeit, Wärme. Und stieß immer von neuem auf seine für mich vernagelten Ohren. Daraus wurde oft ein Desaster oder eine Demütigung, der ich gelegentlich mit Frechheit zu begegnen versuchte. [...]

»Wie bringen Sie Ihre Sehnsucht und Ihre Aggression unter einen Hut?«, hatte er mich ja gefragt. Und mich angeblafft: »Sie wollen Nähe um jeden Preis?« Dafür hatte ich ihn in meiner Verzweiflung einen alten Geizknochen genannt, der mir nicht das Schwarze unter'm Fingernagel an Nähe gönne.

Gedächtnisprotokoll der Therapiestunde vom 6. April 1998

»Oh, Sie haben ein Monochord! Haben Sie es selbst gebaut?«, fragte ich zu Beginn der Stunde.

»Nein. – Möchten Sie zur vorigen Stunde noch etwas sagen?«, fragte Dr. L. kühl.

»Nein, lieber nicht.«

»Sie waren anscheinend enttäuscht?«

»Ja. Es ging mir zunächst gut, aber nach der Hälfte der Zeit bin ich dann abgekippt.«

»Schon beim Vorlesen des Märchens?«

»Nein, danach. Sie sind ja nur auf die eine Stelle eingegangen, die für mich überhaupt nicht wichtig war.«

»Daran sieht man den Unterschied zwischen uns beiden. Ich habe mich als offen und Ihnen zugewandt erlebt, und nun höre ich, dass Sie nicht zufrieden mit mir waren. Und dann läuft bei mir mein altes Muster ab, was ich anders, besser, richtiger hätte machen sollen. Wo habe ich nicht genügt?«, fragte der Analytiker missvergnügt.

»*Schon meine Frage, ob Sie den sonnigen Sonntag haben genießen können, haben Sie nur mit ›Ja‹ beantwortet, da habe ich mich abgewehrt gefühlt.*«

»Ich war auf der Autobahn. Nun ja, besser bei gutem als bei schlechtem Wetter. Aber ein Genuss war es nicht. Darum habe ich weiter nichts gesagt. Sie haben das anscheinend als Barriere empfunden, obwohl gar keine da war. Sie spüren meine Barrieren viel früher, wenn ich sie noch gar nicht wahrnehme. – Ihr Blick war in der vorigen Stunde nur mühsam für mich auszuhalten, mühsam für meine Augen.«

»*Wenn ich aus dem Fenster schauen soll, brauchen Sie es mir doch nur zu sagen*«, meinte ich daraufhin.

»Nein, das ist es nicht. Das Schlimme ist, dass Sie so viel als Zurückweisung auffassen, auch meine Barrieren.«

»*Ich weiß schon, dass die zu Ihrem Schutz da sind. Aber warum müssen Sie sich schützen vor mir? Ich habe Sie doch offener, wärmer, herzlicher erlebt.*«

»Ja, vielleicht müssen wir uns noch mal um Supervision kümmern. – Sie denken, dass ich Sie nicht mag?« Seine Frage klang eindringlich.

»*Nein, so ist das nicht. Ich weiß, wie viel Mühe Sie aufwenden für mich. Aber meine Bedürftigkeit ist SO groß. Ich möchte mich angenommen fühlen von Ihnen. So denke ich immer, dass ich nicht liebenswert bin.*«

»Das ist der Kind-Anteil in Ihnen, den Sie mal eine Zeit lang wegsperren müssen, um objektiv sein zu können.«

»*Geht denn das?*«

»Ja, das geht. Ich muss das auch tun. Oft, wenn ich meine kindliche Lebendigkeit für Sie öffne, habe ich das Gefühl, dass Sie mir auf die Finger klopfen. Das tut mir weh, und dann mache ich dicht.«

»*So wie am Anfang der Stunde, als ich nach dem neuen Monochord gefragt habe?*«

»Da haben Sie meiner Ansicht nach gedacht: Na, für mich spielst du das bestimmt nicht.«

»*Aber nein, ich habe an Thomas Z. gedacht und deshalb gefragt, ob Sie Ihr Monochord auch selbst gebaut haben.*«

»In diese ungesagten Sachen legen wir beide leicht Fehldeutungen hinein.«

Erneut hatte ich nach Supervision für uns beide gefragt, nachdem er das Thema ja kurz angesprochen hatte. »Was versprechen Sie sich davon?«, hatte er wissen wollen, und ich hatte wiederum geäußert: »Klarheit«. Doch Supervision kam für ihn nicht in Frage. Aber das sagte er nicht eindeutig heraus; wie so oft gefiel er sich in Andeutungen. Und ich fürchtete mich, ihn mit weiteren Fragen zu provozieren, um mein inneres Bild von dem wohlmeinenden Therapeuten nicht zu verlieren, das ich so dringend bewahren wollte. [...]
Dr. L. hatte mir wieder einmal nahe gelegt, dass ich alle Gefühle bei ihm zeigen dürfe, das sei sein therapeutischer Anspruch an sich selbst, aber leider hielte er meine Gefühle eben nicht aus. Er hatte in dieser Stunde einige seiner Schwächen bekannt: »Ich war nicht reif und gefestigt genug«, hatte er gesagt, und: »Ich wäre gerne stärker.« Zum ersten Mal spürte ich einen Beiklang von Trauer und innerer Bewegtheit bei seinem Eingeständnis, erst dadurch wurde es wahr und annehmbar für mich. [...]

Konnte der Therapeut noch hilfreich für mich sein? Bei seiner Zwiespältigkeit wusste ich nie, woran ich bei ihm war, denn was er in der einen Stunde sagte, deklarierte er schon in der nächsten als Schnee von gestern. Ich begriff nicht, was mit mir los war, ich war verkommen zu verkörperter Sehnsucht. Meine Seele war nackt. Zunehmend hatte ich Angst, verrückt zu werden. Ich wurde nicht fertig damit, wie lästig und zuwider ich ihm war. Ich suchte einen Weg aus dem Gefängnis des Nichts-wert-Seins, in das er mich wieder und wieder gestoßen hatte. Einst hatte er huldvoll gelächelt, hatte sich in der Liebe seiner Patientin gesonnt. Nun waren seine Barrieren seine Antwort auf mich.
Mit der sonderbaren Feststellung: »Meine Barrieren, das bin nicht ich!« hatte er sie vielleicht rechtfertigen wollen. »Meine Barrieren gehen leider ohne mein Wissen und Wollen hoch. Außerdem habe ich eine Zeit lang die Ebenen verwechselt, habe wie ein Oberlehrer immer wieder auf die ›kleine Margret‹ verwiesen. Ich habe gemeint, die sucht und braucht Geborgenheit. Vielleicht ist das schon aus Angst vor Ihren erotischen Wünschen geschehen. Ich war nicht souverän«, fuhr er fort, »und habe mich gedrückt, klar zu sagen, welches

meine Rolle ist. Meine Distanziertheit habe ich gar nicht wahrgenommen, ich habe mich als Ihnen zugewandt erlebt und daher Ihre Nähewünsche als Attacke empfunden.« Wie war es möglich, dass ich bei ihm nur Abwehr gespürt hatte?

»Mein Vater hat meine Liebe zu ihm totschlagen wollen«, erklärte ich, »meine Mutter hat mir die Liebe zu anderen verboten und meine Lebendigkeit totschlagen wollen. Sie haben beides wieder ausgegraben, haben Zuneigung und Lebendigkeit erlaubt. Nun habe ich das Gefühl, dass Sie meine Liebe, meine Lebendigkeit von neuem totschlagen wollen.« – »Ihre Sehnsucht hat meine Bedürftigkeit in der Tat wahrgenommen«, gab Dr. L. in einer weiteren Stunde zurück. »Ich habe, des Tabus wegen, die Zuneigung der ›kleinen Margret‹ angenommen und erwidert. Dann habe ich aber erkannt, dass ich mich geirrt habe. Ich habe mich wie ein wildes Tier gewehrt und habe Ihnen immer von Neuem meine Grenzen erklären wollen.« [...]

Ich war nicht helle genug, diesen widersprüchlichen Helfer und seine Unbeständigkeit klar zu erkennen, ich war verloren an meine Gefühle, als hätte ich nicht nur mein Herz, sondern auch meinen Verstand verloren. Ich beschuldigte und entschuldigte ihn in einem Gedankengang.

Und misstraute meinem Misstrauen.

Warum stießen mich diese kränkenden Deutungen nicht dermaßen ab, dass ich ihn hätte verlassen können? Immer noch hoffte ich, ihn zu gewinnen im Sinne von gegenseitigem Vertrauen und Verstehen; gewinnen im Sinne von Freund und Bruder sein, unverlierbar im tiefen Wissen voneinander. Wie schlägt man Sehnsucht tot? Musste ich das selber tun? Ich verstand mich nicht und ihn erst recht nicht.

Ständig wurde ich aufgefordert, meine Wut raus zu lassen. »Ich kann Ihre Wut ja verstehen, weil ich Sie enttäuscht habe.« Er hatte mich nicht enttäuscht, er hatte mich getäuscht; aber zu meiner Vorhaltung sagte er nur: »Ich täusche nicht! Wenn ich täuschen würde, könnte ich meinen Job an den Nagel hängen.« Mehr nicht. Für mein Empfinden hatte er Versprechen nicht gehalten, er aber meinte, dass er nur meine falschen Erwartungen korrigiert habe. Meine Kritik empfand er als ehrenrührig, und er wies mich an, ich solle nicht so viel klären wollen, das bringe nichts, unsere Beziehung sei nie etwas anderes als eine therapeutische Beziehung gewesen. Ich dagegen hatte eine menschliche Begegnung und gemeinsames tiefes Erleben darin gesehen. Und später: »Sie sind masochistisch, immer noch zu einem Nichtskönner und

Trottel wie mir zur Therapie zu gehen.« Dabei lag mir doch gar nichts daran, ihn klein zu machen. Ich wollte ihn stark sehen, damit er mir beistehen und helfen könnte. [...]

Ich hatte erneut nach dem Sinneswandel des Analytikers in Bezug auf mich und meine Emotionen gefragt. »Ich habe für Sie zwei Gesichter?«, war die Frage des Therapeuten.

»Ja«, sagte ich darauf, »eine warmherzige, freundliche Seite und eine abwehrende, eklige Seite. Und nie weiß ich, ob das, was Sie mir sagen, Ihre wirkliche Meinung ist oder Berechnung. Und wieso bedränge ich Sie so, dass Sie mich immer wieder abwehren und zurückweisen? Was ist denn an meinen Nähe*wünschen* aggressiv?«

»Ich möchte jetzt nicht auf Ihre Frage eingehen, sondern von Ihrem Vater sprechen, dessen Bedürftigkeit Sie gespürt haben, weil sie so groß war, und die er Ihnen aber nicht zeigen konnte. Das hat die Tragik Ihrer Beziehung ausgemacht.«

Meiner damaligen Meinung nach schien es seine spezielle Kunst zu sein, etwas in einfühlsame Worte zu kleiden, was er so nicht empfand, um brenzlige Fragen zu umgehen. Seine Darlegung empfand ich als Ausweichmanöver, aber zu jener Zeit war ich immer noch zu vertrauensselig und auch zu abhängig, um kritisch zu antworten oder misstrauisch zu fragen, wie er denn plötzlich auf meinen Vater käme, ich hätte doch gefragt, warum ER sich von mir so bedrängt fühle.

Erst zu einem späteren Zeitpunkt hatte Dr. L. eingeräumt, so, wie ich meines Vaters Bedürftigkeit gespürt hätte, hätte ich auch die seine gespürt, die natürlich da sei. Das sei verständlich, denn da er gern offen sei, habe er mehr von sich preisgegeben als angemessen. Er hätte das getan, um mir etwas deutlich und verständlich zu machen, obwohl das nicht der Brauch sei. Aber wie es bei meinem Vater innere Bereiche gegeben habe, die seine Tochter – also mich – nichts angingen, so gingen seine inneren Bereiche mich – die Patientin – auch nichts an. [...]

Wollte er mir mit seinen Erläuterungen zu verstehen geben, dass es nicht in Ordnung sei, ihn so insistierend zu fragen? Oder indirekt auf sich verweisen? Wir taten einander weh, weil einer dem anderen nicht mehr traute. Mein Unmut über seine Selbstlähmung wuchs. Er hatte sich zwar meiner Liebe entzogen, doch spürte ich untergründig seine Liebesbereitschaft und hinter verhärteter Schale seine Beseeltheit, die mich zerriss. Wieder einmal hatte ich nach seinem

Sinneswandel in Bezug auf mich und meine Nähewünsche gefragt. »Da ist etwas dran«, hatte Dr. L. geantwortet, »da muss ich meine Gefühle gemeinsam mit Ihnen erforschen. Das erfordert Kraft und Durchstehvermögen von Ihnen. Meine Barrieren sind meine Reaktion auf Ihre Nähewünsche, da muss ich auch bei mir nachspüren.« Und weiter: »Es war alles so im Nebel und ich habe oft rudern müssen. In einer reifen Beziehung ist das, was wir miteinander erleben, nebeneinander da«, sagte er, »Zuneigung und Ablehnung; BEI UNS BEIDEN ist es nacheinander eingetreten.«

Anfangs dachte ich noch, unter dem Ansturm meiner Fragen und meiner Beredsamkeit werde sein Schutzwall zerbrechen. Doch der war so massiv wie die Mauern des Kreml.

Und was sagen MIR all diese Beschreibungen heute? Sie geben – von außen betrachtet – ein falsches Bild, zeigen ihn in seiner verzweifelten Abwehr gegen eine Patientin, deren Gefühlswelt ihn ängstigt, in Panik versetzt, vor der er flüchten möchte. Warum war er so bereit, an mir zu leiden? Ich wollte ihn doch nicht »haben«, ich wollte seiner als verlässlich gewiss sein. Es war mein innerer Konflikt, zu wissen, dass ich ihn privat keine drei Tage würde aushalten können. Manchmal hatte ich versucht mir vorzustellen, außerhalb der Therapie mit ihm befreundet zu sein, mit ihm zu wandern, zu musizieren, zu verreisen. Aber immer wieder führten die inneren Bilder mich zurück in sein anheimelndes blaues Zimmer. Fast von Anfang unserer engen Beziehung an spürte ich seine innere Ähnlichkeit mit meinem Vater, dessen Gefühlspanzer ich nie hatte durchbrechen können.

Dr. L. war so jung und ich so alt! Seine Verschlossenheit ängstigte und verbitterte mich so oft, und trotz allem blieb ich im Gefängnis meiner Sehnsucht nach ihm. Ich suchte zu verstehen, was mich so anzog, mich klammern ließ. Ich war meinen Empfindungen für ihn ausgeliefert, hatte seine ständig wiederholte Einladung »hier meine Gefühle zuzulassen, meine Lebendigkeit zu zeigen« angenommen. Dabei sehe ich jetzt, wie gut er mich damit hat aufschließen, mich an Verschüttetes, Vergessenes heranführen können. Mehrmals war es wie ein Zusammenströmen unserer Gefühle gewesen, alle Trennung und alle Distanz waren dahin geschmolzen, ich hatte es einst als unverhoffte Gnade empfunden, erkannt und gemeint sein. Ich vertraute ihm, vertraute auch meiner Liebe, vertraute mich ihm an, damals in unserer Hoch-Zeit, legte die Verantwortung für mich in seine Hände. Oder sage ich besser in seine Gewalt? Eine lange Zeit lebte ich in aufgeregter Verwirrung meiner Gefühle, unsicher, welchen Gedanken und Empfindungen ich trauen konnte.

Später dann war und fühlte ich mich ihm ausgeliefert. Es wäre hilfreich gewesen, wenn ich hätte erkennen und entscheiden können, was für mich gut war. Mein Wille, meine Vernunft, meine Gefühle gehorchten mir nicht mehr. Blinde Solidarität hatte mein Denken eingeschränkt. Dr. L. hatte in mir Vertrauen wachsen lassen, gefördert; Zuversicht, Mut, Lebensgefühl. Seine aus Angst errichteten Grenzen hatte all das neu Gewachsene hinweggefegt. Meine alte Furcht vor Vaters Strafen war wieder wach. [...]

In meinem Leben waren von mir immer wieder bestimmte Leistungen, bestimmter Verzicht gefordert worden. Dasselbe Modell beherrschte jetzt die Therapie. Dr. L. war bis an die Zähne gerüstet. Mit Hilfe trivialisierender Worte zog er meine tiefsten Gefühle ins Vulgäre und verletzte mich damit zutiefst. »Sie grabschen nach mir«, hatte er zu mir gesagt und sich mit diesen Worten für eine Schale Plätzchen zu Ostern bedankt. Anscheinend schien ich wie eine böse Mutter für ihn zu sein, die ihm entweder »auf die Finger klopfte« oder nach ihm grabschte. Hatte von seiner Kompetenzbegrenzung gesprochen, die eigentlich mehr eine seelische Begrenzung sei und die der Wucht meiner Gefühle nicht gewachsen sei. Und hatte dann gemeint, er kreide sich an, dass er nicht habe abschätzen können, dass er meinen Gefühlen nicht standhalten würde. Gab es denn niemanden, der ihn vor seinen Selbstzweifeln in Schutz nahm? In dieser Konstellation hatte ich keine Chance, mit ihm wirklich in Kontakt zu sein.

Ich fragte: »Haben Sie Angst vor der ›Mutter Margret‹ und stoßen mich deswegen vorsichtshalber so vor den Kopf, damit ich in die Regression gehe und Ihnen dann nicht gefährlich werden kann?

»Ja«, meinte Dr. L., »das kann sein. Aber auch wenn ich Sie nicht bedrängend oder aggressiv erlebe, sind meine Barrieren da.«

Einmal mehr fragte ich: »Was tue ich denn Böses? Ich laufe immer wieder gegen Ihre Stacheldraht-Barrieren und tue mir entsetzlich weh.«

»Dann kommen Sie also jede Woche hierher, um gegen meine Stacheldraht-Barrieren zu laufen?« [...]

Erneut hatte ich gefragt, was denn unser Konflikt sei. Und geäußert, dass ich meinen Anteil daran erkennen möchte. Kein Echo. Dann sprach ich seine

Ambivalenz und vielen doppelten Botschaften an, dass er mich aus seiner Zwiespältigkeit heraus getäuscht und im Stich gelassen habe. Sprach von meinem tiefen Schmerz über diese Grenzen. »An denen Sie rütteln möchten«, fragte Dr. L. ganz therapeutisch.

»Nein, ich möchte Sie verstehen, damit ich Ihre Grenzen akzeptieren kann. Ich halte den Krieg zwischen uns so schlecht aus.« [...]

Gedächtnisprotokoll der Therapiestunde vom 18. Mai 1998

»Sie sind am Ende der letzten Stunde zu kurz gekommen?«, begann Dr. L. freundlich.
»Ja, ich hätte meinen Traum gern noch zu Ende besprochen.«
»Es hat mir weh getan, die Stunde so abrupt beenden zu müssen.«
»Ich dachte, Sie waren ganz einfach froh, nach so vielen Stunden Therapie endlich Schluss machen zu können.«
»Nein, die 50 Minuten waren um. Wenn Sie mehr Zeit brauchen, zum Beispiel eine Doppelstunde oder eineinhalb Stunden, müssen Sie es sagen. Das ist kein Problem.«
»Nun, ich habe Sie neulich nach zwei Stunden gefragt und keine Antwort bekommen.«
»Warum haben Sie nicht noch einmal gefragt?«
»Weil ich kein Bittsteller bin.«
»Nein, Sie sind eine Patientin, die Ihre Stunden bezahlt, und hätten ein zweites Mal fragen sollen. Die Fraktur (Hand gebrochen) war ja wohl ein Zeichen an mich, dass ich mich mit Ihnen befassen soll. So wie Vater Sie früher nur berührt hat, wenn Sie verbunden werden mussten. Hängt Ihr Sturz damit zusammen?«
»Vielleicht wollte die kleine M. klammern und die erwachsene M. hat gesagt, 30 Stunden noch und nicht mehr. Vielleicht klammert auch die große M. und die kleine M. sagt: Ich halte das nicht mehr aus.«
»Wieso?«
»Ich spüre Ihre Barrieren so früh, weil ich das als Baby bei Vater gelernt habe; das ist mit Angst gekoppelt. Die spüre ich hier im ganzen Körper.«
»Können Sie den Verlauf beschreiben?«

»*Ich komme montags immer freudig zur Stunde und fahre meist verzweifelt heim. Dann schreibe ich in mein Tagebuch, trinke Kaffee, bemühe mich, ruhig zu atmen, schreie auch, um den Druck rauszulassen, der allmählich bis Mittwoch oder Donnerstag nachlässt. Auch der Schmerz lässt dann nach.*«

»*Ist die Sehnsuchtskurve dieselbe?*«

»*Nein, das ist ein auf und ab. Ich würde Ihnen gern so viel von mir erzählen, weil bei mir immer so viel passiert. Aber seit dem Vorfall mit der Klangschale frage ich nichts mehr, will ich nichts mehr erzählen.*«

»*Wie geht es Ihnen heute in der Stunde?*«

»*Die kleine M. kommt viel zu kurz. Es läuft alles über den Kopf, das ist zwar auch wichtig, damit ich verstehe.*«

»*Mir geht es heute sehr gut mit Ihnen. Wie erklären Sie sich das?*« Er schien erleichtert.

»*Sie sind heute nicht so sehr verbarrikadiert, und ich habe mir vorgenommen, gut auf den ›switch‹ aufzupassen, den ich ja auch körperlich spüre.*«

»Ich habe das Gefühl, dass wir auf zwei Ebenen miteinander in Kontakt sind; mir ist aber nicht klar auf welcher«, meinte der Analytiker.

»*Sie haben Angst vor der Mutter M. und dass sie Ihnen auf die Finger klopft. Und darum braten Sie ihr manchmal vorsichtshalber eine über, damit sie in die Regression geht und Ihnen nicht gefährlich werden kann.*«

»Ja, das kann sein.«

»*Ich finde es einfach schlimm, wenn ein Therapeut sich so umfassend durch seine Barrieren schützen muss.*«

»Nun, darüber werden wir in der nächsten Stunde sprechen. Auf jeden Fall werde ich noch einmal 80 Stunden beantragen.«

Ich fragte Dr. L. und fragte auch mich, was ich je Unbilliges von ihm verlangt hatte? Ich war so in Bedrängnis, nicht verstanden zu werden von ihm, dass ich ihm sein Unvermögen immer von Neuem vorhielt; warum tat er mir das an? Galt er lieber als unzulänglich, als sich auf mich einzulassen, da er ständig mit seinen Grenzen und Barrieren kokettierte? Ich sagte, dass ich mich wie ein Säugling fühle, der sich an die Mutter klammert, obwohl er geschlagen würde. »Da ist doch eine große Wut in Ihnen?«, fragte der Analytiker.

»Nein, Ärger«, gab ich zur Antwort.

Den Sie nicht rauslassen, weil Sie Angst vor meiner Gegenwut haben? Ich habe früher oft nicht wahrgenommen, dass ich Ihre Wut zwar gespürt, aber vom Verstand her nicht richtig eingeordnet habe«, erklärte Dr. L., »und dann habe ich zurückgeschlagen.« Wie lange war es her, dass er mich mit Worten gestreichelt hatte? Jetzt war es so, dass er mich achselzuckend sterben ließ. [...]

Im elften Jahr der Analyse hatte ich davon gesprochen, wie viel ich gelesen und nun eine neue Sicht für manche Geschehnisse hätte. »Sie sind enttäuscht, dass ich Ihnen dieses Wissen nicht früher vermittelt habe?«, fragte Dr. L.

»Nein, eher verwundert, weil ich Sie doch so oft gefragt habe«, entgegnete ich. »Wie es zum Beispiel kommt, dass die Therapie für mich wichtiger ist, als mein Leben in der Welt draußen.« So oft hatte ich doch den Krampf des Festhaltens an ihm, meines Klammerns verstehen und ihn mit seiner Hilfe lösen wollen.

»Ja«, meinte er daraufhin, »Sie haben mich eine Zeit lang anders erlebt. Aber seit Sie Ihr Leben auf meines hin ausrichten wollten, sind Sie auf meine Grenzen gestoßen. Und Sie können meine Grenzen eben nicht akzeptieren!«

Auch nach dieser Stunde hatte ich gedacht, das ist das Ende! [...]

Zu Beginn des neuen Jahres ging ich wieder zur Therapiestunde. Dr. L. fragte nicht nach meinem Befinden, nicht nach der Operation, der Klinik, sagte lediglich: »Danke für die Weihnachtskarte.« Nun, da ich so viel gelesen hatte und zu wissen glaubte, fragte ich ihn, warum wir fast immer über seine Grenzen und ganz selten nur über die meinen gesprochen hätten? Der Analytiker rechtfertige sich in allen Punkten, die ich ansprach. [...] Gegen seine Indifferenz lief ich wie gegen eine Mauer an. Das war nicht nur eine Niederlage für mich, es war eine Katastrophe. Der Analytiker machte unbekümmert da weiter, wo wir acht Wochen zuvor die Analyse unterbrochen hatten, im Labyrinth unserer Beziehung. Diese Zusammenkunft verließ ich gebrochen, ich war nur noch ein schwarzer Schrei. [...]

Nun fühlte ich mich nicht mehr auf festem Boden stehend. Deshalb sagte ich am darauf folgenden Montag zu Dr. L., dass ich kapituliere und die Therapie abbreche. Seine Antwort war gelassen: »Da bin ich aber überrascht.« Ich zeigte auf, dass er bei mir eine analytische Einzeltherapie gemacht habe, die ihre Regeln hätte. Er habe neue Regeln kreiert, denen er schließlich nicht gewachsen gewesen sei. Der Therapeut gab zu bedenken, er sei in einem Dilemma: wenn er mich gehen ließe, fühlte ich mich vielleicht rausgeschmissen? Und: »Meine Grenzen waren notwendig, damit die Therapie möglich war.« Er verteidigte seine Mauern und Grenzen, für ihn waren sie scheinbar kein Hindernis. Welchem Auftrag fühlte er sich noch verpflichtet? Zu welcher Verantwortung war er noch bereit? Fühlte er sich noch aufgerufen zu heilen?

Auch wenn ich es war, die ihm den Bettel vor die Füße geworfen hatte, so hatte ich doch gehofft, dass er mich nicht einfach ziehen lassen würde. Gleichwohl ließ er mich ohne weiteres gehen, fragte nicht, wie ich zurechtkommen würde, ob jemand für mich sorge. Er hatte eine ärztliche und eine therapeutische Fürsorgepflicht, und ich war stark gefährdet. Aber es gab auch jetzt kein freundliches, fürsorgliches Wort. »Leben Sie wohl«, war alles. Auf meinen zwei Krücken humpelte ich hinaus, wandte mich nicht mehr um.

Beiläufig gefragt: Kann der Ärzte-Eid gebeugt werden? Muss er nicht gerade in Situationen, in denen Abneigung, ja Hass regieren, seine Gültigkeit beweisen? [...]

Ich war an die Grenzen seines Könnens gestoßen, endlich wurde mir das ganz deutlich. Wenn Dr. L. sich verschloss, sich mir entzog, unfähig war, mir auf der Gefühlsebene zu antworten, meinte er nicht mehr mich, denn er redete nicht mehr *mit* mir, sondern wir sprachen *über* mich. Je mehr er von seiner Angst vor mir gesprochen und sich dahinter versteckt hatte, um so mehr suchte ich nach seinem wahren Selbst. Mir aber hatte er die Schuld an seiner Angst gegeben, hatte von meiner Schuld und seinen Mängeln gesprochen. Wie gut kannte ich solche Worte aus Kindertagen: »Weil du nicht lieb bist, hat Mutti Asthma.« Und dann fühlte ich mich wieder einmal so richtig schuldig.

Wir hatten uns gegenseitig bis aufs seelische Unterfutter entkleidet, und Dr. L. war nicht willens oder auch fähig gewesen, eine schützende Hülle zu bereiten. Deshalb hatte ich zu gehen, auch wenn es der schwerste Abschied meines Lebens war. Mit diesem Aufgeben erlebte ich alle Abschiede noch einmal, von allen Menschen, die ich lieb gehabt hatte, allen Häusern, in denen ich geborgen gewesen war. Es war das Zurücklassen von etwas Kostbarem, wie bei der Flucht aus Pommern, der späteren 2. Flucht aus Mitteldeutschland in den Westen. Mir war, als hätte ich kein Zuhause mehr. [...]

Ich fühlte mich schuldig, weil ich ihn so bedrängt hatte und suchte verzweifelt einen Weg, diese Schuldenlast loszuwerden. Denn wie konnte es geschehen, dass ich so völlig außerhalb meiner Erziehung, meiner Norm, meines Michselbst-Kennens gedacht, gefühlt, gehandelt hatte? Ich brauchte so dringend

Hilfe, Zuspruch, Erkenntnis, weil viele Versuche, über meine innere Not zu sprechen, scheiterten. Zu einem anderen Menschen so reden zu können wie zu mir selbst: ein unerfüllbarer Wunsch! Welche meiner Freundinnen, Bekannten hatte Erfahrung, was Missbrauch in einer Therapie bedeutete? [...]

Über Jahre war ich völlig durcheinander, in der Gegenwart abwesend, ließ das Essen anbrennen, obwohl ich am Küchentisch saß und etwas oder auch gar nichts tat. Der Kuchen, die Plätzchen verbrannten im Ofen, weil ich vergessen hatte nachzuschauen oder den Kurzzeitwecker überhört hatte. Vergaß abzuschließen, wenn ich fortging, fuhr falsche Straßen und Wege, weil das Ziel meines Herzens in ... wohnte, fuhr über rote Ampeln, hielt bei grün an; ständig unterlaufen mir auch heute noch Fehlleistungen. Es gab niemanden, der mir wirklich Halt gab, Sicherheit, bei dem ich zu Hause war. Im Gegenteil, ich hatte darauf zu achten, dass ich einigermaßen gut funktionierte, freundlich und einladend war, damit andere sich nicht zurückhielten, zurückzogen. Ich brauchte so viel Wärme und Nähe und konnte mir beides nicht selber geben. [...]

Warum heulte meine Seele, krampfte mein Herz, stockte mein Hirn, war meine Sehnsucht nach ihm immer noch unbelehrbar? In einem Buch las ich eine Fallbeschreibung, die mich an meine Situation bei Dr. L. erinnerte. Ich schrieb an den Autor, bat um eine Beratung. Daraus wurde eine Therapie, die noch andauert. Eine Tür hatte sich für mich aufgetan, auch wenn ich mit Bus und Bahn deshalb jeweils mehr als acht Stunden unterwegs war.

Mittlerweile hatte ich so viel gelesen, dass ich anfing zu durchschauen, in welchem Verhängnis ich gefangen, was in meiner Therapie falsch gelaufen war. Aber noch immer fühlte ich mich wie ein Säugling, der um einer nicht verstehbaren Schuld willen von Vater und Mutter ausgesetzt und verlassen worden war. Es war das Anliegen meines neuen Therapeuten B. mir einfühlbar zu machen, dass die Schuld eindeutig bei Dr. L. lag. Doch sind Verstehen und Begreifen für mich zwei unterschiedliche Dinge. Mit dem Verstand konnte ich bereits vieles verstehen, nur konnte mein Herz es nicht begreifen. [...] Ich dachte damals oft, wenn Dr. L. und ich miteinander trauern könnten über das, was wir einander angetan haben, wenn wir beide weinen könnten über das, was uns widerfahren ist, vielleicht könnte dies heilsam sein. [...]

Zur besseren emotionalen Bewältigung des Schadens und des Schmerzes begann B. mit der Anwendung einer speziellen Methode zur Verarbeitung traumatischer Erfahrungen (E.M.D.R. – Eye Movement Desensitization and Reprocessing), einer Übung, die ganz einfach aussieht, die ich aber als »Rosskur« bezeichnete. Der Therapeut bewegt einen Stift vor dem Gesicht des Patienten hin und her, und der Patient folgt diesen Bewegungen mit den Augen. Die völlige Konzentration meiner Augen auf den Stift bewirkte, dass ich ganz rasch, wie mit einem Lift hinunter in meine Gefühlswelt fuhr, in das Chaos meiner Sehnsucht, meines Heimwehs nach Dr. L., in die Angst vor ihm, in das Unbegreifliche und Unbegriffene unserer Begegnung. Ich schrie meine Verzweiflung laut heraus, ich beschuldigte Dr. L., ich erzählte von all dem Schrecklichen, was er mir vorgeworfen und wie ich mit Worten zurückgeschlagen hatte. Ich war aufgewühlt bis ins Tiefste und jammerte wie ein kleines Kind. [...]

In der Therapie hatte B. mich gefragt, ob mein Wunsch nach Aussöhnung mein Gefühl der Sinnlosigkeit und meine Beziehungslosigkeit zudecken solle? Ob ich mich an Dr. L. und die Hoffnung klammere, um meine innere Leere zu überdecken? Was ich von einer Aussöhnung erwarte? Mein ehemaliger Therapeut sei so weit weg von mir, da könne Versöhnung, so wie ich sie erwarte, gar nicht stattfinden. Ich könne sicher sein, dass er sich meiner erinnere, wahrscheinlich sogar mit guten Gedanken an mich, das sei ähnlich wie bei Toten, wo auch in der Erinnerung das Gute überwiege. [...]
 Wiederum hatte ich Angst und wünschte mir gleichzeitig, verrückt zu werden. [...] B. meinte, ich müsse diese Verwirrtheit eine Weile aushalten. In jenen Wochen reifte in mir der Plan, mich an die Standesorganisation meines ehemaligen Analytikers zu wenden. Ich besprach meine Überlegung mehrmals mit B., bemühte mich klar darzustellen, worum es mir ging. Ich hatte nicht vergessen, dass Dr. L. mir Sphären erschlossen hatte, die mir sonst niemals zugänglich geworden wären. Seine Zuneigung hatte mir Gaben dar gebracht, die mehr einer Erleuchtung als einer erotischen Erfüllung oder einem sinnlichen Genuss glichen. Das aber war nur möglich gewesen, weil es Liebe – er nannte es Zuneigung und Gegenliebe – zwischen uns gegeben hatte, aber eben keine Liebesbeziehung. Nun aber wollte ich mich endlich aus dieser Übertragungshörigkeit herauslösen, indem ich die mich lähmende Verflechtung entschleierte. Aus meinem Wunsch nach Transparenz heraus wollte ich, dass er begreife. Einmal hatte ich ihm versprochen, nie an seine Standesorganisation

zu schreiben. Jetzt wollte ich es, hin und her gerissen zwischen Furcht und Hoffen, tun. Würde ich meinen Treuebruch jemals verwinden?

In dem Buch *Sackgassen* von Rosenfeld hatte ich gelesen: »Entscheidend ist, dass der Analytiker einen großen Fehler, den er beim Agieren begangen hat, auch wieder behebt. Zu diesem Zweck muss er fähig sein, sich den tiefer liegenden Gründen für das, was zwischen ihm und dem Patienten vorgefallen ist, ohne einen zu starken Groll zu stellen, sonst kann er nämlich dem Patienten nicht unbefangen darstellen, was zwischen ihnen beiden vorgegangen ist« (S. 291).

Meine Gedanken und Vorstellungen waren folgende: Ich wollte die Wahrheit dessen, was in meiner Therapie geschehen war, erforschen. Es hatte lange Zeit zwischen uns das Gefühl sicherer und doch ferner Nähe gegeben, wir waren einander auf einer tiefen, versöhnenden Ebene nahe gewesen. Daraus war dann bei mir, bei und nach seinen Berührungen, das Empfinden unsicherer, aufgeregter Nähe und unangemessener Vertraulichkeit entstanden. [...] Durch diese Art der Therapie war etwas in Unordnung gebracht worden, das durch klärende Gespräche in Ansätzen wieder in Ordnung gebracht werden könnte, meinte ich. Es ging mir um Klärung und Begründung, um Erkenntnis und Gerechtigkeit in der Beurteilung der Sachlage, danach vor allem um Aussöhnung. »Wollen Sie in Ihrem Mauseloch bleiben?«, hatte mich der Therapeut einstmals gefragt. Nein, das wollte ich nun nicht mehr! Mir ging es um die Erforschung der Wahrheit dessen, was geschehen war. [...]

Wie viele Chancen hat ein Einzelner gegen die Macht einer Standesorganisation? Ich richtete meinen Brief an die Fachgesellschaft, belastet mit dem Wissen, dass ich mein früheres Versprechen nicht halte. Ich schrieb, dass ich am 18. Januar 1999 eine zehneinhalb Jahre währende analytische Einzeltherapie abgebrochen hätte und nun endlich – dank einer Folgetherapie – soweit stabilisiert sei, dass ich über meine abgebrochene Therapie reden könne und wolle. Und ich bat, mir eine Adresse zu nennen, an die ich mich getrost wenden dürfe.

Die Antwort kam vom Vorsitzenden der Gesellschaft. Er schrieb, dass es in der Gesellschaft ein Vertrauensanalytiker-Gremium gäbe, an dessen Vorsitzenden ich mich vertrauensvoll wenden könne. Und er nannte den Namen und die Adresse von Dr. L.

Ich war wie vom Donner gerührt. Er war also der oberste Hüter der ethischen Regeln seiner Fachgesellschaft. Wäre er doch ein einfacher Dorfanalytiker gewesen! Ich dachte daran, dass Dr. L. mich mehrmals während meiner Therapie ermuntert hatte: »Holen Sie mich von meinem Sockel herunter.« Und ich hatte geantwortet: »Das tut doch weh, nicht nur Ihnen, sondern auch mir!« Jetzt war es so weit!

Ein wenig glanzvolles Nachspiel begann, indem ich an den Vorsitzenden der Gesellschaft in dem Gedanken und der Hoffnung schrieb, dass meine mit großer Beunruhigung und aus Verzweiflung gestellten Fragen besprochen und beantwortet werden würden. […]

Eine Antwort ließ nicht lange auf sich warten: Mir wurde empfohlen, mich an Frau Dr. O. in … zu wenden, die frühere langjährige Leiterin und zudem Initiatorin des Gremiums der Vertrauensanalytiker. […]

Nach einer telefonischen Absprache war ich mit dem ICE nach … gefahren, um Frau Dr. O. zu treffen. Ich begegnete einer alten Dame, ein wenig älter als ich selbst; sie erschien mir seltsam weltfremd. Oder besser: entfernt vom Alltag, wie erloschen. Im Gespräch fragte ich sie, ob sie eigene Missbrauchserfahrungen habe, sie nannte Lappalien, die sie auch als solche bezeichnete. Außerdem wollte ich wissen, wie viele Patienten während ihrer Zeit in der Ethik-Kommission, das waren mehr als fünf Jahre, sich über ihren Analytiker beklagt hätten, und bekam zur Antwort: »Aber die Patientinnen lieben doch ihren Therapeuten, da zeigen sie ihn doch nicht an.« […]

Sie meinte, dass ich ja immer noch nicht von Dr. L. Abschied genommen hätte, dabei gäbe es nur ein »Nie wieder«. Und sie hatte wissen wollen, ob ich meinen Therapeuten bei der ersten Berührung wohl zurückgewiesen hätte, wenn ich nicht in der tiefen Regression gewesen wäre? »Nein«, hatte ich geantwortet, »ich liebe Nähe und Berührung, und das hat er auch gewusst.« – Frau O. hatte dann auf mein Fragen hin geschildert, wie sie seinerzeit Herrn Dr. L. gebeten hatte, in dem Gremium mitzuarbeiten, hatte seine Initiative und seinen Beitrag (Curriculum) dort lobend erwähnt, ihre Wertschätzung seiner Person und seiner Leistung mit dem Vorschlag an die Mitgliederversammlung honoriert, ihn bei der nächst fälligen Wahl zum Vorsitzenden des Vertrauensanalytiker-Gremiums zu wählen. Sie verabschiedete mich mit den Worten, dass an einem gemeinsamen Gespräch im Gremium der Vertrauensanalytiker mein jetziger Therapeut B. wegen dessen Neutralität nicht teilnehmen dürfe, und dass mein Wunsch nach Aussöhnung mit Herrn Dr. L. in Erfüllung gehen möge. […]

In der laufenden Therapie hatte B. vorgeschlagen, mit Dr. L. ein Gespräch zu führen, und der hatte eingewilligt. [...]

Wir trafen uns unverhofft auf der Straße, beide auf dem Weg zu B. Ich freute mich, ihn zu sehen und war gleichzeitig ein bisschen beklommen; wir gaben uns die Hand, freundschaftlich wie in alten Zeiten. Ich deutete auf einige Sehenswürdigkeiten, da Dr. L. zum ersten Mal in ... war. Wir betraten die Praxis, wurden empfangen, nahmen im gewohnten Therapieraum Platz. Wie erstarrt saß mir mein, ach! so vertrauter Weggenosse gegenüber, mir zugewandt wie in alten Zeiten; sein linkes Auge übergroß auf mich gerichtet, als trüge er ein Monokel, das rechte klein, fast geschlossen. Die Anspannung war in sein Gesicht geschrieben; er schaute mich reglos an. B. forderte mich auf, meine Ziele für das Gespräch heute Abend zu nennen. Ich nannte meinen Wunsch: mit dem, was mir in der Therapie und von der Fachgesellschaft widerfahren war, leben und es annehmen zu können, ohne mich länger dagegen innerlich zu wehren. Denn die dunklen Schatten reichen tief in die Gegenwart hinein, und sie werden auch noch auf der Zukunft lasten. Ich wolle ihm verzeihen, indem ich ihn verstehen könne. Und ich [...] hob meine Bitte um Versöhnung besonders heraus.

Dr. L. wirkte auf mich wachsam, angespannt und in seinen Antworten bedingt einsichtig. Er war völlig auf der rationalen Ebene. Er räumte ein, Fehler gemacht zu haben, genau die, die ich benannt hatte, sagte: »Ich bin traurig und es tut mir weh.« Ich entgegnete, dass ich das nicht spüren könne, und er fragte zurück: »Weil ich so kontrolliert und so diszipliniert bin?« Da erst konnte ich ein wenig von seinem Schmerz spüren. Das aber führte ich darauf zurück, dass er über sich selbst und SEIN Versagen traurig war. MEIN Leid schien ihn nicht berührt zu haben. Er hatte noch nicht einmal um Verständnis gebeten, geschweige denn um Verzeihung. Wie sehr hatte ich ein solches Wort herbei gewünscht, nicht als seine Kapitulation sondern als Erkennen dessen, was über mich hereingebrochen war. Mit Bedauern in der Stimme hatte er geäußert: »Ich habe mich damals sogar abgewertet.« Hatte dann meiner Theorie zugestimmt, er habe nach dem Motto »du sollst nicht merken« Therapie gemacht. Ein Lippenbekenntnis. Ich hatte auf Bekennermut gehofft, auch auf sein Bedürfnis, die Dinge beim Namen zu nennen, selbst dann, wenn es nicht opportun schien. Aber dieser Mut fehlte ihm. Er war nicht bereit, sich angesichts unseres Gedankenaustauschs darauf einzulassen. Bei mir hatte das Aussprechen keine Erleichterung, kein Mitgefühl mit ihm bewirkt. Er war traurig. Worüber? Es kam kein Zugeständnis von ihm, das mich emotional angerührt hätte. Er hatte sich fest im Griff, seine Gefühle hatte er nicht mit auf die Reise genommen, die waren zu Hause geblieben. Reue ist ein rares Wort.

Bevor das Gespräch zu Ende ging, meinte B., dass ein Therapeut in einer Therapiestunde unter Umständen so konsterniert oder auch irritiert sein könne, dass er wie mit Scheuklappen weiterarbeite. Er zeigte mit beiden Händen, die er in Augenhöhe an die Schläfen hielt, was er meinte. Er ging damit auf unseren Meinungsaustausch um den Kuss ein, in der Dr. L. gemeint hatte, er habe damals eine pubertäre Antwort gegeben. Aber nicht nur die Antwort war pubertär gewesen, sondern vor allem die weitere Haltung während meiner Therapie bei ihm, die aus dieser Entgegnung sprach. Viel später erst fiel mir ein, dass B. vergessen hatte zu sagen, dass der Therapeut dann aber nicht der Patientin an seiner Irritation die Schuld geben dürfe. Und wie viele Jahre darf ein Analytiker irritiert sein und Scheuklappen tragen? Darüber gab es keine Diskussion. […]

Der Widerspruch zwischen den Verlautbarungen der Ethik-Regeln, der Therapie und der Wirklichkeit, hatte bei mir zu zorniger Verzweiflung geführt. Deshalb schrieb ich noch einmal an die ehemalige Leiterin des Vertrauensanalytiker-Gremiums und erinnerte sie an ihre Fürsorgepflicht. Mein Brief spiegelte meinen Unmut wider. Ich machte sie darauf aufmerksam, dass sie zugesagt habe, im November 2000 über meine Angelegenheit zu sprechen, und ich erwartet hätte, dass ich von dem Ergebnis des Gesprächs unterrichtet würde. In ihrem Antwortbrief las ich, dass der Auftrag der Fachgesellschaft nicht der sei, in Konfliktfällen zu *ermitteln*, sondern zu helfen, Lösungen zu finden. Mit freundlichen Grüßen …

Es schien, als könne es in meinem Falle, da es keinen – neutralen – Richter gab, dem entsprechend auch keinen Kläger geben. Denn der Fall, dass eine Patientin über den Vorsitzenden der Ethik-Kommission Klage zu führen hat, ist in den einschlägigen Richtlinien nicht vorgesehen. Was aber hatte mir die alte Dame mit ihrem Brief sagen wollen? Wie kann eine Institution oder eines ihrer Mitglieder in Konfliktfällen helfen ohne festzustellen, worum es tatsächlich geht, ohne zumindest die Ursache des Konflikts zu ahnen? Und es sollte doch auch die Solidarität der um Hilfe angerufenen Gesellschaft mit dem Opfer – in diesem Falle mir – zu erkennen sein. Oder gab es nur die Solidaritäten innerhalb der Gesellschaft und der Ethik-Kommission, ohne Rücksicht auf Recht oder

Unrecht? Frau Dr. O. hatte meinen unüberhörbaren Hilferuf an die Mächtigen in der Welt der Psychoanalyse gehört und entgegengenommen. Wollte sie nun mir gegenüber die Vergangenheit geflissentlich beschweigen?

Dr. L. hatte mich im wörtlichen, mehr noch im übertragenen Sinn fast um mein Leben gebracht, und maßte sich nun, mit der Rückendeckung dieses Machtkartells, Schulter an Schulter mit den Kollegen, an, einen Schlussstrich unter seine pflichtverletzende Treulosigkeit zu ziehen. Dieses Wegsehen, wo Unrecht geschehen war, stößt mich ab; seine Unlauterkeit überschattet seine Verdienste in unnötiger Weise. Als seien ihm ein paar läppische Fehler unterlaufen, deswegen brauchte es doch keine angemessene Bewertung der Schwere seiner Unzulänglichkeit und Entgleisung! [...] Darum wollte ich eine Bewertung durch die Ethik-Kommission der Gesellschaft, ich wollte, dass festgestellt und mir damit bestätigt würde, dass mir Unrecht widerfahren ist, und nicht nur ein Unglück zugestoßen. Mir fehlt das Erschrecken aller derer, die ich angesprochen und um Beistand für mich gebeten habe; anfänglich hatte ich sogar noch auf Fürsorglichkeit gehofft. Als ich mich an die Gesellschaft gewandt habe, war mein Ziel die Wiederherstellung von Gerechtigkeit nach einer von mir als Unrecht empfundenen Kränkung. Mein Versuch der Annäherung an den Unnahbaren war misslungen, der Rest ist Bestürzung und unendliche Trauer.

Dies ist keine Geschichte mit Happy End. Etwas war zutiefst missglückt. Ich strengte mich an, der Beschädigung meines Lebens unter den Bedingungen einer Therapie, der Zerstörung und Verwirrung, die über mich gekommen waren, durch den Anschein des Plausiblen Herr zu werden. Zunächst waren es innere Rechtfertigungsversuche, die mich veranlassten, meine Geschichte aufzuschreiben. Die Erinnerungen kamen, obwohl ich sie nicht wollte. Ich konnte weniger leicht vergessen, als mir lieb war und versuchte, nicht mehr in der Kategorie von Schuld zu denken, sondern das Geschehen als Tragik unserer Verstrickung zu erkennen. Eine Aussöhnung mit Dr. L. schien mittlerweile auch mir unmöglich, langsam würde diese rationale Erkenntnis mein Gefühl erreichen. Allmählich war er nicht mehr das ständige Ziel meiner Gedanken. [...]

Das Schicksal hatte an meine Tür geklopft und mich auf den Weg zu mir selbst geführt. Deshalb geht es in meinem Bericht nicht um die Darstellung von Schuld, sondern um das Sichtbarmachen von Verstrickung in das Schicksal des anderen. Oft habe ich mich gefragt: Ist es besser zu trauern, oder wäre es besser, diesen geliebten Menschen nie gekannt zu haben und mithin nicht trauern zu müssen? Erst allmählich begreife ich auch das Glück und den Weg jener bitteren schönen langen Jahre.

Unordnung und spätes Leid
Nachdenken über M. Akoluths Therapiebericht[1]

Marie Brentano[2]

Welche Risiken gehen Patienten ein, wenn sie eine analytische Psychotherapie beginnen? Wie lässt sich unterscheiden, ob eine Analyse »auf dem richtigen Weg« ist oder ob sie Leiden nur vergrößert? Wer kann Betroffenen bei dieser Einschätzung helfen und vor allem: Wer kann helfen, wenn die Therapiesituation bereits so verheerend ist, dass sich die Beteiligten nicht mehr selber aus der Verstrickung befreien können? Diese Fragen wirft das Buch von Akoluth neu auf am Beispiel ihres eigenen dramatischen, mehr als zehnjährigen Therapieverlaufs, den die Autorin eindrücklich darstellt. Das Buch zeigt auch, wie groß der Klärungs- und Handlungsbedarf ist, um Leiden zu verringern und Patientenrechte zu stärken.

Die Patientin Margarete Akoluth, zu Beginn der Therapie 58 Jahre alt, begibt sich in einer akuten Erschöpfungssituation in Therapie; ihr Mann – 25 Jahre älter als sie – ist zu diesem Zeitpunkt pflegebedürftig und bettlägerig und muss praktisch rund um die Uhr von ihr versorgt werden. Sie sucht therapeutische Hilfe, um mit ihrer Isolation und ihrer Angst vor seinem Sterben besser zurechtzukommen, und hofft, innerlich unabhängiger zu werden. Die ersten Jahre der Therapie werden von ihr als stützend erlebt, dann aber – ausgelöst durch eine Intervention des Therapeuten, die von ihr als Übergriff erfahren wird – gerät scheinbar alles aus dem Gleis. Was ist passiert? Der Therapeut,

---

1 Akoluth, Margarete (2004): Unordnung und spätes Leid. Bericht über den Versuch, eine misslungene Analyse zu bewältigen. Königshausen und Neumann, Würzburg. Auszug daraus in diesem Band.
2 Der vorliegende Text ist die überarbeitete Fassung der Buchbesprechung von Marie Brentano (2006) zu: Akoluth, Margarete (2004): Unordnung und spätes Leid. Bericht über den Versuch, eine misslungene Analyse zu bewältigen. In: Psychotherapeut 2006 (51), S. 248–249.

der an einer körperpsychotherapeutischen Zusatzausbildung teilnimmt (was die Patientin erst später erfährt), möchte diese Erfahrungen offensichtlich an seine Patientin weitergeben – dies allerdings, ohne es anzukündigen oder gar ihr Einverständnis einzuholen. Er hält ihre Hand, berührt ihre Schulter; sie ist irritiert, spürt aber seine Anteilnahme. In der Folgezeit ermutigt der Therapeut die Patientin, Gefühle zu zeigen und diese auch mit Gesten zum Ausdruck zu bringen: Eine Zeit lang gehören Umarmungen und Berührungen offensichtlich zum Setting – bis es ihm zuviel wird. Dieser »Widerstand« des Therapeuten scheint sich jedoch schleichend zu entwickeln. Die Patientin nimmt zwar zunehmend eine Veränderung wahr und erlebt seinen Zuspruch, seine Ermutigungen als widersprüchlich, ist sich aber unsicher über die Herkunft ihres Gefühls: Vermischt sich hier nicht ihre aktuelle Wahrnehmung mit den Erinnerungen an die Reaktion ihrer Mutter, die ihr einst verbot, anderen Menschen Gefühle zu zeigen? Die reale Situation in der Analyse wird nicht thematisiert, auch die Frage nach Übertragung und Gegenübertragung nicht hinreichend geklärt. Es folgt ein mehrjähriges Drama, aus dem sich Patientin und Therapeut nicht befreien können: Sie wünscht sich die alte Vertrautheit zum Analytiker zurück, er aber reagiert darauf abweisend-verletzend, kleidet diese Abwehr zu allem Überfluss in psychoanalytische Begrifflichkeiten, die das Abhängigkeitsverhältnis nur noch zementieren: Die Patientin erlebt ihn als unangreifbar, sich selbst aber einmal mehr als ohnmächtig. Der Leser/die Leserin bekommt Einblick in eine Therapie- und Kommunikationssituation, die immer verheerender wird: Trotz intensiver Bemühungen gelingt es der Patientin nicht, Verständigung und Klärung mit dem Therapeuten herbeizuführen, noch gelingt es diesem selbst, in kritischer Distanz die Fehler, die ihm unterlaufen sind, zu erkennen und zu korrigieren. So nimmt er auch die große Not seiner Patientin nicht richtig wahr. Warum dies alles so ist, darüber kann man von außen und in der Retrospektive nur Vermutungen anstellen, wie dies etwa im Vorwort von Tilmann Moser geschieht, der insbesondere auf die Fehlerhaftigkeit der vermeintlich körpertherapeutischen Interventionen hinweist. Eindrücklich ist auch das Nachwort von Siegfried Bettighofer, der die Folgebehandlung der Patientin übernimmt und deutliche Worte für die Behandlungsfehler seines Vorgängers findet – in dieser Form bislang sicher einmalig in der deutschsprachigen psychoanalytischen Literatur. Seine Überlegungen helfen auch, die schwierigen Übertragungs- und Gegenübertragungsbedingungen in diesem Beispiel besser zu verstehen. Am Ende gelingt der Patientin ein Abbruch der Analyse; ihm folgt eine schwere Depression. In einer Nachbehandlung bei dem neuen Analytiker scheint diese weitgehend aufgefangen zu werden.

Es gibt nur wenige Bücher, die einen Behandlungsverlauf so genau dokumentieren; die Autorin schreibt nicht nur aus der Erinnerung, sondern bezieht auch Tagebuchaufzeichnungen und Gedächtnisprotokolle aus dieser Zeit ein. Das Buch zeichnet sich durch die sehr umsichtige und reflektierte Darstellungsweise der Autorin aus. Sie wünscht Aufklärung und Verständigung: »Das nachholende Verstehen geschieht nun für mich mit dieser Arbeit« (Akoluth 2004, S. 101). Beeindruckend ist auch die Auswahl an Literatur, die sie zu Rate zieht, um das Dilemma zu begreifen und zu überwinden. Es ist kein Zufall, dass jedem Buchkapitel ein Zitat aus der Welt- oder Fachliteratur vorangeht; im Kampf mit dem Vergangenen, aber auch im Kampf mit der Standesorganisation und der Ethikkommission, auf deren Unterstützung sie vergeblich hofft, wappnet sie sich mit Wissen und Kompetenz. Ein kluger, aber auch einsamer Weg. Es mag ein Trost sein, dass sie über die Literatur schließlich auch einen Therapeuten kennenlernt, dessen Texte und Einsichten ihr den Mut geben, es noch einmal mit der Psychoanalyse zu versuchen. Sie begibt sich bei ihm in Nachbehandlung, nimmt dafür auch einen großen Fahrtaufwand in Kauf, der sich aber zu lohnen scheint.

Dessen ungeachtet macht der Bericht auf ein erhebliches institutionelles Defizit aufmerksam: Die Patientin wurde nicht nur lange Zeit – unbemerkt – fehlerhaft behandelt, sondern auch mit den Folgeschäden über weite Strecken allein gelassen. Auch andere Ärzte und Therapeuten, die sie schließlich zu Rate zog, konnten nicht helfen. (Aus falscher Scham vertraute sie diesen wohl auch nicht das ganze Ausmaß ihrer Verzweiflung an.) Moser zieht in seinem Vorwort die Konsequenz, dass endlich eine »Ethik der Trennung in verfahrenen Therapien« (ebd., S. 11) erarbeitet werden müsse. Das ist richtig und wichtig, steht aber erst am Ende einer Reihe von Risiken und Problemen, denen zuvor nicht angemessen begegnet wurde. Es gibt keine institutionell verankerte Beratungsmöglichkeit für PatientInnen, die in einer schwierigen therapeutischen Situation kompetenten Rat von außen suchen. Das scheint nicht vorgesehen zu sein. Bei ihrer mühsamen Suche nach Unterstützung versucht die Patientin auch bei der Ethikkommission in Erfahrung zu bringen, wo denn andere Betroffene ihre Beschwerden vorbringen würden, und bekommt zu hören: »Aber die Patientinnen lieben doch ihren Therapeuten, da zeigen sie ihn doch nicht an« (ebd., S. 111). Diese naiv anmutende, realitätsfremde Äußerung von der Leiterin einer Ethikkommission scheint nur die groteske Vergrößerung einer verbreiteten Idealisierung der therapeutischen Situation zu sein und gibt Aufschluss über das Ausmaß an Verkennung und Verharmlosung der therapeutischen Risiken. Tatsächlich ist die Frage nach möglichen Therapieschäden bei uns erst sehr verzögert aufgegriffen worden (vgl. dazu z. B. Märtens/Petzold 2002) und bedarf noch eingehender systematischer Untersuchung. Daher wäre es auch verkürzt, wollte man den vorliegenden Bericht ausschließlich als Dokument einer fehlerhaften Behandlung lesen, was auch nicht seinem Selbstverständnis entspräche. Das Buch zeigt auch, wie wenig wir immer noch wissen über psychische Mechanismen und deren Zusammenspiel in der Interaktion. Es sei abschließend an Dörte von Drigalskis Mahnung erinnert, die mit der Darstellung ihrer Lehranalyse *Blumen auf Granit* schon vor 25 Jahren die Gemüter aufschreckte: »Vielleicht ist Psychoanalyse etwas viel zu Gefährliches, zu viel Grundlagen und menschliches Allgemeinwissen Erforderndes, um überhaupt angewandt zu werden« (Drigalski 1980, S. 235; Neuausgabe 2003, S. 258).

Die wissenschaftliche Forschung hat Berichte von PatientInnen erst sehr spät und zögernd zur Kenntnis genommen.[3] Hier scheint sich aber ein Wandel abzuzeichnen. An diesem Fortschritt haben kritische und kämpferische AutorInnen wie Akoluth und von Drigalski maßgeblich Anteil.

---

3 Vgl. dazu Psychotherapeut 2008 (53): Schwerpunktheft zum Thema »Wir Therapeuten« und »Ihr Patienten«. Editorial, S. 108.

Das Logbuch des Therapeuten
Horst Kächele

scrire necesse est

Fast alle Psychotherapie-Formen stellen optimalerweise eine gekonnte Mischung von alltäglicher und professionalisierter Kommunikation her und weisen je nach Ausrichtung spezielle konversationelle Phänomene auf, die sie von anderen Diskursen unterscheiden. »Talking cures« sind sie alle (Wallerstein 1995b). Obwohl die Aufmerksamkeit dem professionalisierten Sprechen als notwendigem Handwerkszeug gilt (Streeck 2004), wird selten aufgegriffen, dass diese therapeutischen Gespräche nach dem jeweiligen Sitzungsende ein merkwürdiges Schicksal haben. Was für fünfzig Minuten ein Dialog war, verwandelt sich in der unmittelbaren Nachfolge zu zwei inneren Monologen: Einen davon – von dem wir allerdings nur vom Hörensagen wissen[1] – führt der Patient auf dem Weg nach Hause, im Auto, in der Straßenbahn; der andere Monolog wird Teil unserer beruflichen Lebensform. In der kurzen Pause zwischen einem Patiententermin und dem nächsten wird der Psychotherapeut versuchen zu vergessen und seinen seelischen Apparat von Unerledigtem zu reinigen, wie das Freud (1925a) mit dem Wachstäfelchen als Modell des Gedächtnisspeichers skizziert hat, um für das nächste, anstehende Gespräch wieder voll aufnahmebereit zu sein.

Wenn dann das Gespräch mit dem nachfolgenden Patienten ansteht, kann der Psychoanalytiker sich auf Bions (1967) wunderbares Wort berufen: »[N]o

---

[1] Orlinsky's Intersession Questionaire markiert allerdings die Entdeckung dieses Zwischenraumes (Zeeck et al. 2004).

memory, no desire« soll dem neuen Ereignis im Wege stehen. Seine Erinnerung an die vorausgehende Sitzung wird jedoch auf wundersame Weise mit den ersten Sätzen des Patienten wiederkehren: Ach ja, da sind wir ja wieder. Freuds berühmte Empfehlung, sich nichts Bestimmtes zu merken, bewährt sich. Patient und Analytiker schwimmen wie Fische im reichen Material des Unbewussten und die ersten Sätze des Klienten führen den Therapeuten auf den richtigen Weg. Greensons Bemerkungen zum Rückgang und Ende der 50-Minuten-Sitzung (1974) befördern allerdings Zweifel an dieser idealisierenden Prozessmetapher:

> »Erstens glaube ich nicht, dass ein Analytiker, der in seine Arbeit vertieft ist, alle Gedanken, Phantasien, Gefühle und Verwirrtheiten hinsichtlich eines Patienten abschalten kann, sobald dieser geht. Außerdem bedarf es einiger Minuten der Kontemplation oder Ablenkung, um nach einer verwirrenden oder schwierigen Stunde seinen Gleichmut wiederzugewinnen« (1982, S. 398).

Was also macht der Therapeut in der Pause nach 50 Minuten? Geht er seinen Toilettenbedürfnissen nach, telefoniert er oder schreibt er gar etwas auf? Das ist die Frage, der wir uns zuwenden.

Szenenwechsel

Werfen wir nun einen Blick in die Fachliteratur, so finden wir dort vorwiegend Vignetten, kurze oder längere episodische Schilderungen von interaktiven Ereignissen aus den Therapiesitzungen. Wann sind diese entstanden, können wir fragen. Schreiben die Verfasser solcher Vignetten während der Stunde mit, während sie mit gleichschwebender Aufmerksamkeit zuhören? Das kann doch nicht sein, oder haben wir psycho-akustische Hochbegabte unter uns, denen Schreiben und gleichschwebendes Zuhören gleichermaßen gelingt? Oder schreiben sie nach der Sitzung ein paar Stichworte auf einen Zettel und arbeiten diese dann spätabends aus? Oder erfinden sie gar am Wochenende das Material für diese Produktionen?

Glücklicherweise betreffen diese Sorgen nur wenige unter uns. Die meisten sehen das Schreiben nicht als einen konstitutiven Anteil der therapeutischen Arbeit. Fakt – Ergebnis vieljähriger Feldbeobachtung – ist doch, dass ein Großteil der Therapierenden nur höchst ungern schreibt. Spätestens wenn ein Bericht für den Antrag des Patienten an seine Kasse verfasst werden muss, kommt dies zum Vorschein, und dankbar werden vom PC gelieferte Bausteine als Hilfsfunktionen angenommen (Pfäfflin 2008).

Bei der Minderheit unter uns, die offenkundig gerne schreibt, entstehen im günstigen Fall Behandlungsberichte als nachgelieferte, sozusagen posthume Zeugnisse. Allerdings liegt zwischen dem Ereignis des Gesprächs und der Existenzform als literarischem Gegenstand nicht nur ein zeitlicher, sondern auch vom Material her ein Abgrund unbestimmter Art und Größe.

Der Prozess der Transformation vom therapeutischen Gespräch zum Behandlungsbericht ist wenig untersucht. Denken wir an Musik, die sich ereignet und die gehört wird – und von der keine technischen Aufzeichnungen existieren: Sie würde verwehen und im günstigen Fall wehmütig erinnert werden. Auch deshalb wurde für die Musik die Notation erfunden, um wenigstens ein fixiertes, wenn auch extrem reduziertes Abbild zu haben. Von Takt zu Takt repräsentieren die einzelnen Noten mit ihren formalen Einbettungen – wie Pausenzeichen, Taktangaben, Tonlage, Zäsuren – die Struktur, den Verlauf und die Form der Melodie. Die Welt der Musikwissenschaft bestimmt seit Jahrhunderten die auf acht Linien komprimierbaren Formen, benannte Fugen, Sonaten, Sinfonien etc.

Ist es sinnvoll, entsprechendes für das psychotherapeutische Gespräch zu erwarten? Wenn ja, wäre die naheliegende Antwort, es müsse dann in großem Umfang Notationen auf der Basis von Tonbandaufzeichnungen geben. Aber eine solche Empfehlung hat sich nicht durchgesetzt. Wir warten noch auf ein solches universelles Notationssystem therapeutischer Gespräche, das dem der Musik auch nur ansatzweise nahekommt.

Das Logbuch

Deshalb möchte ich eine Metapher einführen. Stellen wir uns die Welt der Psychotherapie als einen Ozean vor, den viele kleine und große Schiffe befahren; aber dieser ist nicht oder nur schwach kartiert. Unser Wissen entspricht den nautischen Karten des Mittelalters, die in Küstenbereichen recht präzise waren, aber je weiter hinaus die Schiffe fuhren, desto vager wurde ihre Orientierung. Tagsüber und bei klarem Himmel gab es schon seit Jahrhunderten Orientierungshilfen; für das Navigieren auf der hohen und oft stürmischen

See in dunkler Nacht wurde der Kompass im Jahre 1100 Anno Domini von chinesischen Seeleuten erfunden. So einen Psycho-Kompass besitzen wir für intensive Therapieprozesse noch nicht. Was wir haben, und das seit langer Zeit, sind Logbücher von Therapeuten.[2] Es handelt sich dabei um tägliche Aufzeichnungen dessen, was Außergewöhnliches passiert; wenn nichts passiert ist, steht auch wenig im Logbuch. Wir möchten die Frage aufwerfen, inwieweit solche Logbücher »nautischer Verortung« dienen und vorzugsweise Momente der Gefährdung aufzeichnen, oder eher wie Tagebücher[3] der Funktion systematischer Selbstanalyse dienen.

Szenenwechsel

Dem Schreiben als stillem Hintergrund der therapeutischen Tätigkeit wurde wenig Aufmerksamkeit gegeben. Obwohl der Gründer der Psychoanalyse ein exquisiter Schreiber war – seine Korrespondenz, die er allabendlich erledigte, füllt Bände –, stellt das Fehlen täglicher Aufzeichnungen seiner analytischen Arbeit eine schmerzliche Lücke dar. Der glückliche Fund der täglichen Notizen zum Rattenmann verweist umso mehr auf den Mangel (Zetzel 1966).

1955 wurden diese Aufzeichnungen im Band 10 der Standard Edition der Öffentlichkeit zugänglich gemacht. Elisabeth Zetzel entdeckte sie jedoch erst 1965, als sie für die Vorbereitung eines Referates statt zu den gewohnten Collected Papers zur Standard Edition griff. Ihre Entdeckung führte zu einer wichtigen Ergänzung der Freud-Interpretation. In den klinischen Notizen finden sich nämlich über 40 Hinweise auf eine hoch ambivalente Mutter-Sohn-Beziehung, die in der Fallgeschichte von Freud, wie sie 1909 veröffentlicht wurde, nicht adäquat berücksichtigt wurden (Zetzel 1966). Diese Aufzeichnungen unterstreichen die große Bedeutung einer Trennung von klinischer Beobachtung und theoriegebundener Interpretation. Freud selbst notierte voller Verwunderung, dass der Patient im Erstinterview, nach der Mitteilung der Bedingungen, gesagt hatte: »Ich muss meine Mutter fragen.« Im Fallbericht selbst fehlt diese heute wohl wichtige Reaktion des Patienten.

---

2 Tagebücher, Laborbücher, Stundenbücher wären alternative Bezeichnungen.
3 Zur selbst-reflexiven Funktion von Tagebüchern siehe Hockes klassisch zu nennender Text: Das europäische Tagebuch (1964).

Die nach-freudianische Welt hat sich das Vorbild des Gründers zu eigen gemacht, das Material der täglichen Notizen nicht als wissenschaftlich relevantes Material sui generis zu betrachten.

Obwohl viele Therapeuten während ihrer Ausbildung, bei der das Erstellen von Protokollen zu den mühseligen und wohl notwendigen Pflichten gehört – seien sie Analytiker oder von anderer Provenienz –, viele Bogen Papier beschreiben – während der Sitzung, nach der Sitzung –, scheinen nur relativ wenige Therapeuten nach der Phase der Ausbildung eine besondere Lust zu verspüren, den Produkten dieses Schreiben einen hohen Stellenwert zuzugestehen. Die Aktenordner mit den Aufzeichnungen werden vermutlich längere Zeit aufbewahrt – eine gesetzliche Regelung zur Befunddokumentation hat hier klare Richtlinien erlassen –, aber nur selten und nur bei wenigen gewinnen sie später nochmals ein eigenes Leben. Es wäre ja denkbar, dass, ohne explizites wissenschaftliches Interesse später noch einmal über die eigenen schriftlich fixierten Behandlungserfahrungen zu reflektieren, ein lohnendes Unterfangen sein könnte. Wie oft dies geschieht, entzieht sich einer systematischen Kenntnis. Trotz dieser Unkenrufe wird aber dem Schreiben über klinische Erfahrungen ein großer kommunikativer Stellenwert in der Entfaltung wissenschaftlich fundierter Psychotherapie zugeschrieben. So haben Buchholz und Reiter (1996) interessante Unterschiede in der Erstellung von Fallgeschichten in den epistemischen Kulturen der Therapieschulen heraus gearbeitet.

Als geglückte Transformationen therapeutischer Erfahrungen in schriftstellerische Produkte können die Schlüsselromane von Tilmann Moser gelten, für die angenommen werden kann, dass sie von seinen Erfahrungen als Psychoanalytiker und als noch immer psychoanalytisch denkender Körpertherapeut motiviert und materialiter umgesetzt wurden. Ihr Gehalt an Faktizität ist jedoch schwer bestimmbar; offen kennen nur die Beteiligten, die (vermutlich) ohne ihre Zustimmung literarisch aufbereitet wurden, das Ausmaß des Realitätsgehaltes.

Immerhin berichtet Moser (1996) über den glücklichen Umstand, »für genau ein Jahr die von Einfühlung, vielfältiger therapeutischer Selbsterfahrung und theoretischem Interesse getragene Hilfe eines Assistenten« in Anspruch genommen zu haben, dem er für das erste Jahr der Behandlung »fast täglich« den Fortgang seiner Behandlung diktieren konnte.

»Die Protokolle haben zum Inhalt meinen zu dem Zeitpunkt bereits einige Jahre in Gang befindlichen Übergang von der reinen Psychoanalyse zur Körperpsychotherapie. Deshalb wirkt sich bei den Diktaten auch eine Gewichtung aus: der Schwerpunkt liegt auf Stunden, in denen ich glaubte, die Therapie durch Körperarbeit zu vertiefen. Es fehlen also oft lange Passagen der verbalen ›Verdauung‹, also des Durcharbeitens; auch Passagen der langsamen meditativen Vorbereitung des nächsten Schrittes, der langsamen Veränderung der Übertragung, des Schweigens, des ruhigen Seins oder des vorsichtigen Umkreisen einer noch unklaren Spannung oder neuen Atmosphäre. Insofern handelt es sich sicher nicht um eine direkte Abbildung der täglichen Arbeit, sondern um Berichte über Verdichtungen, besondere Eingriffe, Beschleunigungen oder einen massiven Wechsel der Arbeitsebenen oder deren besonders anschauliches Ineinandergreifen« (S. 9).

Ähnliches lässt sich wohl über I. D. Yaloms intensive Produktivität von therapeutischen Erzählungen sagen (1989), deren Beschreibungen von Gegenübertragungsphänomen eine Qualität aufweisen, dass sie in Lehrbüchern zitiert werden könnten. Allerdings kennzeichnet solche Produkte ein Merkmal, das Spence (1983) als »narrative persuasion« bezeichnet: Sie sind rhetorische Gebilde und sollen den Leser überzeugen.

Sondiert man die Schreibtätigkeit eines Therapeuten, lassen sich gewisse Unterschiedlichkeiten identifizieren. Abgesehen von den praktisch notwendigen schriftlichen Äußerungsformen, die sich bei der Beantragung der Leistungspflicht der Krankenkasse zwangsläufig ergeben, dürfte empirisch eine große Variabilität hinsichtlich Umfang und Qualität der persönlichen Aufzeichnungen bestehen.

Bei uns besteht auch nach der Ausbildung eine Dokumentationspflicht, über deren Umfang bezüglich der Einzelheiten des psychotherapeutischen Prozesses keine klare Festlegung besteht. Es dürften in der Regel vermutlich eher knapp gehaltene stichwortartige Aufzeichnungen gemacht werden. Formalisierte Prozessbegleitbögen, wie sie in der Therapiebegleitforschung eingesetzt wurden, haben sich in der Praxis nicht durchgesetzt (Orlinsky/ Howard 1975).

Längere und genauere Aufzeichnungen werden vermutlich dann vorgenommen, wenn eine Sitzung problematisch verlaufen zu sein scheint, wenn der Therapeut glaubt, vieles, zu vieles nicht recht verstanden zu haben, oder wenn er ein ungewöhnliches Ereignis oder einen ungewöhnlichen Traum meint festhalten zu wollen. Es findet die Nacharbeit im Anschluss an eine Sitzung wohl zunächst im affektiven Bereich statt. Wird die spontane Bewertung einer Sitzung als eher zufriedenstellend empfunden, kann das zu dem Gefühl führen, die Arbeit getan zu haben; bei der folgenden Sitzung sieht man dann weiter. Ist die Arbeit nicht zufriedenstellend verlaufen, setzen grübelnde Denkschleifen ein, die entweder eine Unlust, etwas zu notieren, triggern oder ein produktives Nachdenken in Gang setzen können.

Im günstigen Fall wird der Vorgang des Protokollierens zu einem selbstanalytischen Vorgang; als Therapeut werde ich zu meinem eigenen Supervisor, schreibend erzähle ich mir selbst nochmals zusammenfassend, was in einer Sitzung vorgefallen ist. Kann man davon ausgehen, dass Schreiben und Selbstreflexion sich wechselseitig bedingen und damit fördern? Es könnte unter therapeutischen Rahmenbedingungen auch umgekehrt sein: Je mehr aufgeschrieben wird, desto mehr wird sekundär elaboriert, was zu schmerzvoll wäre nur als unverarbeites Gefühl aufbewahrt zu werden (Bions »containing« sollte aber nicht zu einem Gegenstand reifiziert werden!).

Forschungsansätze

Als offene Frage bleibt vorerst stehen, ob es hilfreicher, nützlicher ist, einen Sitzungsrückblick unmittelbar im Anschluss an die Stunde zu diktieren als ihn erst nach ausgiebiger »Verdauung« zu notieren? Entsteht unmittelbar nach der Sitzung ein »freierer Bericht«, der sich von einem später geschriebenen unterscheidet?

Im Rahmen eines Projektes zum Erkenntnisprozess im Analytiker (Meyer 1988) sollten drei Analytiker über eine eben abgelaufene Stunde frei assoziieren. Dies kann nun nicht einfach als eine ununterbrochene Fortsetzung der »unbewußten Geistestätigkeit« während der analytischen Stunde begriffen werden. Eine wichtige Erfahrung der Studie war die unterschiedliche Auswirkung der physischen Trennung vom Patienten auf den sogenannten freien Rückblick. Der Übergang von der therapeutischen Situation, in der parallel eine dyadische Kommunikationsebene und eine monologische – teils verbalisierte, teils nicht verbalisierte – Ebene bestehen, die sich gegenseitig bedingen und sich fördern und hemmen, in die äußerlich monologische Position, in der über eine nur noch in der kurzzeitigen Erinnerung vorhandene, dyadische Situation assoziierend reflektiert werden soll, führt zu einer raschen Umorganisation der seelischen Situation des reflektierenden Analytikers. Dies lässt sich an dem wiedergegebenen Ausschnitt eines solchen Rückblicks zeigen:

> Eine ganz herrliche Stunde, ich bin wirklich überrascht, was da so zutage kommt, ich hoffte schon vor Beginn der Stunde, daß er sich weiter mit den Tonbandaufzeichnungen beschäftigt, weil ich dann nur das Gefühl hatte, ich kann nochmal überprüfen, ob die Vereinbarungen, die wir getroffen haben hinsichtlich der Aufzeichnungen, auch weiterhin zu vertreten sind, das würde meine Beunruhigung und Sorgen mindern; gut fand ich, daß die Idee des Mistes sich so weiterentwickelt hat, daß der Patient über seine Beziehungen spricht, daß Ängste aufkommen, daß er deswegen bestraft wird, auch daß er sich eine Welt der Übergangsobjekte aufbaut, die bisher noch überhaupt nicht erwähnt wurde.
>
> Ich hatte schon das Gefühl, daß mit der Thematisierung des Mistes auch die zauberhafte magisch-animistische Stufe zum Ausdruck kommt. Auf seine Frage nach meinem Kontrollanalytiker [es handelt sich nicht um einen Ausbildungsfall] am Anfang der Stunde habe ich nichts zu sagen gewußt, ich dachte, er muß die Vorstellung haben, daß auch ich kontrolliert werde und damit Angstbewältigung verbunden sein könnte, die Angst vor Indiskretion ist sehr groß (Ausschnitt aus Thomä/Kächele 2006b, Kap. 7.3).

Es ist davon auszugehen, dass diese Aufzeichnungen nicht für einen anderen Leser bestimmt sind. Es sind deshalb keine Erzählungen, wie sie in therapeutischen Gesprächen stattfinden, es handelt sich nicht um eine Face-to-Face-Kommunikation, sondern, wenn überhaupt, um ein »Gespräch mit sich selbst«. Oder sind es doch nur Berichte, Protokolle, nüchtern und sachdienlich? Doch welcher Sache sollen sie dienen?

Genau das wird im Folgenden durch einige Beispiele aus unserer Praxis illustriert.

Illustrationen[4]

Patient Alfred Y, ein 40-jähriger alleinstehender Ingenieur, suchte eine psychoanalytische Behandlung wegen Arbeits- und Kontaktstörungen.

07.06.19xx

> Großer Widerstand, Pat. will nicht kommen, will nicht weiter über seine sexuellen Phantasien sprechen. Diese Stimmung sich vergrößert vor der letzten Stunde hier, und ich lasse ihm einige Zeit, dieses auszusprechen. Er kennt den Wunsch, eine Stunde ausfallen zu lassen als dahin gehörig, und so allmählich können wir uns dem nähern, daß er etwas vermeiden möchte, weil es ihn beunruhigt, weil es gefährlich ist. Sein Bericht über einen Geschlechtsverkehr rührt an den befürchteten Verlust des Gliedes, an die Aufhebung der Ich-Grenzen. Das scheint ihn erneut zentral zu berühren. Es seien Ekelgefühle involviert, die Vorstellung von Schleim führe zu einer Auflösung seiner Ich-Grenzen, wie ein Magensaft, der die Grenzen der Nahrung zersetzt.
> Ich erweitere sein Bild, aber bleibe nicht bei der Kastrationsangst, sondern bei dem Ich-Auflösungsgefühl. Wir kommen auf seine Angst vor der Explosion zu sprechen: er kann nicht schreien, er beißt die Zähne zusammen, beißt sich auf die Lippen. Was könnte passieren? Ich rege ihn an, dies weiter auszuphantasieren.
> Die Stunde ist, so glaube ich, didaktisch sehr interessant für ein Ausmalen und Intensivieren des Konflikterlebens.

Im Kommentar zu dieser Sitzung spürt man das Gefühl des Therapeuten, dass ihm im Zusammenwirken mit dem Patienten etwas geglückt ist; er bezieht sich implizit auf die psychodramatische Technik, wie Thomä/ Kächele (2006b, Kap. 10.2) sie beschrieben haben.

---

[4] Diese Beispiele wurden von Therapeuten zur Verfügung gestellt, die am Ulmer Lehrbuch beteiligt waren; die Patienten hatten zu Behandlungsbeginn ihr Einverständnis zur wissenschaftlichen Nutzung der im therapeutischen Kontext anfallenden Befunde gegeben.

Herr Peter Y, ein 45-jähriger Lehrer, suchte die Behandlung wegen seiner schon lange bestehenden Kontaktprobleme und hypochondrischen Befürchtungen, sein Kopf sei zu klein, auf.

14.02.19xx

Der Patient beginnt heute mit der Schilderung einer Episode, daß er mit Kollegen über die DDR diskutiert hat. Er fühlte sich bald mit seiner Meinung allein, obwohl er als Einziger drüben gewesen war und direkte Eindrücke beibringen konnte. Er war ganz anderer Meinung, hatte das Gefühl klarer zu sehen als die anderen. Damit ist verbunden eine Angst, überheblich zu sein und dann allein gelassen zu werden. Wir finden die Formel, dass er, wenn er seine kritische Sichtweise einbringt, er die Beziehungen zu den Kollegen durchschneidet.

Dieses führt uns weiter zu Kritik am Therapeuten, wo er es nicht wagen würde, kritisch zu sein, sonst würde er fallengelassen. Auch die Beziehung zum Chef kann auf diesen Leisten gebracht werden. Obwohl er scheinbar sicher ist, kann er dann herausfinden, daß die Gefahr bestünde, er könne versetzt werden, wenn er seinen Aufgaben nicht gerecht wird.

Weiter geht es um das Projekt, um dessen Bedeutung für ihn. Es zeigt sich wieder, daß er elaborierte Phantasien hat, wie er den Ablaufplan ganz anders gestalten würde.

Meine psychodynamische Formulierung, die ich ihm mitteile, lautet, daß er sich mit größeren Dingen beschäftigt, die dann zu einer Beschneidung, zu einschneidenden Umgestaltungen der Beziehung im Sinne von Trennung führen würden.

Ganz eindrucksvolle gemeinsame Bearbeitung dieser Größenvorstellungen.

Gute Stunde glaube ich insgesamt für eine intensive Arbeit an einem Thema.

Dieses Protokoll berichtet von einer produktiven Arbeit an einem Thema, das sowohl die Arbeitssituation wie auch die therapeutische Übertragungssituation anklingen lässt. Das Thema der »guten Stunde« gehört zu den Lieblingsmotiven sowohl der Kliniker (Kris 1956) als auch der Therapieforscher

(Auerbach/Luborsky 1968); leider haben »schlechte Stunden« noch nicht den entsprechenden Widerhall in der Forschungsliteratur gefunden. Ein prägnantes Beispiel für eine Stunde, die der Analytiker für schlecht hält, »weil er zu viele intellektualisierende Konstruktionen eingebracht hat«, findet sich jedoch bei Thomä/Kächele (2006b, Kap. 10.1).

Patient Johann Y leidet seit seiner Kindheit unter depressiven Zuständen. Seine große soziale Isolierung ging mit erheblichen Kränkungen einher, die mehrere Suizidversuche auslösten. In der Frühadoleszenz begannen seine Fesselrituale, mit denen er Zustände extremer Ohnmachten autoplastisch überwinden und Spannungen kontrollieren konnte. Der Zusammenhang mit der Selbstbefriedigung konnte vom Patienten erst in einer fortgeschrittenen Behandlungsphase mitgeteilt werden. Er suchte um Behandlung nach, als sich die Gefährdung durch seine Fesselungen mit dem Anlegen eines Stromkabels erheblich vergrößerte; einmal führte eine vorübergehende Lähmung zu einer Panik, als er über Stunden befürchten musste, sich nicht mehr selbst befreien zu können.

Der Patient bezieht seine Erkrankung selbst auf weit in die frühe Kindheit zurückreichende Ängste vor Verlassenheit und Auflösung, die besonders seit der Pubertät unter anderem auch durch eine psychotische Erkrankung einer jüngeren Schwester erheblich verstärkt wurden.

20.08.19xx

Eine echte Durchbruchstunde. Er will endlich eine unmögliche Situation hier herstellen; er macht mir deutlich, worin der Punkt unmöglicher Situationen besteht, nämlich die Angst zurückgewiesen zu werden, die Angst vor Trennungen, wenn er etwas Riskantes tun möchte.

Als wir diese Angst vor dem »unmöglichen« Wunsch konkretisieren können, kann er sich entschließen, sein Oberteil eines glänzenden Jogging-Anzuges auszuziehen, und mich mit einem weiblichen Badekostüm zu überraschen. Die Stunde ist tonbandaufgezeichnet und ist sicherlich die Mühe wert, transkribiert zu werden.

Die Stunde hat noch weitere bereichernde Angaben gebracht. Diese transvestitische Symptomatik hatte er bisher kaum erwähnt, sie stand bisher ganz im Zusammenhang mit dem Fesseln. Dann macht er deutlich, daß er weiblichen Bekannten gegenüber zwar das Fesseln erwähnen kann, aber nicht seine Wünsche, sich in weiblichen Dingen zu präsentieren. Früher war es Unterwäsche, heute scheint dieser Badeanzug, ein relativ unförmiges Ding, nicht tief ausgeschnitten, im Gegenteil, hochgezogen, der Umfang der Brust ist nicht klar zu erkennen, mir kommt er eher klein vor. Meine Einfälle waren: Das ist der Badeanzug seiner Schwester. Nun, was kritisiert er daran: Der Badeanzug verleiht im keinen Schutz. Schutz verleiht ihm nur die Realpräsenz der Frau. Was also? Für was steht der Badeanzug? Der Badeanzug steht für die Sexualität mit der Frau. Indem er sich diesen anzieht, ist er in körperlichem Kontakt mit der Frau. So scheint es zu laufen.

In diesem ausführlichen Protokoll spürt man als Leser die geglückte Überraschung, die der Patient seinem Therapeuten zu bereiten vermochte. Der Therapeut spricht von einer »echten Durchbruchsstunde«. Was ist durchgebrochen – ein tiefer Wunsch des Patienten, sich mit seinem »wahren Selbst« zu zeigen oder auch herauszufinden, wie der Therapeut als Stellvertreter für andere signifikante Personen auf diese Seite seiner Persönlichkeit reagieren wird? Der Text zeigt auch die Selbstversicherung des Schreibenden: »So scheint es zu laufen.«

31.10.19xx

Die Stunde am Samstag hat wieder eine Krise ausgelöst. Er kann aber sehr gut die auslösenden Momente seiner Reaktionsweisen benennen. Es handelt sich um zwei gegenläufige Probleme. Er muß Distanz halten und er wünscht sich Nähe. Das Bild zweier Mauern, die ihn daran hindern Anlauf zu nehmen, jeweils das eine oder andere Hindernis zu überwinden. Meine Nähe-Bemerkung, die ihn in Probleme stürzte, war die Frage, ob er zufrieden sei mit den Antworten, die ich ihm auf die Frage gegeben hatte wohin ich gefahren sei. Dann mußte er Distanz suchen.
    Andere Situationen sind gerade umgekehrt. Da bringe ich zu große Distanz hinein und er wünscht sich Nähe.
    Am Schluß der Stunde bekomme ich noch ein Geschenk:
    Der Patient weist darauf hin, daß auch sein glänzender Joggingan-

zug in diesem Kontext steht. Er habe bei sich entdeckt, daß er gerne glänzende Sachen trage und eine Bekannte habe ihn ermutigt, sich doch dieses zu kaufen. Jetzt würde er überhaupt mehr die Dinge selber in die Hand nehmen und sich die Sachen kaufen, die ihm Spaß machen. Ich betone dann, daß das aber etwas sei, womit er sich auf der Straße zeigen könne, womit ich also seine Exhibitionslust verstärken will und ihn auf die Bereiche hinweise (betone), in denen er dieses erfolgreich unterbringen kann.

Er zeigt mir auch zum ersten Mal seine Strommerkmale an den Knöcheln, es sind deutlich vernarbte, aber blau-rötliche Striemen zu sehen. Eine spannende Entwicklung und ich denke, das ist für meine Einstellung, Motivation, nach 240 Stunden Therapie, dieses Ergebnis zu sehen, sehr wichtig.

Es geht um die Überwindung nicht nur einer Krise im Patienten, sondern auch um die kritische Bewältigung von Nähe und Distanz zwischen Patient und Therapeut. Es geht um den Austausch von passenden Bildern, Prozess-Metaphern des Geschehens (Buchholz 1993), die Spielräume eröffnen. Die Freude des Therapeuten an dem Geschenk nicht nur der Einsicht, die der Patient unverhüllt präsentiert, sondern auch, dass er die Markierungen seiner lebensgefährlichen Perversion erstmals zeigt, ist unverkennbar.

Patientin Maria X beklagt bei der Konsultation mit einem männlichen Therapeuten in verbitterter Weise, dass sie in der nun schon fast zwei Jahre dauernden Behandlung bei einer Therapeutin zwar angestrengt mitgemacht habe; aber nach all der Zeit müsse sie feststellen, dass sich noch nichts an dem grundsätzlichen Problem ihrer Unzufriedenheit mit sich selbst und ihrem Versagensgefühl geändert habe. Ich erkundige mich nach der Gestalt der therapeutischen Beziehung aus der Sicht der Patientin und stelle fest, dass es eine große Zahl von Fragen gibt, die die Patientin nicht zu stellen gewagt hatte, insbesondere solche, die die Person der Therapeutin betreffen. Mein zusammenfassender Eindruck ist, dass die Patientin nicht genügend ermutigt wurde, die aus der Mutterbeziehung stammende negative Übertragung auszutragen.

07.06.19xx

Viel Tränen, fühlt sich abhängig, als Verlierer, immer wenn sie kommt, verliert sie. Die finanzielle Regelung kann sie noch nicht begreifen, gefühlsmäßig als ihre Möglichkeit, etwas sicher zu stellen. Wir arbeiten sehr an dem Gefühl, und sie kommt auf das Grundgefühl irgendwo paradiesisch in der Sonne liegen, Schnee, Ruhe, Zufriedenheit, Übereinstimmung; wieder das alte Gefühl, wohlbekannt, aber es ist in der Anhänglichkeit nun interaktionell realisiert worden. Diese Art von Anhänglichkeit kennt sie mit dem Ehemann nicht. Es ist die Einseitigkeit, die sie zugleich auch sehr bedroht.

Der Stundenbericht kontrastiert das Ich-Gefühl der Patientin mit dem Wir-Gefühl der therapeutischen Arbeit, das nun ihre Angst vor Abhängigkeit sichtbar macht. Ein altes defensives Schema wird neu aufgelegt in einer veränderten interpersonellen Konstellation:

22.11.19xx

Die Patientin bringt ein, daß sie zunehmend merkt, daß sie über ihre Mutter ausgiebig geschimpft hat, alles an Kritik ihr auch gesagt, was sie ihr sagen möchte, aber sie stellt fest, daß sie zu ihrem Vater ganz wenig Kritisches bisher gesagt hat. Sie würde selbst jetzt, wenn er noch leben würde, ihm es nicht sagen können, sie müsse ihn schonen.
  Mir fällt auf, dieser tote Vater, der erst recht nicht mehr erreichbar ist, selbst wenn er als lebend phantasiert wird, könnte es ihm nicht gesagt werden. Ich betrachte meine entstehende Gegenübertragung, denke ja, das ist doch hier der Ablauf, daß sie mich vermeidet, implizite dann auch schont, aber erst einmal überhaupt ganz wenig über die reale Interaktion sich zu sagen getraut hat oder es sich – nein, getraut ist nicht das richtige Wort – sie möchte es nicht sagen, sie will sich nicht verwickeln, sie will nicht darüber sprechen. Das ist thematische Vermeidung des Konkreten.
  Mir fällt ein, daß wir uns ja auf der Treppe schon begegnet sind; sie kam herauf, ich ging hinunter. Ich sagte »hallo«, habe selbst keine Gedanken dazu und erinnere sie daran, was man da so alles denken könnte.

Sie könnte denken, »komm, sag doch richtig ›Grüß Gott, komm, geh mit mir, wir fangen die Stunde gleich an‹, etwas mehr Begeisterung bitte, oder so, wann kommt er dann wieder, kommt er überhaupt wieder«. Also ich probiere die verschiedenen Möglichkeiten für sie aus, um sie daran teilhaben zu lassen, was so geschehen könnte.

Dann wird deutlich, daß sie also diese Beziehung zum Vater auch sehr schlecht erinnert; sie hat auch wenig Positives in Erinnerung, ein paar negative Episoden, wo sie sich geduckt hat, aber sie bleibt eben – und das verbinde ich nun – sie ist das Aschenputtel des Vaters und hier ist sie, obwohl eine der bestangezogensten Frauen des Hochsträß, auch das Aschenputtel. Ich sage das »bestangezogen« in einer Weise, dass es nicht nur mein persönliches Kompliment sein dürfte, sondern das ist wohl objektiv der Fall, sie ist ausgesprochen ausgewählt immer angezogen, aber spricht darüber auch nicht. Sie erlebt sich nur als Aschenputtel, sie war immer nur eine Stieftochter, sage ich dann, war nie eine richtige Tochter, nie wirklich gewollt. Das hat ihr Gefühl bestätigt. Wir bleiben an dem Thema der Enttäuschung. Ich versuche ihr nahezubringen, daß ihr Beispiel vom Tränenkrüglein eine Sehnsuchtsenttäuschung ist. Deswegen kann sie weinen, wie ein Faß ohne Boden. Auch wenn H., ihr Mann, sagt, komm, wein doch, dann geht's erst richtig los, und wenn er sie auch noch streichelt, dann hat es gar kein Ende. Das befürchtet sie auch hier, drei Tage müßte sie hier bleiben und weinen, und dann wäre es immer noch nicht leer, das Faß. Das geht nicht, das hat auch keinen Wert, sie muß sich sonst auch, d.h. draussen, unterbrechen.

Also warum weint sie so? Was sucht sie im Weinen, versuche ich zu formulieren. Sie sucht Sehnsucht, Übereinstimmung vielleicht, vielleicht meine ich das. Es ist nicht ganz deutlich, was sie sucht. Ist es ein ödipales Sujet, was sie abhandelt. Ich glaube ja, aber das Ganze ist auf einer komplizierten narzißtischen Konfiguration aufgebaut. Mir kommt die Idee ihr mehr emotionales Material zugänglich zu machen; teile ihr etwas über Musiktherapie mit: sie kennt es nicht, hat jedoch davon gehört. Dann biete ich ihr an, ich könne ihr ein bischen auf dem Monocord vorspielen, dann könne sie mal ausprobieren, wie sich das anfühlt. Sie wollte sitzen bleiben.

Ich spiele am Ende der Sitzung ihr 5 Minuten Monocord vor, sie gerät in heftiges Weinen, sagt aber dann, es war wunderschön, aber es ist so schrecklich. Also sie kann die Musik für sich mit dem identifizieren, was sie sucht und gleichzeitig repräsentiert sie auch das nicht Gehabte.

Eine wahrlich reichhaltige Sitzung. Der Therapeut bemüht sich um sie, das scheint außer Frage, er verwöhnt sie richtiggehend. Er erspürt für sie, mit ihr wollen wir hoffen, dass das Stieftochter-Gefühl von ihr kunstvoll hochgehalten wird. Ihre chronifizierte Sehnsuchtsenttäuschung wendet er in ein interaktives aktives Befriedigungserlebnis – Ferenczi lässt grüßen. Das Schöne ist zugleich schrecklich – welch ein Dilemma für beide.

Ein halbes Jahr später finden sich in den Unterlagen des Therapeuten nur noch kurze Stundenvermerke. Die Arbeit scheint sich günstig entwickelt zu haben. Das Vor- und Zurückgehen zwischen Gegenwart und Vergangenheit und der jeweils aktuellen Übertragungssituation hat sich gut eingespielt:

21.3.19xx

Gute Stunde, Arbeit an ihrer Grantigkeit, wenn sie ausgehen kann und die Tasse Kaffee nicht genießen kann. Es ist ein Gewissensproblem. Es ist deutlich, daß sie früher als Jugendliche immer die Eltern damit belastet hat mit ihrem vielen Weggehen. Sie war verantwortlich für die gute Stimmung der Eltern; das ist eine Komponente, die andere Komponente dürfte auch sein, daß sie sich das Genießen verdirbt, um nicht die Situation gut ausgehen zu lassen. Ich beziehe mich hierbei auf das, was mir in der Übertragung deutlich ist: Sie kommt gerne, aber dann verdirbt sie sich die gute Stimmung.

28.3.19xx

Gute Stunde, Bearbeitung der verhärteten langfristig chronifizierten Vertrauens-/Mißtrauensregulation. Ich biete ihr eine These an, daß sie Sehnsucht nach Vertrauen hat, aber zugleich Mißtrauen aufrechterhaten muß, um nicht enttäuscht zu werden. Wir können uns darauf weitgehend einigen und vielfältige Lebensbereiche durchmustern.

Am Ende kommen wir auf die These, daß sie leicht kränkbar ist, weil sie nicht wie der Kronprinz behandelt wird. Immer wieder von mir vermutet, ihre Konkurrenzsituation mit dem Bruder.

Am Ende frage ich: Darf ich jetzt Schluß machen, Königliche Hoheit? Sie lacht herzlich.

Mit diesem herzlichen Lachen können wir von dieser Behandlung Abschied nehmen. Die Leichtigkeit hat die Patientin wieder.

Coda

Wozu sind solche privaten, auf therapeutische Prozesse bezogenen Aufzeichnungen nun nützlich? Sind sie hilfreich für die Rekonstruktion latenter Modelle des schreibenden Therapeuten durch die Metaphernanalyse, wie Buchholz (1997) aufzeigt? Was lässt sich daraus lernen, erfahren, was weder in den üblichen Fallberichten noch in Tonbandaufzeichnungen zu erfahren ist? Ist es das Material der Subjektivität des Analytikers par excellence, der Schlüssel zu dem Nicht-Gesagten und oft nicht Sagbaren? Als engagierter Logschreiber plädiere ich für eine größere Bereitschaft, solche privaten Aufzeichnungen, natürlich gut anonymisiert, in die Hände der »scientific community« zu geben, um die Nahtstelle zwischen therapeutischer Tätigkeit und post-therapeutischer Verarbeitung besser zu begreifen.

Psychoanalytiker auf dem Prüfstand
Die Funktion der Abschlussberichte
im Rahmen der Ausbildung

Annakatrin Voigtländer

Seit Jahrzehnten ist es ein wohl etabliertes Ritual in deutschen psychoanalytischen Vereinigungen, dass ihre Kandidaten für die Abschlussprüfung ihrer Aus- oder Weiterbildung einen schriftlichen Fallbericht einer unter Supervision durchgeführten Behandlung vorzulegen haben. Dieser Bericht sollte bestimmte formale und inhaltliche Kriterien erfüllen: So soll er zwanzig Seiten nicht überschreiten, er soll zunächst die Erstgespräche mit dem Patienten skizzieren und etwas über seine Biografie aussagen. Die Darstellung des Behandlungsverlaufes mit mehr oder weniger originellen Zwischenüberschriften macht den Großteil der Berichte aus; dieser wird durch psychodynamische Überlegungen des Behandlers abgerundet. Das ist nicht in allen Mitgliedsgesellschaften der IPV so. So wird beispielsweise in einigen europäischen Ländern – wie Holland, Belgien, Frankreich oder auch Finnland – kein Bericht verlangt, in den Vereinigten Staaten müssen überwiegend jährliche Berichte über jeden Behandlungsfall vorgelegt werden, in Israel wird im Rahmen eines Behandlungsberichtes zusätzlich eine ausführliche theoretische Diskussion mit Angabe von gewöhnlich 20–40 bibliografischen Referenzen erwartet. Das Verfassen einer solchen Arbeit nimmt dort gewöhnlich ein Jahr oder länger in Anspruch[1].

Weder über den inhaltlichen oder – was nahe liegen könnte – auch didaktischen Wert von Kolloquiumsberichten bei der DPV wurden bislang viele Worte verloren. Allerdings hält der methodologisch versierte leidenschaftliche

---

1 Persönliche Mitteilung von Talia Frühauf, Kandidatin in Israel und IPSO-Vertreterin für Europa.

Psychoanalytiker und Psychoanalysekritiker Meyer (1993) »die »Befähigungsnachweise für die außerordentliche Mitgliedschaft« für »das wahrscheinlich mitgliederstärkste Taxon von Fallberichten, wobei ein Kandidat seinen überzeugendsten Ausbildungsfall einer Gruppe von graduierten Fachkollegen als Einzelfalldarstellung berichtet« (S. 79). Bei genauerer Betrachtung solcher Kolloquiums-Einzeldarstellungen findet Meyer »seltsame Hybride oder Bastarde. Diese Mischformen entsprechen allerdings voll der Freudschen Tradition, in Fallberichten Krankengeschichte und Behandlungsbericht zu mischen« (ebd., S. 79). Im Horizont eines empirischen Wissenschaftsverständnisses ist Meyer zufolge der wissenschaftliche Wert solcher Kolloquiumsdarstellungen »reine Glücksache und ihr didaktischer approximiert Null«. Ins gleiche Horn tutet Overbeck (1993):

> »Mit vorwurfsvollem Blick auf die Colloquiums-Fallberichte war man sich (auf der DKPM-Tagung 1990) schnell einig, dass die meisten davon ziemlich unbefriedigende Kasuistiken sind. Nun gibt es m. E. gerade beim Pflichtprogramm der Fall-Abschlussberichte in der psychoanalytisch-psychotherapeutischen Weiterbildung eben wegen dieser Durchmischung mit Ausbildungszielen und Wissensnachweis gute Gründe, warum sie so aussehen, wie sie aussehen, u. a. heruntergebetete Gefälligkeitsbeweise, von Ausbildungskandidaten aus einer Examenszwangslage heraus geschrieben« (S. 43).

Einige Seiten später schlägt Overbeck vor, wie der Wert einer Kasuistik erhöht werden könnte: »Die Kriterien der gelungenen mündlichen Vorstellung mit ihrer Erzählstruktur könnten somit meines Erachtens Leitlinien für die entsprechende schriftliche Darstellungsform abgeben.«

Auf diese nicht gerade sanften Kritiken erfolgte jedoch keinerlei Reaktion, weder von offizieller noch von inoffizieller Seite. Nach wie vor werden Berichte in der gleichen Form verfasst, und Hunderte von Kandidaten haben ihre Aus- oder Weiterbildung damit erfolgreich abschließen können.

Ich möchte die Möglichkeit in den Raum stellen, dass diese Berichte einen eigenständigen Wertekanon verkörpern und ihren eigenen Wertekodex aufweisen. Zwar mag die wissenschaftliche Ausbeute gemessen an der Zeit und Mühe, die solche Berichte nun einmal kosten, mager sein, aber sie haben in der Form, in der sie gewöhnlich abgefasst werden, einen didaktischen Wert für den Schreiber selbst, der, gezwungen seine Gedanken und Konzeptionen einmal schriftlich darzulegen, einen Verständnis- und Wissenszuwachs erfährt, wie er ihm sonst vorenthalten bliebe. Untersuchungen dazu gibt es bisher nur bei den Verhaltenstherapeuten. Laireiter (Lareiter/Hampel 2003) kommt in seiner Studie, in der er erfahrene Verhaltenstherapeuten zu verschiedenen Aspekten ihres Ausbildungsabschlusses, dabei insbesondere zu den Fallberichten, befragt, zu folgender Schlussfolgerung: »Fallberichte scheinen eine wichtige Methode des Kompetenzerwerbs zu sein und sollten in der Ausbildung stärker verwendet werden« (S. 192). Warum sollte das nicht auch für Psychoanalytiker gelten?

Für die Psychoanalyse bringt Meyer (1993) diesen Aspekt des Fallberichtes, wenn vielleicht auch nicht so positiv gemeint, mit den folgenden Worten auf den Punkt: »Kolloquiumsreferate = Gesellenstücke als Befähigungsnachweis für die außerordentliche Mitgliedschaft in einer nationalen IPV-Filiale« (S.62).

Wenden wir es positiv: Kolloquiumsberichte von Kandidaten sollen auch nicht mehr und nicht weniger sein: nämlich ein schriftliches Gesellenstück als Teil einer Prüfung, in der ein angehender Analytiker aufzeigt, dass er sein »Handwerk« gelernt hat. Er stellt in seinem Bericht dar, dass er Theorien assimiliert hat und dazu in der Lage ist, diese im klinischen Kontext auch anzuwenden. Das gleiche gilt für Behandlungstechniken, die er sich im Laufe seiner Ausbildung erworben hat. Er zeigt, dass er psychodynamische Zusammenhänge erkennen und verstehen sowie nutzbringend für den Patienten deuten kann. Der Kolloquiumsbericht erfüllt somit seine Funktion als Teil einer Prüfung, in der eben geprüft werden soll, ob ein Kandidat die spezifischen Fähigkeiten, die ihn zum zukünftigen Analytiker qualifizieren sollen, auch tatsächlich nachweisen kann. (Ob der Bericht wirklich prüft, was er zu prüfen vorgibt, ist dabei eine andere Frage und bedürfte wahrscheinlich noch einer gesonderten Untersuchung.) Einen zusätzlichen Beweis seiner erworbenen Qualifikation soll der angehende Analytiker dadurch liefern, dass er im Rahmen eben dieser Prüfung eine »aktuelle Behandlungsstunde« mündlich vorstellt, die im Zusammenhang mit dem Fallbericht ausführlich diskutiert wird. Der schriftlich abgefasste Fallbericht ist somit immer im Zusammenhang mit der mündlichen Vorstellung einer »aktuellen Stunde« zu sehen; dies kommt der Forderung Meyers (1993) nach einem »unzensierten und ungeschnittenen Interview, eben Interaktionsprotokolle[n]« nahe, um beurteilen zu können, »wie einseitig das Zutun, die Einflußnahme des teilnehmenden Beobachters Analytiker dabei deutlich wird« (S. 65).

Wenn man sich vor Augen hält, dass die Kolloquiumsfallberichte in erster

Linie Prüfungsberichte sind, die dem Nachweis eines Kompetenzerwerbs dienen, so wird vielleicht klarer, weshalb sie Forderungen nach mehr Wissenschaftlichkeit nicht standhalten wollen und warum sie sich von Behandlungsfällen, bei denen eine wissenschaftlich verwertbare »Transformation der Krankengeschichte zur Einzelfallstudie« (Kächele/Thomä 2006, S. 103) gelingt, unterscheiden.

Der wissenschaftliche Anspruch an Kasuistiken, der auch darin liegt, Raum für die Entwicklung neuer »Metaphern und Theorien« zu schaffen, deren Ziel »die Generalisierung des Singulären und die Konkretisierung der Theorie« (vgl. Weber 2009, in diesem Band) ist, kann von Kandidaten meines Erachtens aus verschiedenen Gründen nicht geleistet werden. Bude (1993) formuliert es so:

> »Fortschritt in der Wissenschaft vollzieht sich im kasuistischen Weltbild nicht dadurch, dass ein weiteres Gesetz formuliert werden kann, das apodiktische Gültigkeit beansprucht, sondern dadurch, dass ein neuer und fremder Fall entdeckt wird, dessen begreifende Durchdringung uns das Verständnis für Fälle einer bestimmten Art eröffnet« (S. 11).

Wohl kaum ein Kandidat wird einen »neuen und fremden Fall« entdecken und in seiner Arbeit neue Hypothesen generieren können, sondern in der Regel wird er zunächst mit ganz anderen Herausforderungen zu kämpfen haben. Dazu gehört, das Gelernte überhaupt erst einmal anwenden zu können, die gesamte ungewohnte Komplexität, die sich zwischen ihm und dem Patienten abspielt, angemessen in Worte kleiden zu lernen und unter dem Damoklesschwert der bevorstehenden Prüfung, die einen realen Druck auf den Schreiber ausübt und zusätzlich noch viel Anlass gibt, je nach Mentalität des Prüflings das eigene strenge Über-Ich auf die Prüfer zu projizieren, bestimmte reale oder auch fantasierte Erwartungen zu erfüllen, ohne dabei die eigene, im Dickicht verschiedener Supervisionsstile und unterschiedlicher Auffassungen in behandlungstechnischen Seminaren mühsam erworbene Haltung aus den Augen zu verlieren.

Wie es den Kandidaten mit dem Abfassen des schriftlichen Fallberichtes für das Kolloquium geht, wird in dem Bericht der DPV-Transparenzkommission über die Untersuchung des Kolloquiums der DPV (Beland et al. 2003) deutlich. In ihrem Kommentar fassen die Untersucher die Ergebnisse ihrer Umfrage folgendermaßen zusammen:

»Mit der Abfassung des schriftlichen Fallberichtes haben die Befragten erwartungsgemäß ganz unterschiedliche Erfahrungen gemacht. Manchen fiel das Schreiben sehr leicht, ›es war ein unvergessliches Arbeitserlebnis‹, anderen fiel es schwerer, sie erlebten Selbstzweifel, waren besonders auf die Lehranalyse angewiesen, aber die meisten erlebten die Auseinandersetzung mit dem Fall und Diskussionspartnern als fruchtbar.«

Weiter unten heißt es:

»Dass das Schreiben eines psychoanalytischen Fallberichts besondere Anforderungen an die Person des Schreibers stellt und Angst den kreativen Umgang mit dem Material behindert, macht eine Aussage besonders krass deutlich: ›So viel Zeit für so wenige Sätze habe ich in meinem Leben noch nicht verwendet‹« (S. 27).

Es kommen weitere Erschwernisse beim Schreiben der Kolloquiumsberichte hinzu. Während bei veröffentlichten Kasuistiken »teilweise relativ lange Zeiträume zwischen Behandlung und Veröffentlichung liegen« (Kächele/Thomä 2006, S. 107), wird der Fallbericht als Prüfungsbericht in der Regel während der noch laufenden Analyse geschrieben, sodass mögliche Verwicklungen mit dem Patienten eine »Draufsicht« auf die Behandlung zumindest erschweren und das Generieren neuer Hypothesen sicher nicht leichter machen.

Dennoch, so meine ich, erfüllen die Fallberichte von Kandidaten im Rahmen der Ausbildung einen bestimmten Sinn. Neben dem oben beschriebenen Zweck des Kompetenzerwerbes und -nachweises tradieren sie für die nachkommenden Kandidaten einen wichtigen Teil von Ausbildungsidentität, ohne den so mancher Kandidat in Ausbildung sich vielleicht verlorener vorkommen würde. In welcher Weise diese Fallberichte ein Forschungsreservoir darstellen, aus dem sich vielleicht doch vieles ableiten ließe, will ich nicht weiter untersuchen.

Stattdessen soll ein Hinweis von Buchholz (1999) aufgegriffen werden: Fallgeschichten haben narrative Formate, »mit deren Hilfe aus interaktiven Ereignissen einer Behandlung neue soziale Tatsachen für einen anderen Kontext geschaffen werden« (S. 42). Dieser neue Kontext generiert zum Beispiel die 20-seitigen Abschlussberichte einer psychoanalytischen Vereinigung (DPV), von denen im Ulmer Fallarchiv mehr als 900 Exemplare vorgehalten werden (Lang et al. 2009).

Nach diesen kursorischen Vorbemerkungen soll nun ein »Gesellenstück«

das Ergebnis der Mühen illustrieren, die eine anonym bleibende Verfasserin sich mit ihrem Abschlussbericht gemacht hat[2].

Bericht über die Analyse einer jetzt 36-jährigen Patientin[3]

DIAGNOSE: Autonomie-Abhängigkeits-Konflikt mit narzisstischer Abwehr
BEHANDLUNGSBEGINN: November x
STUNDENZAHL: 321 (Frequenz: vier Stunden pro Woche)

Vorgespräche

Die Patientin wendet sich im Februar x auf Empfehlung einer ehemaligen Patientin von mir an mich und bittet um einen bald möglichen Beratungstermin.

Zum *Erstgespräch* kommt sie etwas verspätet, das Auto sei zugeeist gewesen. Sie wirkt abgehetzt und ihr Blick mir gegenüber ist skeptisch. Sie ist groß und schlank, geschmackvoll gekleidet, wobei ein etwas gewollt lässig um den Hals gelegtes Tuch sie damenhafter und älter erscheinen lässt, als sie ist. Ihre Stimme ist sehr hoch und dünn, mit der Tendenz zu brechen, was mir fast schmerzhaft in den Ohren klingt. Das ebenmäßige und intelligente Gesicht ist von halblangen, leicht gewellten blonden Haaren umrahmt, ihr Gesichtsausdruck bleibt in der ersten Stunde etwas eingefroren, dabei Angst und Unsicherheit verratend.

»Ich habe Partnerprobleme und ein völliges Gefühlschaos in mir«, eröffnet sie sehr getrieben das Gespräch. Sie streite nur noch mit ihrem Mann und denke an Trennung, schaffe es aber nicht. Im letzten Sommer sei es genauso gewesen. Völlig deprimiert und hoffnungslos habe sie keinen anderen Ausweg gewusst, als mit ihrem jetzt zweieinhalbjährigen Sohn wieder zu ihren Eltern zu ziehen. Ihr Mann habe ihr dann aber »liebe Briefe« geschrieben, sodass

---
2 Wir danken der Kollegin für die Überlassung des Berichtes.
3 Die Veröffentlichung dieses Fallberichtes in der vorliegenden Fassung erfolgt mit dem Einverständnis der Patientin.

sie zu ihm zurückgekehrt sei. Jetzt sei sie wieder für vierzehn Tage bei den Eltern gewesen.

Eigentlich hätten sie nur wegen des Sohnes geheiratet, der in einer »Trennungsphase« gezeugt worden sei. Während der Schwangerschaft habe sie keinerlei innere Beziehung zum Kind gehabt und habe sich dabei seelisch sehr schlecht gefühlt. Nach der Geburt sei sie dann in ein »tiefes Loch« gefallen. Sie habe sich zutiefst einsam und von ihrem Mann alleingelassen gefühlt, habe auch keinerlei Außenkontakte gehabt, sodass ihr alles sinnlos vorgekommen sei. Gleichzeitig sei sie durch ihre Mutterschaft auf »Gegenkurs« bei ihren Eltern gewesen, sodass sie schließlich eine Beratungsstelle aufsuchte, wo sie damit »konfrontiert« wurde, dass ihre Kindheit wohl nicht so glücklich gewesen sei wie gedacht. Aber darüber habe sie trauern können und habe ihren Eltern, nachdem sie eine Zeit lang wütend auf sie gewesen sei, »im Großen und Ganzen« verziehen. Ihr Sohn sei mittlerweile ihr »Ein und Alles«.

Vor einiger Zeit habe sie auch noch ihre Stelle als Architektin gekündigt, weil sie sich von ihrer Chefin nur als »Arbeitstier« ausgenutzt fühlte und keinerlei Anerkennung bekam. Seitdem fühle sie sich völlig ohne Verankerung und Orientierung und sei bei ihrem Mann »wie ein im Käfig gefangener Vogel«.

Auf meine Frage, worin die Probleme in der Partnerbeziehung bestünden, antwortet sie mit einer Heftigkeit, die mich zunächst zurückschrecken lässt: Ihr Mann sei negativ, passiv und ohne Selbstbewusstsein. Sie ekle sich vor ihm, wenn er sie anfasse. Sie lebe mit ihm in einer Beziehung »unter Niveau«, und am allerschrecklichsten seien die Schwiegereltern, die es zu nichts gebracht und ihr ganzes Geld verlebt hätten. Dagegen kontrastiert das idealisierte Bild von den eigenen Eltern, die positiv und erfolgreich seien und es zu Geld und Wohlstand gebracht hätten.

Es erleichtert mich, dass sie anschließend etwas selbstkritischer von sich sagen kann, dass sie sich schnell anderen überlegen fühle und dann die Beziehungen abbreche, dass sie aber die Beziehung zu ihrem Mann nicht so leichtfertig aufs Spiel setzen wolle und dass sie irgendwie ahne, dass sie sich oft durch ihre Reaktionen Dinge zerstöre, die sie sich gerade aufgebaut habe.

Die Patientin erscheint mir in der ersten Stunde wie eine eisige Wand, an der ich nur abprallen kann. Ihre Tendenz zur Verachtung und die Art, wie sie über ihren Mann spricht, erschrecken mich. Ihre Eltern hingegen erscheinen ideal und bleiben unangreifbar, sodass ich mich angesichts dieser massiven Spaltung ziemlich hilflos und unempathisch mit ihr fühle.

Zum *zweiten Gespräch* kommt sie entspannter, und ich bin verwundert, wie ausführlich und differenziert sie den Fragebogen ausgefüllt hat, den ich ihr nach der ersten Stunde mitgegeben habe. Sie scheint mir unendlich viel mitteilen zu wollen, und jetzt tauchen plötzlich Klagen darüber auf, wie wenig sie sich von ihren Eltern früher verstanden und wahrgenommen gefühlt hat. »Ab drei habe ich mich selbst erzogen«, schreibt sie. Es fällt ihr noch sehr schwer, mit mir die Eltern kritischer zu sehen, aber es wird möglich, und zwischen uns wird es wärmer. In ihrem Mann, so sagt sie, habe sie damals eigentlich den »Gegenentwurf« zu ihrem Vater gesucht, der immer Recht hatte und alles besser wusste. Mit ihm (dem Mann) geht es inzwischen auch wieder besser, obwohl ihm seine Stelle als Ingenieur gekündigt wurde.

Ich denke bei der Patientin an eine psychoanalytische Behandlung, was ich auch im *dritten Gespräch* mit ihr bespreche, schicke sie aber, weil ich zu diesem Zeitpunkt keine neue Analyse beginnen kann, aber auch wohl, weil mir ihre Heftigkeit Angst gemacht hat, zu einem erfahrenen männlichen Analytiker.

Zweieinhalb Monate später meldet sich die Patientin wieder bei mir. Die Gespräche bei mir und bei dem Kollegen habe sie als hilfreich erlebt, sodass sie ihren Mann jetzt wieder realistischer sehen könne und im Augenblick keine Therapie brauche. Es ist ihr aber offenbar wichtig, sich bei mir eine Vergewisserung zu holen, dass sie sich jeder Zeit wieder bei mir melden kann, falls es ihr wieder schlechter gehen sollte. Falls sie sich doch für eine Analyse entscheiden sollte, möchte sie die gerne bei einer Frau und nach Möglichkeit bei mir machen.

Die Entschiedenheit, mit der die Patientin um mich wirbt, rührt mich an, und ich empfinde mich jetzt viel wärmer mit ihr. Ich erlebe sie jetzt als eine sympathische junge Frau, die in ihrem Hin-und-her-gerissen-Sein zwischen zwei noch unvereinbaren inneren Welten auf der Suche nach einer verlässlichen Beziehung ist und die mich daraufhin prüfen möchte.

Weitere zwei Monate später, im Juli x, bittet sie erneut um ein Gespräch und teilt mir ihren Wunsch nach einer analytischen Behandlung mit, obwohl es weiterhin mit ihrem Mann sehr viel besser geht. Ihr Anliegen an die Analyse formuliert sie jetzt so: »Es ist etwas in mir drinnen, an das ich nicht allein herankomme, und ich merke, dass es mein Leben behindert. Dagegen möchte ich etwas tun.«

Wir vereinbaren eine vierstündige analytische Behandlung, deren Beginn ich für November x zusagen kann. Während der Zeit der Vorgespräche hat sie ihre Arbeit jetzt als freie Mitarbeiterin wieder aufgenommen, ihr Mann hat inzwischen eine neue Stelle in einer anderen Stadt angetreten, wohnt aber weiter mit der Familie zusammen.

Zur Lebensgeschichte

Einzelheiten der Lebensgeschichte werden hier auch in anonymisierter Form nicht wiedergegeben, da sie für das Anliegen in diesem Zusammenhang nicht erforderlich sind.

Verlauf

Stunde 1 bis 91: Die Gefahr der Annäherung

Zur ersten Stunde kommt die Patientin zu spät, wobei das Zuspätkommen insbesondere in der ersten Hälfte der bisherigen Analyse ein Phänomen bleibt, das einer wirksamen Deutung nur schwer zugänglich ist. Ich sehe es einerseits als Ausdruck ihrer chaotischen Lebensführung, bei der sie Realität und Zeit verleugnet, andererseits verstehe ich es aber auch als ihren Versuch, sich mir gegenüber unabhängig und mächtig zu fühlen.

Die ersten Stunden sind geprägt von ihrer Sorge, dass sie es nicht aushalten könnte, wenn ich so wenig rede, und von ihrer tiefen Angst vor Ablehnung: »Ich will Vorschussliebe von allen.« Sie kommt mit den vereinbarten Terminen organisatorisch nicht zurecht, sodass wir neue finden müssen, und sagt hin und wieder eine Stunde ab. Ich denke, dass sie über die Stunden verfügen will und auch prüfen möchte, inwieweit ich bereit bin, mich für sie einzusetzen.

In den Stunden setzt sie mich stark unter Druck, ihr Ratschläge zu erteilen, wie sie beispielsweise ihren Sohn erziehen oder ihren Mann behandeln soll. Sie hätte gerne einen Ratgeber, formuliert andererseits jedoch: »Meine Eltern hatten immer schnelle Lösungen, aber die will ich nicht mehr.« Immer wieder sprechen wir über ihren Wunsch nach »Autoritäten« und ihre gleichzeitige Angst davor, denn durch »Autoritäten« fühlt sie sich auch schnell entwertet, sodass sie sie bekämpfen muss.

Sie fühlt sich in der Analyse sehr unter Druck, etwas leisten zu müssen.

Niemand darf einen Fehler bei ihr finden, und Schwäche-Zeigen ist für sie gleichbedeutend mit Verachtet-Werden. Es sträube sich alles in ihr, in sich hineinzuhorchen, sie habe keinerlei »Urvertrauen«, sagt sie. Gleichzeitig kündigt sie mir an: »Ich brauche jemanden, der auch mal was aushalten kann«, und »ich will jemanden wegstoßen können, und er soll mich trotzdem in den Arm nehmen«.

Zu Hause gibt es vermehrt Streits mit dem Ehemann, wobei sie ihre Verunsicherung und Selbstentwertung sehr auf ihn projiziert. Da sie ihre Projektionen noch nicht erkennen und zurücknehmen kann, werden diese Streits durch gegenseitige oberflächliche Entschuldigungen zunächst immer wieder notdürftig »beseitigt«. In ihren Stimmungen schwankt sie dabei von ausgeprägter Lebensfreude bis hin zur Todessehnsucht, was sie selbst sehr anstrengt. Ihr Selbstbild schwankt ähnlich: »Ich will jemanden ganz für mich haben, sonst bin ich nichts wert, ich bin wie eine Amöbe, so ganz ohne Gestalt«, dann wiederum: »Ich bin stark und intelligent«. In dieser Anfangsphase der Analyse fühle ich mich am ehesten in einer Großmutterübertragung. Ich höre ihr zu, lasse sie sein und versuche, die durch die Analyse aufkommenden Ängste etwas zu beruhigen.

In die erste Stunde nach der Weihnachtspause (Stunde 27) kommt sie wieder zu spät. Sie war mit ihrer Familie bei den Eltern und hat sich dort an die plastischen Operationen erinnert, die sie mit acht und zwölf Jahren erlebte. Sie erzählt mir von ihren Todesängsten, die sie damals hatte, und wie sie sie allein bewältigte, da sie sich mit niemandem darüber zu besprechen traute. »Na gut, dann sterbe ich eben«, habe sie gedacht.

Mit der Mutter ist sie diesmal etwas anders umgegangen, sie hat sie »auf die Couch gelegt, so wie Sie es mit mir machen«. Sie sieht, wie sehr die Mutter ihr Selbstwertgefühl aus ihrer Aufopferung bezieht und wie sie sich durch Krankheiten wichtig macht. Das hat sie selbst früher auch getan.

Vor ihrem Mann »ekelt« sie sich aber weiterhin und mit ihrer Schwester bricht sie einen Streit vom Zaun, beneidet sie und ist eifersüchtig. Auch auf mich wird sie wütend. Sie kommt zwanzig Minuten zu spät (30) und bedrängt mich sehr mit ihren Vorwürfen. Von mir bekomme sie nicht, was sie brauche, ich solle sie doch bitte mehr anleiten, in ihr gebe es keine Lösung. Ihre Gefühle seien embryonenhaft verkrüppelt. Anschließend ist sie erschrocken über ihre Wut. Sie sagt: »Manchmal fühle ich mich hier unterlegen, dann begehre ich auf und versuche Sie runterzukriegen.« Je mehr sie merkt, dass die Stunden ihr guttun, desto mehr bekommt sie auch Angst, diese jetzt wirklich zu brauchen. Das ärgert sie: »Es ist ein Machtkampf hier. Ich denke dann: wir sind ja beide promoviert. Obwohl ich es lächerlich finde.« Sie bemerkt, wie sie sich auch sonst ständig mit anderen vergleicht: »Ich kann gar nicht anders, das ist wie atmen.« Ich denke, dass sie durch diese verzweifelt-aggressiven Selbstbehauptungsversuche und Rivalitätskämpfe unerträgliche Scham- und Neidgefühle abwehrt, die durch das Erleben einer potenten Frau oder eines potenten Anderen in ihr hervor gerufen werden. In der Gegenübertragung fühle ich mich oft ohnmächtig-gelähmt von dieser Gleichzeitigkeit ihrer Aggressivität und ihres Bedrohtseins.

Sie wird sich bewusster, dass sie Mühe hat, mit den Wutanfällen, die ihr Sohn ihr gegenüber hat, umzugehen. Früher hat sie die nie ernst genommen oder versucht, »vernünftig« mit ihrem Sohn zu reden. Als sie jedoch in den Kindergarten kommen muss, weil ihr Sohn dort aggressiv aufgefallen ist, fragt sie sich, ob sie ihn nicht bereits überfordert und zu erwachsen gemacht hat. Er argumentiert mit ihr oft schon so vernünftig. Auch ich beobachte bei mir, dass ich mich nur schwer der Intellektualisierung und dem Argumentieren der Patientin entziehen kann und dadurch ihre Gefühlsabwehr manchmal mitagiere.

Sie setzt sich mit ihrer Mutter auseinander und stellt fest, dass die ihr eigentlich gar nicht zuhört. Sie findet sie »unglaublich gefühllos und verlogen«. Sie (die Mutter) ist wie ein »saugendes Loch«, hat selbst zu wenig bekommen. Der Vater war immer »der oberste Richter in der Familie, der beschloss, dass Gefühle lächerlich sind«. Er ist für sie unberechenbar, weil er zeitweise sehr nachgiebig ist, dann plötzlich wieder sehr streng. Er hat auch kein gutes Gefühl für Grenzen. Als sie mit ihrem Mann einmal bei den Eltern übernachtet hat, betrat der Vater ihr Zimmer, ohne vorher anzuklopfen.

Im Vordergrund stehen aber immer wieder die Streits mit dem Mann und die Auseinandersetzungen mit mir beziehungsweise mit der Analyse, an der sie sich mit ihrer Ambivalenz abkämpft. Erstmals taucht jetzt die Fantasie auf, dass sie sich doch von ihrem Mann trennen könnte, indem sie in eine andere Stadt zieht. Dass sie ihn noch braucht und von ihm abhängig ist, verleugnet sie vollkommen. In den Stunden berichtet sie endlos von den zermürbenden Streits, die sie zu Hause mit ihm führt. Sie schimpft dabei fürchterlich auf ihn und fordert von mir schnelle Lösungen, sodass ich es manchmal kaum noch aushalte. Häufig erwische ich mich dabei, dass ich aus einer unerträglichen Ohnmacht heraus dagegen angehe, damit die Rolle des Vaters übernehme mit der Tendenz besserzuwissen und die Patientin dadurch latent entwerte. Es fällt mir schwer, mich dieser Rollenübernahme zu entziehen und die Patientin einfach sein zu lassen, da sie mir dann unerreichbar erscheint. In solchen Momenten fühle ich mich nur wenig empathisch mit ihr.

In der Beziehung zu mir ist sie weiterhin sehr schwankend. Einerseits erzählt sie mir weinend nach einem Streit mit dem Mann: »Ich habe es nur ertragen, weil ich wusste, dass ich hierher kann.« Dann wiederum hält sie mich mit ihrem Zuspätkommen und einzelnen Terminabsagen auf Distanz. »Hier kann ich ja jederzeit gehen«, sagt sie selbstbeschwichtigend zu sich. Sie fühlt sich »im Sumpf« und beschimpft mich oder spricht über ihre Angst, sich mir mit ihrem »Schmutz und Schotter« zu zeigen. »Wenn ich mich fallenlasse, dann schnappen die anderen zu.«

Sie erschrickt jetzt manchmal über die Heftigkeit ihrer Wut, die sie auf ihren Mann hat, wobei die Wut dann manchmal zur Traurigkeit wird. »In ihm steckt auch der gute, fürsorgliche Mensch, ich kriege die beiden Seiten in mir einfach nicht zusammen.«

In der Analyse findet sie jetzt zwar einen Platz, an dem sie weinen kann und sich verstanden fühlt, aber sie ist weiterhin unzufrieden, weil ich die Situation nicht gleich für sie ändern kann.

Sie hat jetzt häufiger Halsschmerzen und berichtet ihren ersten Traum (63):

> Ein übler Alptraum, den ich schon öfter hatte: Ich habe ein Haar im Mund und will es rausholen. Das ist dann eine Stecknadel, die in der Zunge steckt. Ich ziehe sie raus, und das wiederholt sich dann ganz oft. Ich würge Stecknadeln hoch, es kommen immer mehr, bis keine mehr kommen.

Sie assoziiert dazu: »Ich hole verletzende Gefühle aus mir heraus, ich spüre die Stecknadeln, schmecke das Metall. Es ist eklig und unangenehm, ich habe gefährliche Sachen im Mund.« Weiter berichtet sie, dass sie sich am Tag zuvor mit ihrem Mann gestritten habe und er sehr aggressiv geworden sei, weil sie sich ihm schon längere Zeit sexuell verweigere. Indem sie die Sexualität als Machtmittel benutzt, hält sie ihren Mann auf Distanz, denn in ihrer extremen Empfindlichkeit könnten ihr bei einer Annäherung schmerzhafte

Nadelstiche zugefügt werden, aber gleichzeitig spürt sie auch, wie sie sich und andere mit ihren »Stecknadeln« verletzen kann.

Das bekomme ich einige Stunden später zu spüren (66). Sie fragt mich sehr vehement nach einer Theorie, die ihre Störung erklärt, warum sie es nicht schafft, Positives und Negatives in sich zusammenzubringen. Ich antworte: »Jetzt möchten Sie wieder die schnelle Lösung.« Sie wird daraufhin noch wütender: »So mag ich nicht mehr, ich will Fortschritte sehen!« Sie beschuldigt mich, dass ich ihr etwas vorenthalte und ausweiche. »Für Sie ist alles nur ein Spiel!« Sie fühlt sich vor mir wie ein »Idiot«, wenn ich ihr dabei zusehe, wie sie ständig mit dem Kopf gegen die Wand rennt. Ich bin dann für sie die Mutter, die darauf nicht reagiert.

In der nachfolgenden Stunde ist ihr ihre Wut peinlich: »Ich habe kein Gefühl dafür, wieviel ich rauslassen darf. Es ist so schwer, überhaupt Gefühle zu zeigen.« Sie spricht jetzt über ihre Angst, dass ich sie verachten oder ablehnen könnte, ihre »innere Leere« entdecken könnte, wenn sie sich mir zeigt. Gleichzeitig möchte sie sich »nackt ausziehen, ganz aufmachen können, und der andere sagt: Es ist alles okay. Ich möchte bedingungslose Zuneigung«. In der Kindheit, so erinnert sie, stand sie immer zwischen Mutter und Vater, wollte es beiden recht machen. »Ich habe keine eigene Identität«, ist ihr Gefühl. Die männliche Identifikation mit dem Vater war nicht stimmig und mit der Mutter wollte sie sich nicht identifizieren, weil die ihr zu schwach erschien. Ich habe das Gefühl, dass es im Augenblick bei diesem Hin und Her meine Aufgabe ist, auszuhalten und zu »überleben«.

Kurz vor der bevorstehenden Osterpause streitet sie sich heftig mit ihrem Mann und klagt in der Stunde über ihn: »Wenn's mir schlecht geht, dann stehe ich alleine da.« Ich sage: »Der Vorwurf trifft ja vielleicht auch mich. Ich lasse Sie allein, obwohl es Ihnen schlecht geht.« Sie: »Nein, Sie tun so, als wären wir befreundet. Von einer Freundin erwarte ich, dass sie den Urlaub verschiebt, von Ihnen aber nicht.«

Nach den Osterferien kommt sie zu spät und sagt die Termine in den Pfingstferien ab. Wenige Stunden später teilt sie mir ganz unvermittelt mit, dass sie ab Oktober ohnehin nicht mehr zur Analyse kommen könne, da sie sich in einer anderen Stadt für eine Lehrer-Ausbildung beworben habe, das sei ihr »Traumjob«. In dieser Stunde kann sie aber über ihre große Angst sprechen, von mir abhängig zu werden, »das ist dann wie bei den Eltern«. Sie fantasiert, dass ich sie alleinlassen könnte, indem ich einfach die Analyse beende. Ich denke an ihre »Pfingstabsage« und deute: »Diese Ängste scheinen hier eine größere Rolle zu spielen, als Ihnen lieb ist. Deshalb kommen Sie mir zuvor und sagen die Pfingsttermine ab.« Sie antwortet: »Ja, im Osterurlaub hatte ich den Gedanken: jetzt will ich auch nicht, jetzt zeige ich's Dir!«

In der Folgezeit kommen ihr Zweifel an ihrer Bewerbung außerhalb. Sie verleugnet ihre Abhängigkeit von ihrem Mann weniger und befasst sich damit, was sie eigentlich von ihm braucht. Er bietet ihr irgendwie doch eine Sicherheit, und sie möchte noch gerne von ihm versorgt werden. Sie kann sich jetzt nicht entscheiden, ob sie gehen möchte oder nicht, und erkennt, dass sie sich in ihrer Entscheidungsunfähigkeit oft selbst in solche Zwangslagen bringt wie mit dieser Bewerbung, in denen sie dann impulshaft entscheidet und letztlich vor sich selbst wegläuft.

Stunde 92 bis 162: Der Ambivalenzkonflikt spitzt sich zu und ein Teil des »falschen Selbst« bricht zusammen

In der Pfingstwoche kommt sie zur einzigen Stunde (93), die sie mit mir vereinbart hat, dreißig Minuten zu spät. Meine Bemerkung, dass es zurzeit für sie wichtig sei, Abstand zu mir zu halten, »überhört« sie: »Ich verstehe den Zusammenhang nicht.« Sie erzählt aber einen Alptraum: »Ich gehe in einer Flutwelle unter, dann schreit mein Mann mich an. Es ist alles sehr bedrohlich.«

Sie sei froh gewesen, in der (selbst gewählten) Pause von hier Luft holen zu können. »Ich kann hier nicht mehr verdrängen.« Gemeinsam mit mir zu verdauen, fällt noch schwer, dazu ist sie noch zu untergründig misstrauisch mir gegenüber. Sie möchte den Kassenantrag lesen, was ich ihr in meinem Beisein auch erlaube, und ist erleichtert, darin keinen »zusätzlichen Hammer« gefunden zu haben. Danach kommt sie eine Zeit lang pünktlich in die Stunden und kann ihre Ambivalenz formulieren: »Ich will eine tiefere Bindung und sobald ich sie habe, möchte ich mich gleich wieder lösen.« Wegzugehen bleibt weiter im Gespräch, und ich bekomme Angst um die Analyse. Ich spüre, wie sie mich mit der latenten Drohung – »vielleicht gehe ich ja bald« – manipulieren und unter Druck setzen kann.

Die Verzweiflung über die Streits mit ihrem Mann geht weiter (100), dabei hat sie doch eine so große »Verschmelzungssehnsucht«. »Verschmelzung ist ein idealer Zustand, Trennungen sind schrecklich«, sagt sie, wobei es auch schon als

Trennung zu verstehen ist, wenn sich einer durch eine andere Meinung von ihr unterscheidet. Auch das Stundenende hier ist zu sehr trennend und kränkend. Sie hat Angst, von mir verletzt zu werden: »Die Rein-und-rausgeh-Szenen sind wichtig. Ich würde es nicht ertragen, wenn Sie mich unfreundlich ansehen würden.« Sie spricht darüber, dass sie sich von ihrer Mutter so benutzt gefühlt hat. »Sie hat es nicht ertragen, wenn ich zu Freundinnen ging. Sie hat mich ausgesaugt und dann kalt gestellt.« Sie hält sich deshalb oft Verabredungen mit vielen Freundinnen gleichzeitig offen, möchte von keiner abhängig werden.

Der Wunsch nach mehr Freiraum und Veränderung wird größer, sie würde gerne nachholen können, was sie früher verpasst hat. Sie würde gerne andere Männer ausprobieren, und der Sohn beginnt zu stören. Als es noch symbiotischer mit ihm war, war es schön, jetzt, da er selbstständiger wird, ärgert sie sich oft, dass sie sich um ihn kümmern muss. Für diese Gedanken hat sie große Schuldgefühle. Überhaupt hat sie Angst, mit ihrer Bedürftigkeit Schaden anzurichten, so wie damals, als sie ihren Mann betrogen hat. Andererseits ist es schwer, diese Bedürftigkeit zu zeigen und etwas anzunehmen, weil sie dann sofort in der »schwächeren Position« ist. Deshalb ist es auch so schwer, von mir etwas anzunehmen, zu sehr käme sie dann mit ihren Wut- und Neidgefühlen auf mich in Berührung.

Im Nachhinein sehe ich diesen Diskurs sehr viel stärker im Zusammenhang mit der bevorstehenden dreiwöchigen Sommerpause. Es ist eine Zeit, in der die Patientin pünktlich kommt, aber sie zweifelt auch wieder an der Analyse und äußert ihre Angst, dass sie in der Pause sterben oder dass mir etwas passieren könnte. »So eine Abhängigkeit geht doch zu weit!« Jede Unterbrechung von mir erlebt sie als Kränkung und unerträgliche Zurückweisung, womit umzugehen ihr schwer fällt. Kurz vor der Pause korrespondiert sie mit S., den sie im Internet kennengelernt hat. Mit ihm sei es eine Seelenverwandtschaft. »Mit ihm spreche ich so offen wie mit Ihnen«, schwärmt sie. Ich sage: »Sie haben ein Bedürfnis nach Austausch, der Ihnen hier in den nächsten drei Wochen fehlen wird.« »Ja«, räumt sie ein, »das hat vielleicht miteinander zu tun.«

Nach der Pause (113) erzählt sie mir euphorisch, dass sie eine Referendariatsstelle am Heimatort bekommen hat. Zu S. hat sie eine persönliche Beziehung aufgenommen, »ich habe meine Gefühle entdeckt«. Aber so ganz möchte sie sich nicht auf S. einlassen, eine Trennung vom Mann erscheint ihr noch zu schwierig. Sie ist in einem Gefühlsstrudel zwischen zwei Männern, und die Seiten wechseln dabei sehr schnell. Aber sie genießt es auch: »Ich kleide mich jetzt völlig anders, ich sitze auf Tisch und Fußboden, ich hole Adoleszenz nach!«

Wir sprechen darüber, dass die Schule für sie auch bedeutet, Kontakt zu ihrer eigenen Jugendlichkeit zu bekommen, und sie entdeckt ihre massive Wut, ihren Hass, ihren Neid und ihre Eifersucht auf alle, die eine Adoleszenz hatten oder haben. »Ich war als Teenager innerlich tot«, stellt sie verbittert für sich fest.

Mit dem Schulbeginn sagt sie vierzehn Tage Therapie ab, und es beginnt eine sehr schwierige und bedrohte Zeit in der Analyse, die von Anfang September bis Ende Oktober dauert. Ich sehe ihren Wunsch nach einer Ausbildung nicht als eine gereifte Entscheidung, sondern werte ihn, genauso wie den Kontakt zu S., als ein verzweifeltes Agieren, das dem Selbsterhalt der Patientin dient, da ihre Abwehrmechanismen durch die Analyse nachhaltig labilisiert wurden.

Es wird schnell deutlich, dass sie sich mit dieser sehr aufwendigen Ausbildung zum jetzigen Zeitpunkt hoffnungslos überfordert. Sie verleugnet Realität und Zeit, um das Unmögliche möglich zu machen. Sie lebt in dem Gefühl: »Ich kann alles möglich machen, wenn ich nur will.« Da sie sich ihre Grenzen aber nicht eingestehen kann, projiziert sie all ihre Zweifel am Schulvorhaben auf mich und bekämpft sie in mir vehement. Sie denkt über einen Therapieabbruch nach und agiert in einem Ausmaß hinsichtlich der Termine, dass der analytische Rahmen vorübergehend zerstört wird. Termine gehen nur noch kurzfristig zu vereinbaren, weil bei der Patientin angeblich nichts planbar ist. Ich komme ihr entgegen, um sie zunächst einfach nur in der Beziehung zu mir zu halten. Sie wirft mir aber vor, hämisch über sie zu lächeln und sie nicht genügend zu unterstützen. Sie möchte bei mir kurzfristig Termine verschieben und findet, dass ich meine Macht ausspiele, wenn ich dies einfach nicht kann. Sie würde ja gerne zur Analyse kommen, wenn ich es ihr nur ermöglichen würde! Ich fühle mich ohnmächtig, wütend, verzweifelt und suche Entlastung in der Supervision. Ich habe manchmal Angst, dass ich meine Wut ausagieren und damit zur Zerstörung der Beziehung beitragen könnte. Ich beginne zu verstehen, dass die Patientin mich unbewusst bis zum Äußersten bringt, damit ich spüre, wie es ist, sich so entwertet und so ohnmächtig wütend zu fühlen, aber auch um zu prüfen, wie ich in meiner Gegenübertragung Aggressivität und Brüchigkeit gleichzeitig aushalte.

Das Verstehen hilft mir, meine Wut langsam in Besorgnis zu verwandeln. Wir können darüber sprechen, dass sie möchte, dass ich mich um sie bemühen soll, weil sie sonst so große Zweifel an ihrem Wert für mich hat. Sie fühlt sich zunehmend von der Therapie abhängig, weil die »so viele gute Gefühle schafft«.

Aber an ihrem Ausbildungsprojekt hält sie weiter fest, und der Kampf um die Termine (wir finden immerhin jede Woche mindestens drei in dem Durcheinander) geht weiter. »Sie reagieren hier hart und zwingen mich zu Terminen, die ich nicht vereinbaren kann«, wirft sie mir vor. Ich sage: »Sie nehmen es mir übel, dass ich mich jetzt nicht zurückziehe«, und gebe ihr damit die in mich projizierte Aggression zurück. Sie antwortet: »Sie sollen mich respektieren und mir nicht böse sein.«

Schließlich entwickelt sie körperliche Symptome: Kopfschmerzen, Schlaflosigkeit, die Regel bleibt aus. Ich teile ihr meine ernsthafte Sorge um sie mit, woraufhin das Schimpfen in eine Depressivität umschlägt. Sie weint und fühlt sich »ganz klein« vor mir. Als ihr Sohn noch Windpocken bekommt, beschließt sie, die Ausbildung aufzugeben, und lässt sich erst einmal krankschreiben (136). Dass sie ihren Sohn jetzt so vermisst, der bei verschiedenen Tagesmüttern untergebracht ist, erschreckt sie sehr. Sie hat auch eine Sehnsucht nach den Stunden hier, wobei ihr vier Sitzungen fast zu wenig sind. »Ohne Analyse hätte ich die Ausbildung durchgezogen«, sagt sie nachdenklich. Ihr altes System ist zusammengebrochen, etwas Neues ist noch nicht da, und sie fühlt sich unglaublich schutzlos dabei.

Sie wird zunehmend depressiv und krank, hat das Gefühl, in der letzten Zeit in der Analyse etwas verpasst zu haben. Sie findet, dass die Analyse einen Kontrapunkt zu ihren Eltern darstellt. Hier kann sie schweigen und hier konnte sie sich auch irren, ohne dass sie hämisch ausgelacht wurde oder eine Katastrophe passierte. Sie entschließt sich, ihre vorherige Tätigkeit als freie Mitarbeiterin wieder aufzunehmen.

Die Gynäkologin diagnostiziert bei ihr einen Hormonstatus im Sinne eines Klimakterium praecox. Die Hypophyse produziert sehr viel FSH (follikelstimulierendes Hormon), aber die Eierstöcke reagieren nicht mehr. Sie hätte auch Angst vor einer erneuten Schwangerschaft, sehnt sich aber gleichzeitig nach einer großen Familie. Noch ein Kind von ihrem Mann wäre furchtbar, sie ekelt sich wieder gerade so vor ihm. »Er liegt mir wie ein Klotz im Bauch«, findet sie, und »es ist so tot in mir«. Wenn sie ihrem Trieb, ihrem Gefühl oder ihrer Sexualität nachgegeben hat, ist immer nur etwas Schlechtes dabei herausgekommen, meint sie. Es fällt ihr so schwer, sich einzugestehen, dass ihr Mann noch bedeutsam für sie ist. Mit Ekel und Abscheu will sie ihn unbedeutsam für sich machen, aber sie braucht ihn, weil sie selbst noch so unstrukturiert und unentschieden ist.

Mit ihrem Zuspätkommen möchte sie auch mich bedeutungslos für sich machen. Gleichzeitig hat sie Angst, mich mit »Haut und Haaren« zu verschlingen. »Ich bin ein gieriges Monster«, findet sie.

In die 150. Stunde kommt sie mit einem Alptraum:

Ich habe geträumt, dass ich mit meinem Vater geschlafen habe, das war furchtbar.

Ihr Mann sei wie ihr Vater. Wenn er sie berühre, würden sich die Gesichter verwischen, deshalb wolle sie keine Sexualität mit ihm. In der Pubertät musste sie immer die Badewanne auswischen, bevor sie badete, weil sie sonst befürchtete, vom Vater schwanger zu werden. Sie weint darüber, wie demütigend sie ihren Vater erlebt hat, als sie vor ihm und dem befreundeten Hausarzt mit siebzehn Jahren im Wohnzimmer das Ergebnis der letzten plastischen Operation vorführen musste. Wenn er sie aber auf die Schulter küsste, hatte sie die Fantasie, die Mutter jetzt ausgestochen zu haben, und war bitter enttäuscht, wenn er doch wieder zur Mutter zurückkehrte. Die ödipale Enttäuschung erschütterte auch sehr ihr narzisstisches Gleichgewicht.

Sie weint darüber, sich als Mädchen nie »richtig« gefühlt zu haben, und dann noch mit der Missbildung bei einer Mutter, die keine Zeit für sie hatte. Ich frage, ob sie auch noch Zweifel habe, bei mir richtig zu sein, da ich sie am Anfang ja auch weggeschickt habe. Sie: »Am Anfang hatte ich das Gefühl, Sie müssen sich überwinden, mit mir zu arbeiten, das Gefühl habe ich jetzt nicht mehr.« Ich denke, dass der Traum auch einen Übertragungsanteil hat. Sie möchte mir sehr nah sein, aber es ist noch zu furchterregend.

Die Beziehung zu mir wird jetzt ruhiger und konsistenter. Sie macht sich Gedanken darüber, warum sie so schlecht mit der Zeit und der Realität zurechtkommt. Sie verleugnet häufig die Realität, weil sie Angst hat, ihren Anforderungen nicht gewachsen zu sein, und weil das, was ist, oft nicht mit den Vorstellungen, die sie von sich hat, übereinstimmt. Sie beginnt jetzt aber, ihre Zeit besser zu planen und sich mit anstehenden Entscheidungen in den Stunden mehr auseinanderzusetzen. Sie sieht, dass sie mehr an realer Freiheit gewinnt, wenn sie sich rechtzeitig mit dem, was tatsächlich ist, auseinandersetzt. Die spielerische innere Freiheit ist das, was fehlt.

An der Notwendigkeit der anstehenden Verlängerung der Analyse hat sie keinerlei Zweifel. Als sie sich in die Weihnachtspause verabschiedet, bedankt sie sich für das letzte Jahr bei mir.

Beim Nachbetrachten der ersten beiden Phasen der Analyse wird mir deutlich, wie sehr der hartnäckige Widerstand der Patientin mir eine deutende Arbeit an ihren heftigen aggressiven Affekten unmöglich machte. Ihre Abbruchdrohungen, ihr ausgeprägtes Agieren sowie ihre massiven Projektionen führten dazu, dass für mich in der Gegenübertragung die Stabilisierung ihres Selbst sowie ihrer Beziehung zu mir zunächst im Vordergrund stand.

Stunde 163 bis 238: Der Zugang zur Innenwelt beginnt sich zu öffnen

Im Folgenden wird es ihr zunehmend möglich, vom »inneren Vater« oder der »inneren Mutter« zu sprechen, wobei sie für meine Deutungen ihrer Projektionen sehr viel zugänglicher wird. Ich habe den Eindruck, dass ich jetzt so etwas wie eine mütterliche Funktion übernehme. Ich bin die Sicherheitsgeberin und schaue ihr bei ihrem Kampf mit den inneren Objekten zu. Sie wünscht sich eine »positive Autorität, eine, die nur für mich sorgt, jedenfalls partiell, der es nur um mich geht«.

Sie hat wieder Probleme mit ihrem Sohn, der gegen ihre Autorität kämpft. Sie fühlt sich selbst oft noch wie ein Kind, wenn sie mit ihm spielt, und spürt bei sich keine Grenzen. Der Sohn geht schließlich zu weit und sie wird dann plötzlich ganz autoritär mit ihm, so wie der Vater es früher mit ihr gemacht hat. Oft traut sie sich auch nicht, ihm ihren Ärger zu zeigen aus Angst, dass er dann beleidigt sein könnte wie die Mutter, was sie nicht aushielte. Dann wiederum ist er ihr gegenüber oft überheblich und fordernd, wogegen sie sich schlecht wehren kann. »Es ist ein ständiger Machtkampf zwischen uns.« Wenn der Sohn krank wird, fällt es ihr schwer, fürsorglich mit ihm zu sein, sie denkt dann schnell, »der schauspielert doch nur«. Mir wird deutlich, wie sehr der Sohn ihr narzisstisches Selbstobjekt ist.

Erstmalig spricht sie auch ausführlicher über ihre Arbeitsstörung. Schnell gerät sie sowohl mit weiblichen als auch männlichen Vorgesetzten aneinander. Sie beginnt zu sehen, dass sich dahinter die Auflehnung gegen ihren Vater verbirgt. Sie hat Architektur studiert, weil der Vater von Architektur keine Ahnung hatte. Trotzdem konnte er auch da eindringen. Wenn sie Pläne zeichnen musste, dann tauchte in ihr der entwertende Vater aus der Werkstatt auf, und plötzlich hatte sie »gelähmte Hände«. Sie spricht über ihre Versagensängste und den großen Druck in ihr, immer etwas »Geniales« leisten zu müssen, weil das »Normale« nichts wert ist. Sie sieht aber auch, wie sie selbst zu ihrem Versagen beiträgt, indem sie Terminzusagen macht, die sie unmöglich einhalten kann. Sie selbst darf auch gar nicht erfolgreich sein, denn in ihrem Erleben ist es gleichbedeutend damit, dass der Vater dann schwach wäre, und das könnte sie (noch) nicht aushalten.

Mit der Chefin ist es schwierig, weil sie sich von der nur benutzt fühlt, gleichzeitig idealisiert sie sie und kämpft um ihre Anerkennung. Seitdem sie Mutter ist, fühlt sie sich von ihr nicht mehr als »vollwertig« angesehen, und erkennt erst ansatzweise, dass sie selbst es ist, die sich als Frau und Mutter so entwertet. Scham und Angst verhindern, dass sie ihren Ärger bei der Chefin wirksam einsetzen kann. Schließlich schafft sie es, das ihr noch zustehende Geld von der Chefin einzufordern, und holt diese etwas von ihrem Podest, sieht, dass diese auch manchmal Fehler macht. Diese »Entthronung« erlebt sie trotz der Enttäuschung eher als Erleichterung.

Aber es ist weiterhin schwer für sie, so etwas wie eine eigene Position zu finden. Weil in ihr alles so schwankt, bringen auch die Gespräche mit mir sie durcheinander: »Jetzt weiß ich gar nichts mehr.« Sie fantasiert mich jetzt als ideal und fordert wieder vermehrt Ratschläge von mir oder versucht, mich zum Argumentieren zu verführen. Unbewusst will sie meine Standhaftigkeit prüfen, denn sie sagt: »Ich brauche jemanden, der da ist, aber der mich machen lässt.« Sie spricht wiederholt über ihre Angst vor Schutzlosigkeit in Beziehungen, aber ihr Frauenbild wird positiver: »Frauen geben mir jetzt Sicherheit, früher habe ich Frauen nur verachtet.« Sie fantasiert sich ein Leben in einer kleinen Gruppe von Frauen, »zu dritt wäre es optimal«. Ich sage: »Die Dritte als Schutz vor der Nähe zu zweit.« Sie: »Ja, ich habe sonst Angst, mich zu sehr zu verlieren.«

Ein Traum (183) illustriert ihre innere Veränderung:
> An meinem Arm war eine Wunde oder Verletzung. Er musste amputiert werden im linken Ellenbogengelenk. Ich habe eine Prothese bekommen und war glücklich, es war besser als vorher. Zum Schluss war es gar keine ganze Prothese mehr, nur noch der Ringfinger war Prothese, ich habe mich total gut gefühlt damit.

Ihr fällt dazu ein, dass sie ihren Ehering, den sie zurzeit nicht trägt, früher immer links getragen hat. Sie zweifelt, was wohl nach ihrer Veränderung aus ihrer Ehe wird. Aber es gibt auch die Sicherheit, dass etwas Neues und Besseres kommen kann, das sie sich zu eigen machen kann. Der Schmerz über den Verlust ist im Traum noch abgespalten. Wir verstehen es so, dass in ihr erst einmal Sicherheit und Zuversicht wachsen müssen, damit sie überhaupt Schmerzen zulassen kann.

Nach einer kurzen Unterbrechung von nur wenigen Tagen kommt sie sehr niedergeschlagen in die Stunde: »Ich sollte lieber gehen und niemanden belasten.« Ich deute es ihr als Reaktion auf die Unterbrechung und darauf, dass auch ich Grenzen habe. Sie antwortet: »Nein, hier ist es gegeben, es ist schön, eine äußere Gegebenheit zu haben, dann kann ich mich richtig reingeben.« Sie probiert danach mehr Grenzziehung bei ihrem Sohn aus und ist überrascht, wie fröhlich er dabei ist.

Es folgt eine Phase, in der die Patientin vermehrt krank ist. Sie hat wieder Zyklusstörungen und sehr häufig bakterielle Infekte. Ich sehe diese somatische Regression im Sinne einer biopsychologischen Reaktion, die ich auf ihre frühen Trennungstraumata zurückführe. Insbesondere ihre ernsthaften Hormonstörungen besorgen mich zunehmend, wobei mir auch auffällt, dass sowohl ich als auch die Patientin dabei nur wenig Raum für Körperfantasien über diese Erkrankungen haben. Sie selbst fühlt sich nur als Versagerin. Kranksein bedeutet einerseits zwar, bemuttert zu werden, es bedeutet aber auch, sich dem Willen der Mutter völlig zu unterwerfen. Auf sich selbst einzugehen bedeutet auch, sich zu unterwerfen und schwach zu sein. Über ihren Körper spricht sie wie über eine Maschine. Aus Scham über ihre Krankheiten verbarrikadiert sie sich in den Stunden oft vor mir. Ich fühle mich dann hilflos, kann nur aushalten und schweigend anwesend sein.

Sie kommt wieder vermehrt zu spät und macht in den Stunden Druck. Es gehe ihr alles zu langsam. Sie sagt wieder Termine ab, weil sie in der Zeit zum Zahnarzt muss. Sie beklagt sich, von ihrem Mann nicht verstanden zu werden. Ich sage: »Vielleicht macht es auch Angst, verstanden zu werden.« Sie antwortet: »Ich weiß nicht, als Sie kürzlich weg waren, ging es mir schlecht, als Sie wieder kamen, ging es mir schon nach einer Sitzung besser, das hat mir Angst gemacht.« Sie befürchtet, ich könnte sie wegstoßen oder langweilig finden. Es sei so ungleich hier, sie könne mir nichts geben. Ich sage: »Ihr Sohn sorgt vielleicht nicht für Sie, aber er gibt Ihnen dennoch etwas.« Sie: »Ich hatte nie das Gefühl, meinen Eltern etwas geben zu können.« Sie erinnert sich an ihren zwölften Geburtstag und an den Schmerz, der eigentlich nur durch eine Kleinigkeit ausgelöst war, von der Mutter nicht in ihrer Einzigartigkeit wahrgenommen zu werden. »Die Mutter musste gefeiert werden, aber wie!« Sie gehörte der Mutter, und die Mutter benutzte sie. »Nicht einmal meine Intelligenz gehörte mir selbst.« Der Vater behandelte sie wie einen »Dummbolz«, entwertete sie oft, wobei sie jetzt langsam ein Gefühl dafür bekommt, wie sehr sie in ihrer Selbstentwertung noch mit dem Vater identifiziert ist. Nach diesen Stunden sagt sie die zuvor abgesagten Termine wieder zu.

Zu Ostern »zwingt« sie ihren Mann erstmals nicht, mit zu ihren Eltern zu kommen. Sie kann sich getrennter von ihm erleben, und ihr Einfühlungsvermögen in ihn wächst. Sie erkennt, wie schwer es ihr fällt, ihre Ambivalenzspannung hinsichtlich ihrer Ehe in sich zu halten. Ohne es wirklich zu wollen, hat sie sich in solchen Situationen früher den Eltern offenbart und hatte hinterher das Gefühl, ihnen in die Falle gelaufen zu sein.

Mir fällt auf, dass ich mich jetzt sehr viel leichter in die Patientin einfühlen kann. Ich denke, dass es damit zu tun hat, dass ich ihr mittlerweile auch näher sein darf und in meiner Potenz weniger bedrohlich für sie bin.

Auch die Streits mit dem Mann werden weniger, wobei sie beginnt, diese Streits hinterher für sich zu analysieren (d. h. sie hat die analytische Funktion verinnerlicht). Ihr Mann ist oft noch kindlich und sehr schnell beleidigt. Sie bekommt dann, wie bei der Mutter, sofort Schuldgefühle, aber auch eine große Wut. Dort, wo sie noch unsicher ist, wo »ein Vakuum« entsteht, da ist ganz schnell ihr Mann drin, so wie früher der Vater. Sie lässt es zu, weil sie sich selbst noch nicht traut, ihren Raum selbst einzunehmen. Sie sieht, dass sie in ihrem Mann die Autorität des Vaters und das Beleidigtsein der Mutter bekämpft.

Sie erzählt, wie sie ein Kind beim Fahrradfahren beobachtet hat. Die Mutter war stolz auf ihren Sohn und hat ihn gelassen. »Dann kam es bei mir hoch, wie der Vater sich über mich lustig gemacht hat. Ich konnte es schließlich, aber ich ging heulend nach Hause und beschloss, dass ich nie wieder Fahrrad fahre.« Dass der Vater da einen Fehler gemacht hat, dass er nicht ideal ist, fällt ihr schwer zu sehen, aber in die nächste Stunde kommt sie mit den Worten: »Das gestern mit dem Vater, es war wie eine Befreiung und hat eine tiefe Gefühlsebene erreicht.«

Danach wird sie wieder krank (214), bekommt Halsschmerzen und Fieber. Sie ist depressiv und sieht die Erkrankung als Bestätigung des Vaters, der ihr immer klar machte: »Wenn du eigene Wege gehst, dann fällst du auf die Nase.« Ich deute ihr ihre Fantasie, für den eigenen Weg bestraft zu werden, so als dürfte sie keinen eigenen Weg gehen. Ja, sie habe furchtbare Angst. Es ist die Angst, dass jetzt alles zusammenbricht und sie die Kontrolle verliert. Sie schimpft sehr auf ihren Mann und auf ihren Körper. Mir wirft sie vor: »Wenn es mir hier schlecht geht, dann greife ich ja nur in Watte, es ist nichts zum Anlehnen da.« Ich sage: »Es ist so ungewohnt, dass jemand mit Ihnen mitfühlt und nicht gleich eine Lösung parat hat.« Es gehe ihr schon so lange so schlecht, antwortet sie. Es sei so schwer auszuhalten, die Ohnmacht, ihr Versagen, die Trauer über alles und nicht zu wissen, wie es ausgeht. »Es ist, als wenn lauter Nadeln in meinem Hals stecken, wie lange geht das noch so?«, fragt sie verzweifelt. Sie entschließt sich, Antibiotika zu nehmen, woraufhin es ihr bald wieder besser geht.

Sie beschreibt die Mutter, die sie gerne hätte: »Eine, die nicht gleich wankt und weicht, sondern die stark bleibt und mir trotzdem Luft lässt.« Über unsere Beziehung macht sie sich auch Gedanken: »Es ist eine dünne Eisschicht da, die ich nur vorsichtig belasten darf. Ich kann nur vorsichtig annehmen, habe immer Angst, dass sie gleich wieder einbricht.«

Es entsteht der Wunsch nach einem Haus mit Garten für sich und ihren Sohn. Mit ihrer Liebe zur Gärtnerei hat sie sich bereits einen Bereich zurückerobert, den ihr die Eltern schon einmal zerstört hatten. Das gibt Hoffnung, dass es auch in anderen Bereichen gehen wird. Der ersehnte Garten steht für den Wunsch nach Festlegung. Mit dem Sich-alles-offen-Halten (Blumen in Töpfen auf dem Balkon) beraubt sie sich ihrer Wurzeln. Topfblumen können nur eine Notlösung sein.

Sie hat jetzt ein großes Bedürfnis, viel über sich zu reden, und kommt zunehmend pünktlich zur Analyse. Bei ihren Streits mit ihrem Mann stellt sie eine geänderte Haltung bei sich fest. Sie fühlt sich nicht mehr so gedemütigt, hat einen größeren Abstand, manchmal sogar etwas Humor. »Ich werde wach«, sagt sie ganz stolz.

In der anschließenden Pfingstunterbrechung wird sie wieder krank, leidet diesmal an Übelkeit und Erbrechen. Ihrem Mann wirft sie vor, sie nicht genug versorgt zu haben, und denkt wieder an Trennung. Auf eine entsprechende Übertragungsdeutung antwortet sie: »Ja, ich habe es allen übel genommen, die nicht da waren.«

Im Folgenden geht es um die Schwiegereltern, die dem einzigen Enkel noch nicht einmal ein Geburtstagsgeschenk gemacht haben, und um den Vater, der so »unberechenbar, kaltschnäuzig und verletzend« sein konnte. Sie hat oft das Gefühl, bei ihm »abzublitzen«, was unerträglich schmerzhaft für sie war und ist. So konnte sie nie entspannt sein, und es war immer falsch, was sie machte. Sie träumt (235):

> Ich schaue aus dem Fenster und sehe einen Unfall. Ein Autofahrer überfährt einen Fußgänger und begeht Fahrerflucht. Ich wollte die Nummer aufschreiben und alles richtig machen. Ich dachte dann, dass ich mich erst um das Opfer kümmern sollte, aber da war schon jemand. Ich ging auf die Straße zur Polizei und musste sie richtig bedrängen, dass ich meine Aussage machen durfte, die waren eher genervt. Die Polizei sagte dann: Da müssen Sie schon genauer werden! Ich wollte alles richtig machen, es war doch Fahrerflucht.

Sie stellt diesen Traum in die Reihe der Träume, in denen sie alles richtig machen will, aber alles falsch macht, nicht ankommt, nichts erreicht. Am meisten entsetzt es sie bei diesem Traum aber, dass sie kein wirkliches Interesse für das Opfer hat. »Ich will lieber zuschlagen als helfen«, stellt sie fest. Ich sage: »Es ist schwer, sich einzufühlen.« Sie weint und sagt: »Nein, mich einfühlen, das geht nicht, es ist zu schmerzhaft und zu beschämend, dann überfahre ich mich lieber selbst.« Die Fahrerflucht symbolisiert vielleicht ihr Fliehen durch Projektionen aus ihren inneren Konflikten, und die Polizei bin ich, die ihr ihre Schuld nicht abnehmen will.

Mit ihrem Mann ist es so, dass sie sich oft gegenseitig »überfahren«. Ihren Mann braucht sie als »Kontrapunkt«, erkennt sie, bei ihm kann aus ihrer Ohnmacht Macht werden.

Stunde 239 bis 321: Es darf immer näher werden

Ihr Mann traut sich jetzt, ihr endlich eine Grenze zu setzen, und droht mit Trennung, weil sie sich seit Monaten weigert, mit ihm zu schlafen. Sie gerät in Panik (»Ich will nicht, dass er ganz geht«) und wird selbstkritischer. »Ist das meine Unsicherheit, dass ich immer nur das Gegenteil sagen kann?« Sie möchte gerne auf ihn zugehen können, hat aber Angst davor.

Es macht sich wieder eine große Hoffnungslosigkeit in ihr breit. Sie fühlt sich abhängig von den Stunden hier, aber »es ändert sich nichts«. Gequält fragt sie sich, wie lange das noch so gehen solle. Mich fragt sie verzweifelt: »Kennen Sie das Gefühl, so mühsam durch etwas hindurch zu gehen?« Angerührt durch ihr Gequältsein antworte ich spontan: »Ich glaube schon, dass ich dieses Gefühl kenne.« Sie schweigt und ich spüre, dass meine Antwort sie verblüfft, aber auch sehr berührt. Sie erzählt mir daraufhin, dass sie sich entscheiden konnte, ohne ihren Mann in einen Chor zu gehen, und jetzt sehr viel Freude am Singen hat. Und sie fragt sich, ob es der richtige Weg mit ihrem Mann ist, wenn sie ihm die Sexualität verweigert.

In die nächste Stunde (243) kommt sie wieder zu spät und berichtet, dass sie mit ihrem Mann ein »schönes Wochenende« verbracht hat. Sie hat sich auch festgelegt, in den Herbstferien zwei Wochen mit ihm und ihrem Sohn erstmals seit fünf Jahren wieder einen gemeinsamen Urlaub zu verbringen. Mir gegenüber äußert sie ihre Scham darüber, dass sie so »unhöflich« zu mir ist, wenn sie immer zu spät kommt. Aber sie will prüfen, ob ich sie auffange: »Es hat was von Aufgefangen werden, der andere ist da und wartet sicher auf mich.« Die nächsten Stunden ist sie pünktlich, ihr fällt aber nichts ein. Sie klagt darüber, dass hier alles nur künstlich sei und ich unpersönlich und steril. Gleichzeitig ist es ihr peinlich, mir Vorwürfe zu machen, das stehe ihr nicht zu. Ich sage: »Es stört Sie der Rahmen hier, aber ich finde mich nicht unpersönlich und steril mit Ihnen.« Nach einer Pause sagt sie verlegen: »Vermutlich rutsche ich gerade in die Phase, in der man sich in seinen Analytiker verliebt. Es ist praktisch, dass Sie eine Frau sind.« Ich spüre die erotisch gefärbte Stimmung im Raum. In die nächste Stunde kommt sie mit einem Traum, den sie schon öfter hatte:

Ich kriege einfach die Augen nicht auf. Sie sind verklebt, ich versuche sie aufzukriegen. Ich weiß, es ist Zeit auf zu wachen, aber es geht nicht.

»Es tut weh, die Augen auf zu machen«, ist ihr Einfall. Es ist auch noch jemand dabei, der sie am Arm führt, aber es geht trotzdem nicht. Sie sagt: »Es wurden so viele Emotionen wach gerufen durch diesen Traum. Vielleicht könnte ich alles mit geschlossenen Augen wahrnehmen, so auf der Gefühlsebene, aber ich bin immer so getrieben.« Will sie ihre Verliebtheit in mich nicht sehen?

Sie freut sich, dass sie sich jetzt wieder mehr an ihre Träume erinnert, die seit der Geburt des Sohnes völlig weg waren. Mir fällt auf, dass ihre Stimme weicher geworden ist, manchmal sogar zärtlich klingt.

Sie wird empathischer mit anderen und kann sich mittlerweile vorstellen, dass es ihre Mutter auch belastet, wenn sie ihr den Sohn abnimmt. Davor dachte sie nur, dass die Mutter triumphiert, wenn sie ihr den Sohn »abgeluchst« hat. Sie hat sich dann dafür gerächt, indem sie den Eltern den Sohn gezeigt und gleich wieder weggenommen hat. Ich sage: »Sie wollten den Eltern zeigen, wie es ist, wenn man dringend etwas möchte und nicht bekommt.« »Ja, das stimmt«, entgegnet sie und erschrickt darüber, wie sehr sie noch mit den Eltern verstrickt ist (und über ihre eigene Aggressivität).

Einige Stunden später (257) kommt sie wieder fünfzehn Minuten zu spät und analysiert es für sich: »Ich hatte in der letzten Woche das Gefühl, bei mir in eine tiefere Schicht vorzustoßen. Es war so schön, und ich habe Angst, dass es nicht so bleibt. Deshalb musste ich die Stunde heute hinausschieben.« Die Nähe zu mir könnte wieder weg gehen, und gleichzeitig hat sie Angst, sich in der Nähe zu mir zu verlieren. »Ich halte es gar nicht aus, wenn es so schön bleibt.« Sie ist sehr gerührt und ertappt sich dabei, wie sie mich jetzt am liebsten nach der Theorie fragen möchte, nach der ich arbeite. »Jetzt will ich wieder rausgehen aus der Sache, es ist zu schön, zuviel im Moment.«

Danach bekommt sie wieder Halsschmerzen. Es ist noch schwer für sie, seelische Spannungen anders zu symbolisieren, sie reagiert sofort körperlich. Sie hat wieder Schuldgefühle ihrem Mann gegenüber, die vermutlich wegen der Nähe zu mir bestehen,, denn sie scheint noch nicht in der Lage zu sein, Nähe zu zwei Menschen gleichzeitig auszuhalten.

Ein Besuch bei den Eltern steht bevor. Wie soll sie mit ihrer Mutter umgehen, die immer sofort beleidigt ist, und mit ihrem Vater, der zu ihr sagt: »Komm ruhig herein«, wenn er nackt in der Badewanne liegt? Zu Hause ist alles so grenzenlos, und wenn sie sich abgrenzt, dann ist sie das »Monster«. Sie will es trotzdem einmal mit einem eigenen Standpunkt probieren. »Mittlerweile denke ich, dass ich auch jemand werde, aber es ist alles noch sehr frisch.«

Kurz vor dem Sommerurlaub sagt sie zwei Stunden ab. Ich teile ihr meine Vermutung mit, dass es ihr die Trennung von mir erleichtert. »Ja, Trennung ist nicht leicht«, sagt sie, es wäre leichter für sie, wenn ich da mehr Gefühl zeigen würde. Ich deute ihr ihre Angst vor meinem Gefühl, weil sie dann eventuell befürchte, sich nach mir richten zu müssen. Sie: »Ja, das trifft einen wichtigen Punkt, darüber kann ich jetzt aber nicht weiter reden.« Danach kommt sie aggressiv-gereizt in die Stunde: Sie könne sich nicht entscheiden, ob sie ein oder zwei Stunden hier ausfallen lassen wolle. Sie hat Angst, ihren Sohn, der gerade bei den Eltern ist, zu lange alleinzulassen, wolle sich aber auch von mir nicht trennen. Ich frage, ob sie Angst hat, mich zu verlieren, wenn sie es mir jetzt nicht Recht macht. »Nein«, sagt sie, »auf Sie kann ich mich verlassen«, aber sie wird deutlich entspannter und entscheidet sich, doch nur eine Stunde ausfallen zu lassen.

In der Pause ist sie gut zurecht gekommen. »Diesen Sommer hat es irgendwie klick gemacht.« Sie versteht sich anhaltend gut mit ihrem Mann. Die Beziehung zu ihm sei so ehrlich geworden wie noch nie, das sei ganz toll. Sie fühlt sich verwirrt und zufrieden zugleich, möchte am liebsten alle Freunde in Psychoanalyse schicken. Dann kommt sie wieder viel zu spät. Ich frage, ob es ihr schwer falle, wieder hierher zu kommen, wenn es allein schon so gut gegangen sei. »Nein«, sagt sie, »es ist mir eher peinlich, es ist wie bei meiner Mutter. Dass ich alleine zurecht komme, das durfte nicht sein.« Wir sprechen aber auch über ihre Angst, eventuell nicht mehr zu mir kommen zu dürfen, wenn es ihr doch gut geht.

Ihr Zyklus ist jetzt wieder in Ordnung und sie fühlt sich wohl. Ihr fällt bei einer Auseinandersetzung mit ihrem Sohn auf, dass sie ihn eigentlich nicht als eigene Person sehen kann. Ich: »Alles, was er ist, ist er durch Sie, er darf gar nichts Eigenes haben.« Sie: »Ja, das erschreckt mich gerade, das war bei meiner Mutter und mir auch so.«

Ende September, kurz bevor sie mit ihrem Mann in den Urlaub fährt, berichtet sie folgenden Traum:

> Ich habe eine alte Schulfreundin getroffen, mit der ich damals nicht klar kam, was in mir begründet lag. Ich war bei der im Garten, es war ein netter Kontakt. Meine Schwester war auch dabei, und wir mussten plötzlich auf die Hochzeit meines Cousins. Dann kamen zwei Schwestern der Braut, und eine meinte, ich hätte einen schönen Ring, den sie mal haben wollte. Ich hatte Angst um meinen Ring und lief ihr hinterher. Ich wusste, er soll mir gestohlen werden. Vielleicht habe ich die Polizei gerufen, aber auf alle Fälle, hinterher hatte ich den Ring wieder.

Seitdem sie sich mit ihrem Mann versteht, trägt sie ihren Ehering wieder. Mit der Freundin im Traum gab es damals eine Rivalität um ihren Mann, die sie gewonnen hat, und zu der sie danach aus Schuldgefühl den Kontakt vermied. Der Ring ist vielleicht ihr Mann, der ihr weggenommen werden soll. Es gibt noch missgünstige Frauen im Traum, aber die Freundin (die Analytikerin), zu der der Kontakt jetzt »nett« ist, scheint ihn ihr zu gönnen. Aber sie hat

Angst, sich im ersten gemeinsamen Urlaub seit Jahren die neu gefundene Beziehung zu ihrem Mann selbst wieder zu zerstören.

Im Urlaub hat sie viel geträumt, auch von mir (277):

> Ich wollte zu Ihnen kommen, aber Sie hatten nie Zeit, immer kamen andere dazwischen, und ich musste wieder raus.

Sie habe die Gespräche vermisst in den zwei Wochen. Der Urlaub war nicht schlecht. Aber zu dritt war es schwierig, der Sohn hat oft gestört. Sie hat wieder Halsschmerzen und Hitzewallungen, die Periode ist erneut ausgeblieben, und sie ist sehr deprimiert. Sie kämpfe so gegen Abhängigkeiten an, stöhnt sie. Ich spreche daraufhin das Ende der Kassenleistung in einigen Monaten an und ihre Angst, ich könnte dann keine Zeit mehr für sie haben. Ja, darüber habe sie nachgedacht, das sei beunruhigend. Aber sie habe auch Angst davor, noch »eine Schicht tiefer« zu gehen, das Ruder hier aus der Hand zu geben, gar nicht mehr aufhören zu können. »Vielleicht kündigen ja die Halsschmerzen den nächsten Schichtdurchbruch an«, überlegt sie.

Das Problem der Therapiefortführung über die Kassenleistung hinaus stürzt die Patientin in eine tiefe Selbstwertkrise. Ich könnte über sie triumphieren, wenn sie zugibt, dass sie mich noch braucht, und es ist so demütigend für sie, mir nicht das volle Honorar bezahlen zu können. Sie fühlt sich wertlos mir gegenüber, weil sie mir nichts geben kann. Sie leidet einerseits unter dem Gefühl, für mich austauschbar zu sein, und andererseits unter der Angst, dass ich sie für meine Zwecke nur benutzen könnte. Auf meine Bemerkung: »Wenn Sie für mich austauschbar sind, entsteht auch keine Abhängigkeit, wenn Sie für mich nicht austauschbar sind, heißt es für Sie, dass ich Sie nur benutze«, antwortet sie betroffen und nachdenklich: »Ja, egal, ich mache immer etwas Negatives daraus.«

Die nächsten drei Stunden meldet sie sich krank. Sie leide an Übelkeit und Erbrechen, in den Stunden sei es zu anstrengend gewesen. Danach ist sie froh, wieder da zu sein, aber ihr war furchtbar übel, wenn sie an unser letztes Gespräch dachte. Es war ihr so peinlich, was sie zu mir gesagt hat, sie ist dabei über ihre Schamgrenzen gegangen. Sie war sich auch über unsere Beziehung nicht im Klaren. »Auf der einen Seite war es mir zu eng, auf der anderen nicht eng genug.«

Dann geht es erst einmal darum, ob sie es wagen soll, mit ihrem Mann zusammen ein Haus zu mieten – und sie kann sich dafür entscheiden! Sie erzählt mir von einem »Schlüsselerlebnis«, das sie vor einigen Stunden hier hatte. Als ich nämlich einmal zu ihr sagte: »Wir müssen auch nicht immer einer Meinung sein«, da hat sie der Satz erstaunt, und sie hat ihn sich gleich hinterher notiert. »Seitdem fühle ich mich wieder richtig wohl hier.«

Auf die kurze Unterbrechung infolge meiner Abwesenheit wegen einer Tagung reagiert die Patientin erneut regressiv mit starken Verlassenheitsängsten (294), die sie zunächst in einem Streit mit dem Mann unterbringt und ihm vorwirft, dass er sie nicht hört. Auf meine Deutung hin, dass sie das Gefühl hat, dass auch ich ihre Ängste nicht höre, antwortet sie: »Ja, ich kann schreien und schreien, es interessiert niemanden.« Daraufhin kommt sowohl ihr als auch mir das Bild vom alleingelassenen drei Monate alten Säugling. Sie erinnert sich an ihre Todesängste vor der Mandeloperation und weint sehr. Diese Ängste hat sie mit niemandem teilen können und das kam beim Streit mit dem Mann wieder hoch. Bei ihrer Mutter denkt sie manchmal: »Jetzt soll die sich mal verzehren, und ich komme nicht.« Sie spricht über ihre Todessehnsucht und ihre Kurzsichtigkeit als ein Sich-aus-dem-Leben-Zurückziehen. »Mit den Eierstöcken ist es jetzt genauso.«

Die folgenden Stunden sind gefüllt von ihrem Schmerz und der Verzweiflung über die schwerwiegende Hormonstörung, die sie hat. Der Hormonstatus spricht weiterhin für ein Klimakterium praecox und in den Eierstöcken sind keine Follikel zu sehen. Es fällt ihr sehr schwer, mit mir über das Ausmaß der Störung zu sprechen. Es ist ein Angriff auf ihre Weiblichkeit, wodurch die narzisstische Wunde der verletzten und entwerteten Weiblichkeit wieder aufgerissen wird. »Ich bin von Grund auf fehlkonzipiert«, fährt es aus ihr heraus. Die Frage ist: Kann sie sich sicher sein, dass ich ihre Sorge und ihren Schmerz mit ihr teile anstatt über sie zu triumphieren oder hämisch zu lachen?

Die Frage der Therapieverlängerung löst ihren Neid aus, dass ich etwas habe und ihr geben kann, was sie nicht hat. Zugleich sagt sie: »Seit zwei Wochen habe ich das Gefühl, dass wir auf die nächste Ebene herunter gekommen sind, das ist ein schönes Gefühl.« Sie entschließt sich, es einmal zu riskieren, von mir etwas anzunehmen. Sie möchte, dass die Analyse weitergeht.

Die Annäherung an ihren Mann durch den bevorstehenden Umzug lässt ihn erst einmal für sie wieder etwas bedrohlicher werden. Als der Vater kommt, um zu helfen, merkt sie, wie leicht er sie noch verunsichern kann. Sie reagiert mit einem Alptraum (305):

Es war der Teufel, ein fürchterlicher Mann. Ich habe versucht, die Tür zuzuhalten, aber er hat gezogen. Sie war noch einen Spalt offen und er hat Feuer gespien.

»Ich habe Angst vor männlicher Aggressivität«, sagt sie dazu. »Es war eine mörderische Energie, etwas Böses.« Ich: »Ihre weibliche Seite will die Tür zuhalten, damit die männliche sie nicht zerstört.« Ja, sie fühle sich so als Neutrum. Ihre Freundinnen sehe sie oft mit dem Blick des Vaters, mache die dann nieder. Dann sagt sie, plötzlich sehr entschieden: »Aber wenn ich mich mal als Frau spüre, dann bin ich das!«

Danach kann sie die Hormontherapie als vorübergehende Entlastung ihres Körpers akzeptieren, wehrt sich nicht mehr dagegen. Die Beziehung zu ihrem Mann will sie zurzeit nicht in Frage stellen, eigentlich wünscht sie sich noch ein zweites Kind. Aber noch muss sie sich mit Distanz vor ihm schützen. Vor der Weihnachtspause bedankt sie sich bei mir mit einem sehr schönen Blumenstrauß.

In die Weihnachtspause fällt der Umzug in das neue Haus, den sie gut übersteht.

Ich denke, dass die Patientin sehr viel mehr an innerem Raum für sich gewonnen hat und ihren Mann jetzt auch lebendiger werden lassen kann.

ZUSAMMENFASSENDE ÜBERLEGUNGEN

Wiederholte depressive Stimmungseinbrüche sowie quälende Versagensgefühle, die sich aus dem Erleben beruflichen Scheiterns, Schwierigkeiten in der Erziehung des Sohnes sowie insbesondere heftigen Konflikten in der Partnerschaft ergeben, lassen die Patientin therapeutische Hilfe suchen. Schnell wird deutlich, dass das komplizierte Zusammenspiel von frühen Trennungstraumata, einer unsicher-verstrickten Bindung an die Mutter, der sie überwiegend als Selbstobjekt diente, sowie dem Erleben, als Mädchen und mit einer (korrigierbaren) Missbildung geboren für die Eltern nicht »richtig« zu sein, eine gesunde Selbstentwicklung bei der Patientin verhindert hat. Sie bleibt in dem Konflikt von Autonomie und Abhängigkeit gefangen, den sie unbewusst mit einer narzisstischen Abwehr zu bewältigen versucht, was ihre Beziehungsfähigkeit und damit auch ihre Entwicklung stark beeinträchtigt.

Eine »unzuverlässige« und schwache Mutter sowie ein wenig empathischer, in der Erziehung unberechenbarer und führungsloser Vater führten zu einer frühen Überforderung der Patientin (»mit drei habe ich mich selbst erzogen«), wodurch die Bildung eines »falschen Selbst« gefördert wurde und wogegen die Patientin mit einer Verleugnung von Zeit und Grenzen sowie mit einer oft massiven und auch zerstörerischen Wut rebelliert. Ein ebenso aus dieser Führungslosigkeit resultierendes gnadenloses und verdammendes Über-Ich, dessen Steuerungsfunktion oft versagt, verschärft die Problematik der Patientin. Hinter ihrer Verachtung und Selbstverachtung, ihrem Schulderleben und ihrer Verzweiflung vermute ich eine unerträgliche Traurigkeit über die Unzuverlässigkeit ihrer Primärobjekte und deren Mangel an förderlichen Grenzen sowie einen heftigen Neid auf den als so potent erlebten Vater.

Die Wut auf die Mutter, die ihren Niederschlag in deren Entwertung findet, das Gefühl, als Mädchen »fehlkonstruiert« zu sein, sowie die Entwertung alles Weiblichen durch den Vater verhindern, dass die Patientin sich positiv weiblich identifizieren kann. Sie bleibt in ihrer Sehnsucht nach Potenz und Anerkennung an den idealisierten Vater narzisstisch-ödipal gebunden, dies häufig regressiv durch Trotz und Verweigerung abwehrend.

Bereits in den Erstgesprächen reinszeniert sich ein frühes Trauma: Auch ich gebe die Patientin weg. Aber sie kämpft um mich, und wir finden zusammen. Die weitere Behandlung ist zunächst sehr stark geprägt von dem ungelösten Konflikt der Patientin zwischen ihrer Selbstentwertung und der narzisstischen Abwehr, ihrer Sehnsucht nach einer »Autorität« und ihrer Angst davor, wobei ich mich zeitweise in einer positiven Großmutter-, zeitweise in einer negativen Mutterübertragung befinde oder mich zur Rollenübernahme des Vaters gedrängt fühle. Bei der Durcharbeitung ihrer Ambivalenzkonflikte projiziert sie abgespaltene negative Selbstanteile auf ihren Mann oder mich, um sie dann dort bekämpfen zu können. Auf ihre langsame Annäherung an ihre abgewehrte Emotionalität, die sie jetzt mit Gefühlen von Ohnmacht, Hilflosigkeit und Scham in Berührung bringt, reagiert sie noch häufig gleichsam »paranoid«, wobei sie dann wieder massiv projiziert und die Analyse in Frage stellt.

Durch das Gefühl einer beginnenden Abhängigkeit in der Analyse sowie durch die Tatsache, dass sie eine Abhängigkeit von ihrem Mann nicht länger verleugnen kann, gerät sie in eine zunehmende Selbstwertkrise. Die dabei noch nicht verbalisierbaren massiven Ängste und Vernichtungsgefühle kann sie zu diesem Zeitpunkt nur agierend abwehren, indem sie sich in einen Kontakt zu einem anderen Mann und in eine Berufstätigkeit »rettet«, sich dabei aber hoffnungslos überfordert. Die Analyse gerät dadurch in eine schwere Krise, wobei die Patientin vorübergehend den äußeren Rahmen der Behandlung zerstört und gleichzeitig meine Belastbarkeit und Beständigkeit prüft.

In der analytischen Beziehung wird schließlich der Zusammenbruch eines Teiles ihres »falschen Selbst« für sie aushaltbar, worauf sie zunächst depressiv und mit einer massiven Somatisierung reagiert.

Während in den ersten beiden Phasen der Analyse aufgrund des hartnäckigen Widerstandes der Patientin die Stabilisierung ihres Selbst sowie unserer Beziehung im Vordergrund steht, kann sie sich jetzt zunehmend mit ihren inneren Objekten auseinandersetzen, und eine vermehrte Deutungsarbeit wird möglich. Dennoch prüft sie weiterhin meine Festigkeit und Zuverlässigkeit.

Ihr Frauenbild wird positiver (»Frauen geben mir Sicherheit«) und sie genießt es, sich wieder an ihre Träume erinnern zu können. Die innere Erstarrung kann langsam einem verbesserten Zugang zu ihrer Innenwelt und einer größeren Fähigkeit zur Symbolisierung weichen, ihr innerer Denkraum wird größer, mit sich und anderen wird sie empathischer.

Mit zunehmender Intensivierung der Beziehung zu mir reagiert sie auf Urlaubsunterbrechungen niedergeschlagen, kann die Rahmengebung jetzt aber auch als etwas Entlastendes erleben (»da kann ich mich dann richtig reingeben«). Von ihrem Mann kann sie sich zunehmend innerlich getrennt erleben, wobei sie diese Entwicklung mit einer über einige Wochen anhaltenden Regression in die Somatisierung beantwortet. Wut und Verzweiflung über ihren Körper sowie auch Wut auf mich lassen sich allmählich verstehen als ihre Angst vor Abhängigkeit und Enttäuschung, aber auch als ihre Erschrockenheit über das Ausmaß ihrer Bedürftigkeit. In ihrem großen Gequältsein zweifelt sie wieder sehr an der Sinnhaftigkeit der Analyse, wobei ihr heftiger Neid auf die Primärobjekte mit ihr aber noch nicht besprechbar ist.

Gleichzeitig werden die Streits mit dem Mann weniger, sie hat auch mehr Abstand ihnen gegenüber und beginnt, sie selbst zu analysieren. Die gespürte Sehnsucht nach einem Haus mit Garten steht für das größere Bedürfnis nach Festlegung. Als ihr Mann droht, sie zu verlassen, weil sie sich seit Monaten sexuell verweigert, bekommt sie Panik und wagt eine Annäherung an ihn. Auch in der Analyse darf es näher werden. Getragen von einem homoerotisch gefärbten Gefühl der Verbundenheit mit mir kann sie eine Entidealisierung des Vaters zulassen, was mit einer Verbesserung ihres Einfühlungsvermögens für die Mutter verbunden ist. Mit ihrem Mann wird die Beziehung »so ehrlich wie noch nie«. Ihr Zyklus ist vorübergehend wieder in Ordnung und sie wagt erstmals seit der Geburt des Sohnes einen gemeinsamen Urlaub mit ihrem Mann.

Erneut auftretende Hitzewallungen und ernsthafte Hormonstörungen, bei denen die Eierstöcke ihre Funktion aufgeben, sowie das Problem der Therapiefortführung über die Kassenleistung hinaus lassen die Patientin wieder in eine Selbstwertkrise stürzen. Als »nicht funktionierende« Frau und nicht in der Lage, mir das volle Honorar zu zahlen, fühlt sie sich mir gegenüber minderwertig und wertlos. Als sie bemerkt, dass ich nicht, wie befürchtet, über sie und ihren Zustand triumphiere, wird es ihr möglich, mit mir ihren Schmerz um ihre verletzte Weiblichkeit und das Gefühl angstvoller Verlassenheit zu teilen. Auf ihren Mann macht sie einen weiteren Schritt zu, indem sie sich endlich entschließen kann, mit ihm gemeinsam ein Haus mit Garten zu beziehen. Insgesamt kann sie ihn potenter und lebendiger werden lassen. Sie selbst ist entschlossen, die Therapie fortzusetzen.

Gender-Prototypen des Be-Schreibens
Psychoanalytiker als Berichterstatter
Lisbeth Klöß-Rotmann und Horst Kächele

Die *Badische Zeitung* vom 2. Dezember 2008 berichtet über die schwedischen Autoren Roger Karlsson sowie Jon und Emil Kägström, die Daten aus Blogs mittels eines Computerprogamms hinsichtlich der Geschlechtszugehörigkeit des Verfassers beziehungsweise der Verfasserin analysieren (www.genderanalyzer.com).

Für Psychotherapieforscher ist eine mögliche Geschlechtswendigkeit des Schreibens nicht ganz neu. Schon 1971 referierte Minsel über formal-inhaltliche Sprachverhalten wie:

> »Häufigkeit, mit der emotional getönte Wörter ausgesprochen werden, Häufigkeit im Gebrauch von Bildern in der sprachlichen Darstellung, Anzahl stimulierender Wörter, Häufigkeit, mit der sogenannte internale (selbstexplorative) Inhalte angesprochen werden, Ausmaß innerer Anteilnahme, Ausmaß konkreter Zuwendung zu den gefühlsmäßigen Erlebnisinhalten des Klienten, Ausmaß an Förderung des Selbstvertrauens und Ausmaß, in dem Klientenäußerungen wiederholt werden« (S. 159).

Wie wir im Folgenden zeigen werden, können diese Sprachmerkmale, die nach Minsel mit dem Behandlungserfolg in der Gesprächstherapie korrelieren, eher dem Prototyp eines fiktiven weiblichen als dem eines männlichen Psychoanalytikers zugeordnet werden. Schon Menninger nahm 1936 an,

> »daß die Fähigkeit, die umfassende Bedeutung von Worten, Bewegungen, Gesten, Not und Körperzeichen des Patienten zu erfassen, möglicherweise bei Frauen besser entwickelt ist, weil sie aufgrund ihrer Erfahrungen Leiden und Unterlegenheit besser verstehen« (zit. nach Menninger 1973, S. 338).

Aber er bemerkt schon damals, dass seine Kolleginnen »versäumen, diesen Vorteil auszuschöpfen, vielmehr danach streben, Männer nachzuahmen, ihre männlichen Kollegen zu imitieren und ihnen sogar in ihren Fehlern zu folgen« (ebd., S. 339). Nachteilig für Forschung und Klinik wäre es, würden männliche und weibliche Psychoanalytiker untereinander um das Etikett »besserer Therapeut« konkurrieren. »Wir sollten uns daran erinnern, daß jeder Persönlichkeitstyp einen klinischen Beitrag leistet und jeder Psychoanalytiker seine Leistung verbessern wird, wenn er sich zunehmend seiner Persönlichkeitseinstellungen bewusst wird«, schreibt Ticho (1975, S. 150).

Nun ist das Schreiben von Behandlungsberichten vermutlich nicht einfach identisch mit dem Sprechen in der psychoanalytischen Situation. Trotzdem fanden wir, dass die Therapieerfahrungen be-schreibende Sprache von Therapeuten ein kostbares Material sein könnte, um einen Einblick in den gedanklichen vor- und unbewussten Prozess von Psychoanalytikern zu gewinnen, in dem klinisches Material verarbeitet oder gar »verdaut« wird. Es ist in jedem Fall ein Bereich, der allzu gerne verborgen bleibt. Freuds weitgehend erfolgreiche Vernichtungsaktion seiner täglichen Notizen zeugt von dieser Form der Diskretion; seine »Gewohnheit, alles Material, auf welches sich eine veröffentlichte Krankengeschichte stützte, im nachhinein zu vernichten« – so die Herausgeberin A. Richards des Freud'schen Nachlassbandes –, hat wohl als Vorbild dafür gedient, dass solche Texte in der Regel im privaten Bereich verbleiben.

Nicht verborgen bleiben jedoch die schriftlichen Produkte der psychoanalytischen Ausbildung, welche in Form sogenannter Abschlussberichte vorliegen. Auf in der Regel bis zu 20 Seiten werden der Ersteindruck eines Patienten, die Biografie und der Verlauf der Behandlung zusammenfassend und verdichtet geschildert (vgl. Voigtländer in diesem Band). Für nicht wenige eine wahrhaft mühselige Arbeit, folgt man den oft gehörten Klagen der Verfasserinnen und Verfasser (Beland et al. 2003).

Dieser verborgenen Schreibarbeit wollen wir eine ihr zustehende Aufmerksamkeit zubilligen, auch wenn sich bislang wenige Wissenschaftler daran erprobt haben. Lisbeth Klöß (1988) hat sich vor einer Reihe von Jahren diesem Material zugewandt und, wie wir im Nachhinein finden, recht aufschlussreiches zutage gefördert.

Die Fragestellung ihrer empirischen Untersuchung lautete: Lassen sich geschlechtstypische Merkmale in den Erstkontaktschilderungen von Psycho-

analytikern nachweisen? Unter methodischen Gesichtspunkten enthält diese Fragestellung zwei Aspekte:
(1) Welche Unterschiede zwischen Psychoanalytikern lassen sich anhand der Sprache erkennen? (Rezipienten-bezogene Analyse)
(2) Welche Unterschiede lassen sich in Texten von Psychoanalytikern nachweisen? (Kommunikator-bezogene Analyse)

Die empirische Untersuchung bestand aus zwei Schritten. Im ersten Schritt wurde eine sozial kompetente Beurteilergruppe (N=120) aufgefordert, nach einem vergleichbaren Schema Urteile zum Sprachstil des männlichen bzw. weiblichen Psychoanalytikers abzugeben. Als Auswahlkriterium galt, dass die Beurteiler einen Beruf hatten, für den psychologische Kenntnisse notwendig waren und dessen Ausübung zu ständigem Kontakt mit Menschen führte. So bestand die Gruppe aus Psychoanalytikern, Psychologen, Psychotherapeuten, Sozialarbeitern und Lehrern. Zur Hälfte waren es Frauen, zur Hälfte Männer.

Aus dem Fundus der damals in Ulm archivierten DPV-Abschlussberichte (N=320) wurden vier Gruppen gebildet: Eine Therapeutin behandelt eine Patientin, eine Therapeutin einen Patienten, ein Therapeut eine Patientin und last, not least ein Therapeut einen Patienten. Aus diesen vier Gruppen von Behandlungsberichten wurde nach dem Zufallsprinzip aus dem verfügbaren Korpus je eine Schilderung eines Erstkontaktes ausgewählt, weil dies eine in sich abgeschlossene Texteinheit mit klarer Begrenzung darstellt. Aus methodischen Gründen wurde ein weiterer, fünfter Bericht ergänzt, um die Annahme zu unterlaufen, man könne bei der Beurteilung von einer Gleichverteilung der Geschlechterzugehörigkeit ausgehen. Diese fünf Berichte konstituierten das Untersuchungsmaterial. Die Beurteilergruppe sollte drei Fragen beantworten:
(1) Ist der Therapeut dieser Erstkontaktschilderung ein Mann oder eine Frau?
(2) Unterstreichen Sie die Worte, die für Ihr Empfinden auf das Geschlecht des Therapeuten hinweisen!
(3) Skizzieren Sie mit eigenen Worten, woraus Sie das Geschlecht des Therapeuten erschlossen haben!

Die Reihenfolge der Fragen war so gewählt, dass sich die Beurteiler anhand der Texte ihrer Beurteilungskriterien zunehmend bewusster werden konnten. Die Texte stimulieren Gedächtnisspuren, die sich in den Beurteilern als Folge ihrer Lebens- und Berufserfahrung gebildet haben.

Die Rücklaufquote betrug 66%, das heißt, von den 120 Angeschriebenen antworteten 80, deren Beurteilungsbögen ausgewertet werden konnten. Während Frage 1 und 2 ihrer vorbereitenden Wirkung wegen gestellt worden waren, zielte Frage 3 auf das zentrale Anliegen der Untersuchung. Sie sollte die persönlichen Konzepte der Beurteiler zur Entscheidung zwischen dem männlichen und weiblichen Therapeuten in freier Form erfassen. Die Fülle der Antworten, die die Beurteiler abgaben, erforderte, ein Kategoriensystem zu entwickeln, unter das die Einzelantworten subsumiert werden konnten. Es stellte sich heraus, dass sich die Beurteiler an drei wesentlichen Dimensionen orientierten, nämlich an Sprachmerkmalen der Erstkontaktschilderungen, an geschlechtstypischen Persönlichkeitseigenschaften von Therapeuten und wie sie sich im Sprachstil ausdrückten sowie an der Art der beschriebenen Patient-Therapeut-Beziehung. Mithilfe eines Kategorienschemas war es möglich, Hypothesen zu generieren, die im zweiten Teil anhand der Erstkontaktschilderungen, die Psychoanalytiker als Bestandteil der Abschlussberichte verfasst hatten, überprüft werden sollten.

Der zweite Schritt bestand aus einer computergestützten inhaltsanalytischen Untersuchung. Betrachtet wurden 100 Erstkontaktschilderungen, jeweils hälftig von Therapeuten und Therapeutinnen angefertigt. Die textanalytische Untersuchung selbst erfolgte wiederum in zwei Teilen, zunächst deduktiv als Überprüfung der Beurteiler-Hypothesen am Gesamtwortkorpus, dann induktiv, ausgehend von syntaktisch-grammatischen (quantitative Textanalyse) sowie semantisch-lexikalischen Textmerkmalen (qualitative Textanalyse). Aufbauend auf den Einzelergebnissen, also den Resultaten der zweiteiligen textanalytischen Untersuchung, wurde daraus das Bild des fiktiven männlichen und des fiktiven weiblichen Psychoanalytikers zusammenfassend skizziert; das heißt, es wurden Prototypen (Rosch 1978) des männlichen und weiblichen Psychoanalytikers gebildet, die wir nun schildern.

Der Prototyp des Psychoanalytikers

Es scheint ein hervorstechendes Merkmal des männlichen Analytikers zu sein, dass er in seinen Gegenübertragungsfantasien vom Objekt trennende

Emotionen hervorhebt und die dunklen, konflikthaften Seiten des Lebens in den Erstkontaktschilderungen unterstreicht.

Bei den Triebmodalitäten betont er die Zielrichtung von Bedürfnissen. Häufiger beschreibt er »nehmen« als »geben«. Er schätzt anale Fähigkeiten (z. B. Gründlichkeit, Verantwortung, Mühe, Besitz, Macht) hoch ein. Seine Fantasien sind auf die Beobachtung dynamischer Potenz gerichtet. Bei der Behandlung von Patientinnen konstelliert sich in ihm schnell ein heterosexuelles Spannungsfeld. Die Lust am Sehen und Beobachten scheint beim männlichen Psychoanalytiker intensiv ausgeprägt zu sein, die Lust am Zeigen ist eher konflikthaft besetzt. Dies äußert sich in einer Betonung des Verbergens und Versteckens sowie in einer hohen Sensibilität für Bereiche des Schämens. Sowohl in Situationen, in denen sich das Objekt entzieht, als auch in solchen, in denen ein intensiverer Kontakt gewünscht wird, sympathisiert der männliche Analytiker mit Einstellungen, die anzeigen, dass die Bedeutsamkeit des Objekts aktiv gemeistert wird. Das libidinös wichtige Objekt wird festgehalten oder fortgeschickt. Seine konkordante Identifizierung gilt dem aktiven Partner, der Hindernisse zielgerichtet überwindet oder sich auseinandersetzt, wobei die Wortwahl auf eine Betonung analer Aggressionsmodi hinweist. Kampf, Tod und Hass sind Themenbereiche, die dem männlichen Analytiker näherliegen als dem weiblichen.

Die Beurteiler weisen auf eine Neigung zur Distanziertheit des männlichen Psychoanalytikers hin und vermuten, dass das Merkmal unter Umständen mit einer gewissen Scheu vor homosexueller Verführung durch männliche Patienten zusammenhängt. Die Distanziertheit weiblichen Patienten gegenüber wird in der psychoanalytischen Literatur damit erklärt, dass schon eine probeweise Identifizierung des männlichen Analytikers mit Frauen Kastrationsängste zu wecken vermag. Dann können Frauen als »wesensfremd« empfunden werden.

Was die Ebene des *Arbeitsbündnisses* betrifft, so scheint der männliche Psychoanalytiker eine aktive, differenzierte Behandlungstechnik zu bevorzugen. Durch aktive Interventionen bringt er Bewegung ins Behandlungsgespräch und der Patient reagiert darauf. Er erklärt und macht Zusammenhänge klar. Er selegiert und strukturiert das Material des Patienten, er legt die Behandlungsregeln fest. Risikobereit konfrontiert er den Patienten mit Deutungen. Seine Vorliebe für aktives Handeln schlägt sich im Sprachgebrauch dadurch nieder, dass er häufig Verben verwendet. Die Beurteiler vermuten hinter diesem zupackenden Deuten einen Wunsch, den Behandlungsprozess zu kontrollieren.

Dem männlichen Psychoanalytiker steht ein großer *Wortschatz* zur Beschreibung verantwortlichen Handelns zur Verfügung. Im Erstgespräch beobachtet er den Patienten zielgerichtet und orientiert sich dabei vor allem an Mimik und Gestik. Er scheint den epikritisch-punktuellen Wahrnehmungsfunktionen besonderes Gewicht beizumessen. Beschreibungen des ersten Eindrucks von Patientinnen spiegeln in der Wortwahl das heterosexuelle Spannungsfeld wider. Beschreibt er jedoch die Sexualität des Patienten, bevorzugt er eine allgemeine, eher aseptische Sprache, die der Entstehung von Schamgefühlen entgegenwirkt. Beschwerden des Patienten ordnet er nach nosologischen Kriterien unter besonderer Berücksichtigung der psychischen Faktoren. Die präzise Klassifikation scheint ihm wichtiger als die erlebnisnahe Formulierung der Symptomatik. Er betont die apersonalen, sachorientierten Settingvariablen.

Diese Sachorientiertheit zeigt sich auch auf der *Ebene der Realbeziehung*, die wesentlich von der Geschlechtsrolle geprägt ist. Der männliche Psychoanalytiker ist an genauen Orts- und Zeitangaben interessiert. Er unterstreicht die Richtung von Bewegungen und den Verlauf der Zeit. Solche Begriffe, die auf eine Betonung des abstrahierenden Denkens auch im Umgang mit alltäglichen Dingen hinweisen, bevorzugt er. Auf diese Einstellung weist auch sein häufiger Gebrauch von Fremdwörtern hin. Tatbeständen ordnet er Adjektive und Adverbien zu, die Eigenschaften ausdrücken, bei denen die Realitätsangemessenheit eine große Rolle spielt. Werden Sachverhalte bewertet, dann bevorzugt er einschränkende, kritische Urteile.

Bei der Schilderung von *Objektbeziehungen* geht er von einem differenzierten Verwandtschaftsnetz aus, in dessen Mittelpunkt er den Patienten sieht. Es reicht von der Tochter über die Großmutter bis hin zum Onkel. Der weite Blickwinkel auf die Beziehungsobjekte scheint darauf hinzuweisen, dass die Objektgebundenheit bei ihm nicht so stark ist, wie es später für die Analytikerin der Fall sein wird. Auf der gesellschaftlichen Kontaktebene wählt er bevorzugt konventionelle Begriffe, deren Konnotation eine sachlich-höfliche Distanz ist. Er hat eine Tendenz, sein Interesse Leistung und Beruf zuzuwenden. Besitz misst er am Vorhandensein, weniger an der Möglichkeit, ihn zu erwerben.

Er wählt für sich selbst und seinen Berufsstand den Namen »Psychoanalytiker«, während seine weibliche Kollegin dafür den Begriff »Psychotherapeut« wählt. Seine Methode bezeichnet er als »psychoanalytisch«, nicht als »psychotherapeutisch«. Dies weist darauf hin, dass er vermutlich ein gesichertes berufliches Selbstverständnis besitzt oder von anderen so wahrgenommen werden will.

Der Prototyp der Psychoanalytikerin

Der *gedankliche Spielraum* der Gegenübertragungsfantasien ist bei der Psychoanalytikerin durch das Streben nach harmonischen Zuständen und das Betonen objektverbindender Emotionen gekennzeichnet. Sie unterstreicht die hellen, warmen Seiten des Lebens. Was die Triebmodalitäten betrifft, so fördert sie das Wahrnehmen von Bedürfniszuständen, weniger die zielgerichtete Bedürfnisabfuhr. Sie beschreibt »geben« häufiger als »nehmen«. Ihrer Meinung nach übertriebene anale Eigenschaften beleuchtet sie kritisch. Ihre Aufmerksamkeit gilt einer in statischen Begriffen beschriebenen aktualisierbaren Potenz. Anstelle eines heterosexuellen Spannungsfeldes konstelliert sich zwischen ihr und dem männlichen Patienten eher ein entwicklungsbedürftiges Mutter-Kind-Verhältnis, das heißt, die präödipalen Anteile des Übertragungs-Gegenübertragungsgeschehens werden im Vergleich zu den ödipal-erotischen Anteilen überbetont. Die Psychoanalytikerin zeigt im Vergleich mit ihrem männlichen Kollegen eine ungebrochenere Lust am Zeigen vor allem von eigenen Gefühlen, Stimmungen und Erlebnisweisen.

Ihre *Wortwahl* weist immer wieder darauf hin, dass sie von der Annahme ausgeht, die Bedeutsamkeit wichtiger Objekte werde mit indirekten Beeinflussungsmitteln oder durch reaktives Verhalten gemeistert. Dies gilt sowohl für Situationen, in denen sich das Objekt entzieht, als auch für solche, in denen ein intensiver Kontakt gesucht wird. Anstatt vom Beeinflussen, Festhalten und Fortschicken zu sprechen, wie dies der männliche Psychoanalytiker tut, schreibt sie von Sich-anziehend-Machen, Dableiben oder Weggehen vom geliebten Objekt. Sie identifiziert sich mit dem schwächeren Partner in einem Macht-Ohnmacht-Gefälle. Zum Schutz und zur Verteidigung denkt sie an Flucht (flight), während der männliche Analytiker sich Kampf und Auseinandersetzung als Mittel vorstellt (fight). Es entspricht dem Hervorheben objektverbindender Emotionen, dass die Psychoanalytikerin im Vergleich zum männlichen Psychoanalytiker häufiger vom Leben, der Freundschaft und der Liebe schreibt als vom Sterben.

Auf der *Arbeitsbündnisebene* scheint die Psychoanalytikerin im Gegensatz zur aktiven männlichen Behandlungstechnik eine behutsame, auf den Patienten eingehende Technik zu favorisieren, die die Aktivität des Patienten anregt. Ihr Bedürfnis nach Kontrolle der Behandlungssituation ist geringer als bei ihrem männlichen Kollegen. Sie ist zu einem großen Spielraum bereit, der Überraschungen in der Behandlung zulässt. Sie besitzt ein gutes Einfühlungsvermögen. Bei der Schilderung des »ersten Eindrucks vom Patienten« schafft sie sich eine breite Wahrnehmungsbasis (protopathische Qualität der Wahrnehmung), indem sie eine Vielzahl von Signalen, auch averbaler Natur, integriert. Ihr besonderes Interesse gilt Bewegungen, der Stimmqualität und der Sprache des Patienten. Sie achtet auf Körperdetails sowie auf Accessoires und Bekleidung. Das Hören als Wahrnehmungskanal spielt für sie vermutlich eine größere Rolle als das Sehen. Sexuelle Sachverhalte nennt sie beim Namen (z. B. Onanie, Homosexualität), auch wenn sie aus einem eher beschämenden Bereich der Sexualität stammen.

Über die Beschwerden des Patienten berichtet sie in einer körper- und erlebensnahen Sprache. Ihr liegt nahe, auf Symptome aus dem psychosomatisch-funktionellen Bereich zu achten. Sie ist weniger an den sachlichen Gesetzen der Rahmenbedingungen als vielmehr an deren Auswirkungen auf den einzelnen Patienten interessiert. In ihren Beschreibungen bettet sie den Patienten in den institutionellen therapeutischen Beziehungsweg ein, indem sie auf überweisende Kollegen, Vorgespräche und ähnliches mehr hinweist.

Ihre Beziehungsorientiertheit stellt sie auch auf der *Ebene der Realbeziehung* unter Beweis. Diese äußert sich als besonderes Interesse an affektiven Bindungen und Ereignissen. Zeit- und Ortsangaben sind deshalb seltener exakt, sondern vielmehr Begriffe, die eine emotionale Konnotation haben (z. B. Ferien, Wochenende, Flucht). Die Psychoanalytikerin gestaltet den logischen Binnenraum durch Begriffe, die ihm Struktur geben, z. B. Chaos, Struktur, Gegensatz, Beispiel, Grund, Diskrepanz. Sie bestimmt die Objektbeziehungen im eigentlichen Sinne des Wortes mithilfe solcher Präpositionen, die die räumliche Lage der Dinge zueinander markieren.

Sie neigt dazu, die Bedeutsamkeit und Intensität von Ereignissen durch Adjektive und Adverbien sowie durch empathische Partikel zu steigern. Die Betonung der Realitätsangemessenheit von Sachverhalten ist ihr weniger wichtig. Wenn sie zu Bewertungen in ihrer Beschreibung von Patienten greift, dann hebt sie positive Aspekte hervor. Ihr Denken ist weniger durch

Liebe zur Rationalität in abstrakter Form, sondern vielmehr durch eine Vorliebe für Bilder, Fantasien, konkrete Gegenstände und Tiere gekennzeichnet. Bevorzugt beschreibt sie Eigenschaften von Dingen, die mit den Händen zu »begreifen« sind. Dies geschieht oft mithilfe der Urworte (z. B. groß – klein, alt – neu usw.).

Was den *Beziehungsbereich* des Verwandtschaftsnetzes betrifft, so zeigt sich eine interessante Diskrepanz zwischen dem weiblichen und dem männlichen Psychoanalytiker. Im Gegensatz zur losen Objektgebundenheit des männlichen Analytikers scheint bei der Analytikerin eine enge Objektgebundenheit vorhanden zu sein, die den Blick auf die Kernfamilie, vor allem auf die Beziehung zwischen Mutter und Kind lenkt. Auch bei der Beschreibung sozialer Kontakte auf gesellschaftlicher Ebene wählt sie Worte, die die persönliche Beziehung hervorheben (z. B. Freundschaft statt Kontakt).

Vielleicht ist es nicht bloß ein interessantes Aperçu, sondern eine Tatsache, die sich in nachfolgenden Untersuchungen nachweisen ließe, dass die Analytikerin der Tatsache des Besitzens von Dingen nicht so sicher ist wie der Analytiker. Ihr Augenmerk ist auf den Erwerb von Besitz ausgerichtet.

Als gesichert kann gelten, dass sie den Besitz einer beruflich gefestigten Identität intensiver anstrebt als ihr männlicher Kollege. Dies äußert sich unter anderem darin, dass sie signifikant häufiger als ihr männlicher Kollege psychoanalytische Fachausdrücke in ihre Fallberichte einfließen lässt. Allerdings wählt sie zur Bezeichnung ihres Berufstandes die Bezeichnung »Psychotherapeut« häufiger als der männliche Analytiker und nennt ihre Methode oft »psychotherapeutisch«. Die beiden letztgenannten Ergebnisse lassen auf eine größere Unsicherheit der weiblichen Psychoanalytikerin in ihrem beruflichen Selbstverständnis schließen.

Die Ergebnisse dieser empirischen Inhaltsanalyse lassen sich durch Referenzen zum theoretischen psycholinguistischen Hintergrund bestätigen, auf die in der Originalarbeit (Klöß 1988) verwiesen wurde. Offensichtlich gibt es einen sachlichen Konsens zwischen Forschern verschiedener Provenienz, Beurteilern von Erstkontaktschilderungen und geschlechtstypischen Sprachmerkmalen von Psychoanalytikern. Was für männlich bzw. weiblich gehalten wird (prototypische Vorstellungen), findet sich bei einer Gruppe von Individuen, die sich hinsichtlich dieses Merkmals unterscheiden, im Sprachgebrauch wieder.

Für eine Gruppe von Psychoanalytikern, die sich dem biologischen Geschlecht nach unterscheiden, ist nachweisbar, dass geschlechtstypische Persönlichkeitszüge ihren Sprachgebrauch prägen. Daraus kann jedoch nicht abgeleitet werden, wie sich der einzelne Psychoanalytiker verhält, weil nicht die biologische Geschlechtszugehörigkeit, sondern die spezifische Form der Verinnerlichung der biologischen Geschlechtzugehörigkeit, die mit den Begriffen Geschlechtsidentität und Geschlechtsrolle beschrieben werden kann, den Einzelnen charakterisiert. Aus dem Gruppenergebnis lässt sich deduzieren, dass die Psychoanalytiker in der Regel eine Geschlechtsidentität und Geschlechtsrollenerwartungen an sich selbst und andere entwickeln, die ihrer biologischen Geschlechtszugehörigkeit entsprechen. Der einzelne Psychoanalytiker aber kann auf den beiden Dimensionen »männlich – weiblich« seinen spezifischen Ort wählen und männliche/weibliche Anteile beliebig mischen, wie er es aufgrund seiner persönlichen Entwicklung, seiner Erfahrungen, seines theoretischen Wissens, seiner Bewertungen und seines Abwehrsystems nach zu tun gelernt hat.

Fazit

Die Mischung eines quantitativen und qualitativen empirischen Ansatzes brachte den Gewinn, dass viele geschlechtypische Sprachmerkmale der Psychoanalytikerpersönlichkeit erfasst werden konnten, die bisher in solcher Prägnanz nicht erkannt wurden. Aus dieser Studie lassen sich zahlreiche spezifische Fragestellungen für neue Arbeiten ableiten, zum Beispiel Untersuchungen zur Deutungstechnik in Erstinterviews und in Behandlungen von Psychoanalytikern unter formulierten Prämissen, Hypothesen überprüfende Untersuchungen zum Geschlechtsrollenverhalten weiblicher und männlicher Psychoanalytiker anhand von Videoaufnahmen unter besonderer Berücksichtigung averbaler Signale, Untersuchungen zum Gegenübertragungsspielraum von Psychoanalytikern mithilfe von Behandlungsberichtsanalysen und anderem mehr. Erst dann, wenn das Geschlecht nicht nur als biologisches Faktum, sondern als mehrdimensionales Konstrukt konzeptualisiert wird, kann das Geschlecht des Therapeuten unter Berücksichtigung anderer Einflussgrößen zu anregenden Differenzierungen führen.

Wir betrachten die Sammlung von ausbildungsbedingten Fallberichten, die nach Meyer (1994) wohl das umfangreichste Korpus psychoanalytisch-klinischer Literatur darstellen, als eine wahre Fundgrube für differenzierte Fragestellungen zum Zusammenhang von klinischer Arbeit und verschriftlichter Objektivierung. In diesem Sinne haben wir jüngst eine weitere umfängliche Auswertung hinsichtlich Geschlechtskonstellationen und sich daraus ergebender Wechselwirkungen auf Diagnosen im Zeitverlauf von 1969 bis 2006 von über 900 Fallberichten vorgelegt (Lang et al. 2009).

Wenn Analytiker publizieren ...
Ethische Aspekte bei wissenschaftlichen Veröffentlichungen in der Psychoanalyse

Gebhard Allert und Horst Kächele

Jahrhundertelang sind Tagebuchschreiber der Empfehlung Mephistos gefolgt: »Das Beste darfst Du den Buben doch nicht sagen.« Je eher die Verfasser von Tagebüchern bereits beim Schreiben an eine spätere Veröffentlichung dachten, umso deutlicher lässt sich dies hinterher auch nachweisen (vgl. Hocke 1963). Schon im Mustertraum der Psychoanalyse, dem Irma-Traum, findet sich eine bewusste oder aber auch nicht-bewusste Ausblendung, die der Freud-Biograf Clark (1981) als »Lücke von der Größe eines Grand Canyon« beschreibt (S. 177). Wir nehmen zu Freuds Gunsten an, dass der Verfasser des Traumbuches absichtlich seine »privacy«, seine damals hochaktuelle Wertschätzung der Beziehung zu W. Fliess, geschützt hat. Aber: Was muss und was darf der Verfasser wissenschaftlicher Veröffentlichungen psychoanalytischer An- oder Einsichten im Interesse des Patienten und/oder in seinem eigenen Interesse dem interessierten Leser vorenthalten? Gilt »nihil nisi bene« und ist es nicht ein konstitutives Element der Publikation psychoanalytischer Befunde, dass der Vertrauensschutz, die viel zitierte »confidentiality« (vgl. Levin et al. 2003), über allem zu stehen hat? Doch wer entscheidet dabei, was vertraulich zu bleiben hat?

Schon 1976 wies Wallerstein in seinem Beitrag zu einem Symposium über *Ethics, moral values and psychological interventions* auf die »unentwirrbare Vernetzung von wissenschaftlichem Bemühen mit ethischen und moralischen Voraussetzungen und Implikationen« (S. 369) hin. Gilt dies für alle Felder klinisch-wissenschaftlichen Arbeitens in gleicher Weise, oder gibt es gute Gründe anzunehmen, dass dies gerade im Bereich der Psychotherapie und Psychoanalyse ein besonders gravierendes Problem darstellt? Sicherlich ist festzuhalten, dass innerhalb des psychotherapeutisch-psychoanalytischen Feldes Fragen des Vertrauensschutzes und der Anonymität nicht nur im Kontext der Forschung und diesbezüglicher, wissenschaftlicher Publikationen, sondern vor allem auch im Zusammenhang mit Supervision, Intervision und dem Report von Fallberichten in der psychoanalytischen Aus- und Weiterbildung eine zentrale Bedeutung besitzen. Die Frage, ob dabei eine entsprechende Verfremdung von Fallvignetten und teils umfassenden Behandlungsgeschichten ausreicht, oder aber ob hier das Prinzip des »informed consent«, das heißt der umfassenden Information, Aufklärung und Zustimmung bei der Verwendung entsprechenden Fallmaterials heute unbedingt erforderlich erscheint – davon wird im Folgenden zu reden sein.

Das Thema von »informed consent« und damit auch die Frage nach der Wahrung des Selbstbestimmungsrechtes und der Patientenautonomie wird heute insgesamt in der Medizin, wie auch in der Psychotherapie und Psychoanalyse in einem sehr viel weiteren Rahmen, nämlich im Kontext einer generellen Professionalisierungsdebatte, abgehandelt (vgl. Parzeller et. al. 2007; Levin et al. 2003).

Angeregt durch eine wachsende Einmischung gesellschaftlicher, juristischer und medizinischer Institutionen in psychotherapeutische Tätigkeitsfelder, wie in das therapeutische Handeln überhaupt, ist heute grundlegend zu diskutieren, ob es überhaupt erlaubt sein kann, dass Analytiker sich schreibend über ihre Patienten äußern. Gerichtsverfahren in den USA und England gaben Anlass neu zu durchdenken, ob ein Analytiker gezwungen werden kann, sich als sachverständiger Zeuge zu äußern. Noch entschiedener wird gefragt, ob ein prinzipieller Unterschied zwischen Rechtsanwälten, Ärzten und Therapeuten einerseits sowie Psychoanalytikern andererseits gemacht werden muss, wie Forrester (2003) die Diskussion radikalisiert.

So gerät das Thema der »Confidentiality« und des Vertrauensschutzes zum Schibboleth einer Psychoanalyse, die sich strikt von anderen psychotherapeutischen Richtungen glaubt abgrenzen zu müssen. Für jedermann sichtbar steht nach Bollas (2003) schon längst das mahnende Menetekel an der Wand: Eine Praxisrichtlinie für klinisch tätige Psychologen in den Vereinigten Staaten (USA) verpflichtet diese, bei einem Patienten, von dem sie annehmen, dass sein Verhalten eventuell gerichtsnotorisch werden könnte (a candidate for civil action), Aufzeichnungen zu führen, die vor Gericht verwendet werden können. Ein Psychologe, der zugleich Psychoanalytiker *der American Psychoanalytic*

Association (APsA) ist, gerät so in einen direkten Konflikt mit der jüngsten Empfehlung der APsA, keine schriftlichen Aufzeichnungen zu führen (Bollas 2003, S. 203). Die Einführung des Psychologischen Psychotherapeuten in der BRD im Rahmen einer staatlich kontrollierten Ausbildung dürfte ähnliche Fragen über kurz oder lang, das heißt spätestens mit dem ersten diesbezüglichen Prozess, auch bei uns aufwerfen.

Steht also die Zusicherung der Verschwiegenheit und des besonderen Vertrauensschutzes als Grundpfeiler psychoanalytischen Denkens und Handelns zur Disposition?

Eissler (1974) bezieht hinsichtlich der psychoanalytischen Situation eine eindeutige Position:

> »As far as I can see, only two societal factors must be fulfilled: first, the confidentiality of the analysands communications must be guaranteed beyond any doubt – that is to say, no government power must be given the right to force an analyst to testify in matters concerning his patient (this possibly makes the practice of psychoanalysis under a dictatorship impossible). Secondly, a certain level of self-observational ability must have been reached within society« (S. 99).

Allerdings wird zugestanden, dass auch die Psychoanalyse gleichzeitig Mittel und Wege finden muss, wie trotzdem Aus- und Weiterbildung konstruktiv betrieben werden können:

> »We can not transmit new insights and improvements in technique, unless we can pass on what we know and what we learn. We need also structures of recognition – journals and professional organizations – in which true expertise can be recognized, and a class of teachers selected to impart knowledge to the next generation« (Lear 2003, S. 4).

Die Notwendigkeit, klinische Erfahrungen weiterzugeben, kollidiert jedoch mit dem Prinzip des Vertrauensschutzes. In einer Reihe von Interviews mit US-Analytikern, die Autoren von Veröffentlichungen mit klinischen Illustrationen waren, beschrieb Kantrowitz (2004a, b und c, 2005a und b) eine erhebliche Bandbreite von therapeutischen Implikationen bezüglich der Intention eines Analytikers, über seine Patienten zu schreiben. Einige Analytiker berichten über Konflikte von Patienten durch die Intrusion der Forschungsperspektive in eine Situation, die eigentlich ausschließlich zum Wohle des Patienten gedacht ist. Zudem werden erhebliche Bedenken geäußert, ob man überhaupt eine Zustimmung erfragen soll, und wenn ja, wann und wie? Die Bedeutung der manifesten Zustimmung im Kontext der therapeutischen Beziehung sei schwer auszumachen, wie Kantrowitz festhält. Gleiches gilt aber auch für die unhinterfragte Akzeptanz der Zustimmung des Patienten durch den Analytiker. Zudem besteht hier auch die Gefahr, dass das Thema einer wissenschaftlichen Arbeit die gleichschwebende Aufmerksamkeit in der klinischen Arbeit beeinträchtigt. Kurzum, das traditionelle Modell des Junktims, das heißt des Klinikers, der zugleich Wissenschaftler und Verfasser ist, enthält beachtliche Probleme, die jedoch oft weitgehend unberücksichtigt bleiben. Bucci (2007, S. 625) weist zu Recht darauf hin, dass gegenwärtig die Gewähr der »Vertraulichkeit« durch keine konsistenten und etablierten Prozeduren bei der Veröffentlichung klinischen Materials in psychologischen, psychiatrischen oder psychoanalytischen Schriften geschützt wird. Immerhin versuchte ein Editorial des International Journal of Psychoanalysis (Gabbard/Williams 2001) Richtlinien zu formulieren; dabei gibt es bis heute keine verbindlichen Publikationsrichtlinien. Vielmehr wird die diesbezügliche Entscheidung dem einzelnen Analytiker überlassen, der sich dabei nach den individuellen Gegebenheiten der klinischen Situation richten soll.

Hilft das Konzept des »informed consent« hier weiter?

In einem von der institutionell organisierten Psychoanalyse ganz verschiedenen, universitären Umfeld hatte sich die Ulmer Arbeitsgruppe unter der Leitung von Helmut Thomä, bezogen auf den damaligen »state of the art«, sehr früh für Tonbandaufzeichnungen stark gemacht.

Thomä und Rosenkötter berichteten 1970 über die Verwendung audiovisueller Hilfsmittel in der psychotherapeutischen Ausbildung. Zeitgleich war ein DFG-gefördertes Projekt zur »Psychoanalytischen Verlaufsforschung« in Gang gekommen. Ethische Aspekte der Verwendung von Tonbandprotokollen mussten bei der damaligen Antragsstellung bei der DFG noch nicht extensiv formuliert werden. Eine universitäre medizinische Ethik-Kommission, die unser Vorhaben hätte begutachten können, bestand damals noch nicht[1]. Ulmer Internisten haben im Rahmen der damals noch sehr riskanten Knochenmark-Transplantationsstudien erstmals 1982 zu psychologischen Gesichtspunkten des »informed consent« Stellung genommen (Köhle et al. 1982).

---

1 Richtlinien der Deutschen Forschungsgemeinschaft erschienen erst 1973.

Erst Jahre später haben wir uns zu den ethischen Aspekten der neuen Technologie geäußert (Kächele et al. 1988):

> »Wenn ein Psychoanalytiker offiziell einen Patient um seine Zustimmung für die Verwendung eines Tonbandgeräts bittet, nennt man das »informed consent«, der auch schriftlich hinterlegt werden muss. Er setzt den Patienten damit auch in Kenntnis, dass die Grenzen der Privatheit (privacy) auf einen Personenkreis ausgeweitet werden, der dem Patient nicht bekannt ist. Er umschließt jene Personen, die die Bänder abhören, transkribieren, kontroll-hören und Texte und Aufzeichnungen archivieren. Des weiteren gibt es einen noch viel größeren Personenkreis, noch unbestimmter als die bisher genannten, der später, irgendwann einmal die Möglichkeit bekommt, dieses Material zu wissenschaftlichen oder didaktischen Zwecken zu nutzen.
> Innerhalb dieses Rahmens übernimmt der Analytiker die Verpflichtung die Vertraulichkeit zu wahren[2]. ...Wir glauben, dass die Offenheit der Haltung des Analytikers, die im Akt des Einholens des »informed consent« verkörpert ist, signifikant zu einer therapeutischen Allianz beitragen kann, die auf dem Umstand beruht, dass beide, Patient und Analytiker, von anderen beobachtet werden, dass in dieser Hinsicht beide »im gleichen Boot« sich befinden.
> Ohne Zweifel sehen manche Patienten und Analytiker dies als eine unerträgliche Intrusion in ihre Privatheit an, doch es könnte auch sein, dass es andererseits nicht nur als erträglich betrachtet, sondern als befreiend erlebt wird« (S. 192; deutsche Übersetzung von HK).

In einer weiteren Arbeit über behandlungstechnische und ethische Aspekte von Tonbandaufnahmen in der Psychotherapie haben wir ausführlicher dargelegt, dass das Tonband auch als »Dritter im Bunde« wirken kann (Allert et al. 2000). Es kann dabei, wie die anderen Parameter des psychoanalytischen Settings auch, jederzeit psychodynamisch wirksam werden, und seine Bedeutung ist so immer wieder neu zu reflektieren.

Wir formulierten:

> »Es ist gut zu wissen, dass die therapeutische Dyade in einem triadischen Kontext konzeptionalisiert werden muss. Die Maxime, verhalte Dich immer so, dass ein Dritter dabei sein könnte, gilt sowohl für Patient wie für Therapeut. Das Tonband ist eine Konkretisierung dieser grundlegenden behandlungstechnischen Maxime« (S. 67).

---

[2] Die Transkriptionsregeln der Ulmer Textbank, die eine vollständige Anonymisierung sicherstellen, wurden erst 1996 veröffentlicht (Mergenthaler 1996).

Nun gehört das Verfassen und Veröffentlichen von Krankengeschichten und Behandlungsberichten zu den vornehmen Aufgaben einer Profession, die sich um eine wissenschaftliche Fundierung ihres Handelns bemüht (Thomä 1978). Wenn man nicht in einem alchemistischen, mittelalterlichen Professionsverständnis stecken bleiben will, sondern sich einer neuzeitlichen Empirieauffassung verpflichtet fühlt, ist die Notwendigkeit zur Kommunikation, zum Austausch von Beobachtungen und Erfahrungen zwangsläufig (Galatzer-Levy 2003).

Allerdings sind wir nicht länger im Stand der Unschuld. Die Erfahrungen mit den Freudschen Krankengeschichten, von denen praktisch jede aufgrund sorgfältiger medizinhistorischer Forschung ent-anonymisiert wurde (für »Dora« siehe z. B. Decker 1982), belegen, dass größere Umsicht vonnöten erscheint (vgl. Stein 1988a und b). Die Zeiten, in denen analytisches Material nur in kleinen Gruppierungen zirkulierte und in denen die begrenzten Auflagen der psychoanalytischen Zeitschriften nur einen sehr hoch spezialisierten Leserkreis hatten, sind in Zeiten des Internets und der PEP-Datenbasis endgültig vorüber.

Die Geschichten um enttarnte Subjekte von Krankengeschichten sind selten amüsant, eher zumindest ärgerlich, häufig aber auch tragisch.

Ein informatives Beispiel berichtete der Literaturwissenschaftler Berman (1985):

Der Analytiker Kleinschmidt (1967) veröffentlichte einen Artikel im *American Imago*, in dem sich der bekannte Schriftsteller Philipp Roth ohne Mühe wiedererkannte. In Roths *My life as a man* (1974) entdeckt der junge Schriftsteller, dass sein Analytiker nicht nur einen Fallbericht über ihn veröffentlicht hat, sondern er bezieht auch mit ein, dass der Analytiker in seinem Fallbericht auch mitteilen musste, dass dieser fiktive Patient im *New Yorker* – einem weithin bekannten Magazin – einen fiktiven Lebensbericht veröffentlicht hatte, was ziemlich genau den Tatsachen entsprach.

Kann man deshalb beruhigt die oft gebrauchte Formel »what they don't know won't hurt them« unbedenklich weiter verwenden? Galatzer-Levy (2003) rät dringend von dieser Position ab, zumal diese Haltung auch leichtfertig die Auswirkungen beabsichtigten wissenschaftlichen Schreibens auf die analytische Arbeit unterschlägt.

Die Frage, ob es grundsätzlich aus ethischen Gründen zwingend ist, den Patient als potenzielles Subjekt einer Veröffentlichung zu informieren – wobei zunächst offen bleibt, wann dies zu geschehen habe –, wurde vom *Committee on Scientific Activities* der *American Psychoanalytic Association* schon 1984 folgendermaßen beantwortet:

>»The analyst is ethically free to publish clinical records without the patient's knowledge, provided their publication has no effect on the patient, his relatives, or associate and provided they contain no confidential material relating to the patient.
>
>While absolute certainty is impossible, the analyst can and must know that it is extremely unlikely that the material he reports will be connected to the patient. If it cannot be so connected and if the material contains no secret material of public or business policy that the patient might possess, there is no barrier to the analyst's freedom to publish.«

Erstaunlicherweise wurde diese Empfehlung jedoch bislang nicht ratifiziert (American Psychoanalytic Association 2002). Sie lässt zudem vieles offen, unter anderem ob der schreibende Analytiker selbstständig die notwendigen Entscheidungen treffen kann und soll oder ob ihm interne Review-Boards assistieren sollen. Vielfältige Erfahrungen zeigen, dass der Analytiker in der Regel unterschätzt, welche Lecks drohen und wie leicht scheinbar nebensächliche Details oft doch eine Dekodierung ermöglichen. Die bei vielen Autoren beliebten Modifikationen der persönlichen Merkmale, wie geografische Angaben, Berufsbezeichnungen oder Familienstand, sind nur begrenzt dafür geeignet, die erforderliche Anonymisierung sicherzustellen. Je detaillierter einzelne Vignetten beziehungsweise je umfangreicher Fallberichte sind, umso mehr wächst die Wahrscheinlichkeit, dass nicht nur der Patient, sondern zum Beispiel auch Angehörige darin ausreichende Angaben zur Identifizierung finden können.

Wie wir es schon zu Beginn der Ulmer Tonbandprojekte formuliert hatten, meinen wir daher bis heute, dass die Herstellung eines »informed consent« dringend notwendig und erforderlich ist. Die zunehmende Fokussierung auf das Selbstbestimmungsrecht und die Autonomie des Patienten in der medizinethischen Diskussion der letzten Jahre, hat die Bedeutung und Notwendigkeit eines diesbezüglichen Aushandlungsprozesses eindrücklich bestätigt. Die bereits in der Nürnberger Erklärung 1946 herausgestellten Grundelemente von »informed consent« gelten dabei in gleicher Weise auch für den Bereich der Psychotherapie und Psychoanalyse. Dies heißt, dass neben der umfassenden Informationsvermittlung auch gegeben sein muss, dass der Patient diese verstehen kann, dass er sich frei entscheiden kann und dass er aufgrund seiner psychischen Fähigkeiten zu einer autonomen Entscheidung und Einwilligung fähig ist (vgl. Vollmann 1999, S. 995 sowie Noll/Rosen 1982). Zudem ist zu berücksichtigen, dass es sich dabei um einen Prozess handelt, innerhalb dessen immer wieder thematisiert werden muss, was der ausgehandelte »informed consent« im Einzelnen für den Patienten und die jeweils gegebene Situation bedeutet (vgl. Wear 1993; Allert et al. 2000, S. 71).

Dabei ist allerdings auch zu beachten, dass die Einholung von »informed consent« bezüglich der Verwendung von Fallmaterial in klinischen Seminaren, in Publikationen und in Forschungsprojekten die Akzentsetzung vom unbedingten Schutz der Patienten-Identität zugunsten des potenziellen Verlustes dieser Privatheit als Folge der Veröffentlichung verschieben kann. »Informed consent« beinhaltet immer auch die Aufklärung und das Einverständnis bezüglich möglicher negativer Auswirkungen einer Maßnahme. Dieser Aspekt wird bislang in der psychoanalytischen Therapiepraxis wenig gesehen – wohl auch deshalb, weil der Kenntnisstand über das Wohl und Wehe, über negative Auswirkungen psychoanalytischer Therapie, innerhalb und außerhalb der Fachwelt noch sehr begrenzt ist (vgl. Fäh 2002; Kächele/Buchheim 2007). Die hinreichende Thematisierung und Problematisierung möglicher Risiken mit dem Patienten dürfte ein erster Schritt in die richtige Richtung zu sein. Ein konkreter Textvorschlag zur Aufklärung von psychotherapeutischen und psychoanalytischen Patienten, der von den Standesorganisationen der BRD getragen wird, liegt unserer Kenntnis nach bislang jedoch nicht vor.

Die psychoanalyseinterne Diskussion um »informed consent« ist stattdessen mehr mit der Auswirkung einer Zustimmung auf den analytischen Prozess beschäftigt. In der Tat: Weder Patient noch Analytiker können redlicherweise voraussehen, welche günstigen oder ungünstigen Auswirkungen eine eventuelle spätere Veröffentlichung auf die Behandlung hat. Dass während einer laufenden Behandlung umfangreiche Veröffentlichungen eher schaden als nützen, versteht sich (fast) von selbst.

Soll man nun vor einer Behandlung die Zustimmung erfragen oder aber während beziehungsweise erst nach Abschluss einer Behandlung? Hierüber lässt sich klinisch vortrefflich streiten – eine empirische gewonnene Grundlage gibt es allerdings bislang nicht (Kantrowitz 2004a und b).

Wir meinen jedoch, dass für die Entwicklung einer empirisch begründeten

Psychoanalyse – und dies gilt für alle Psychotherapieformen – das Interesse der Allgemeinheit so hoch einzuschätzen ist, dass wir hierzu bereits früher folgendes geschrieben haben:

> »Wir glauben, dass ein Analytiker nicht nur die negative Verpflichtung hat, seinen Patienten nicht zu schaden – nihil nocere – sondern dass er auch die positive Verpflichtung hat, alle vernünftigen Schritte zu unternehmen, die ein besseres und gründlicheres Verständnis seiner Patienten befördern und dadurch seine Wirksamkeit als Therapeut verbessern« (Kächele et al. 1988, S. 193; deutsche Übersetzung von HK).

Explizit muss dabei allerdings auch gesagt werden, dass das Interesse des jeweils individuellen Patienten weder mit dem Publikations- und Forschungsinteresse noch mit dem Interesse künftiger Patienten immer übereinstimmt beziehungsweise damit unmittelbar kompatibel ist (vgl. Ehl et al. 2005). Die Aufklärung bei der Durchführung von Therapie-Studien muss daher deutlich machen, dass eventuelle Erkenntnisse oft erst der nächsten Generation von Patienten nutzen können (Taubner et al. 2007).

Dabei stellt sich immer wieder die schwierige Frage der Güterabwägung, die wir als Kliniker, Unterrichtende, Schreibende und Therapieforscher zu beantworten haben. Können wir belegen, dass angemessene Berichterstattung die Qualität unseres therapeutischen Arbeitens so nachhaltig verbessert, dass damit andererseits gerechtfertigt erscheint, den notwendigen Vertrauensschutz des Patienten zu belasten? Wir meinen, dass dafür die Herstellung von »informed consent« heute auch im Bereich der Psychotherapie und Psychoanalyse der adäquate Weg ist.

Krankengeschichten vor Gericht
Friedemann Pfäfflin

Einleitung

In der Festschrift zu Ehren Alexander Mitscherlichs aus Anlass seines 70. Geburtstags beschrieb Thomä (1978) den Fortschritt »Von der ›biographischen Anamnese‹ zur ›systematischen Krankengeschichte‹«. Während die biografische Anamnese an der Diagnostik und vor allem an der Vergangenheit orientiert ist, charakterisierte er die von Mitscherlich 1951 eingeführte systematische Krankengeschichte als primär an psychotherapeutischen Zielen ausgerichtet, also als zukunftsorientiert mit besonderer Fokussierung auf die Bedeutung der Arzt-Patient-Beziehung und deren spezieller Ausformung in Übertragung und Gegenübertragung. Darüber hinausgehend verwies er auf den hypothesengenerierenden, also wissenschaftlichen Zweck von Krankengeschichten. Am Beispiel einer eigenen Krankengeschichte stellte Thomä die Vorzüge und Grenzen der systematischen Krankengeschichte dem Urteil der Leser zur Disposition (Thomä 1978). Dies war ein größeres Gremium als jedes Gericht es ist und hat, soweit ich weiß, zu keiner Verurteilung geführt. Inzwischen kann jeder die Behandlungsgeschichte von Amalie X nachlesen und weiter beforschen. Wie viel und wie gründlich er sich mit Krankengeschichten und Behandlungsberichten befasst hat, haben er selbst und andere bestens dargestellt (Thomä/Kächele 2006 a, b und c; Kächele et al. 2006).

Nur in Ausnahmefällen dürften Krankengeschichten, die in Praxen und Krankenhäusern geführt werden, den von ihm genannten Idealen, nämlich therapeutische Zielsetzung und Hypothesengenerierung, gerecht werden.

Die meisten Krankengeschichten dienen allenfalls als Gedächtnisstützen für die Behandler und tun – oft nur notdürftig – der standesrechtlich verankerten Dokumentationspflicht Genüge. Eine der ersten Krankengeschichten, die ich in die Hand bekam, stammte von Hans Giese (1920–1970), dem Begründer und ersten Direktor des Instituts für Sexualforschung an der Psychiatrischen und Nervenklinik des Universitätskrankenhauses Hamburg-Eppendorf. Sie war zugleich die kürzeste, die ich je las, und lautete: »EP → 1 Gl. Rotw. a. A.«.[1] In der niedergelassenen Praxis müssen Krankengeschichten bis zehn Jahre nach Abschluss der Behandlung aufbewahrt werden, in Krankenanstalten bis dreißig Jahre, dies vor allem, um sich gegen eventuelle spätere Kunstfehlerprozesse und Regressansprüche von Patienten abzusichern. Dass Krankengeschichten darüber hinausgehend auch der Durchsetzung von Geltungsansprüchen dienen können, zeigt die Geschichte der forensischen ebenso wie der allgemeinen Psychiatrie.

Das Thema »Krankengeschichten vor Gericht« lässt vor allem an Kunstfehlerprozesse denken. Der Schwerpunkt meiner Ausführungen wird jedoch auf jenen speziellen Krankengeschichten liegen, die primär für Gerichte abgefasst werden, nämlich forensische Gutachten, und hiervon vor allem die psychiatrischen Gutachten. Dabei geht es einerseits um auf die Vergangenheit gerichtete diagnostische Festlegungen, andererseits um die Klärung von Kausalzusammenhängen und schließlich um prognostische Bewertungen, wenn auch nur selten um therapeutische Zielsetzungen.

Forensisch-psychiatrische Gutachten: historisch

Die Anfänge von Krankengeschichten im alten Ägypten, Griechenland und Rom zu referieren, würde hier zu weit führen. Die Grundlagen für eine gerichtliche Medizin wurden in Mitteleuropa durch die *Constitutio Criminalis Carolina* von 1532 geschaffen (Janzarik 1972, 1974). Sie sah zwar eine Strafmilderung vor – »So leuth tödten, die ihr sinn nicht haben« –, aber die Beurteilung des Geisteszustands der Betreffenden blieb damals dem Richter allein überlassen (Fischer-Homberger 1983). Die Hauptfragen der mittelalterlichen Gerichtsmedizin betrafen:

---

1 Ejaculatio praecox → ein Glas Rotwein am Abend

(1) die Bestimmung des Lebensalters (z. B. im Kontext von Schuldfähigkeit, die bei einem Kind noch nicht vorausgesetzt wurde – aber wie lange war ein Mensch ein Kind? – oder im Zusammenhang von Mannbarkeit bzw. Zeugungsfähigkeit),
(2) Sexualität und Fortpflanzung (z. B. im Kontext von Eherecht, Unfruchtbarkeit und Impotenz, Virginität, Abort, Schwangerschaftsdauer [superfoetatio, d. h. angeblich Wochen und Monate übertragene Schwangerschaften, wichtig im Zusammenhang von Erbfragen nach Ableben des Erzeugers]),
(3) Gewalt und Tod (z. B. Kindsmord, Giftmord, Ersticken, Beurteilung von Wunden) und schließlich
(4) die Simulation (z. B. die Frage, ob jemand besessen war oder nur melancholisch, sodass eine Besessenheit simuliert wurde).

Im Unterschied zu den weltlichen Gerichten ließen die kirchlichen Gerichte in den Hexenprozessen gelegentlich Ärzte in Fragen des Geisteszustandes mitreden, wobei die Ärzte ihren Geltungsanspruch gegenüber der mittelalterlichen Dämonenlehre durchzusetzen versuchten, was ihnen zunehmend mehr gelang (Fischer-Homberger 1983).

Janzarik (1972, S. 605) nennt Paolo Zacchia (1584–1659), Leibarzt zweier Päpste und Konsulent am obersten Gerichtshof des Kirchenstaats, als »Begründer einer forensischen Psychiatrie«. Man erkennt daran, dass die forensische Psychiatrie der allgemeinen Psychiatrie weit vorausging, wiewohl man wohl selbst bei Zacchia eher von einem Vorläufer sprechen sollte als von einem Begründer. Bis sich das Fach als Fach etablierte, verging noch viel Zeit. Immerhin argumentierte er: »Dementia, ac similes morbi, passiones cerebri sunt solis Medicis notae«, und er grub damit der Dämonenlehre, der Lehre vom Besessensein, Boden ab: Das Gehirn als leibliches Organ gehöre klar zum Ressort der Medizin. Dagegen könne man darüber streiten, welcher Fakultät die Erforschung der Psyche obliege.

Erst im Zuge der Aufklärung und dem Entstehen des Bürgertums entwickelte sich die Psychiatrie (Dörner 1969; Foucault 1968, 1973, 1975, 1976; Kaufmann 1995; Lorenz 1999; Kröber 2000; Schott/Tölle 2006). Für die forensische Psychiatrie wegweisend wurden deren Sammlungen von Krankengeschichten beziehungsweise Gutachten, so zum Beispiel jene der Tübinger (Universitätsarchiv Tübingen 1612–1820, vgl. Kaufmann 1991, 1995) sowie jene der Leipziger Medizinischen Fakultät (Platner 1820; Platnerus 1740/1749). Johann Zacharias Platnerus (1694–1747), der in Leipzig zunächst Philosophie, dann Medizin studiert hatte, ab 1715 in Halle niedergelassen war, ab 1720 in Leipzig und ab 1721 dort Professor für Anatomie und Chirurgie wurde und später als Dekan der Medizinischen Fakultät und als Rektor der Universität wirkte, plädierte als erster für eine institutionalisierte forensische Psychiatrie (Platnerus 1740/1749). Den Wahnsinn bezeichnete er als Krankheit des Körpers, nicht des Geistes. Sein Sohn Ernst Platner (1744–1818), ebenfalls Medizinprofessor in Leipzig, beschrieb als erster die *amentia occulta*, die stille Wut, eine Form versteckten Wahnsinns, die sich allein in der Straftat äußerte. Die Lehre von der *amentia occulta* war ein Vorläufer der späteren Monomanielehre Esquirols (1827, 1838), von der heute in den psychiatrischen Diagnosekatalogen nur noch die pathologische Brandstiftung beziehungsweise Pyromanie (ICD–10, F63.1) und das pathologische Stehlen, die Kleptomanie (ICD–10, F63.2), übrig sind, während sie klinisch und forensisch längst einer differenzierteren Betrachtung unterliegen.

In Platners (1820) Sammlung gerichtsmedizinischer Fälle findet sich der Fall eines Ziegeleiarbeiters, der sich einbildete, ein Kollege wolle ihn durch Zauberei ermorden. Dem kam der ansonsten völlig unauffällige und bis dato unbescholtene Ziegeleiarbeiter zuvor, indem er eine Bleikugel goss, sich im Schießen übte und den Kollegen durch einen Kopfschuss niederstreckte. Platner begründete die von ihm gestellte Diagnose »Wahnsinn«, der das Gutachten der Medizinischen Fakultät Leipzig folgte, mit drei Argumenten:

(1) Der Täter hatte seit einigen Jahren an gehindertem Hämorrhoidalfluss gelitten. Anfälle von »blinden« Hämorrhoiden hätten »große Gewalt auf Hirn und Nerven«; Körper und Seele seien gleichermaßen krank. Die falsche Vorstellung von der Zauberkraft des Kollegen habe sich erst durch die durch den gehinderten Hämorrhoidalfluss bedingte Schwächung des Gehirns bei ihm einnisten können.

(2) Die Ordnung des Gedächtnisses beruhe auf der Verkettung von Vorstellungen, sei von einer Störung der Vernunft unabhängig und könne trotz einer solchen vorhanden sein. Dass der Täter an einer Störung der Vernunftprinzipien leide, zeige sein Zauberglaube.

(3) Auch bei gestörter Vernunft könne ein Mensch zielgerichtete Handlungen ausführen (Platner 1820, zit. n. Fischer-Homberger, S. 153f.).

Solchen und ähnlichen Vorstellungen anderer (Metzger 1786, 1793) widersprach Kant (1798) und bestritt die Kompetenz der Medizin, Geistesstörungen zu beurteilen. In §41 seiner *Anthropologie in pragmatischer Hinsicht* erklärte er, nur das Irrereden im fieberhaften Zustand sei eine körperliche Erkrankung, wofür die Medizin zuständig sei, während jeder andere Irreredende, bei dem der Arzt keine körperliche Krankheit objektivieren könne, bei einer Straftat zur Beurteilung nicht an die medizinische, sondern an die philosophische Fakultät zu verweisen sei. Dass sich die pragmatischen Mediziner dagegen zur Wehr setzen und ihren Geltungsanspruch behaupten würden, lag auf der Hand. Als eigenständiges Fach im medizinischen Fächerkanon und in Fakultäten setzte sich die Psychiatrie im Deutschen Reich allerdings erst mit der ärztlichen Prüfungsordnung aus dem Jahr 1901 durch, wobei die Auseinandersetzung und Kooperation mit den Juristen und die Aufgaben der forensischen Psychiatrie (Unterbringung psychisch Kranker zu deren eigenem und zum Schutz der Gesellschaft sowie Beurteilung von Straftätern zur Frage der Einschränkung der »Willensfreiheit«, wie es damals hieß) eine ganz entscheidende Rolle spielten (Foerster 1997).

Zu Ehren des *Genus loci* muss erwähnt werden, dass in Leipzig die Wiege der akademischen Psychiatrie stand. Im Jahr 1811 wurde Johann Christian August Heinroth hier als erster Lehrer für ein seelenheilkundliches Fach an einer Universität berufen, womit die Geschichte der akademischen Psychiatrie des Abendlandes begann (Steinberg 2005). Wenig später wurde hier sehr heftig über ein psychiatrisches Gutachten im Zusammenhang mit dem klassischen Fall des Leipziger Bürgers Johann Christian Woyzeck gestritten, der am 2. Juni 1821 in der Sandgasse (heute Seeburgstraße, einen Steinwurf von unserem Veranstaltungsort entfernt[2]) seine Geliebte Johanna Christiane Woost erstach. Georg Büchners nach ihm benanntes Drama verarbeitet mindestens drei ähnliche Kriminalfälle aus jener Zeit, unter anderem einen aus seiner Heimatstadt Darmstadt (Dedner/Vering 2005). Woyzeck wurde vom Leipziger Stadtphysikus Clarus (1824) nach »Grundsätzen der Staatsarzneikunde« untersucht und begutachtet. Der Prozess zog sich in zwei Instanzen über drei Jahre hin. Clarus bezeichnete den Täter als voll zurechnungsfähig, wohl wissend, dass dies dessen Exekution zur Folge haben würde. Trotzdem wollte er sich durch

---

2 Der vorliegende Text wurde ursprünglich anlässlich des Symposiums zum 85. Geburtstags von Helmut Thomä in Leipzig vorgetragen.

ein Gutachten der Medizinischen Fakultät der Universität Leipzig absichern. Dieses »Responsum der medizinischen Fakultät« ist erst vor Kurzem wieder aufgefunden worden (Steinberg/Schmideler 2005) und wird in diesem Frühjahr publiziert (Steinberg/Schmideler 2006).[3] Über das Ergebnis der Begutachtung durch Clarus entfaltete sich ein heftiger Streit, der in vielen Streitschriften innerhalb und außerhalb von *Henkes Zeitschrift für die Staatsarzneikunde* ausgetragen wurde. An dieser Zeitschrift, in der auch die beiden Gutachten von Clarus abgedruckt worden waren, arbeitete der Vater des damals 21-jährigen Büchner mit, wodurch dessen Interesse für den Stoff geweckt worden sein dürfte. Beeindruckend ist Heinroths (1825) Verteidigung des noch heute lesenswerten Gutachtens von Clarus gegen Angriffe des Landgerichtsphysikus Marc aus Bamberg, der Woyzeck für unzurechnungsfähig hielt. Selten habe ich eine so polemische Schrift gelesen wie die Heinroths, die auch in der gegenwärtigen Debatte um die Neurobiologie von einer erfrischenden Klarheit ist. Wenn Singer (2004) erklärt, »Verschaltungen legen uns fest: Wir sollten aufhören, von Freiheit zu sprechen«, kann man ihm mit Heinroth (1825) in seinen generellen Ausführungen zur Zurechnungsfähigkeit entgegenhalten:

> »Wir werden uns unserer Freiheit nur im Gebiete des *inneren Sollens* bewußt, oder da, wo wir durch das Gewissen zu einer *Pflicht* aufgerufen werden. Wir finden hier, daß wir *könnten*, wenn wir *wollten*; und in diesem *Wollen-können* liegt unsere Freiheit. Dieß muß Jeder zugestehen; man darf ihn nur an sein Bewußtsein verweisen. Auf diesem Standpunkte der Selbstbeobachtung lernt der Mensch erst die höchste Bedeutung seines Daseyns und Wesens kennen, nämlich die moralische, oder die in Beziehung auf ein *Heiliges* stehende, welches *nicht verletzt werden soll*. Und hier lernt er auch seine *Freiheit* begreifen. Er *soll* nicht sündigen, eben weil er sündigen *kann*, weil er *in dieser Hinsicht frei ist*. Seine Freiheit ist eine *moralische*. Aber eben darum ist sie auch nicht an *physische* Bedingungen gebunden.«
>
> »Wenn er (scil. der Mensch) im unfreien Zustande Äußerungen von Thätigkeit zeigt, ist er nur nach *Trieben* thätig, wie das Thier, dem wir auch kein *Handeln* zuschreiben. Nur ist hier der Unterschied, daß das Thier nach *gesetzlichen* Trieben thätig ist, der unfreie Mensch aber nach *gesetzlosen*: denn sein Gesetz liegt nicht im Triebe, sondern in der *Vernunft*, die er nicht mehr besitzt, eben weil er *unfrei* ist: denn Freiheit und Vernunft ist Dasselbe.«

---

3 Ich danke PD Dr. rer. medic. Holger Steinberg vom Archiv für Leipziger Psychiatriegeschichte dafür, dass er mir vorab Einsicht in das Faksimile, die Transkription und sein zusammen mit S. Schmideler verfasstes Manuskript gewährte.

»Demzufolge hört die Zurechnungsfähigkeit des Menschen im *unfreien Zustande* (wo er nicht mehr Mensch ist) auf, so wie sie im *unmündigen Zustande* (wo er noch nicht Mensch ist) noch nicht angefangen hat« (S. 58, 62f.; Hervorhebungen als Sperrung im Original).

Woyzecks Hinrichtung am 27. August 1824 auf dem Marktplatz in Leipzig war eine der letzten derartigen öffentlichen Exekutionen. Das Clarus'sche Gutachten, Heinroths Verteidigung desselben und das Gutachten der Medizinischen Fakultät der Universität Leipzig belegen, welch weitreichende Folgen eine forensisch psychiatrische Krankengeschichte vor Gericht haben kann. Zweifel an ihren Grundlagen und Folgerungen sind bis heute nicht verstummt. Büchners unvollendetes Drama ließ die Frage der Zurechnungsfähigkeit beziehungsweise Schuld Woyzecks letztlich offen und kann als Widerspruch gegen dessen Verurteilung und Hinrichtung gelesen werden. Spätere Autoren zeihen die Gutachter der Voreingenommenheit (Glück 1987) und erklären, das Gutachten der Medizinischen Fakultät belege

»auf erschütternde Weise [...] den Zusammenhalt innerhalb einer wissenschaftlichen Peergroup [...]. Die Unterzeichner des Leipziger Dokuments bestätigen mit ihrer zehnseitigen Erklärung – ›nach darüber gepflogener collegialer Berathung‹ – letztlich nur, daß Clarus über alle Zweifel der Verteidigung erhaben sei. So verteilt diese Loyalitätsadresse die Verantwortung für das Todesurteil lediglich auf mehrere Schultern« (Kosenina 2006).

Andere Autoren urteilen sehr viel zurückhaltender oder stellen nur Fragen (Steinberg/Schmideler, unveröffentlichtes Manuskript).

Forensisch-psychiatrische Gutachten: empirisch-kritisch

Etwa 150 Jahre nach der Hinrichtung Woyzecks in Leipzig schickte sich ein junger Soziologe, der später noch Psychoanalytiker wurde, an, die forensische Psychiatrie hinzurichten und ihre Krankengeschichten an den Pranger zu stellen. Mit seinem Buch *Repressive Kriminalpsychiatrie. Vom Elend einer Wissenschaft. Eine Streitschrift* attackierte Moser (1971) das ganze Fach und diskutierte die Mängel der gerade durchgeführten grundsätzlichen Reform des Sexualstrafrechts und, exemplarisch, einige Passagen aus den Gutachten, die im Fall von Jürgen Bartsch, der vier Kinder ums Leben gebracht hatte, erstellt worden waren. In einem ersten Verfahren vor dem Landgericht Wuppertal war Bartsch 1967 für voll zurechnungsfähig erklärt und als gefährlicher Gewohnheitsverbrecher zu lebenslanger Zuchthausstrafe verurteilt worden. Der Bundesgerichtshof hob das Urteil auf und verwies das Verfahren zur erneuten Verhandlung an das Landgericht Düsseldorf. In dessen Urteil aus dem Jahr 1971 wurde Bartsch als erheblich vermindert schuldfähig bezeichnet und zu zehn Jahren Jugendstrafe verurteilt bei gleichzeitiger Anordnung der Unterbringung in einem psychiatrischen Krankenhaus nach §63 StGB. Einige Prozessbeobachter charakterisierten die im ersten Verfahren vor dem Landgericht Wuppertal vorgetragenen psychiatrischen Gutachten als direkten Ausdruck des sogenannten gesunden Volksempfindens (Föster 1984). Mosers Hauptthese war, der gut hundert Jahre zuvor geschlossene Pakt zwischen Strafjuristen und forensischen Psychiatern habe zu einem Legitimationsgewinn für das Vergeltungs- und Schuldstrafrecht geführt, von dem beide Vertragspartner profitierten. Zum Beleg dieser These stützte er sich auf wissenschaftliche Arbeiten prominenter Psychiater und Juristen und, eher zu Illustrationszwecken, auch auf Zitate aus den im ersten Bartsch-Prozess erstatteten Gutachten. Vom Mainstream der Psychiatrie wurde seine Streitschrift als böse Polemik empört zurückgewiesen. Die Affekte waren so stark, dass eine sachliche Auseinandersetzung kaum stattfinden konnte.

Dagegen ließ ich mich, angeregt durch Moser, zur ersten empirischen Untersuchung zur Gutachtenqualität überhaupt anregen (Pfäfflin 1978). Denn die Frage drängte sich auf, wie es wohl um die Qualität von Gutachten in durchschnittlichen Verfahren, die keine Schlagzeilen machten, bestellt sein mochte, wenn schon so exponierte Gutachter in einem bundesweit mit großer Aufmerksamkeit verfolgten Verfahren so miserable Gutachten erstatteten.

Die Stichprobe setzte sich aus acht vollständigen Jahrgängen (1964–1971) sämtlicher Sexualstrafverfahren aus einem Bundesland zusammen und umfasste ca. 1800 Gerichtsverfahren. Einbezogen wurden schließlich nur jene 936 Verfahren, die zu einer rechtskräftigen Verurteilung geführt hatten. In 317 Fällen, also jedem dritten Verfahren, war ein psychiatrisches Gutachten erstattet worden, davon waren 109 Gutachten ausschließlich mündlich, 208 dagegen schriftlich und mündlich vorgetragen worden. Im Folgenden wird nur auf die Auswertung der 208 schriftlichen Gutachten eingegangen.

Zunächst einige formale Daten: Die Länge eines Gutachtens allein sagt sicher noch nichts über dessen Qualität aus, doch scheint bedenklich, dass ein Fünftel der Gutachten nur drei Seiten oder weniger umfassten, drei Gutachten begnügten sich sogar mit einer DIN-A4-Seite; das kürzeste füllte eine solche Seite mit großer Handschrift, im Maschinentranskript ergab das sechs Zeilen. Ein Viertel der Gutachten übernahm unbesehen und ohne eigene Untersuchung die Diagnosen aus Vorgutachten. In jedem dritten Gutachten wurde Schwachsinn oder Minderbegabung dekretiert, ohne zur Verfügung stehende Intelligenztests zu bemühen. Mit Pseudogenauigkeit wurde von mittel- und hochgradigem Schwachsinn gesprochen und erklärt, hier habe man es mit der Unter- oder Obergrenze von mittelgradigem Schwachsinn zu tun. Obwohl alle Gutachten aus Sexualstrafverfahren stammten, kam jedes vierte Gutachten ohne ein Wort zur Sexualanamnese aus. Bei einem weiteren Drittel lautete diese etwa folgendermaßen: »Er kam mit 14 Jahren in die Pubertät und onanierte übermäßig stark. Mit 18 lernte er seine jetzige Ehefrau kennen, mit der er seither den Geschlechtsakt angeblich ohne Perversitäten ausführt.« Will man solche Ausführungen nicht als Sexualanamnese gelten lassen, dann hatten 55 Prozent der Gutachten überhaupt keine Sexualanamnese.

Bemerkenswert war der Umgang zwischen Gutachter und Proband, abzulesen an der psychopathologischen Begrifflichkeit. Dass ein Proband als »haltschwach« und »abartig« bezeichnet wurde, mag man noch den Eigentümlichkeiten der Fachsprache zurechnen. Er wurde aber auch als »dürftig« und »kümmerlich«, »undurchsichtig« und »fassadenhaft«, »hemmungslos«, »gewissenlos«, »kriminell«, »lasterhaft«, »stumpfsinnig«, »unsinnig«, »unsolide«, »triebhaft«, »zügellos« und »primitiv« bezeichnet; des Weiteren als »absurd«, »grotesk«, »abstrus«, »lax«, »leichtsinnig«, »töricht«, »frech«, »selbstherrlich«, »maßlos«, »dünnhäutig«, »dumpfteigig«, »verblödet«, »heimtückisch«, »verlogen« und »kaltblütig«, »großmäulig«, »geschwätzig« und »muffig«, »tiefstehend«, »minderwertig« – und auch das fehlte nicht – »unterwertig«. Die genannten Wörter erschienen in den Gutachten selten so neutral, wie sie hier aufgelistet sind. Gewöhnlich standen sie im Superlativ – dann hieß es »äußerst primitiv« oder »primitivst« – und nicht selten bildeten sie Vereine mit weiteren dreißig Exemplaren, die hier nicht auch noch aufgezählt werden sollen.

Nur in 31 Prozent der Gutachten fanden sich Therapievorschläge. Das ist insofern nicht vorwerfbar, als die Schulfähigkeitsbegutachtung primär retrospektiv angelegt ist; beurteilt werden soll die Tatzeitpersönlichkeit. Nur wenn es um die Frage der Unterbringung geht, kommen (therapeutische) Perspektiven in Betracht. Allerdings können Gerichte dennoch nach Erfolgsaussichten einer Behandlung fragen, zum Beispiel wenn sie die Aussetzung einer Freiheitsstrafe zur Bewährung in Betracht ziehen, und ein Gutachter kann sich auch von sich aus zu Therapieaussichten äußern. Am häufigsten (9%) wurde chirurgische Kastration als Behandlung vorgeschlagen, gefolgt von Antiandrogenmedikation und allgemeiner ärztlicher Führung (je 8%). An letzter Stelle (5%) rangierte Psychotherapie.

Die bisher genannten Daten konnten durch einfache Auszählung erfasst werden. Um Mosers Hypothesen zur Vorurteilsstruktur von Gutachten zu prüfen und um nicht nur an der Oberfläche zu bleiben, wurden die schriftlichen Gutachten zusätzlich von vier forensisch Erfahrenen unabhängig voneinander auf sechzehn mit Ankerbeispielen versehenen komplexen, Likert-skalierten Dimensionen beurteilt, mit denen die Beziehung zwischen Gutachter und Proband (z.B. Parteilichkeit, Unglaubwürdigkeit, Unterstellungen), die Sexualideologie (z.B. Sexualfeindlichkeit, Moralisierungen, soziale Vorurteile), die strafrechtsnormative Identifikation des Gutachters (z.B. stilistisch und inhaltlich, Straf- und Kontrollorientierung, Konzeptorientierung), die Methodik (z.B. Pseudotheorien, Zirkelschlussfolgerungen, sprachliche Präzision) und schließlich das Gesamtkonzept des Gutachtens beurteilt wurden. Bei hoher Interbeurteilerzuverlässigkeit zwischen .70 und .90 für die einzelnen Skalen sei hier das Ergebnis der Globalbeurteilung vorangestellt, die an drei Kriterien bemessen wurde, nämlich:
(1) Das Gutachten soll umfassend sein,
(2) es soll sachlich sein und
(3) es soll dem Probanden nicht zusätzlich schaden.

Gemessen an diesen nach Schulnoten bewerteten Minimalkriterien für die Globaleinschätzung waren nur 2 Prozent der Gutachten sehr gut, 6 Prozent gut, 13 Prozent befriedigend und 21 Prozent ausreichend, dagegen 58 Prozent unter dem Strich.

Um einige Beispiele zu geben (die Ziffer in Klammern nennt jeweils den Skalenwert der meist 4-stufigen Skalierung):
➤ Pseudotheorien: »[D]er Beschwerdeteil ›Kopfschmerzen‹, auf den sich der Angeklagte zur Entschuldigung seiner Tat beruft, braucht nicht weiter erörtert zu werden; denn während solcher Attacken ist man nicht

zu besonderer sexueller Aktivität geneigt« (3). – »Bei tiefstehenden und unterwertigen Schwachsinnigen wie dem Angeklagten, die über eine diffuse Triebhaftigkeit verfügen, aber zum Vollzug eines normalen Geschlechtsaktes unfähig sind, kommt es in solchen Versuchungssituationen oft zu einem Abgleiten in schwere Gewalt. Hiermit ist auch bei dem körperlich ungewöhnlich kräftigen Angeklagten zukünftig jederzeit zu rechnen« (4).

➤ Zirkelschlussfolgerungen: »Schon aus seinen Vorstrafen wird seine erhebliche kriminelle Energie sichtbar: auch wenn er die jetzigen Vorwürfe von sich weist, wird doch sichtbar, dass ihm die Tat nicht wesensfremd ist« (4). – »Als diese Freundschaft zu Ende war, versuchte er, irgendein anderes Mädchen kennenzulernen, wobei er aufgrund seines Schwachsinns auf die Idee kam, sich mit der Geschädigten einzulassen« (2).

➤ Moralisierungen: »Es ist durchaus möglich, dass sein Geschlechtstrieb sich in den nächsten Jahren verstärkt und ihn dazu verführt, strafbare Handlungen in Form von übelsten und gefährlichen Aggressionen durchzuführen« (3). – »Er gab an, dass es eine momentane starke sexuelle Reizung gewesen sei, die ihn zu derartigen üblen Aggressionen veranlasst habe« (4).

➤ Soziale Vorurteile: »Er ist für einen Handwerker erstaunlich intelligent« (3). – »Dass er Betriebsratsmitglied sein will, passt überhaupt nicht zum Bild dieses an sich selbstbemitleidenden hyperthymen Psychopathen. Denn man sollte erwarten, dass Gewerkschaftsmitglieder aus anderem Holze geschnitzt sind« (3).

➤ Unglaubwürdigkeit: »Er sagt die Unwahrheit, wenn er behauptet, sein Trieb sei erloschen« (2). – »Was man von seinen Behauptungen zu halten hat, brauch wohl kaum kommentiert zu werden« (3).

➤ Strafrechtsnormative Wertung: »Er trennt sich von seinem Verhalten nur durch Zwangsmaßnahmen« (4). – »Trotz aller medikamentösen Einflüsse und subjektiven Krankheitszeichen kam es dann doch, man möchte fast sagen phasenhaft, zu den ihm zur Last gelegten sehr üblen Straftaten […]. Es ist mit Sicherheit eine endogene Psychose auszuschließen, denn [sic] beim Vorliegen einer Psychose würde er als strafrechtlich unzurechnungsfähig angesehen werden müssen« (4). – »Psychiatrisch-psychologisch betrachtet wird bei ihm die gerichtliche Bestrafung einem heilsamen Schock gleichkommen, einem therapeutischen Stoß in den bisher allzu unerschüttert gebliebenen Gemütsgrund, der jene Charakterentwicklung in Gang bringt, die er zu seiner sozialen Einordnung benötigt« (4).

Nicht vorenthalten werden soll die Fehlleistung eines Gutachters, der sein Gutachten folgendermaßen begann: »Auf Ersuchen des Oberstaatsanwalts beim Landgericht Hamburg erstatte ich über die Zurechnungsfähigkeit und als gefährlicher Gewohnheitsverbrecher das folgende psychiatrische Gutachten über ...«

Die Untersuchung hatte drei wesentliche Folgen. Erstens wurde der Gerichtsärztliche Dienst der Freien und Hansestadt Hamburg geschlossen, von dem 63 Prozent der untersuchten Gutachten und vor allem die schlechtesten davon stammten.

Zweitens regte die Untersuchung andere zu vergleichbaren Studien an, die in anderen Bundesländern und bei anderen Probandengruppen mit ähnlicher Methodik zu ganz ähnlichen Ergebnisse kamen. Rüth (1981) bewertete jugendpsychiatrische Gutachten, Heinz (1982) Gutachten aus Wiederaufnahmeverfahren. Barton (1983) kam nach Untersuchung zweier großer Gutachtenstichproben zu dem Schluss, der Sachverständigenbeweis müsse als Farce betrachtet werden. Heim (1986) untersuchte methodisch raffiniert die mündliche Gutachtenerstattung in Verfahren vor Jugendkammern in Berlin, Ermer-Externbrink (1991) Einweisungsgutachten nach §64 StGB. Müller/Siadak (1991) arbeiteten, ähnlich wie später Verrel (1995) sowie Marneros et al. (1999), regionale Unterschiede in der Begutachtungsintensität und -qualität heraus. Schläfke et al. (2000) verglichen die Qualität von Gutachten in Sexualstrafverfahren in den 1980er Jahren mit jenen in den 1990er Jahren. Die zuletzt genannten Autoren führten eine große Untersuchung in Mecklenburg-Vorpommern durch, die Gutachten aus Sexualstrafverfahren ebenso wie Verfahren wegen Tötungsdelikten und wegen Brandstiftung einschloss (König et al. 2005a und b). Zum Klassiker für die Untersuchung von Prognosegutachten über im Maßregelvollzug untergebrachte psychisch kranke Rechtsbrecher wurde die Arbeit von Nowara (1995). Mehrere Untersuchungen befassten sich mit der Fähigkeit von Juristen, fehlerhafte Gutachten zu identifizieren, so zum Beispiel Marquetand (1979), Markowsky (1982), Dittmann et al. (1988) und Plewig (1983). Verrels (1995) Untersuchung konzentrierte sich auf den Einfluss der Gutachten auf die Schuldfähigkeitsbeurteilungen sowie die Sanktionsentscheidungen der Gerichte. Er referiert die meisten hier genannten

Untersuchungen ausführlich. Der wohl umfangreichste Beitrag zur gutachterlichen Tätigkeit stammt aus dem Projekt *Diagnosekriterien und subjektive Komponenten in Sachverständigengutachten zur Schuldfähigkeitsbeurteilung und richterlicher Auseinandersetzung mit der gutachterlichen Stellungnahme im Urteil* aus dem Kriminologischen Forschungsinstitut Niedersachsen, aus dem mehrere Übersichten hervorgingen (Kury 1987, 1991; Böttger et al. (1987, 1988; Wolff 1995).

Die dritte, indirekte Langzeitfolge ist darin zu sehen, dass inzwischen an verschiedenen Stellen in Deutschland regelmäßig Fortbildungsseminare zur Gutachtenerstellung durchgeführt werden und von der Bundesärztekammer die Forensische Psychiatrie als Schwerpunkt, für den man sich qualifizieren muss, eingeführt wurde.

Die empirische Untersuchung psychiatrischer Krankengeschichten, die in Form von Gutachten bei Gerichten referiert wurden, ist also nicht folgenlos geblieben. Ob die inzwischen formal durchschnittlich zweifellos qualifizierteren Gutachten auch zu einem besseren Verständnis der Begutachteten und zu deren wirksamerer Behandlung beitragen, ist allerdings eine offene Frage. Zunehmend trifft man auf Gutachten, die sich durch formale Korrektheit auszeichnen, weit schlechter angreifbar sind als die früheren Gutachten, ohne deshalb günstigere Perspektiven für die Probanden zu eröffnen (Pfäfflin 2006).

Forensische Gutachten: psychoanalytisch

Psychoanalytiker und psychoanalytische Krankengeschichten beziehungsweise Gutachten haben sich bei Gericht, von Ausnahmen abgesehen (z. B. Ehebald 1971), nicht wirklich durchgesetzt. Einerseits lag dies an der Ablehnung der Psychoanalyse durch die traditionelle Psychiatrie, andererseits an einem oft überzogenen Geltungsanspruch von Psychoanalytikern, die sich auf den forensisch-psychiatrischen Kontext nicht einlassen wollten oder konnten. Aichhorn (1925), zu dessen Buch *Verwahrloste Jugend* Freud das Vorwort schrieb, hatte zwar die Grundlagen für die psychoanalytische Behandlung von Delinquenten gelegt (und selbst der sonst so strenge Eissler hatte wichtige Beiträge zur Technik nachgeliefert; vgl. Eissler 1949, 1953), aber im Schrifttum und im Gerichtssaal überzogen einige Psychoanalytiker und ihnen nahestehende Juristen den Bogen weit, wenn sie im Sinne des klassischen Romans des 19. Jahrhunderts (Wolff 1995) die psychodynamische Determiniertheit strafbaren Verhaltens erläuterten, um damit fast zwangsläufig Unzurechnungsfähigkeit zu begründen (Alexander/Staub 1929), oder wenn sie das Strafrecht und seine Institutionen einer Fundamentalkritik unterzogen (Reiwald 1948). Zudem barg die mangelnde Unterscheidung zwischen fantasierter und realer Tat (Reik 1925) im Gerichtssaal die Gefahr in sich, dass dort üblicherweise als fahrlässig zu wertende und daher gering zu bestrafende Taten nunmehr plötzlich zum Beispiel als Mordversuche hätten gewertet werden müssen. In den beiden Bartsch-Prozessen von 1967 und 1971 war sehr darum gestritten worden, ob erstens ein Sexualwissenschaftler und zweitens ein Psychoanalytiker als zusätzliche Gutachter bestellt werden sollten. Giese, der schließlich im zweiten Bartsch-Prozess hätte tätig werden sollen, war vorher unter mysteriösen Umständen ums Leben gekommen. Statt seiner wurde unter anderen Brocher beauftragt, der noch am Sigmund-Freud-Institut arbeitete und gerade (1970) den Ruf auf einen sexualwissenschaftlichen Lehrstuhl an der Universität Gießen erhalten hatte. Auf Aufforderung des Gerichts musste er zunächst in einer gesonderten Stellungnahme die Zweifel am »forensischen Wert einer psychoanalytischen Untersuchung in einem solchen Fall« ausräumen und seine »fachliche Identität als Psychiater« ausweisen. Sein Gutachten beeindruckte wenig, referierte es doch weitgehend nur Freuds Phasenlehre, ergänzt durch Querverweise auf Spitz, Erikson und wenige weitere Autoren, und stellte er die Kastrationsangst in das Zentrum seiner Beurteilung.

Inzwischen gibt es in Deutschland nur noch wenige Psychoanalytiker, die explizit in ihrer Eigenschaft als Psychoanalytiker von Gerichten als Gutachter in Strafsachen angefordert werden. Ihre Zahl dürfte kaum größer sein als die Zahl jener Analytiker, die wegen sexuellen Missbrauchs ihrer Patientinnen und Patienten vor Gericht stehen und deren offenbar misslungene Behandlungsgeschichte besonders interessieren sollten (Gabbard 1989). Behandlungsberichte zu Lehranalysen sind extrem kurz gehalten. Der Lehranalytiker bestätigt allenfalls, dass der Weiterbildungsteilnehmer soundso viele Stunden bei ihm auf der Couch zugebracht hat. Umgekehrt proportional lang sind dagegen die lehranalytischen Behandlungen; laut Thomäs Urteil jedenfalls viel zu lang.

Kann es eine idiografische Nomothetik geben?
Erörtert am Beispiel des »erweiterten Suizids«

Ulrich Stuhr

Ich möchte den Leser auf einen Weg mitnehmen, der zu dem Ziel führen soll, das ich im Vorwort des dritten Bandes *Psychoanalytische Therapie* von Thomä und Kächele (2006) gefunden habe und von dem ich glaube, dass es nicht nur mein großes, vielleicht utopisches Ziel für die Einzelfallforschung darstellt, sondern ein Ziel, das viele Forscher in diesem Bereich latent verfolgen. Denn dort finden sich nach einleitenden Worten Sätze wie »betrachten wir uns als ›Nomothetiker des Einzelfalles‹ im Bestreben, typische Regelmäßigkeiten bei gleichen Fällen zu finden« oder auch »in der Nachfolge Freuds sind wir Empiriker und ›idiografische Nomothetiker‹ gewesen und geblieben«. Das ist das Ziel, das mich auch motiviert: Kann es eine Nomothetik des Einzelfalles geben? Ich werde dieses Ziel, das ich im Titel hier als ›idiografische Nomothetik‹ mit einem Fragezeichen versehen habe, nun nicht im Rahmen der üblichen Einzelfallforschung zu beantworten versuchen, sondern am Beispiel des »erweiterten Suizids«. Ich möchte am erweiterten Suizid, bei dem ein Mensch einen anderen erst tötet, um sich anschließend selbst zu töten, methodische und auch theoretische Probleme der Einzelfallforschung hinsichtlich einer »idiografischen Nomothetik« zu verdeutlichen versuchen und klären, ob dies überhaupt möglich ist, und wenn ja, wie.

Einführung

Beim erweiterten Suizid bewegen wir uns in einem Feld, das nach Rasch (1964, S. 1) »unscharf begrenzt ist« und »viele Perspektiven zulässt«: Tathergang, Täter und Opfer »bleiben unsichere Objekte mit einer verzweigten und schwer greifbaren Vorgeschichte«; Ordnungsprinzipien dort heranzutragen, erweist sich als schwierig.

Die zwei Hauptmethoden, die nebeneinander historisch auch hier existieren, nämlich die Kasuistik und die Statistik, weisen beide Mängel auf.

In der idiografischen Einzelfallbetrachtung beim erweiterten Suizid besteht die Gefahr darin, »am Sensationellen und Ausgefallenen zu kleben«. Die dadurch entstehende Selektion der Fälle führt oft dazu, sich den außergewöhnlichen Fällen zuzuwenden, sodass uns die selektive Plausibilität nur zufällige Einblicke erlaubt, das heißt, die mangelnde Generalisierbarkeit begrenzt diesen Ansatz sehr, aber in der Anfangsphase der Erkundung dieses Feldes erscheint er einzig angemessen; man ist ein »Path-Finder« im Rahmen einer Heuristik.

Um über die begrenzten Erkenntnisse des Einzelfalles hinauszukommen, könnte uns natürlich die Statistik weiterhelfen, zur objektiven und generellen Erfassung, also zu nomothetischen Aussagen zu gelangen. Diese aber sind geprägt von Abstraktion, die zum Mittelwert als Aussageebene tendiert, doch zu dieser Spannung zwischen Nomothetik und Idiografie später mehr.

Als Kompromiss zwischen dem nomothetischen und dem vorher erwähnten idiografischen Vorgehen hebt Rasch (1966) hervor, im einzelnen Täter den Repräsentanten einer ganzen Gruppe, quasi einer Untergruppe zu sehen, die durch »ein Tatmotiv« gekennzeichnet ist. Dieser Repräsentant kommt dem Entwurf eines Idealtypus nach Max Weber (1904) nahe, dessen Konstruktion eine heuristische Ordnung ermöglicht, der wir uns durch empirische Materialien in einem Forschungsprozess immer weiter annähern.

Als ersten Schritt muss hierzu natürlich eine Definition des erweiterten Selbstmordes gegeben werden: Auf der »III. Tagung der Deutschen Gesellschaft für Gerichtliche Medizin und der Sektion für Psychiatrie« im September 1907 geht es laut Protokoll von Näcke-Hubertusburg et al. (1908) um eine spezielle Form von Tötungsverbrechen, und zwar um den sogenannten »Familienmord«. Auf dieser Tagung differenziert Näcke-Hubertusburg, dass beim vollständigen und unvollständigen Familienmord alle Familienmitglieder – mit oder ohne Täter – oder nur einzelne Glieder der Familie betroffen sind; das schließt damals auch noch Mordversuche ein. Dabei wird im Protokoll auf »mangelhafte und unendlich zerstreute Literatur« verwiesen und zum ersten Mal anhand von 110 Männern und 51 Frauen, die Näcke-Hubertusburg als wahrscheinlich »geisteskrank« einschätzt, hervorgehoben, dass ein Drittel der

Männer und Frauen einen Mordversuch unternommen haben. Davon grenzt er 20 Männer und 17 Frauen ab, die über einen dem Mordversuch nachfolgenden Selbstmordversuch des Täters berichten.

Näcke-Hubertusburg erläutert allerdings schon 1907 (1908, S. 136ff.), dass diese Gruppe von Tätern wahrscheinlich häufiger »Geistesnormale« betreffe. Diese Fälle werden von da an als »erweiterter Selbstmord« bezeichnet, der vom »doppelten Selbstmord«, wie ihn zum Beispiel Munch auf seinem Bild von 1901 mit gleichem Titel darstellt, unterschieden werden muss, bei dem beide im Gegensatz zum erweiterten Selbstmord einvernehmlich Selbstmord begehen, sofern das überhaupt aufgeklärt werden kann (Schwarzer 2001).

Die männlichen Täter richten dabei in 66 Prozent der Fälle die »Attacke« gegen die Frau und nur in 10 Prozent der Fälle gegen die Kinder beziehungsweise nur in 6,4 Prozent gegen Frau und Kinder, während die Täterinnen nur in 6 Prozent der Fälle die »Attentate« gegen den Mann richten, aber in 76,5 Prozent der Fälle gegen das Kind beziehungsweise die Kinder. »Die Motive als letzter Anstoß«, so 1907 (Näcke-Hubertusburg 1908, S. 137) im Protokoll, »waren meist schwer nachweisbar, oft fand sich nichts.« Eine Gesamtbearbeitung der Fälle fehlt. – Soviel zu den historischen Anfänge des Begriffs zu Beginn des letzten Jahrhunderts.

Ca. 60 Jahre später definiert Rasch dann das Phänomen des erweiterten Selbstmordes genauer, indem er formale Kriterien bei seinen Hamburger Fällen einführt, und zwar muss eine »in beiden Richtungen (Täter und Opfer) vollständige Durchführung der Tat« und »eine Gleichzeitigkeit des Geschehens« vorliegen (Rasch 1966, S. 128).

Aber Rasch erkennt als forensischer Psychiater und Gerichtsgutachter auch die dabei auftretende Unsicherheit der Ermittlung, da seine Definition eine fraglos *simultane* Durchführung voraussetzt, indem sich unmittelbar anschließend an die Tötung der Suizid (am selben Tag und selben Ort) ereignen muss. Wegen der gewaltsamen Methoden der Männer – wie es Dotzauer et al. (1963) an einer großen Stichprobe von Selbstmördern bestätigt haben – diskutiert er aber, ob die definierte Simultanität als Kriterium sinnvoll und überhaupt aufklärbar ist. Denn es könnte quasi ein zweiter Akt, der ein zeitliches Intervall zwischen dem Akt des Tötens und des Suizides notwendig macht, denkbar sein, in dem Motive wie Reue, Angst und Schuldgefühle im Täter angenommen werden. Aber Rasch (1966, S. 128–129) reserviert schließlich den Begriff des erweiterten Selbstmordes genau dafür, dass Tötung und Selbsttötung offensichtlich in einer »einheitlichen Aktion vorkonzipiert« waren. Dadurch wird der »erweiterte Suizid« definiert[1] und abgrenzbar.

Im Jahre 1966 kommentiert Rasch seine Zahlen dahingehend, dass nach seiner Definition 49 Fälle registriert werden konnten, was einer Durchschnittszahl von 4,1 Fällen pro Jahr entspricht. Insgesamt waren in 28 Fällen Männer Täter, während 21-mal Frauen die Tat verübten.

Paschen differenziert in ihren noch nicht veröffentlichten Zahlen
(1) vollendete erweiterte Suizide, das heißt, sowohl Täter als auch Opfer kamen ums Leben, und
(2) unvollendete Taten, das heißt, entweder der Täter oder das Opfer überlebte.

Durchschnittlich pro Jahr ergeben sich 2,4 vollendete Fälle und in der Addition vollendeter und unvollendeter Fälle beläuft sich die Durchschnittszahl auf 4,3 pro Jahr, was der Durchschnittszahl 4,1 von Rasch vor 40 Jahren sehr nahekommt.

Insgesamt aber handelt es sich nach beiden Statistiken um ein relativ seltenes Ereignis, das aber im Gegensatz dazu für den einzelnen Menschen beziehungsweise seine Familie im wahrsten Sinne des Wortes »einmalig«, also ein besonders herausragendes Ereignis ist, jedoch für statistische Analysen, die in der Regel auf große Zahlen zurückgreifen, nicht gut geeignet ist. Deshalb bedürfen diese wichtigen, aber seltenen Fälle der Kasuistik, um überhaupt klinisch anschauliche Anhaltspunkte im Rahmen einer Erkundungsstudie zu erbringen. Um erste Hypothesen zu generieren und sich von der zwar objektiven, aber abstrakten Statistik zu distanzieren, ist Heuristik gefragt.

Wie dies schon im Protokoll von Näcke-Hubertusburg (1908) auftaucht, hebt Rasch hervor, dass die männlichen Täter Frauen und die Täterinnen Kinder töten. Aber er fragt sich auch schon, inwieweit Identifikationen bei der Tat-Motivierung eine Rolle spielen können, und zwar für die männlichen Täter, die ihre Frauen, Exfrauen oder Geliebten, und für die Täterinnen, die ihre Kinder oder eines ihrer Kinder töteten, um sich dann selbst zu suizidieren (Rasch 1966, S. 128).

---

1 Anhand der Polizeiakten sollte diese Definition dennoch erneut überprüft werden, da die »einheitliche Aktion« entscheidend ist und nicht die örtliche und zeitliche Einheit allein, denn eine absolute »Simultanität« ist schon logisch nicht möglich wegen der Chronologie der Taten.

Angeregt, dieses Thema zu bearbeiten, wurde ich durch eine Forschungssupervision innerhalb eines Projektes für suizidale Männer (vgl. Lindner 2006) am Therapiezentrum für Suizidgefährdete der Universitätsklinik Hamburg-Eppendorf. In dem Projekt fiel relativ bald auf, dass diese Männer oft auf die Trennung von ihrer Partnerin mit suizidalen Krisen reagierten. In diesem Zusammenhang kam ich damals zum Buch von Rasch aus dem Jahr 1964: *Tötung des Intim-Partners*, und auf diese Weise begann mich das Thema zu beschäftigen, sodass ich zum Leiter der Hamburger Gerichtsmedizin Kontakt aufnahm, der mir unausgelesene Fälle aus seiner Arbeit zuwies (vgl. Stuhr/ Püschel 2004). Die männlichen Täter sind dabei nur die erste Teilstichprobe für die Annäherung an das Thema, das auch Frauen als Täterinnen sowie die verschiedenen Opfer-Möglichkeiten beziehungsweise Beziehungen zwischen Täter und Opfer zur Komplettierung umfassen müsste.

Hintergrund

In seinem psychoanalytischen Beitrag zur Suizidproblematik betont Henseler (1984) anhand der Arbeiten von Abraham (1912, 1924) und Freud (1917e) Folgendes:
(1) Der Suizid kann psychoanalytisch als Ausdruck der Wendung der Aggression gegen die eigene Person verstanden werden.
(2) Die »Bedeutung des Mitmenschen« für den suizidalen Akt wird an eine zentrale Stelle gerückt, da eine Beziehungsperson (real oder auch imaginiert) und eine zu Depressivität neigende Person auf einen Objektverlust zunächst auch mit einer »Welle des Hasses« nach Abraham (1912) reagiert, was aber abgewehrt werden muss, da der Betreffende auf das Objekt nicht verzichten kann.
(3) Die Prämissen dieses theoretischen Modells beschreiben einen Abwehrprozess, wonach durch die Regression auf die orale Ebene eine Fantasie aktiviert wird, sich das verlorene Objekt einzuverleiben, um es zu bewahren. Nun ist das Objekt zwar gerettet, aber auch mit dem Selbst des Subjektes, dem späteren Täter, innerlich verbunden, was für das Verstehen des erweiterten Suizids entscheidend sein wird. Der Hass, der sich ursprünglich auf das verlorene Objekt, das Opfer, richtete, wütet nun gegen das Objekt im Selbst.

Das Objekt wird also im Selbst ermordet; das Selbst sühnt seine Schuld durch den Tod. Mordimpulse gegen andere werden auf sich zurückgewendet. Es geht in diesen klassischen Theorien nach Henseler zunächst einmal um die Lösung eines Aggressionskonfliktes, was von Baca-Garcia et al. (2006) an einer größeren Stichprobe von suizidalen Patienten generell bestätigt wird. Henseler aber fragt sich, ob es vielleicht doch zu simpel gedacht sein könnte. Deshalb diskutiert er, ob eine omnipotente Beherrschung der Beziehungssituation im Sinne einer aktiven Vorwegnahme des Verlassenwerdens und einer Wiedervereinigung mit einer toten, besser: mit einer getöteten Bezugsperson als Ausdruck eines Symbiosewunsches und damit einer Identifizierung angesichts der als bedrohlich erlebten Trennung, gesehen werden kann. Damit hebt er auf eine narzisstische Problematik ab.

Hier taucht die weiterführende Kernhypothese von der Identifizierung des Täters mit dem Opfer als inneres Ungetrenntsein auf, die schon von Rasch (1966, S. 128) angedeutet wird. Dies sucht Trimborn (2002) als »fusionierende Identifikation« begrifflich zu fassen: Es geht um die Vermischung selbstzerstörerischer und quasi selbsterhaltender Motive, die im Simultanprozess des erweiterten Selbstmordes angedacht werden können, wie es Trimborn (2003) in seinem Artikel »Verrat am Selbst« mit Hinweis auf Glassers (1990) Konzept von der selbsterhaltenden Gewalt ausführt.

Beim Psychoanalytiker Henseler fehlt natürlich nicht der Hinweis, dass eine »schwere Neurotisierung in der Kindheit« (Henseler 1984) im Sinne einer Ich-Verunsicherung, die mangelhaft bewältigt wurde, angenommen werden muss, und der Fingerzeig, dass es nicht irgendeines Objektverlustes bedarf, sondern dass die Art der Objektbeziehung die alles entscheidende Frage ist. Allerdings fehlt noch die elaborierte Anwendung des Narzissmus-Konzeptes auf die menschliche Interaktion, also auf die Dynamik von Beziehungen, in welche die Selbst-Psychologie und Objekt-Psychologie integriert in die Triebtheorie gedacht werden. Abgesehen von Freuds Begriff der narzisstischen Partnerwahl oder auch der »rein« narzisstischen Kränkung bei Freuds Studie zur »Trauer und Melancholie« (1917e) oder dem, was Kohut (1971) als »Selbstobjektbeziehung« bzw. Winnicott (1974) als »subjektives Objekt« beschrieben, fehlt diese differenzierte Ausarbeitung zum großen Teil noch. Die wichtige Funktion der Mutter für jedes Kind als Affektcontainer mit ihrer Spiegel- und Idealisierungsfunktion, diese mütterlichen Funktionen werden vermutlich später im Leben in der Beziehung zu

Frauen reaktiviert bzw. auf sie übertragen, um ein fragmentierungsanfälliges Selbst zu schützen bzw. es stabil und angstfrei zu halten oder zu machen. Trimborn (2002) schreibt in diesem Zusammenhang: »[D]as kindliche Ich sucht ein lebensnotwendiges Objekt, das es bewahren muss, wenn es es gefunden hat« (S. 14).

Vorläufige Ergebnisse

Als vorläufiges Resultat unserer ersten fünf unausgelesenen Fälle aus der Hamburger Gerichtsmedizin entstand anhand der Polizeiakten eine Reihe von Kasuistiken, deren detaillierte Schilderung wegen noch ungeklärter Datenschutzgründe, nach jüngstem Einspruch der Staatsanwaltschaft Hamburg, hier weitgehend unterbleiben muss (vgl. Stuhr/Püschel 2004).

Zum methodischen Vorgehen

Bei der Analyse dieser Kasuistiken bewegte mich die so wichtige Frage, wie aus dem Einzelfall-Material eine nomothetische Aussage zu gewinnen sei. In einem ersten Ansatz kann man auf eine simple Grunderkenntnis aus der Wahrscheinlichkeitsrechnung zurückgreifen: Wenn die Einzelwahrscheinlichkeit für das Auftreten eines Aspektes im Tatvorgang mit 0,5 angenommen werden kann, was im Auftreten einer reinen Zufallswahrscheinlichkeit von 50 Prozent entspricht, benötigen wir zur zufallskritischen Absicherung fünf Einzelfälle, da wir mit der Verbundwahrscheinlichkeit der geschätzten Einzelfallwahrscheinlichkeit von 50 Prozent den gegenüber dem Zufall abgesicherten Wert 0,03125, also einen Wert unter dem fünfprozentigen Signifikanz-Niveau, erreichen (vgl. Hofstätter/Wendt 1966). Wenn also bei allen fünf Fällen konstant ein Merkmal auftaucht, gehen wir von einem zufallskritisch abgesicherten Befund, quasi von einer Nomothetik der Einzelfälle bezüglich einer Regelmäßigkeit – also einer Invariante – aus, die als Ideal-Typ nach Max Weber (1904) bezeichnet werden kann; diese Invariante kann dann als eine erste Hypothese gedacht werden, die aber empirisch begründet ist und auf diese Weise einen nomothetischen Charakter aufweist. Dies ist – rein stochastisch – »korrekt«, aber bedarf noch weiterer Überlegungen (vgl. Seiffert 2003, S. 217 und 253). Denn die Ablösung von der Realität zur Mathematisierung birgt Gefahren.

Die vorläufigen Ergebnisse dieser rein aus Einzelfällen idiografisch gewonnenen »Erkenntnisse«, die vermeintlich einer »idiografischen Nomothetik« entsprechen, sind im einzelnen:

(1) Die jeweilige Partnerin, ob als Ehefrau, Freundin oder Geliebte, droht ernsthaft, die Beziehung zu verlassen. Das gilt so aber nur für die Fälle I, III und V. Denn wir müssen hierbei zwei Varianten, also Untertypen, unterscheiden: zum einen, wenn eine Trennung durch die Partnerin droht, zum anderen, wenn die Trennung aufgrund einer als gravierend erlebten Krankheit des Mannes (Nierenversagen bei Fall II und Hoden-Krebs bei Fall IV) vom Täter, der überzeugt ist, dass er stirbt, ausfantasiert wird.

(2) Die Vitalität zwischen Mann und Frau muss als asymmetrisch eingeschätzt werden.

(3) Die Beziehung zwischen Täter und der jeweiligen Frau ist sehr eng beziehungsweise exklusiv angelegt (wofür ich Munchs Bild *Meer der Liebe* wähle), in dem Sinne, dass der Mann sehr mit der Partnerin verflochten war, was aus den Polizeiakten deutlich wird:
   - aus einem Abschiedsbrief eines Täters: »Mein ganzer Lebensinhalt beschränkt sich auf D (Ehefrau und Opfer)« – »Glücklich bin ich nur, wenn ich mit ihr zusammen bin« – »Freunde sind eine nette Ablenkung. Ich schaffe es aber nicht, mehr Freundschaften zu pflegen, da ich in Gedanken immer bei ihr bin«
   - aus Fremdaussagen von Zeugen zum Fall IV: »dass er trotz Problemen an seiner Frau hängt, dass er ohne sie nicht leben kann« – »auf geradezu symbiotische Weise haben Täter und Opfer aneinander gehangen; es gab kaum Kontakt zu Dritten«
   - aus der Exploration des Gutachtens im Fall V, dass der Mann in der »freizügige[n] Lebensauffassung« mit der Partnerin »aufgehen wollte«, was schon sehr psychosenah wirkt

(4) Aufgrund der Situation des Auffindens, dokumentiert mittels Fotos des Tatorts, drängt sich uns eine Hypothese auf, nämlich die »befriedete Wiedervereinigung« der beiden Beteiligten in der Tat.

(5) Es war offensichtlich, dass bei vier der fünf Fällen Rauschmittel (Alkohol oder Cannabis) in der Beziehung eine Rolle gespielt haben könnten.

Auf der Basis der fünf unausgelesenen Fälle aus unserer Gerichtsmedizin, wo ein Mann seine Partnerin und dann sich selbst tötete, fanden wir neben der drohenden Trennung eine Beziehungsqualität in den Polizeiakten beziehungsweise einmal in den Gerichtsakten als Invariante oder sogenannte »Familien«-Ähnlichkeit (vgl. Wittgenstein 1984, S. 277f.) der fünf Fälle, die eine sehr symbiotische Art der Beziehung nahelegt, für die wir den Begriff Selbstobjektfunktion wählen wollen, wobei die Partnerin als Teil der eigenen Person wahrgenommen wird; es handelt sich also um eine Ungetrenntheit zwischen dem Selbst des Täters und der Partnerin, die für ihn diese Funktion eines Selbstobjektes einnimmt (vgl. Stuhr/Püschel 2004, S. 1051ff.).

Wenn die Frau, die eine Selbstobjektfunktion besitzt, droht, die Beziehung zu verlassen (Variante 1), oder aber der Mann als späterer Täter aufgrund einer als todbringend erlebten Krankheit eine drohende Trennung antizipiert (Variante 2), nehmen wir an, dass er in starke emotionale Erregungszustände gerät, zum Beispiel massive narzisstische Wut beziehungsweise Ängste, dass ein Verfall seines Selbst droht und sich dann der Mord als Einleitung des Gesamtvorganges des erweiterten Suizids ereignen kann.

Wenn wir den Begriff Kohuts kritisch hinterfragen oder eher ablehnen, ist es vielleicht genauso hilfreich, der Definition von Lindner (2005) zu folgen und vom Verlusterleben eines dringend zur Rettung des eigenen Selbst gebrauchten Objektes zu sprechen, was weit weniger der Narzissmus-Theorie Kohuts folgt.

Da Täter und Opfer nach vollzogenem erweiterten Suizid nicht mehr leben, können sie natürlich nicht mehr befragt werden, um diese Hypothese zu untermauern, aber erste Hinweise aus den idiografischen Kasuistiken sprechen meines Erachtens für eine solche Bewertung.

In einem Fall, dem fünften Fall, wurde der schwer verletzte Täter von seinem Vater im elterlichen Haus, wo sich die Tat ereignete, gerade noch gerettet, also ist dies eigentlich ein unvollendeter erweiterter Suizid. Hier war es möglich, dass ein Gutachter mit dem geretteten Täter sprechen konnte, und der Täter erklärte ihm: »Jetzt hat mich Mutti wieder.« – Es war eine Mutti, die ihren Sohn nach einer schweren Blinddarmoperation mit anschließend langem Klinikaufenthalt zu Hause intensiv gepflegt und den »stark körperlich geschwächten Sohn« aus ihrer »tiefgreifenden Sorge« so an sich gebunden hatte.

Stuhr und Püschel (2004) haben mehrfach hervorgehoben, dass wir generell noch nicht genug wissen; dies gilt insbesondere für die Biografien der Täter, die vielleicht weitere Aufhellung bringen könnten, um die Regulationsdefizite des Täters, der als unreifer Mann in Beziehung mit einer vital stärkeren Frau lebte, für sein Selbstwertgefühl und die Beziehungsqualität mit dem Opfer aufklären zu können. Obwohl wir uns nicht wundern sollten, wenn die überlebenden Männer selbst nicht wissen beziehungsweise reflektieren können, was über sie damals während der Tat »hereinbrach«.

Denn unsere bisherigen Versuche, anhand von Gesprächen mit Ex-Partnerinnen oder Eltern der Täter Auskunft über deren Biografie zu erhalten, scheiterten trotz guter Erfahrungen mit zwei Katamnese-Studien im Psychotherapiebereich bisher allesamt. Die hermetische Exklusivität der Beziehung scheint sich in der Verweigerung der nahestehenden Personen, Auskunft zu geben, fortzusetzen. Zur weiteren empirischen Begründung unserer Hypothesen halte ich solche zusätzlichen Gespräche für unumgänglich.

Von dieser hermetisch abgeschotteten Exklusivität gibt es allerdings eine Ausnahme: Im September 2004 war es zum ersten Mal möglich, mit einem nahen Angehörigen eines Täters und seines Opfers, der Ehefrau, Kontakt zu bekommen, und zwar mit dem Schwiegersohn des Täters. Dieser hat als Arzt eine Zusatzausbildung in psychosomatischer Grundversorgung gemacht und war deshalb mit seelischen Problemen von Menschen eher vertraut. Aus dem Protokoll des post-hoc diktierten Telefonates mit ihm ergab sich folgendes Bild:[2]

> Spontan erklärt Herr V., dass er sich erschrocken habe, wie sein Schwiegervater, den er seit 20 Jahren relativ gut kannte, Angst vor einer OP wegen eines Prostata-Krebses entwickelte. Diese Reaktion habe er nicht von ihm gekannt und auch nicht erwartet. Im Mai erhielt sein Schwiegervater die Diagnose des Prostata-CAs. Er sei 14 Tage danach noch gefasst gewesen, dann aber wurde er »chaotisch«, was sich für ihn darin manifestierte, dass er seinen »heißgeliebten« Campingplatz an der See verkaufen wollte; er konnte es überhaupt nicht mehr genießen, dort zu sein. Er habe »abgebaut« und sei »fix und fertig« gewesen. Auch in seiner Garage am Rande der Stadt habe er angefangen aufzuräumen: »Alles wird nichts mehr!« Er habe keine Zuversicht mehr gehabt und Zweifel an der OP geäußert. An der See hätte er Freunde gehabt, die auch an Prostata-CAs gelitten und ihm davon erzählt hätten. Er wäre dadurch »hin- und hergerissen« gewesen. Der Referent sei oft zu seinem Schwiegervater an

---

2 Das Fallmaterial wurde wie bei S. Freud anonymisiert.

die See gefahren. Sein Schwiegervater, der spätere Täter, sei häufig »neben sich« gewesen. Ende Juni wäre sein Schwiegervater einmal an einem Wochenende »abgehauen«, weswegen die Ehefrau, das spätere Opfer, »sehr aufgebracht« gewesen sei. Ein paar Stunden sei er weg gewesen, was vorher noch nie der Fall gewesen sei. Vor der OP habe er sich dann jedoch wieder »berappelt«; er sei »wieder der Alte« gewesen. Auch sein Aussehen sei wieder in Ordnung gekommen, er sei froh gewesen, der Referent habe gedacht, er überwinde diese wieder. Der Referent, der selber Arzt ist, habe sich mit dem Hausarzt seines Schwiegervaters in Verbindung gesetzt und diesem vorgeschlagen, dass dieser früher in die Klinik gehen sollte, denn er habe zuhause eine achtwöchige Wartezeit vor sich gehabt, was ihm zu lang erschienen sei. Er habe sich auch selbst um das Krankenhaus gekümmert, in dem die OP durchgeführt werden sollte, habe aber das Gefühl bekommen, dass er dort in der Urologie »auf Granit beißen« würde.

Unmittelbar nach der OP habe der Schwiegervater ein »Durchgangs-Syndrom« entwickelt, sodass er schon gedacht habe, der Schwiegervater benötige eine psychiatrische Betreuung in der Klinik, die zwar auch erfolgte, aber vom behandelnden Psychiater wurde die seelische Situation als nicht gravierend eingestuft. Der Referent habe aber gedacht, der Schwiegervater sei »psychotisch« geworden. Vorher habe er seinen Schwiegervater als eher »etwas verschlossen, aber lustig, witzig bis ironisch, durchaus lebensfreudig, aber mit einem deutlichen Misstrauen« erlebt. Er habe niemandem vertraut, habe sich von »Betrügern« umgeben gefühlt. Besonders charakteristisch war, dass er keine Entscheidung allein habe fällen können. Als er hörte, dass der Schwiegervater auf einem Hochhaus gestanden habe, um hinunterzuspringen, habe er gedacht, er werde letztlich doch nicht springen, weil er sich nicht entscheiden könne, ob er springen wolle oder nicht. Die Ehefrau des Schwiegervaters, das spätere Opfer, habe eher für ihn Entscheidungen getroffen. Sie habe auch »für ihn geredet«. In Diskussionen in der Familie habe es oft von ihm Äußerungen gegeben, die mit den Worten: »Ja, aber« begonnen hätten. Er sei von seiner Frau »wie ein Pascha« bedient worden. Die Ehefrau selber wirkte eher sicher und extrem quirlig, lebensfroh, gesellig, manchmal auch aufgesetzt fröhlich. Als Arzt würde er sagen: »hysterisch«. Dafür bringt er ein Beispiel:

Als seine Frau, die Tochter des betroffenen Ehepaares, mit dem zweiten Kind hochschwanger gewesen sei, hätten sie ihren Hund bei den Schwiegereltern zur Pflege gelassen. Seine Familie sei dann an die See gefahren und habe dort Urlaub gemacht, wo sie der Schwiegervater mit seiner Frau auch besucht hätte. Die Großeltern hätten eine Filmkamera zu diesem Besuch mitgebracht, und während der Großvater, der spätere Täter, gefilmt habe, spielte sich folgendes ab: Der Hund habe sich, als er sein Herrchen, den Referenten, gesehen habe, losgerissen und sei auf ihn zugerannt. Dabei habe der Hund eines seiner Kinder umgerannt, sodass es hingefallen und mit dem Hinterkopf aufgeschlagen sei. In der realen Situation damals habe es keine Wortgefechte mit den Großeltern gegeben, denn es schien alles relativ harmlos abgelaufen zu sein. Als man jedoch den Film zu Hause gemeinsam nochmals ansah, habe seine Ehefrau zu ihrer Mutter gesagt: »Wenn Du nicht so geschauspielert hättest, wäre nichts passiert!« Dieser Satz in dieser Situation habe dazu geführt, dass die Oma, also das spätere Opfer, einen starken Weinkrampf bekommen und laut geschrien habe: »Alles mach' ich falsch!« Sie habe dann eine Hyperventilation entwickelt, weil sie sich angegriffen fühlte. Die Schwiegermutter sei »wie ein rohes Ei« zu behandeln gewesen und habe eigentlich »immer nur Lob« gebraucht. Nach Auskunft des Referenten war die Hysterie seiner Schwiegermutter auch in verschiedenen anderen Situationen sichtbar gewesen.

Ansonsten seien die Oma und der Opa »sehr liebevoll« miteinander umgegangen, beinahe »extrem liebevoll«; zum Beispiel hätten sich die beiden bei Besuchen zu Hause in seiner Heimatstadt, die manchmal viele Wochen dauerten, »immer auf der Pelle« gelegen. Er könne sich erinnern, dass der Opa im Sessel gesessen habe und sie ihn bediente. Seit zehn Jahren seien die beiden schon berentet gewesen. Sie hätten beide »ständig Körperkontakt« gehalten. Wenn sie saßen, hätte sie ihre Beine auf seine Lehne gelegt, und er habe ihre Füße gestreichelt. Der Referent glaubt auch, dass diese Beziehungsstruktur relativ »konstant« immer so abgelaufen sei. Es habe zwar auch Streit gegeben, bei dem sie ihn runtergeputzt habe und zum Schweigen brachte (»Wir machen es so!«). Sonst hätten sie aber alles gemeinsam gemacht.

Seine Ehefrau, die Tochter des besagten Ehepaares, sei mit acht Jahren ins Internat gekommen, es habe vorher bei diesen drei Menschen gar kein Familienleben gegeben. Denn beide Eltern hätten »sehr viel und gern gearbeitet« (»20 Stunden pro Tag«), um einen Betrieb aufzubauen. Sie hätten sich richtig »hochgeschuftet«.

Nach Ansicht des Referenten scheint der Kernpunkt zu sein, dass sich sein Schwiegervater durch die OP nicht mehr als »richtiger Mann« erlebt habe, sondern eher wie ein »Baby«. Denn nach der Operation habe dieser gesagt, er habe jetzt »einen Sack wie ein Stier«, aber der Penis sei nicht mehr da, der sei nämlich »nach innen gewandert«. Medizinisch weiß man, dass dies nach einer Prostata-OP neben einer Inkontinenz nur eine vorübergehende Erscheinung ist, aber der Schwiegervater habe daran nicht geglaubt. Zum Schluss, vor der OP, hätten sich die beiden Eheleute oft »angekeift«, es habe große Spannungen gegeben. Die Oma habe sich oft mit Schmuck behangen gezeigt. Sie habe zwar kein Make-up benutzt, aber dieser Schmuck habe eine besondere Bedeutung gehabt: Er sei eine Art Anlage für sie und ihren Mann gewesen, da sie keine Rücklagen für ihre Zeit in der Berentung hatten. Die Oma habe sich häufig gut zurechtgemacht, sich quasi geschmückt. Besonders in Urlauben habe sich die Schwiegermutter oft so »aufgetakelt«. Aber er habe den Eindruck, dass die Oma nicht depressiv gewesen sei. Nach der Tat habe der Schwiegervater seine Frau mit dem Schmuck »behängt«, und dann erhängte er sich im Nebenzimmer.

Eine dominante Frau, das spätere Opfer, beherrscht den paschaartigen, aber relativ scheuen Ehemann, den Täter, der mit der erlebten und nicht verarbeiteten »Entmannung« im Rahmen einer Operation seines Prostata-CA nicht zurecht kam (Variante 2 des erweiterten Suizides). Die Kriminalisten schenkten dem Aspekt der mit Schmuck behängten Ehefrau, dem Opfer, besondere Aufmerksamkeit, da es unverständlich wirkte; unsere Vermutung ist, das sich im Schmuck des Opfers in der Tat symbolisiert, wie sehr sich der Täter von »seiner Kostbarkeit«, der Ehefrau, trennen muss, für die er sein ganzes Leben gelebt und mit der er sein nach außen abgeschlossenes, aber nach innen asymmetrisch strukturiertes Leben führte: er als unterwürfiger »Pseudo-Pascha«, sie aufgesetzt »vital und herrisch«. Weiterhin wichtig war in der Kindheit der Tochter der Familie, dass die beiden Eheleute eng in der Arbeit vereint waren, sodass die Tochter keinen Platz in der Familie beziehungsweise Ehe ihrer Eltern hatte und in ein Internat weggegeben wurde.

Als Stufen der Hypothesen zur Annäherung an den erweiterten Suizid mit männlichem Täter gelten vorläufig zusammenfassend allgemein und in Bezug auf die fünf Fälle speziell:

(1) Es gibt einen Verlust oder drohenden Verlust einer Objektbeziehung, in dessen Verlauf es zur Abwehr des Hasses kommt.
(2) Aufgrund des drohenden Verlustes nehmen wir dabei eine Regression auf die orale Ebene, dem Einverleiben, und damit eine Internalisierung des Objektes an, was quasi zur Erweiterung des Selbst führt.
(3) Es ist zu vermuten, dass einzelne Täter auch zu einer aktiven Vorwegnahme des Verlassenwerdens im Sinne einer omnipotenten Beherrschung der drohenden Trennung und des Objektes neigen.
(4) Ein Wiedervereinigungswunsch mit der getöteten, äußerlich getrennten Frau als Ausdruck eines Symbiosewunsches ist denkbar, sodass selbstzerstörerische, aber auch selbsterhaltende Motive wirksam sein können.
(5) Die Asymmetrie der Objektbeziehung ist schon vor der Tat deutlich, indem eine Abhängigkeit des Täters von der Frau sichtbar ist.
(6) Entscheidend ist die psychische Qualität der Objektbeziehung, da die Trennung als existenziell bedrohlich erlebt wird. Es ist eine Selbstobjektbeziehung, die das Überleben sichern soll, weshalb das Objekt, die Partnerin, auf keinen Fall gehen (Variante 1) beziehungsweise keine Trennung erfolgen darf.

Strenggenommen sind Selbstobjekte weder Selbst noch Objekt (vgl. Kohut/Wolf 1986); sie sind wohl eher der subjektive Aspekt einer Funktion, die durch die Beziehung gefüllt wird; Selbstobjekte sind Objekte des Selbst, und das Recht auf Funktionsfähigkeit gilt archaisch unbewusst, denn die eigene Selbstwertregulation kann ohne sie nicht aufrechterhalten werden, denn es ist Teil des erweiterten Selbst, das existenziell verfügbar bleiben muss, um Schutz zu bieten. Die Tat dient seelisch der Selbsterhaltung, indem das Objekt verfügbar gehalten werden soll, das kindliche Selbst muss das Objekt innerlich bewahren, wenn es das Objekt außen auslöscht, was aber dem fantasierten Wunsch nach Ungetrenntheit real und brutal in der Tat widerspricht.

Erkenntniskritisch darf aber auf keinen Fall unerwähnt bleiben, dass wir keine Aussagen über Fälle machen, in denen Männer mit Selbstobjektbeziehungen keinen erweiterten Suizid begangen haben, noch über Männer ohne Selbstobjektbeziehung, die dennoch einen erweiterten Selbstmord begingen, wenn wir nur diese eine Eigenschaft als Bedingung für den erweiterten Selbstmord erachten wollen. Diese Möglichkeiten müssen zur endgültigen und kritischen Absicherung empirisch noch überprüft werden (vgl. Seifert 2003).

Ist eine idiografische Nomothetik möglich?

Der methodische Hauptpunkt ist nun die erkenntnistheoretische Frage vom Beginn, um dann einen auf das Forschungsobjekt »erweiterter Suizid« bezogenen Lösungsvorschlag anbieten zu können:

Durch den eingangs erwähnten Begriff »Idiografische Nomothetik« von Thomä und Kächele (2006c) wird auf zwei Kunstbegriffe von Windelband (1915) zur Einteilung der Wissenschaften zurückgegriffen, durch die nachfolgend die Dualität zwischen Naturwissenschaften und Geisteswissenschaften verstärkt wurde und die uns bis heute begleitet. Deshalb rufe ich dem Leser noch einmal wichtige Stichworte zur Polarität von Natur- und Geisteswissenschaften in Erinnerung, zum Beispiel allgemeingültige Gesetzeswissenschaft gegenüber einmaligem Ereignis, Natur- gegenüber Geisteswissenschaften (die heutzutage populärer auch als Kultur- und Sozialwissenschaften bezeichnet werden) oder auch, methodisch ausgedrückt, Messen und Erklären gegenüber Verstehen (von Bedeutung, Zweck und Sinn) oder auch Rickerts (Schüler Windelbands) Begriffspaar generalisierend versus individualisierend (vgl. Riedel 2004).

Für mich und für mein Anliegen ist jetzt aber zentral, wie das Kunstwort »idiografische Nomothetik« einlösbar und zu füllen ist. Mein konkreter, erster Vorschlag beim erweiterten Selbstmord war, die Invariante bei Einzelfällen über Verbundwahrscheinlichkeiten stochastisch abzusichern, was aber nur »korrekt« ist, wenn man sich einzig und allein auf die Stochastik bezieht und nicht den Gegenstand selbst mit einbezieht, also »abstrakt« bleibt.

Mein Brückenschlag zwischen Nomothetik und Idiografie begründet sich jetzt auf die Dialektik des Allgemeinen zum Besonderen, dass nämlich das Besondere, das Einmalige des Ereignisses als Teil des Allgemeinen betrachtet werden kann. Diese Sichtweise ermöglicht, die angestrebte Invarianz, die ich ursprünglich für nomothetische Aussagen isoliert anstrebte, inhaltlich nicht aus den fünf Fällen und ihrer stochastischen Verbundwahrscheinlichkeit zu betrachten, sondern als Idealtypus (Weber 1904). Dieser verkörpert ein Bindeglied zwischen Nomothetik und Idiografie, indem er aus dem Einzelfall oder den Einzelfällen konkret abgeleitet ist, aber über sie hinaus weist, also genereller, quasi nomothetisch zu verstehen ist.

Max Weber (1904), von dem der Ideal-Typ gedacht wurde, weist darauf hin, dass die Wahl des Ausschnittes der Wirklichkeit (nomothetisch versus idiografisch) nicht a priori gegeben ist, sondern je nach Gegenstand adäquat bestimmt werden muss (vgl. Seiffert 2003, S. 217).

Für mich liegen die erkenntnistheoretischen Vorteile auf der idiografischen Ausrichtung in der Sinnadäquanz (vgl. Betti 1962) dieses Vorgehens zum Gegenstand der Erkenntnis. Der Gegenstand und die Methodik müssen sich entsprechen, wobei der Vorteil der idiografischen Vorgehensweise darin liegt, dass konkret geschichtlich verstehend in der Reflexion der Kultur und in der Selbstreflexion in der Kultur ein Zugang zum Gegenstand der Forschung zu suchen und ein Forschungsprozess in einer Annäherung an den Forschungsgegenstand zu denken ist, der sich in der Geschichte vollzieht.

Deshalb favorisiere ich das Modell von Danner (1979, S. 62), wonach aus dem »hermeneutischen Zirkel« (Stegmüller 1979) eine »heuristische Spirale« erwächst, indem Erkenntnis über den Weg von Präkonzepten zum Verstehen eines Objektes zu erweiterten Präkonzepten über das Objekt führt, wodurch ein erweitertes Verstehen des Objektes gefunden wird und immer so fort. Mit jeder Windung der Spirale kann so ein weiterer Erkenntnisschritt als Annäherung an den Forschungsgegenstand gegangen werden.

Schon Cassirer versuchte, das antithetische Begriffspaar von Windelband (Cassirer 1910, S. 145) zu überwinden; er vollzog eine Synthese der »idiografischen« und »nomothetischen« Herangehensweise (vgl. Schneider 1998, S. 88). Ohne die Objektivität der exakten Wissenschaften abzulehnen, nahm Cassirer seinen philosophischen Ausgangspunkt von der »Philosophie der Mathematik« und »der Logik« (Cassirer 1910, S. V), um dann aber der Subjektivität des Erkennens zu ihrem Recht zu verhelfen. Für ihn reduziert sich Erkenntnis nicht auf Rationalität, sondern auf prä-logische Formen sinnlicher Wirklichkeitsaneignung als Formen des Verstehens der Welt, die sich in der Sprache und im Mythos, also in symbolischen Formen, zeigen und zu seiner Kritik an der »Abstraktion des Begriffs« (vgl. Cassirer 1929, S. 3–34) führten. Diese philosophische Theorie des Sinnverstehens (Cassirer 1927), in dem das Wahrheitsproblem als Sonderfall des allgemeinen Bedeutungsproblems begriffen wird, würde den Rahmen dieses Aufsatzes allerdings sprengen (vgl. Paetzold 1995).

Auch Windelband (1915) betont, dass dieser Gegensatz (idiografisch versus nomothetisch) nur die Behandlung, nicht aber den Inhalt des Wissens selbst klassifiziert, denn es »bleibt möglich, dass dieselben Gegenstände zum Objekt einer nomothetischen und daneben auch einer idiografischen Untersuchung gemacht werden können« (S. 145). Denn »der Gegensatz des ›Immergleichen‹ und des ›Einmaligen‹« ist relativ, wenn die Zeit und Kultur hinzutreten und ein Phänomen zu etwas Einmaligem machen. Der erweiterte Suizid ist ein solches Phänomen und im Erleben der betroffenen Menschen ist dies als »einmalig« evident.

Für mich steht die nomothetische Vorgehensweise in der Gefahr, aufgrund ihres abstrakten Potenzials die Geschichtlichkeit des Gegenstandes unberücksichtigt zu lassen, was sich auch schon im Begriff »Invariante« ausdrückt, denn der Begriff suggeriert eine absolute Vergleichbarkeit und Messbarkeit bzw. Mathematisierung kultureller Erscheinungen. So aber bleibt die Natur dem Menschen fremd, weil die naturwissenschaftlichen Begriffe als Hilfskonstruktionen zu den Phänomenen hinzugedacht werden. Dem gegenüber wendet sich derselbe Mensch von der Natur zum sozialen Leben und lebt und gestaltet es interaktiv mit; er erlebt sein kulturelles Leben, wodurch er die »Natur« des sozialen Lebens erst erfährt, in dem »Bedeutung«, »Wert« und »Sinn« feste Bestandteile sind und mitgedacht werden. Denn dies ist gerade bei Mord und Selbstmord nicht von der Hand zu weisen.

Der Mensch und die Menschheit werden selbst zum Gegenstand der Reflexion. Diese Struktur »versenkende Denkungsart« nennen Dilthey (1913, S. 262) und seine Nachfolger wie Habermas (1975) oder Ricoeur (1975) »Verstehen« und den Vorgang die hermeneutische und mit ihr verbundene kritische Methode; diese findet sich auch in der Psychoanalyse, wie es Apel (1975) als »präreflexives Engagement« und »postkritischer Glaube« zu fassen versucht hat und auch nach Kemper (1954) für den psychoanalytischen Prozess gilt (vgl. Stuhr 1995).

Windelband (1915), auf den die Gegenüberstellung von nomothetischem und idiografischem Vorgehen zurückgeht, differenziert in seiner Straßburger Rektoratsrede »Geschichte und Naturwissenschaft« (1894) für die Psychologie, dass sie ihrem Gegenstand nach den Geisteswissenschaften, aber ihrer

Methode nach den Naturwissenschaften zuzurechnen ist. Der Gegensatz zwischen nomothetisch und idiografisch beginnt erst dort, wo es sich um die erkenntnistheoretische Verwertung der Tatsachen handelt. Denn die Gefahr liegt darin, dass sich die naturwissenschaftliche Methode mit ihren Abstraktionen von der konkreten Anschaulichkeit ihres Ausgangspunktes entfernt, um allgemeingültige Gesetzlichkeiten anzustreben, die zeitlos unwandelbar sein sollen, während in der idiografischen Vorgehensweise die Anschaulichkeit und Wertbestimmung eines Menschen, auch seine Einmaligkeit und Einzigartigkeit im kulturellen Kontext von Menschen, gewahrt wird. »Allgemeine Gesetzesaussagen« der nomothetischen Wissenschaften und das »Ereignis« bleiben als letzte nicht weiter vergleichbare Qualitäten gleichberechtigt nebeneinander bestehen.

Die abstrakt-logische Anwendung der Verbundwahrscheinlichkeit auf die fünf Fälle ist zwar an sich korrekt, aber aus der Statistik erheben sich auch hier zwei Einwände: Für eine stochastische Vorgehensweise ist es notwendig,

(1) die Eigenschaften der fünf Fälle vor ihrer Betrachtung zu spezifizieren, was auch heißt, die Zahl der Eigenschaften zu bestimmen, also nicht erst im Prozess der Annäherung im hermeneutischen Zirkel Danners (Danner 1979; 2006, S. 62; Stegmüller 1979) zu ermitteln, und

(2) beim Vergleich der Nullhypothese gegen die Alternativhypothese festzulegen, wo aufgrund der Häufigkeit in der Grundpopulation der Grenzwert des Merkmals für den reinen Zufall liegt (vgl. Seifert 2003, S. 217f.).

Beck-Bornholdt/Dubben (1997) weisen mit spitzfindiger Ironie über die Flut an signifikanten Ergebnissen darauf hin, dass wir uns hüten sollten, wie ein »texanischer Scharfschütze« in der Gegend herumzuschießen und danach behaupten, genau diese Treffer beabsichtigt zu haben, indem wir post-hoc punktgenau eine Zielscheibe um die Treffer malen. Aussagen über die Einzelfälle werden also erst dann sinnvoll, wenn der Einzelfall in seiner Beziehung zur Grundgesamtheit gesehen und nicht nur die Verbundwahrscheinlichkeit berechnet wird, um eine Invarianz zu behaupten, die zudem voraussetzt, dass nur eine Eigenschaft relevant ist!

Aus der Statistik der Rechtsmedizin, wofür die relevanten Variablen nun festliegen (Paschen 2006), wurde unabhängig von mir bestimmt, was sich für den vollendeten erweiterten Selbstmord mit männlichem Täter ergab: dass zwar für die in Betracht gezogenen männlichen Täter auch dort sich zeigte, dass diese auf die drohende Trennung von der Partnerin am häufigsten dazu neigten, ihre Partnerinnen beziehungsweise ihre Frauen zu töten und dann sich selbst; aber auch das Kind und auch außerfamiliäre »Zielobjekte« (z. B. Geschäftspartner, Nachbarn) des männlichen Täters sind möglich, wenn auch selten.

Gerade die Ausweitung vom Einzelfall auf die Betrachtung der Population führt dazu, die Mannigfaltigkeit in ihrer Anschaulichkeit zu verbessern, indem mehr Varianten empirisch nachweisbar und darin die wahrscheinlichsten bestimmbar werden. Es ist deshalb sinnvoll, die relevanten Variablen (z. B. Trennung: + = vorhanden; Mord: + = trat auf; Selbstmord: + = trat auf) in ihrer Kombinatorik vorab zu definieren und für jede Kombination (Trennung: +, Mord: + und Selbstmord: +) die empirische Häufigkeit einer Stichprobe mit ihren theoretischen Erwartungen (Wahrscheinlichkeiten) zu vergleichen.

Die additiv wirkende Bezeichnung »idiografische Nomothetik« müsste für mich also heißen: Der Einzelfall ist Teil der Mannigfaltigkeit der sozial realen Kultur einer Gesellschaft und bedarf der Nomothetik, während die Nomothetik der Idiografie bedarf, um sich in der Kultur und Geschichte zu konkretisieren und den Menschen zu berühren und ihn zum Nachdenken zu bringen.

Literatur

Abel-Prot, Viviane (1990): Cave Canem. Nouvelle Revue de Psychanalyse 42: 55–64.
Abraham, Karl (1912): Ansätze zur psychoanalytischen Erforschung und Behandlung des manisch-depressiven Irreseins und verwandter Zustände. Zentralblatt der Psychoanalyse 2: 302–311.
Abraham, Karl (1924): Versuch einer Entwicklungsgeschichte der Libido auf Grund der Psychoanalyse seelischer Störungen. Internationaler Psychoanalytischer Verlag, Leipzig/Wien/Zürich.
Adorno, Theodor W. (1970): Ästhetische Theorie. Suhrkamp, Frankfurt a. M.
Aichhorn, August (1925): Verwahrloste Jugend. Die Psychoanalyse in der Fürsorgeerziehung. 10. Aufl. 1987. Huber, Bern.
Akoluth, Margarete (2004): Unordnung und spätes Leid. Bericht über den Versuch, eine misslungene Analyse zu bewältigen. Mit einem Vorwort von Tilmann Moser und einem Nachwort von Siegfried Bettighofer. Königshausen & Neumann, Würzburg.
Alexander, Franz; Staub, Hugo (1929): Der Verbrecher und sein Richter. Internationaler psychoanalytischer Verlag, Wien.
Allert, Gerhardt; Dahlbender, Reiner W.; Thomä, Helmut; Kächele, Horst (2000): Behandlungstechnische und ethische Aspekte von Tonbandaufnahmen in der Psychotherapie. Psychotherapie Forum (Wien) 8: 65–72.
Altmeyer, Martin; Thomä, Helmut (Hg.) (2006a): Die vernetzte Seele. Die intersubjektive Wende in der Psychoanalyse. Klett-Cotta, Stuttgart.
Altmeyer, Martin; Thomä, Helmut (2006b): Einführung: Psychoanalyse und Intersubjektivität. In: Altmeyer, M.; Thomä, H. (Hg.): Die vernetzte Seele. Die intersubjektive Wende in der Psychoanalyse. Klett-Cotta, Stuttgart, S. 7–31.
Anz, Thomas (1989): Gesund oder krank? Medizin, Moral und Ästhetik in der deutschen Gegenwartsliteratur. Metzler, Stuttgart.
Anz, Thomas (Hrsg.) (1999): Psychoanalyse in der modernen Literatur. Kooperation und Konkurrenz. Königshausen & Neumann, Würzburg.
Anzieu, Didier (1990): Comment dire. Nouvelle Revue de Psychanalyse 42: 25–42.
Anzieu, Didier (1996): Das Haut-Ich. Suhrkamp, Frankfurt a. M.
Anzieu, Didier; Tarrab, G. (1991): Une peau pour les pensées. Entretiens avec Gilbert Tarrab. Apsygée, Paris.
Apel, Karl-Otto (1975): Szientistik, Hermeneutik, Ideologiekritik. Entwurf einer Wissenschaftslehre in erkenntnis-anthropologischer Sicht. In: K.-O. Apel et al. (Beitr.): Hermeneutik und Didaktik. Suhrkamp, Frankfurt a. M., S. 7–44.

Argelander, Hermann (1972): Der Flieger. Suhrkamp, Frankfurt a. M.
Argelander, Hermann (1984): Eine vergleichende Textstudie von Verbatim- und Gedächtnisprotokollen. Psyche – Zeitschrift für Psychoanalyse 38: 385–419.
Arlow, Jacob A. (1982): Psychoanalytic education: A psychoanalytic perspective. Annals of the New York Acadamy of Science 10: 5–20.
Assoun, Paul-Laurent (1990): Le récit freudien du symptôme. Nouvelle Revue de Psychoanalyse 42: 173–198.
Auerbach, Arthur H.; Luborsky, Lester (1968): Accuracy of judgments of psychotherapy and the nature of the »good« hour. In: Shlien, J.; Hunt, H.; Matarazzo, J.; Savage, C. (Hg.): Research in Psychotherapy. American Psychological Association, Washington, DC, S. 155–168.
Aulagnier, Piera (1975): La violence de l'interprétation. P. U. F., Paris.
Aulagnier, Piera (1984): L'apprenti-historien et le maître-sorcier. P. U. F., Paris.
Baca-Garcia, Enrique; Oqendo, Maria A.; Saiz-Ruiz, Jeronimo; Mann, J. John; Leon, Jose de (2006): A pilot study on differences in aggression in New York and Madrid, Spain, and their possible impact on suicidal behavior. Journal of Clinical Psychiatry 67: 375–380.
Bachrach, Henry M. (1995): The Columbia records project and the evolution of psychoanalytic outcome research. In: Shapiro, T.; Emde, R. N. (Hg.): Research in Psychoanalysis. Process, Development, and Outcome. International Universities Press, Madison, S. 297–298.
Barthes, Roland (1970): Mythologies. Ed. du Seuil, Paris.
Barthes, Roland (1982): Le plaisir du texte. Ed. du Seuil, Paris.
Barton, Stephan (1983): Der psychowissenschaftliche Sachverständige im Strafverfahren. Kriminalistik, Heidelberg.
Baumgart, Reinhard (1984): Dem Leben hinterhergeschrieben. Der Künstler vor dem Spiegel – Vom Nutzen und Nachteil einer autobiographischen Literatur. In: Die Zeit, 5. Oktober 1984, S. 72.
Beck-Bornholdt, Hans-Peter; Dubben, Hans H. (1997): Der Hund, der Eier legt. Erkennen von Fehlinformationen durch Querdenken. Rowohlt, Reinbek bei Hamburg.
Beebe, Beatrice; Lachmann, Frank M. (2006): Die relationale Wende in der Psychoanalyse. Ein dyadischer Systemansatz aus Sicht der Säuglingsforschung. In: Altmeyer, M.; Thomä, H. (Hg.): Die vernetzte Seele. Die intersubjektive Wende in der Psychoanalyse. Klett-Cotta, Stuttgart, S. 122–159.
Beetschen, André (1988): Détournement par l'évidence. In: Court et al. (Hg.): Le trompe-l'oeil dans l'art et dans la psychanalyse. Dunod, Paris, S. 24–42.
Beland, Hermann (2004): Zur Beendigung von Lehranalysen. Ein persönlicher Erfahrungsbericht über Ziele und Ergebnisse. Forum der Psychoanalyse 20: 391–402.
Beland, Hermann; Brodbek, Horst; Rupprecht-Schampera, Ute; Wildberger, Helga (2003): DPV-Transparenzkommission. Bericht über die Untersuchung des Kolloquiums der DPV. DPV-Informationen 34: 4–33.
Bellin, Evan H. (1984): The psychoanalytic narrative: On the transformational axis between writing and speech. Psychoanalysis and Contemporary Thought 7: 3–42.
Bergeret, Jean (1974): La personnalité normale et pathologique. Bordas, Paris.
Bergeret, Jean (1995): La recherche clinique en psychanalyse. In: Bergeret, J. (Hg.): Freud, la violence et la dépression. P. U. F., Paris, S. 229–248.
Bergin, Allan E. (1963): The effects of psychotherapy: Negative results revisted. Journal of Consulting Psychology 10: 244–250.
Berman, Jeffrey (1985): The Talking Cure. Literary Representations of Psychoanalysis. New York University Press, New York.
Bernstein, Robert (1992): The resurgence of pragmatism. Social Research 59: 813–840.

Bernstein, Steven B. (1992): Guidelines: Comments on the treatment report writing and describing analytic process. Journal of Clinical Psychoanalysis 1: 469–478.
Bernstein, Steven B. (1995): Guidelines: Comments on treatment report writing and describing analytic progress. In: The American Psychoanalytic Association Committee on Certification of the Board on Professional Standards (Hg.): American Psychoanalytic Association, New York, S. 7–12.
Bernstein, Steven B. (1998): Writing about the psychoanalytic process. Annual Meeting of the American Psychoanalytic Association, New York. Dec 16/20/1998.
Bernstein, Steven B. (2000): Commentary on Michels's »The case history«. Journal of the American Psychoanalytic Association 48: 381–391.
Bernstein, Steven B. (2008): Writing about the psychoanalytic process. Psychoanalytic Inquiry 28: 433–449.
Bernstein, Steven B.; Bornstein, Melvin; Palmer, Jonathan; Rosenbaum, Arthur L.; Westin, Sharen (2008): The writing cure: The effect of clinical writing on the analyst and analysis: Prologue. Psychoanalytic Inquiry 28: 401–403.
Besson, Jean (1995): Traitement psychothérapique d'une jeune schizophrène: récit. L'Harmattan, Paris.
Betti, Emilio (1962): Die Hermeneutik als allgemeine Methodik der Geisteswissenschaften. J. C. B. Mohr (P. Siebeck), Tübingen.
Bion, William R. (1967): Notes on memory and desire. In: Bott Spillius, E. (1988) (Hg.): Melanie Klein Today. Tavistock, London, New York, S. 17–21.
Boarini, Serge (2005): Collection, comparaison, concertation. Le traitement du cas de la casuistique au conférences de consensus. In: Passeron, J.-C.; Revel, J. (Hg.): Penser par cas. Editions de l'Ecole des Hautes Études en Sciences Sociales, Paris, S. 129–158.
Bohrer, Karl-Heinz (1998): Plötzlichkeit. Zum Augenblick des ästhetischen Scheins. Mit einem Nachwort von 1998. 3. Aufl. Suhrkamp, Frankfurt a. M.
Bollas, Christopher (2003): Confidentiality and professionalism. In: Levin, C. D.; Furlong, A.; O'Neil, M. K. (Hg.): Confidentiality. Ethical Perspectives and Clinical Dilemma. The Analytic Press, Hillsdale NJ, S. 201–210.
Bollas, Christopher; Sundelson, David (1995): The New Informants: The Betrayal of Confidentiality in Psychoanalysis and Psychotherapy. Aronson, Northvale, NJ.
Bonß, Wolfgang (1982): Die Einübung des Tatsachenblicks: zur Struktur und Veränderung empirischer Sozialforschung. Suhrkamp, Frankfurt a. M.
Böttger, Andreas; Kury, Helmut; Kuznik, Rainer; Mertens, René (1988): Kriterien der gutachterlichen Schuldfähigkeitsbeurteilung und ihr Einfluss auf die gerichtliche Entscheidung. In: Kaiser, G.; Kury, H.; Albrecht, H.-J. (Hg.): Kriminologische Forschung in den 80er Jahren. Eigenverlag Max Planck Institut für ausländisches und internationales Strafrecht, Freiburg, S. 323–373.
Bräutigam, Walter (1983): Beziehung und Übertragung in Freuds Behandlungen und Schriften. Psyche – Zeitschrift für Psychoanalyse 37: 116–129.
Brentano, Marie (2005): Ein unbegriffener Paradigmenwechsel? D. von Drigalskis »Blumen auf Granit« – neu gelesen. Ulm. Unveröffentl. Manuskript.
Brentano, Marie (2006a): Besprechung: T. Moser: Bekenntnisse einer halb geheilten Seele. Psychotherapeutische Erinnerungen. Psyche – Zeitschrift für Psychoanalyse 60: 79–81.
Brentano, Marie (2006b): Besprechung: M. Akoluth: Unordnung und spätes Leid. Bericht über den Versuch, eine misslungene Analyse zu bewältigen. Mit einem Vorwort von Tilmann Moser und einem Nachwort von Siegfried Bettighofer. Würzburg: Königshausen & Neumann 2004. Psychotherapeut 51: 248–249.
Breuer, Joseph; Freud, Sigmund (1895): Studien über Hysterie. Deuticke, Leipzig/Wien.

Bromley, Dennis B. (1986): The Case-Study Method in Psychology and Related Disciplines. Wiley, New York.
Brun, Danièle (1997): Mikael. Un enfant en analyse. Calman-Lévy, Paris.
Bucci, Wilma (1985): Dual coding: a cognitive model for psychoanalytic research. Journal of the American Psychoanalytic Association 33: 571–607.
Bucci, Wilma (1997): Psychoanalysis & Cognitive Science. The Guilford Press, New York.
Bucci, Wilma (2007): Four domains of experience in the therapeutic discourse. Psychoanalytic Inquiry 27: 617–639.
Buchholz, Michael B. (1993): Die Rolle der Prozeßphantasie in der stationären Psychotherapie. Journal für Psychologie 1: 64–81.
Buchholz, Michael B. (1996): Metaphern der Kur. Westdeutscher Verlag, Opladen.
Buchholz, Michael B. (1997): Die Rekonstruktion latenter Modelle von Falldarsteller und Supervisor durch die Metaphernanalyse. In: Buchholz, M.B.; Hartkamp, N. (Hg.): Supervision im Fokus – Polyzentrische Analysen einer Supervision. Westdeutscher Verlag, Opladen, S. 80–123.
Buchholz, Michael B. (1999a): Die Interaktion der Bilder – Metaphern im therapeutischen Kontakt. Ergebnisse einer qualitativen Studie. In: Welter-Enderlin, R.; Hildenbrand, B. (Hg.): Gefühle und Systeme – Die emotionale Rahmung beraterischer und therapeutischer Prozesse. Carl Auer, Heidelberg.
Buchholz, Michael B. (1999b): Psychotherapie als Profession. Psychosozial-Verlag, Gießen.
Buchholz, Michael B. (2002): Der Fall des Alltags. Psychotherapie und Sozialwissenschaft 4: 83–102.
Buchholz, Michael B. (2005): Stephen Mitchell und die Perspektive der Intersubjektivität. In: Buchholz, M.B.; Gödde, G. (Hg.): Macht und Dynamik des Unbewussten. Auseinandersetzungen in Philosophie, Medizin und Psychoanalyse. Psychosozial-Verlag, Gießen, S. 627–649.
Buchholz, Michael B. (2006): Konversation, Erzählung, Metapher. Der Beitrag qualitativer Forschung zu einem relationalen Paradigma der Psychoanalyse. In: Altmeyer, M.; Thomä, H. (Hg.): Die vernetzte Seele. Die intersubjektive Wende in der Psychoanalyse. Klett-Cotta, Stuttgart, S. 282–313.
Buchholz, Michael B.; Gödde, Günter (Hg.) (2005): Macht und Dynamik des Unbewussten. Auseinandersetzungen in Philosophie, Medizin und Psychoanalyse. Psychosozial-Verlag, Gießen.
Buchholz, Michael; Reiter, Ludwig (1996): Auf dem Weg zu einem empirischen Vergleich epistemischer Kulturen in der Psychotherapie. In: Bruns, G. (Hg.): Psychoanalyse im Kontext. Westdeutscher Verlag, Opladen, S. 75–100.
Büchner, Georg (1987): Georg Büchner: 1813–1837; Revolutionär, Dichter, Wissenschaftler. Katalog der Ausstellung Mathildenhöhe, Darmstadt, 2.8.–27.9.1987. Stroemfeld/Roter Stern, Basel/Frankfurt.
Bude, Heinz (1993): Freud als Novellist. In: Stuhr, U.; Deneke, F.-W. (Hg.): Die Fallgeschichte. Asanger, Heidelberg, S. 3–16.
Bush, Marshall (2009): The effectiveness of psychoanalysis among analysts. Journal of the American Psychoanalytic Association, under review.
Canestri, Jorge (1994): Transformations. International Journal of Psychoanalysis 75: 1079–1092.
Cardinal, Marie (1975): Les mots pour le dire. Grasset, Paris; dt. Schattenmund. Roman einer Analyse. Rowohlt, Reinbek bei Hamburg, 1984.
Carroy, Jacqueline (2005): L'étude de cas psychologique et psychanalytique. In: Passeron, J.-C.; Revel, J. (Hg.): Penser par cas. Editions de l'Ecole des Hautes Etudes en Sciences Sociales, Paris, S. 201–228.

Cassirer, Ernst (1910): Substanzbegriff und Funktionsbegriff. Untersuchungen über die Grundfragen der Erkenntniskritik. B. Cassirer, Berlin.

Cassirer, Ernst (1927): Das Symbolproblem und seine Stellung im System der Philosophie. Zeitschrift für Ästhetik und allgemeiner Kunstwissenschaft. Bd. 21, S. 295–315.

Cassirer, Ernst (1929): Philosophie der symbolischen Formen. Bd. 1 (Sprache), Bd. 2 (Das mythische Denken), Bd. 3 (Phänomenologie der Erkenntnis). Wissenschaftliche Buchgesellschaft, Darmstadt 1982.

Caspar, Franz M.; Grawe, Klaus (1990): Was hat Psychotherapie mit typischen Langzeitpatienten bisher gebracht und was könnte sie bringen. In: Bock, T.; Mitzlaff, S. (Hg.): Von Langzeitpatienten für die Akutpsychiatrie. Psychiatrie-Verlag, Bonn, S. 87–103.

Certeau, Michel de (1970): Histoire et psychanalyse entre science et fiction. Folio, Paris.

Certeau, Michel de (1991): Das Schreiben der Geschichte. Campus-Verlag, Frankfurt a. M.

Chiantaretto, Jean-François (1999): L'écriture de cas chez Freud. Eres, Paris.

Clark, Ronald W. (1981): Sigmund Freud. Fischer Verlag, Frankfurt a. M.

Clarus, Johann Christian August (1824): Die Zurechnungsfähigkeit des Mörders Johann Christian Woyzeck nach Grundsätzen der Staatsarzneikunde aktenmäßig erwiesen. Fleischer, Leipzig.

Clifft, Mary Ann (1986): Writing about psychiatric patients. Bulletin of the Menninger Clinic 50: 511–524.

Coen, Stanley J. (2000): Why we need to write openly about our clinical cases. Journal of the American Psychoanalytic Association 48: 449–470.

Colin, Marc (1990): Cas urgent. Nouvelle Revue de Psychanalyse 42: 83–96.

Collectif (1990): Histoire de cas. Nouvelle Revue de Psychanalyse 42.

Committee for Scientific Activities (1984): Principles and standards of ethics for psychoanalysts. American Psychoanalytic Association, New York 2002.

Constitutio Criminalis Carolina (1569): Des Allerdurchleuchtigsten Großmechtigsten, unüberwindlichsten Keyser Carol des Fünfften, und des Heyligen Römischen Reichs peinlich Gerichtsordnung, auff den Reichstägen zu Augspurg und Regenspurg, in jaren dreyssig, und zwey und dreyssig gehalten, auffgericht und beschlossen. Feyerabend, Frankfurt.

Cooper, Arnold M. (1995): Discussion: On empirical research. In: Shapiro, T.; Emde, R. N. (Hg.): Research in Psychoanalysis. Process, Development, and Outcome. International Universities Press, Madison, S. 381–391.

Cooper, Steven (1996): Facts all come with a point of view. International Journal of Psychoanalysis 77: 255–274.

Couchoud, Marie-Thérèse (2002): Pour introduire le récit clinique (Internetquelle: www.quatrième-groupe.org).

Couchoud, Marie-Thérèse (2006): Au fondement de l'écoute transmise: Le récit clinique. Topique 97: 59–75.

Crastnopol, Margaret (1999): The analyst's professional self as a »third« influence on the dyad. When the analyst writes about the treatment. Psychoanalytic Dialogues 9: 445–470.

Cremerius, Johannes (1987): Der Einfluss der Psychoanalyse auf die deutschsprachige Literatur. Psyche – Zeitschrift für Psychoanalyse 41: 39–54.

Cyssau, Catherine (1999): Fonctions théoriques du cas clinique. De la construction singulière à l'exemple sériel. In: Fedida, P.; Villa, F. (Hg.): Le cas en controverse. P.U.F., Paris, S. 59–82.

Danner, Helmut (1979): Methoden geisteswissenschaftlicher Pädagogik. Einführung in Hermeneutik, Phänomenologie und Dialektik. Reinhardt, München.

Davidson Henry A. (1957): Guide to Medical Writing: A Practical Manual for Physicians, Dentists, Nurses, Pharmacists. Ronald Press, New York.

Decker, Hannah (1982): The choice of a name: »Dora« and Freud's relationship with Breuer. Journal of the American Psychoanalytic Association 30: 133–136.
Dedner, Burghard; Vering, Eva-Maria (2005): Es geschah in Darmstadt. Eine bislang unbekannte Quelle wirft ein neues Licht auf Georg Büchners Drama »Woyzeck«. Frankfurter Allgemeine Zeitung Nr. 299 vom 23.12.2005, S. 35.
Dilthey, Wilhelm (1913): Gesammelte Schriften, Bd. V. Teubner, Leipzig/Berlin.
Dittmann, Volker; Reimer, Christian; Heinrichs, Wilfried (1988): Erfahrungen von Juristen mit forensisch-psychiatrischen Sachverständigen. Forensia 9: 219–229.
Dolto, Françoise (1971): Le cas Dominique. Ed. du Seuil, Paris. Dt. (1973): Der Fall Dominique. Suhrkamp, Frankfurt a. M.
Donnet, Jean-Luc (1990): Le récit de l'action. Nouvelle Revue de Psychanalyse 42: 233–244.
Dörner, Klaus (1969): Bürger und Irre. Zur Sozialgeschichte und Wissenschaftssoziologie der Psychiatrie. Europäische Verlagsanstalt, Frankfurt a. M.
Dotzauer, Günter; Goebels, H.; Legewie, Heiner (1963): Selbstmord und Selbstmordversuch. Statistischer Vergleich von Hamburger Erfahrungen aus den Jahren 1935–1959. Münchener Medizinische Wochenschrift 105: 973–981.
Drigalski, Dörte von (1980): Blumen auf Granit. Eine Irr- und Lehrfahrt durch die deutsche Psychoanalyse. Ullstein, Frankfurt a. M./Berlin/Wien (Aktualisierte Neuausgabe: Antipsychiatrie Verlag, Berlin 2003).
Drigalski, Dörte von (2002): Das China-Syndrom der Psychoanalyse. In: Märtens, M.; Petzold, H. (Hg.): Therapieschäden: Risiken und Nebenwirkungen von Psychotherapie. Matthias-Grünewald-Verlag, Mainz, S. 60–71.
Drigalski, Dörte von (2006): Verbiegen Verbogene? Beziehungsstörungen bei Beziehungsfachleuten. Persönlichkeitsstörungen 10: 91–98.
Eagle, Morris N. (1983): The epistemological status of recent developments in psychoanalytic theory. In: Cohen, R. S.; Laudan, L. (Hg.): Physics, Philosophy and Psychoanalysis. Essays in Honor of Adolf Grünbaum. D. Reidel Publishing Company, Dordrecht, Boston, S. 31–35.
Edelson, Marshall (1986): Causal explanation in science and psychoanalysis. The Psychoanalytic Study of the Child 41: 89–127.
Edelson, Marshall (1988): Psychoanalysis. A Theory in Crisis. University of Chicago Press, Chicago/London.
Ehebald, Ulrich (1971): Patient oder Verbrecher? Strafvollzug provoziert Delinquenz. Gutachten zum Fall N. Rowohlt, Reinbek bei Hamburg.
Ehl, Martin; Helbing-Tietze, Brigitte; Lücking, Irmgard; Pollmann, Irmgard; Ruff, Wilfried; Wrage, Ilse; Zinke, Achim (2005): Ethische Prinzipien in der Psychoanalyse. Psyche – Zeitschrift für Psychoanalyse 59: 573–586.
Eissler, Kurt R. (Hg.) (1949): Searchlights on Deliquency. New Psychoanalytic Studies Dedicated to Professor August Aichhorn on the Occasion of His Seventieth Birthday, July 27, 1948. International Universities Press, New York.
Eissler, Kurt R. (1953): The effect of the structure of the ego on psychoanalytic technique. Journal of the American Psychoanalytic Association 42: 875–882.
Eissler, Kurt R. (1963): Freud and the psychoanalysis of history. Journal of the American Psychoanalytic Association 11: 675–703.
Eissler, Kurt R. (1974): On some theoretical and technical problems regarding the payment of fees for psychoanalytic treatment. International Revue of Psychoanalysis 1: 73–101.
Ellis, Havelock (1917): Psychoanalysis in relation to sex. Journal of Mental Science 63: 537–555.
Emde, Robert N. (1991): Positive emotions for psychoanalytic theory: Surprises from infancy research and new direction. Journal of the American Psychoanalytic Association 39: 5–44.

Erdheim, Claudia (1984): Bist du wahnsinnig geworden? Roman. Löcker, Wien.
Erdheim, Claudia (1985): Herzbrüche – Szenen aus der psychotherapeutischen Praxis. Löcker, Wien.
Erdheim, Claudia (1989): Psychotherapeuten im Abwehrkampf: Reaktionen auf Therapiekritik. In: Giese, E.; Kleiber, D. (Hg.): Das Risiko Therapie. Beltz, Weinheim, S. 167–182.
Erlenberger, Maria (1977): Der Hunger nach Wahnsinn. Ein Bericht. Rowohlt, Reinbek bei Hamburg.
Ermer-Externbrink, Monika (1991): Das psychiatrische Gutachten zur Unterbringung nach §64 StGB. Monatsschrift für Kriminologie 74: 106–112.
Esquirol, Jean Etienne Dominique (1827): Esquirol's allgemeine und specielle Pathologie und Therapie der Seelenstörungen. Frei bearb. von Karl Christian Hille. Nebst e. Anhange krit. und erl. Zusätze von J. C. A. Heinroth. Hartmann, Leipzig.
Esquirol, Jean Etienne Dominique (1838): Des malades mentales: considérées sous le rapport médical, hygiènique et médico-légal. 2 Bd. Paris: Ballière. Dt. Die Geisteskrankheiten in Beziehung zur Medizin und Staatsarzneikunde. Voss'sche Buchhandlung, Berlin.
Faber, Marie (2005): Seelenrisse auf Rezept. pro literatur, Mammendorf.
Fäh, Marcus (2002): Wenn Analyse krank macht. Methodenspezifische Nebenwirkungen psychoanalytischer Therapien. In: Märtens, M.; Petzold, H. (Hg.): Therapieschäden: Risiken und Nebenwirkungen von Psychotherapie. Matthias-Grünewald-Verlag, Mainz, S. 109–147.
Fédida, Pierre (1990): La construction du cas. Nouvelle Revue de Psychanalyse 42: 245–260.
Fédida, Pierre; Villa, François (Hg.) (1999a): Le cas en controverse. P.U.F., Paris.
Fédida, Pierre (1999b): Morphologie du cas dans la psychanalyse. In: Fedida, P.; Villa, F. (Hg.): Le cas en controverse. P.U.F., Paris, S. 43–50.
Firestein, Stephen K. (1978): Termination in Psychoanalysis. International Universities Press, New York.
Fischer-Homberger, Esther (1983): Medizin vor Gericht. Zur Sozialgeschichte der Gerichtsmedizin. Huber, Bern.
Fisher, Seymour; Greenberg, Roger P. (1977): The Scientific Credibility of Freud's Theories and Therapies. Basic Books, New York.
Fishmann, Donald (1999): The Case for a Pragmatic Psychology. New York University Press, New York.
Flader, Dieter; Grodzicki, Wolf-Dietrich; Schröter, Klaus (Hg.) (1982): Psychoanalyse als Gespräch. Interaktionsanalytische Untersuchungen über Therapie und Supervision. Suhrkamp, Frankfurt a.M.
Flader, Dieter; Wodak-Leodolter, Ruth (Hg.) (1979): Therapeutische Kommunikation. Scriptor, Königstein.
Foerster, Klaus (1997): Facetten der Forensischen Psychiatrie in Tübingen. In: Wiedemann, G.; Buchkremer, G. (Hg.): Mehrdimensionale Psychiatrie. Gustav Fischer, Stuttgart/Jena/New York, S. 59–66.
Föster, Michael (Hg.) (1984): Jürgen Bartsch. Nachruf auf eine »Bestie«. Torso, Essen.
Fonagy, Peter (1995): Psychoanalytic and empirical approaches to developmental psychopathology: An object relations perspective. In: Shapiro, T.; Emde, R.N. (Hg.): Research in Psychoanalysis. Process, Development, and Outcome. International Universities Press, Madison, S. 245–260.
Forrester, John (2003): Trust, confidentiality, and the possibility of psychoanalysis. In: Levin, C.; Furlon, A.; Kay O'Neil, M. (Hg.): Confidentiality. Ethical Perspectives and Clinical Dilemmas. The Analytic Press, Hillsdale NJ, S. 20–27.
Foucault, Michel (1968): Psychologie und Geisteskrankheit. Suhrkamp, Frankfurt a.M.

Foucault, Michel (1973): Wahnsinn und Gesellschaft. Eine Geschichte des Wahnsinns im Zeitalter der Vernunft. Suhrkamp, Frankfurt a. M.
Foucault, Michel (Hg.) (1975): Der Fall Rivière. Materialien zum Verhältnis von Psychiatrie und Strafjustiz. Suhrkamp, Frankfurt a. M.
Foucault, Michel (1976): Überwachen und Strafen. Die Geburt des Gefängnisses. Suhrkamp, Frankfurt a. M.
French, Thomas M. (1958): The Integration of Behavior. Vol 3: The Reintegrative Process in a Psychoanalytic Treatment. The University of Chicago Press, Chicago.
Freud, Anna (1971): Vorwort. In: Gardiner, M. (Hg.): Der Wolfsmann vom Wolfsmann. Fischer, Frankfurt a. M., S. 11–14.
Freud, Sigmund (1893f): Charcot. GW Bd. I, S. 21–35.
Freud, Sigmund (1895d): Studien über Hysterie. GW Bd. I, S. 75–312.
Freud, Sigmund (1905e): Bruchstück einer Hysterieanalyse. GW Bd. V, S.161–286.
Freud, Sigmund (1909b): Analyse der Phobie eines fünfjährigen Knaben. GW Bd. VII, S. 241–377.
Freud, Sigmund (1909d): Bemerkungen über einen Fall von Zwangsneurose. GW Bd. VII, S. 379–463.
Freud, Sigmund (1911c): Psychoanalytische Bemerkungen über einen autobiographisch beschriebenen Fall von Paranoia. GW Bd. VIII, S. 239–320.
Freud, Sigmund (1911e): Die Handhabung der Traumdeutung in der Psychoanalyse. GW Bd. VIII, S. 349–357.
Freud, Sigmund (1912e): Ratschläge für den Arzt bei der psychoanalytischen Behandlung. GW Bd. VIII, S. 375 –387.
Freud, Sigmund (1915f): Mitteilung eines der psychoanalytischen Theorie widersprechenden Falles von Paranoia. GW Bd. X, S. 233–246.
Freud, Sigmund (1917e): Trauer und Melancholie. GW Bd. X, S. 427–446.
Freud, Sigmund (1918b): Aus der Geschichte einer infantilen Neurose. GW Bd. XVIII, S. 27–157.
Freud, Sigmund (1920a): Über die Psychogenese eines Falles von weiblicher Homosexualität. GW Bd. XII, S. 269–301.
Freud, Sigmund (1920b): Zur Vorgeschichte der analytischen Technik, GW Bd. XII, S. 307–312.
Freud, Sigmund (1925a): Notiz über den Wunderblock. GW XIV, S. 3–8.
Freud, Sigmund (1926e): Die Frage der Laienanalyse. GW Bd. XIV, S. 207–296.
Freud, Sigmund (1927a): Nachwort zur Frage der Laienanalyse. GW Bd. XIV, S. 287–296.
Friedman, Leon (1997): Ferrum, ignis, and medicina: Return to the crucible. Journal of the American Psychoanalytic Association 45: 21–35.
Furlong, Allanah (1998): Histoire de cas-histoire de qui. In: Trans 10 (Internetzeitschrift: Quelle: www.mapageweb.umontreal.ca/scarfond/), S. 105–118.
Gabbard, Glen O. (1989): Sexual Exploitation of Professional Relationships. American Psychiatric Press, Washington.
Gabbard, Glen O. (1997): Case histories and confidentiality (letter to the editor). International Journal of Psychoanalysis 78: 820–821.
Gabbard, Glen O.; Lester, Eva P. (1995): Boundaries and Boundary Violations in Psychoanalysis. Basic Books, New York.
Gabbard, Glen O.; Williams, Paul (2001): Preserving confidentiality in the writing of case reports. International Journal of Psychoanalysis 82: 1067–1068.
Gagey, Jacques; Gagey, Jacques-Michel (1990): La casuistique. Nouvelle Revue de Psychoanalyse 42: 261–284.

Galatzer-Levy, Robert (1991): Presentation of clinical experience. Journal of the American Psychoanalytic Association 39: 727–740.
Galatzer-Levy, Robert (2003): Psychoanalytic research and confidentiality: Dilemmas. In: Levin, C.; Furlon, A.; Kay O'Neil, M. (Hg.): Confidentiality. Ethical Perspectives and Clinical Dilemma. The Analytic Press, Hillsdale NJ, S. 86–106.
Gerhardt, Christa (2002): Risiko Psychoanalyse. Erfahrungsbericht einer Patientin. Frieling, Berlin.
Giese, Eckkard; Kleiber, Dieter (Hg.) (1989): Das Risiko Therapie. Beltz, Weinheim.
Gill, Merton M. (1996): Die Übertragungsanalyse. Theorie und Technik. Fischer, Frankfurt a.M.
Gill, Merton M.; Hoffman, Irvin Z. (1982): A method for studying the analysis of aspects of the patient's experience in psychoanalysis and psychotherapy. Journal of the American Psychoanalytic Association 30: 137–167.
Gill, Merton M.; Simon, Justin; Fink, Geraldine; Endicott, Noble A.; Paul, Irving H. (1968): Studies in audio-recorded psychoanalysis. I. General considerations. Journal of the American Psychoanalytic Association 16: 230–244.
Glasser, Mervin (1990): Probleme bei der Analyse gewisser narzisstischer Störungen. Vortragsmanuskript. Tagungsband DPV-Arbeitstagung Nov. 1990 in Wiesbaden.
Glück, Alfons (1987): Der historische Woyzeck. In: Georg Büchner: 1813–1837; Revolutionär, Dichter, Wissenschaftler. Katalog der Ausstellung Mathildenhöhe, Darmstadt, 2.8.–27.9.1987. Stroemfeld/Roter Stern, Basel/Frankfurt, S. 314–324.
Goeppert, Sebastian; Goeppert, Herma C. (1973): Sprache und Psychoanalyse. Rowohlt, Reinbek bei Hamburg.
Goldberg, Arnold (1997a): Response (letter to the editor). International Journal of Psychoanalysis 78: 821.
Goldberg, Arnold (1997b): Writing case histories (guest editorial). International Journal of Psychoanalysis 78: 435–438.
Gottschalk, Louis A.; Auerbach, Arthur H. (Hg.) (1966): Methods of Research in Psychotherapy. Appleton Century Crofts, New York.
Graf, Andrea (1985): Die Suppenkasperin. Geschichte einer Magersucht. Fischer, Frankfurt a.M.
Green, Hannah (1964): I never promised you a rosegarden. Gollancz, London. Dt. Ich habe dir nie einen Rosengarten versprochen. Rowohlt, Reinbek bei Hamburg 1967.
Greenacre, Phyllis (1975): On reconstruction. Journal of the American Psychoanalytic Association 23: 693–712.
Greenson, Ralph R. (1974): The decline and fall of the 50-minute-hour. Journal of the American Psychoanalytic Association 22: 785–791. Dt. (1982): Rückgang und Ende der Fünfzig-Minuten Sitzung. In: Greenson, R.R. (Hg.): Psychoanalytische Erkundigungen. Klett-Cotta, Stuttgart, S 396–402.
Habermas, Jürgen (1975): Erkenntnis und Interesse. Suhrkamp, Frankfurt a.M.
Habermas, Tilman (1996): Geliebte Objekte: Symbole und Instrumente der Idenätsbildung. de Gruyter, Berlin.
Heim, Nikolaus (1986): Psychiatrisch-psychologische Begutachtung im Jugendstrafverfahren. Heymanns, Köln/Berlin/Bonn/München.
Heinroth, Johann Christian August (1825): Über die gegen das Gutachten des Herrn Hofrath D. Clarus von Herrn D.C.M. Marc in Bamberg abgefaßte Schrift: War der am 27. August 1824 zu Leipzig hingerichtete Mörder J.C. Woyzeck zurechnungsfähig? Hartmann, Leipzig.
Heinz, Günter (1982): Fehlerquellen forensisch-psychiatrischer Gutachten. Kriminalistik, Heidelberg.

Henseler, Heinz (1984): Narzißtische Krisen. Zur Psychodynamik des Selbstmords. Westdeutscher Verlag, Opladen.
Hirsch, Eric D. jr. (1967): Validity in Interpretation. Yale University Press, New Haven/London.
Hocke, Gustav R. (1963): Das Europäische Tagebuch. Porträt eines Erdteils. Limes, Wiesbaden.
Hoffmann, Dieter (2006a): Arbeitsbuch Deutschsprachige Prosa seit 1945. Band 1: Von der Trümmerliteratur zur Dokumentarliteratur. A. Francke, Tübingen/Basel.
Hoffmann, Dieter (2006b): Arbeitsbuch Deutschsprachige Prosa. Band 2: Von der Neuen Subjektivität zur Pop-Literatur. A. Francke, Tübingen/Basel.
Hofstätter, Peter; Wendt, Dirk (1966): Quantitative Methoden der Psychologie. Barth, München.
Holland, Norman N. (1998): Freud and the poet's eye: His ambivalence toward the artist. PsyArt – an online journal for the psychological study of the arts, article 980331 (Internetquelle: www.clas.ufl.edu/ipsa/journal/1998_holland01.shtml; 27.07.2006).
Holm-Hadulla, Rainer M. (1997): Die psychotherapeutische Kunst. Hermeneutik als Basis therapeutischen Handelns. Vandenhoeck & Ruprecht, Göttingen.
Holmes, Jeremy (1998): The changing aims of psychoanalytic therapy: An integrative perspective. International Journal of Psychoanalysis 79: 227–240.
Hornbacher, Marya (1999): Alice im Hungerland. Leben mit Bulimie und Magersucht. Campus, Frankfurt a. M.
Horowitz, Mardi (1993): Personality structure and change during psychoanalysis. In: Horowitz, M.; Kernberg, O. F.; Weinshel, E. (Hg.): Psychic Structure and Psychic Change: Essays in Honour of Robert R. Wallerstein. International Universities Press, Madison, CT, S. 1–28.
Houellebecq, Michel (1998): Elementarteilchen. List, München.
Hübner, Wulf (2006): »Jenseits der Worte«. Versuch über projektive Identifizierung und ästhetische Erfahrung. Psyche – Zeitschrift für Psychoanalyse 60: 319–348.
Janzarik, Wolfgang (1972): Forschungsrichtungen und Lehrmeinungen in der Psychiatrie: Geschichte, Gegenwart, forensische Bedeutung. In: Göppinger, H.; Witter, H. (Hg.): Handbuch der forensischen Psychiatrie. Springer, Berlin/Heidelberg/New York, S. 588–662.
Janzarik, Wolfgang (1974): Themen und Tendenzen der deutschsprachigen Psychiatrie. Springer, Berlin/Heidelberg/New York.
Jauß, Hans-Robert (1982): Ästhetische Erfahrung und literarische Hermeneutik. Suhrkamp, Frankfurt a. M.
Jesch, Tatjana; Richter, Rainer; Stein, Malte (2006): Patientenerzählungen wie Literatur verstehen: Vom Nutzen der Narratologie für die psychodiagnostische Hermeneutik. In: Luif, V.; Thoma, G.; Boothe, B. (Hg.): Beschreiben – Erschließen – Erläutern. Pabst, Lengerich, S. 39–65.
Joisten, Karen (Hg.) (2007): Narrative Ethik. Das Gute und das Böse erzählen. Deutsche Zeitschrift für Philosophie, Sonderband 17. Akademie, Berlin.
Jones, Enrico E. (2000): Therapeutic Action: A Guide to Psychoanalytic Therapy. Jason Aronson, Northvale.
Jones, Enrico E.; Windholz, Michel J. (1990): The psychoanalytic case study: Toward a method for systematic inquiry. Journal of the American Psychoanalytic Association 38: 985–1016.
Jones, Ernest (1962): Das Leben und Werk von Sigmund Freud. Band III: Die letzte Phase 1919–1939. Huber, Bern/Stuttgart.
Jung, Irene (1989): Schreiben und Selbstreflexion: Eine literaturpsychologische Untersuchung literarischer Produktivität. Westdeutscher, Wiesbaden.
Junker, Helmut (1993): Nachanalyse. Ein autobiographisches Fragment. edition diskord, Tübingen. Neuauflage Brandes & Apsel, Frankfurt a. M.

Kächele, Horst (1981): Zur Bedeutung der Krankengeschichte in der klinisch-psychoanalytischen Forschung. Jahrbuch für Psychoanalyse 12: 118–177.
Kächele, Horst (1993): Der lange Weg von der Novelle zur Einzelfallanalyse. In: Stuhr, U.; Deneke, F.-W. (Hg.): Die Fallgeschichte. Beiträge zu ihrer Bedeutung als Forschungsinstrument. Asanger, Heidelberg, S. 32–42.
Kächele, Horst (1999): Was träumte Freud? Universitätsverlag, Ulm.
Kächele, Horst (2006): Psychotherapeut/Psychotherapeutin: Person – Persönlichkeit – Funktion. Psychotherapie in Psychiatrie, Psychotherapeutischer Medizin und Klinischer Psychologie 11: 136–140.
Kächele, Horst; Albani, Cornelia; Buchheim, Anna; Grünzig, Hans-Joachim; Hölzer, Michael; Hohage, Roderich; Jiménez, Juan P.; Leuzinger-Bohleber, Marianne; Mergenthaler, Erhard; Neudert-Dreyer, Lisbeth; Pokorny, Dan; Thomä, Helmut (2006): Psychoanalytische Einzelfallforschung: Ein deutscher Musterfall Amalie X. Psyche – Zeitschrift für Psychoanalyse 60: 387–425.
Kächele, Horst; Buchheim, Anna (2007): Negative outcomes and destructive processes in psychoanalytic therapy. International Journal of Psychotherapy 11: 7–17.
Kächele, Horst; Thomä, Helmut (1995): Psychoanalytic process research. In: Shapiro, T.; Emde, R.N. (Hg.): Research in Psychoanalysis. Process, Development, and Outcome. International Universities Press, Madison, S. 109–130.
Kächele, Horst; Thomä, Helmut (2006): Zur Stellung der Krankengeschichte in der klinischpsychoanalytischen Forschung. In: Thomä, H.; Kächele, H. (Hg.): Psychoanalytische Therapie. Forschung. Springer Medizin, Heidelberg, S. 75–119.
Kächele, Horst; Thomä, Helmut; Ruberg, Wolfgang; Grünzig, Hans-Joachim (1988): Audiorecordings of the psychoanalytic dialogue: scientific, clinical and ethical problems. In: Dahl, H.; Kächele, H.; Thomä, H. (Hg.): Psychoanalytic Process Research Strategies. Springer, Berlin/Heidelberg/New York/Tokyo, S. 179–194.
Kahn, Jeffrey H. (1975): »Do not interpretations belong to God?« The validity of interpretations in psychotherapy and literature. British Journal of Medical Psychology 48: 227–236.
Kahn, Laurence (1990): Par où commencer? Nouvelle Revue de Psychanalyse 42: 9–24.
Kant, Immanuel (1790): Anthopologie in pragmatischer Hinsicht. Neu ediert: Meiner, Hamburg 2003.
Kant, Immanuel (1970): Kritik der Urteilskraft (hg. von W. Weischedel). Suhrkamp, Frankfurt a.M. 1995.
Kantrowitz, Judy (1995): Outcome research in psychoanalysis. In: Shapiro, T.; Emde, R.N. (Hg.): Research in Psychoanalysis. Process, Development, and Outcome. International Universities Press, Madison, S. 313–328.
Kantrowitz, Judy (2004a): Writing about patients, I: Ways of protecting confidentiality and analyst's conflicts over choice of method. Journal of the American Psychoanalytic Association 52: 69–99.
Kantrowitz, Judy (2004b): Writing about patients, II: Patients' reading about themselves and their analysts' perception of its effects. Journal of the American Psychoanalytic Association 52: 101–123.
Kantrowitz, Judy (2004c): Writing about patients, III: Comparison oft attitudes and practices residing outside and whithin the USA. International Journal of Psychoanalysis 85: 691–712.
Kantrowitz, Judy (2005a): Writing about patients, IV: Patients' reactions to reading about themselves. Journal of the American Psychoanalytic Association 53: 103–129.
Kantrowitz, Judy (2005b): Writing about patients, V: Analysts' reading about themselves as patients. Journal of the American Psychoanalytic Association 53: 131–153.
Kantrowitz, Judy; Katz, Ann L.; Greenman, Deborah A.; Morris, Humphrey; Paolito, Frank;

Sashin, Jerome; Solomon, Leonhard (1989): The patient-analyst »match« and the outcome of psychoanalysis: The study of 13 cases. Research in progress. Journal of the American Psychoanalytic Association 37: 893–919.

Kanzer, Marc; Blum, Harold P. (1967): Classical psychoanalysis since 1939. In: Wolman, B.B. (Hg.): Psychoanalytic Techniques: A Handbook for the Practising Psychoanalyst. Basic Books, New York, S. 93–144.

Kaufmann, Doris (1991): Psychiatrie und Strafjustiz im 19. Jahrhundert. Die gerichtsmedizinischen Gutachten der Medizinischen Fakultät der Universität Tübingen 1770–1860. Medizin, Gesellschaft und Geschichte 10: 23–39.

Kaufmann, Doris (1995): Aufklärung, bürgerliche Selbsterfahrung und die »Er-findung« der Psychiatrie in Deutschland, 1970–1850. Vandenhoeck & Ruprecht, Göttingen.

Kavka, Jerome (1974): Empathy in the beginning analyst: The first case report. Annual of Psychoanalysis 2: 293–307.

Keitel, Evelyne (1986): Psychopathographien. Die Vermittlung psychotischer Phänomene durch Literatur. Winter, Heidelberg.

Kemper, Werner (1954): Die Gegenübertragung. Psyche – Zeitschrift für Psychoanalyse 7: 593–626.

Kern, Andrea (2000): Schöne Lust. Eine Theorie der ästhetischen Erfahrung nach Kant. Suhrkamp, Frankfurt a.M.

Kernberg, Otto F. (1988): Schwere Persönlichkeitsstörungen: Theorien, Diagnose, Behandlungsstrategien. Klett-Cotta, Stuttgart.

Kernberg, Otto F. (1995): Empirical research in psychoanalysis. In: Shapiro, T.; Emde, R.N. (Hg.): Research in Psychoanalysis. Process, Development, and Outcome. International Universities Press, Madison, S. 369–380.

Kernberg, Otto F. (2004): Aggressivity, Narcissism, and Self-destructiveness in the Psychotherapeutic Relationship. New Developments in the Psychopathology and Psychotherapy of Severe Personality Disorders. Yale University Press, New Haven, London.

Kiceluk, Stephanie (1993): Der Patient als Zeichen und als Erzählung: Krankheitsbilder, Lebensgeschichten und die erste psychoanalytische Fallgeschichte. Psyche – Zeitschrift für Psychoanalyse 47: 815–854.

Kimmerle, Gerd (Hg.) (1998): Zur Theorie der psychoanalytischen Fallgeschichte. edition diskord, Tübingen.

King, Vera (1998): Fallgeschichte und Theorieentstehung. Produktivität und Grenzen der Erkenntnis in Freuds adoleszentem Fall Dora. In: Kimmerle, G. (Hg.): Zur Theorie der psychoanalytischen Fallgeschichte. edition diskord, Tübingen, S. 45–83.

Kleinschmidt, Hans J. (1967): The angry act: The role of aggression in creativity. American Imago 24: 98–128.

Klöß, Lisbeth (1988): Geschlechtstypische Sprachmerkmale von Psychoanalytikern. Ulmer Textbank, Ulm.

Klöß-Rotmann, Lisbeth; Pirmoradi, Said; Kächele, Horst (2009): Psychoanalytiker als Berichterstatter: Gender-Prototypen des Be-Schreibens. Forum der Psychoanalyse 25: 66–74.

Klumpner, Georg H. (1989): Interview with the chairman, Committee on Scientific Activities, American Psychoanalytic Association. The American Psychoanalyst 22: 13.

Klumpner, Georg H.; Frank, Arthur (1991): On methods of reporting clinical material. Journal of the American Psychoanalytic Association 39: 537–551.

Knipfel, Jim (2000): Klapsmühle. Ein halbes Jahr in der Geschlossenen. Rowohlt, Reinbek bei Hamburg 2006.

Köhle, Karl; Kubanek, Bernhard; Simons, Claudia (1982): Informed Consent: psychologische Gesichtspunkte. Internist 23: 209–217.

Kohn, Max (1999): Acte narratif et cas. In: Fedida, P.; Villa, F. (Hg.): Le cas en controverse. P.U.F., Paris, S. 51–57.
Kohn, Max (2000): Le narratif dans la psychanalyse. Eres, Paris.
Kohut, Heinz (1971): Narzissmus. Suhrkamp, Frankfurt a.M.
Kohut, Heinz (1979): The two analyses of Mr. Z. International Journal of Psychoanalysis 60: 3–27.
Kohut, Heinz; Wolf, Ernst S. (1986): Die Störung des Selbst und ihre Behandlung. In: Peters, U.H. (Hg.): Psychologie des 20. Jahrhunderts. Psychiatrie Bd. 2. Beltz, Weinheim, S. 97–112.
König, Cornelia; Schnoor, Kathleen; Auer, Ulrich; Rebernig, Elisabeth; Schläfke, Detlev; Fegert, Jörg (2005a): Modellprojekt forensisch-psychiatrischer Gutachtertätigkeit in Mecklenburg-Vorpommern bei Sexualdelikten. Bestandsanalyse. In: Schläfke, D.; Häßler, F.; Fegert, J. (Hg.): Sexualstraftaten. Schattauer, Stuttgart/New York, S. 47–56.
König, Cornelia; Schnoor, Kathleen; Auer, Ulrich; Rebernig, Elisabeth; Schläfke, Detlev; Fegert, Jörg (2005b): Modellprojekt forensisch-psychiatrischer Gutachtertätigkeit in Mecklenburg-Vorpommern bei Sexualdelikten. Qualitätsanalyse unter besonderer Berücksichtigung der Prognose. In: Schläfke, D.; Häßler, F.; Fegert, J. (Hg.): Sexualstraftaten. Schattauer, Stuttgart/New York, S. 57–76.
Kordy, Hans; Senf, Wolfgang (1992): Therapieabbrecher in geschlossenen Gruppen. Psychotherapie Psychosomatik Medizinische Psychologie 42: 127–133.
Körner, Jürgen (1990): Die Bedeutung kasuistischer Darstellung in der Psychoanalyse. In: Jüttemann, G. (Hg.): Komparative Kasuistik. Asanger, Heidelberg, S. 93–103.
Körner, Jürgen (2003): Die argumentationszugängliche Kasuistik. Forum der Psychoanalyse 19: 28–36.
Kosenina, Alexander (2006): Woyzecks Todesurteil, nach »collegialer Berathung«. Ein neuer Quellenfund erhellt den spektakulärsten Rechtsfall unserer Literaturgeschichte. Frankfurter Allgemeine Zeitung Nr. 73 vom 25.3.2006, S. 46.
Kranz, Walther (1962): Die griechische Philosophie. 5. Auflage. Carl Schünemann, Bremen.
Kris, Ernst (1956): On some vicissitudes of insight in psychoanalysis. International Journal of Psychoanalysis 37: 445–455.
Kröber, Hans-Ludwig (2000): Rezension von Lorenz M (1999): Kriminelle Körper – Gestörte Gemüter. Die Normierung des Individuums in Gerichtsmedizin und Psychiatrie der Aufklärung. Zeitschrift für Sexualforschung 13: 165–168.
Kury, Helmut (Hg.) (1987): Ausgewählte Fragen und Probleme forensischer Begutachtung. Interdisziplinäre Beiträge zur kriminologischen Forschung, Bd. 14. Heymanns, Köln/Berlin/Bonn/München.
Kury, Helmut (1991): Zur Begutachtung der Schuldfähigkeit. Ausgewählte Ergebnisse eines empirischen Forschungsprojektes. Brennpunkte der Rechtspsychologie: Forum S. 331–350.
Labov, William; Fanshel, David (1977): Therapeutic Discourse. Psychotherapy as Conversation. Academic Press, New York.
Lacan, Jacques (1932/1975): De la psychose paranoiaque et ses rapports avec la personnalité. Ed. du Seuil, Paris.
Lachmann, Frank M.; Beebe, Beatrice (1983): Consolidation of the self: A case study. Dynamic Psychotherapy 1: 55–75.
Laireiter, Anton-R.; Hampel, Andreas (2003): Fallberichte zum Erwerb und zur Prüfung von verhaltenstherapeutischer Kompetenz in der Verhaltenstherapieausbildung. Verhaltenstherapie 13: 192–201.
Lang, Fabian U.; Pokorny, Dan; Kächele, Horst (2009): Psychoanalytische Fallberichte: Geschlechtskonstellationen und sich daraus ergebende Wechselwirkungen auf Diagnosen im Zeitverlauf von 1969 bis 2006. Psyche – Zeitschrift für Psychoanalyse 63: 384–398.

Lange-Kirchheim, Astrid (1999): Die Hysterikerin und ihr Autor. Arthur Schnitzlers Novelle »Fräulein Else« im Kontext von Freuds Schriften zur Hysterie. In: Anz, T. (Hg.): Psychoanalyse in der modernen Literatur. Kooperation und Konkurrenz. Königshausen & Neumann, Würzburg, S. 111-134.
Lauveng, Arnhild (2005): Morgen bin ich ein Löwe. Wie ich die Schizophrenie besiegte. btb, München 2008.
Le Guen, Claude (2001): La figurabilité se fonde sur un vécu et non sur une vision. Revue de Psychoanalyse 65: 1315-1324.
Lear, Jonathan (2003): Confidentiality as a virtue. In: Levin, C.; Furlon, A.; Kay O'Neil, M. (Hg.): Confidentiality. Ethical Perspectives and Clinical Dilemma. The Analytic Press, Hillsdale NJ, S. 4-17.
Leavy, Steve A. (1980): The Psychoanalytic Dialogue. Yale University Press, New Haven.
Lehben, Clara (1997): Ganz geboren werden. Tagebuch einer Psychoanalyse. Haag & Herchen, Frankfurt a. M.
Leclaire, Serge (1971): Démasquer le réel. Ed. du Seuil, Paris.
Lefort, Rosine; Lefort, Robert (1980): La naissance de l'Autre. Ed. du Seuil, Paris.
Lefort, Rosine; Lefort, Robert (1988): Les structures de la psychose. L'enfant au loup et le président. Ed. du Seuil, Paris.
Lefort, Rosine; Lefort, Robert (1995): Maryse devient une petite fille. Psychanalyse d'un enfant de 26 mois. Ed. du Seuil, Paris.
Leitenberger, Andreas G. (2005): Lachen als Symptom? Eine Untersuchung des Lachens in der Funktion der Abwehr von Frustration, Intimität und Traurigkeit und der Sicherung der Selbstkonstanz anhand von Luborskys Symptom-Kontext-Methode. Medizinische Dissertation. Psychosomatische Medizin, Universität Ulm.
Lejeune, Philippe (1996): Der autobiographische Pakt. Suhrkamp, Frankfurt a. M.
Lenk, Hans (2000): Kreative Aufstiege. Suhrkamp, Frankfurt a. M.
Leuzinger-Bohleber, Marianne (1987): Veränderung kognitiver Prozesse in Psychoanalysen. Bd.: Eine hypothesengenerierende Einzelfallstudie. Springer, Berlin/Heidelberg/New York.
Leuzinger-Bohleber, Marianne (1995): Die Einzelfallstudie als psychoanalytisches Forschungsinstrument. Psyche – Zeitschrift für Psychoanalyse 49: 434-480.
Levin, Charles (2003): Civic confidentiality and psychoanalytic confidentiality. In: Levin, C.; Furlong, A.; Kay O'Neil, M. (Hg.): Confidentiality. Ethical Perspectives and Clinical Dilemmas. The Analytic Press, Hillsdale NJ, S. 52-75.
Levin, Charles; Furlong, Allannah; Kay O'Neil, Mary (2003): Introduction. In: Levin, C.; Furlong, A.; Kay O'Neil, M. (Hg.): Confidentiality. Ethical Perspectives and Clinical Dilemmas. The Analytic Press, Hillsdale NJ, S. IX-XV.
Levin, Charles; Furlong, Allannah; Kay O'Neil; Mary (Hg.) (2003): Confidentiality: Ethical Perspectives and Clinical Dilemmas. The Analytic Press, Hillsdale NJ.
Lewin, Bertram D.; Ross, Helen (1960): Psychoanalytic Education in the United States. Norton, New York.
Lieberman, Alica F.; Pawl, Jeree H. (1988): Clinical applications of attachment theory. In: Belsky, J.; Nezworsky, T. (Hg.): Clinical Implications of Attachment. Lawrence Erlbaum Associates, Hillsdale NJ, S. 327-347.
Lindner, Reinhard (2005): Grenzgänge – Zur Psychotherapie bei Patienten mit Borderline-Persönlichkeitsstörungen. Antrittsvorlesung. Unveröffentl. Manuskript. Universität Hamburg.
Lindner, Reinhard (2006): Suizidale Männer in der psychoanalytisch orientierten Psychotherapie. Eine systematische qualitative Untersuchung. Psychosozial- Verlag, Gießen.
Lipton, Edgar L. (1991): The analyst's use of clinical data, and other issues of confidentiality. Journal of the American Psychoanalytic Association 39: 967-986.

Loch, Wolfgang (1976): Psychoanalyse und Wahrheit. Psyche – Zeitschrift für Psychoanalyse 30: 867–898.
Loch, Wolfgang; Jappe, Gemma (1974): Die Konstruktion der Wirklichkeit und die Phantasien. Psyche – Zeitschrift für Psychoanalyse 28: 1–31.
Loewenstein, Rudolf (1956): Réflexions sur le traitement d'un cas de névrose compulsionelle. Revue de Psychanalyse 20: 384–411.
Lorenz, Maren (1999): Kriminelle Körper – Gestörte Gemüter. Die Normierung des Individuums in Gerichtsmedizin und Psychiatrie der Aufklärung. Hamburger Edition, Hamburg.
Lorenzer, Alfred (1970): Sprachzerstörung und Rekonstruktion. Vorarbeiten zu einer Metatheorie der Psychoanalyse. Suhrkamp, Frankfurt a. M.
Lorenzer, Alfred (1986): »… gab mir ein Gott zu sagen, was ich leide«. Emanzipation und Methode. Psyche – Zeitschrift für Psychoanalyse 40: 1051–1062.
Luborsky, Lester; Luborsky, Ellen (1995): The era of measures of transference: The CCRT and other measures. In: Shapiro, T.; Emde, R. N. (Hg.): Research in Psychoanalysis. Process, Development, and Outcome. International Universities Press, Madison, S. 329–352.
Lyotard, Jean-François (1990): Les voix d'une voix. Nouvelle Revue de Psychanalyse 42: 199–216.
Märtens, Michael M.; Petzold, Hilarion (Hg.) (2002): Therapieschäden: Risiken und Nebenwirkungen von Psychotherapie. Matthias Grünewald, Mainz.
Mahony, Patrick J. (1977): The place of psychoanalytic treatment in the history of discourse. Psychoanalysis and Contemporary Thought 2: 77–111.
Mahony, Patrick J. (1982): Freud as a Writer. International Universities Press, New York.
Mahony, Patrick J. (1993): Freud's cases: Why are they valuable today? International Journal of Psychoanalysis 74: 1027–1035.
Mahony, Patrick J. (1999): Quelle valeur accorder aujourd'hui au cas de Freud. In: Fedida, P.; Villa, F. (Hg.): Le cas en controverse. P. U. F., Paris, S. 121–134.
Mahony, Paul J.; Singh, Ray (1979): Some issues in linguistics and psychoanalysis. Reflections on Marshall Edelson's Language and interpretation in psychoanalysis. Psychoanalysis and Contemporary Thought 2: 437–446.
Mannoni, Maud (1970): Le psychiatre, son fou et la psychanalyse. Ed. du Seuil, Paris.
Marcus, Steven (1974): Freud und Dora. Roman, Geschichte, Krankengeschichte. Psyche – Zeitschrift für Psychoanalyse 28: 32–79.
Marcus, Steven (1985): Freud and Dora. In: Bernheimer, C.; Kahane, C. (Hg.): Dora's case: Freud, hysteria, feminism. Virago Press, London, S. 56–91.
Markowsky, Michael (1982): Psychologische Gutachten und juristische Einstellungen. Fischer, Frankfurt.
Marneros, Andreas; Ullrich, Simone; Rössner, Dieter (1999): Was unterscheidet psychiatrisch begutachtete von psychiatrisch nicht begutachteten Angeklagten? Recht & Psychiatrie 17: 117–119.
Marquetand, Christine (1979): Richter und Staatsanwalt in der Auseinandersetzung mit voneinander abweichenden psychiatrischen Gutachten zur Schuldfähigkeit. Heidelberg: Diss. jur.
Matt, Peter von (1994): Das Schicksal der Phantasie. Studien zur deutschen Literatur. Hanser, München.
McDougall, Joyce; Lebovici, Serge (1960): Un cas de psychose infantile. P. U. F., Paris.
McGuire, William; Sauerländer, Wolfgang (Hg.) (1974): Sigmund Freud C. G. Jung – Briefwechsel. Fischer, Frankfurt a. M.
Menke, Christoph (1991): Die Souveränität der Kunst. Ästhetische Erfahrung nach Adorno und Derrida. Suhrkamp, Frankfurt a. M.

Menninger, Carl (1936): The psychological advantages of the woman physician. Bulletin of the Menninger Clinic 37: 333–340.
Mergenthaler, Erhard (1996): Die Transkription von Gesprächen. Ulmer Textbank, Ulm.
Merian, Svende (1980): Der Tod des Märchenprinzen. Frauenroman. Rowohlt, Reinbek bei Hamburg 1983.
Metzger, Johann Daniel (1786): Medicinisch-gerichtliche Bibliothek. Bd. 1–2. Hartung, Königsberg.
Metzger, Johann Daniel (1793): Kurzgefaßtes System der gerichtlichen Arzneiwissenschaft. Hartung, Königsberg/Leipzig.
Meyer, Adolf-Ernst (1981): Psychoanalytische Prozeßforschung zwischen der Skylla der »Verkürzung« und der Charybdis der »systematischen akustischen Lücke«. Zeitschrift für Psychosomatische Medizin und Psychoanalyse 27: 103–116.
Meyer, Adolf-Ernst (1993): Nieder mit der Novelle als Psychoanalysedarstellung – Hoch lebe die Interaktionsgeschichte. In: Stuhr, U.; Deneke, F.-W. (Hg.): Die Fallgeschichte. Asanger, Heidelberg, S. 68–84.
Meyer, Adolf-Ernst (1994): Nieder mit der Novelle als Psychoanalysedarstellung – Hoch lebe die Interaktionsgeschichte. Zeitschrift für Psychosomatische Medizin und Psychoanalyse 40: 77–98.
Michels, Robert (1994): Validation in the psychoanalytic process. International Journal of Psychoanalysis 75: 1133–1140.
Michels, Robert (2000a): The case history. Journal of the American Psychoanalytic Association 48: 355–375.
Michels, Robert (2000b): Response to commentaries. Journal of the American Psychoanalytic Association 48: 417–420.
Mijolla-Mellor, Sophie de (1985): Rendre compte d'une psychanalyse. Psychanalyse à l'Université 40/10, p. 549–572.
Miller, Gérard; Miller, Dominique (1990): Psychanalyse 6 heures 1/4. Ed. du Seuil, Paris.
Minsel, Wolf R. (1971): Beziehungen zwischen dem Erfolg von Psychotherapie und Sprachmerkmalen der Psychotherapeuten sowie ihrer Klienten. In: Nickel, G. (Hg.): Kongressbericht der 2. Jahrestagung der Gesellschaft für angewandte Linguistik. Groos, Heidelberg, S. 157–161.
Moser, Tilmann (1971): Repressive Kriminalpsychiatrie. Vom Elend einer Wissenschaft. Eine Streitschrift. Suhrkamp, Frankfurt a. M.
Moser, Tilmann (1974): Lehrjahre auf der Couch. Bruchstücke meiner Psychoanalyse. Suhrkamp, Frankfurt a. M.
Moser, Tilmann (1996): Der Erlöser der Mutter auf dem Weg zu sich selbst. Suhrkamp, Frankfurt a. M.
Moser, Tilmann (2004a): Bekenntnisse einer halb geheilten Seele. Psychotherapeutische Erinnerungen. Suhrkamp, Frankfurt a. M.
Moser, Tilmann (2004b): Vorwort zu M. Akoluth: Unordnung und spätes Leid. Bericht über den Versuch, eine misslungene Analyse zu bewältigen. Königshausen & Neumann, Würzburg, S. 7–11.
Mosher, Paul W. (1998): Message posted to the members list, American Psychoanaytic Association, September 9.
Müller, P.; Siadak, Theresia (1991): Häufigkeit psychiatrischer Begutachtung im Strafverfahren. Regionaleinflüsse und Tätermerkmale. Monatschrift für Kriminologie 74: 316–321.
Muschg, Adolf (1981): Literatur als Therapie. Suhrkamp, Frankfurt a. M.
Näcke-Hubertusburg, Paul; Strassmann, Fritz; Zanger, H.; Kalmus, E.; Puppe, G. (1908): Der Familienmord in gerichtlich-psychiatrischer Beziehung. Vierteljahresschrift für gerichtliche Medizin und öffentliches Sanitätswesen 35: Supplement-Heft, 136–137.

Nakhla, Fayek; Jackson, Grace (1993): Picking up the Pieces: Two Accounts of a Psychoanalytic Journey. Yale University Press, New Haven. Dt. (1997): Ich bin tausend Scherben. Innenansichten einer Psychotherapie. dtv, München.
Niemeyer, Christian (1987): Der Praktiker als Forscher – Psychoanalyse als Erkenntnistheorie und als Metatheorie psychologischen und pädagogischen Erkennens und Handelns? Psyche – Zeitschrift für Psychoanalyse 41: 193–237.
Nin, Anais (1966): Die Tagebücher der Anais Nin, hg. von G. Stuhlmann. C. Wegener, Hamburg.
Nitzschke, Bernd (1994): Die besondere Wissensform der Psychoanalyse: Wissenschaftshistorische Anmerkungen zum Junktim zwischen Heilen und Forschen in der Freudschen Psychoanalyse. In: Buchholz, M. B.; Streeck, U. (Hg.): Heilen, Forschen, Interaktion. Westdeutscher, Opladen, S. 13–37.
Noll, John O.; Rosen, Catherine E. (1982): Privacy, confidentiality and informed consent in psychotherapy. In: Bloom, B. L.; Asher, S. J. (Hg.): Psychiatric Patient Rights and Patient Advocacy. Issues and Evidence. Human Sciences Press, New York, S. 171–195.
Nowara, Sabine (1995): Gefährlichkeitsprognosen bei psychisch kranken Straftätern. Neue Kriminologische Studien. Bd. 15. Fink, München.
Offenbach, Judith (in der Neuaufl. Luise Pusch) (1980): Sonja. Eine Melancholie für Fortgeschrittene. Suhrkamp, Frankfurt a. M.
Olinick, Stanley L. (1975): On empathic perception and problems of reporting psychoanalytic processes. International Journal of Psychoanalysis 56: 147–154.
Orlinsky, David E.; Howard, Ken I. (1967): The good therapy hour: Experiential correlates of patients' and therapists' evaluations of therapy sessions. Archives of General Psychiatry 16: 621–632.
Orlinsky, David E.; Howard, Ken I. (1975): Varieties of Psychotherapeutic Experience. Columbia Teachers College Press, New York.
Orlinsky, David E.; Howard, Ken I. (1983): The therapy session report. In: Greenberg, L.; Pinsof, W. (Hg.): The Psychotherapeutic Process. A Research Handbook. Guilford, New York, S. 477–501.
Overbeck, Gerd (1993): Die Fallnovelle als literarische Verständigungs- und Untersuchungsmethode. In: Stuhr, U.; Deneke, F.-W. (Hg.): Die Fallgeschichte. Beiträge zu ihrer Bedeutung als Forschungsinstrument. Asanger, Heidelberg, S. 43–60.
Paetzold, Heinz (1995): Ernst Cassirer – Von Marburg nach New York. Eine philosophische Biographie. Wissenschaftliche Buchgesellschaft, Darmstadt.
Parzeller, Markus; Wenk, Maren; Zedler, Barbara; Rothschild, Markus (2007): Aufklärung und Einwilligung bei ärztlichen Eingriffen. Deutsches Ärzteblatt, Jg. 104, Heft 9, 576–584.
Paschen, Anne (2006): Erweiterter Suizid in Hamburg. Unveröffentl. Diss. Med. Fakultät Hamburg.
Passeron, Jean-Claude; Revel, Jacques (Hg.) (2005): Penser par cas. Editions de l'Ecole des Hautes Etudes en Sciences Sociales, Paris.
Pfäfflin, Friedemann (1978): Vorurteilsstruktur und Ideologie psychiatrischer Gutachten über Sexualstraftäter. Enke, Stuttgart.
Pfäfflin, Friedemann (2006): Mängel in Prognosegutachten. In: Barton, S. (Hg.): »... weil er für die Allgemeinheit gefährlich ist!« Prognosegutachten, Neurobiologie, Sicherungsverwahrung. Nomos, Baden-Baden, S. 259–268.
Pfäfflin, Friedemann (2008): Beschweren, jammern und klagen. Psychotherapeut 53: 432–440.
Piewitz, Arne (1982): Ich war der Märchenprinz. Buntbuch, Hamburg, 6. Aufl. 1984.
Pigeaud, Jackie (1990): Aux sources du cas. Nouvelle Revue de Psychoanalyse 42: 65–82.
Pigeaud, Jackie (2005): Penser par cas. Raisonner à partir de singularités. In: Passeron, Jean-

Claude; Revel, Jacques (Hg.): Penser par cas. Editions de l'Ecole des Hautes études en sciences sociales, Paris, S. 9–44.
Platner, Ernst (1820): Untersuchungen über einige Hauptcapitel der gerichtlichen Arznei-Wissenschaft durch beigefügt zahlreiche Gutachten der Leipziger Medicinischen Fakultät erläutert. Aus dem Lateinischen übers. u. hg. v. C. E. Hedrich. Kummer, Leipzig.
Platnerus, Johann Zacharias (1749): Prolusio XVIII. qua, medicos de insanis et furiosis audiendos esse, ostendit (1740). In: Opusculorum, Tomus II; Prolusiones; Lipsiae: Weidmann 1749, S. 146–165.
Plewig, Hans-Joachim (1983): Funktion und Rolle des Sachverständigen aus der Sicht des Strafrichters. v. Decker, Heidelberg.
Pohlen, Manfred (2006): Freuds Analyse. Die Sitzungsprotokolle Ernst Blums. Rowohlt, Reinbek bei Hamburg.
Poscheschnik, Gerald (2005): Empirische Forschung in der Psychoanalyse – Einige Gedanken zur wissenschaftstheoretischen und methodologischen Standortbestimmung. In: Poscheschnik, G. (Hg.): Empirische Forschung in der Psychoanalyse. Psychosozial-Verlag, Gießen, S. 11–59.
Prager, Helga (2003): Ein »now moment« unter der Lupe. Eine Fallgeschichte. Forum der Psychoanalyse 19: 312–325.
Prins, Sibylle (Hg.) (2006): Seitenwechsel. Psychiatrieerfahrene Professionelle erzählen. Paranus, Neumünster.
Pulver, Sidney E. (1987): How theory shapes technique: perspectives on a clinical study. Psychoanalytic Inquiry 7: 141–299.
Pulver, Sidney E. (2000): Commentary on Michels's »The case history«. Journal of the American Psychoanalytic Association 48: 376–381.
Putnam, Hilary (1998): Pragmatism and realism. In: Dickstein, M. (Hg.): The Revival of Pragmatism. Duke University Press, Durham, S. 37–53.
Rasch, Wilfried (1964): Tötung des Intimpartners. Beiträge zur Sexualforschung, 31. Heft. Re-Print Bonn (Ed. Narrenschiff: Psychiatrie-Verlag 1995).
Rasch, Wilfried (1966): Situation des erweiterten Selbstmordes. Deutsche Zeitschrift für die gesamte gerichtliche Medizin, S. 124–133.
Reiche, Reimut (2001): Mutterseelenallein. Kunst, Form und Psychoanalyse. Stroemfeld, Basel/Frankfurt a. M.
Reichenbach, Hans (1938): Experience and Prediction. University of Chicago Press, Chicago.
Reik, Theodor (1925): Geständniszwang und Strafbedürfnis. In: Moser, T. (Hg.): Psychoanalyse und Justiz. Suhrkamp, Frankfurt a. M., S. 30–223.
Reinke, Ellen (2007): AD(H)S als Metapher – oder die Grenzen rationaler Gesundheitsaufklärung. In: Wahrlich, C.; Reinke, E. (Hg.): Auf der Suche. Psychoanalytische Betrachtungen zum AD(H)S. Psychosozial-Verlag, Gießen, S. 67–87.
Reiwald, Paul (1948): Die Gesellschaft und ihre Verbrecher. Pan, Zürich.
Renik, Owen (1994): Publication of clinical facts. International Journal of Psychoanalysis 75: 1245–1250.
Ricoer, Paul (1974): Die Interpretation. Ein Versuch über Freud. Suhrkamp, Frankfurt a. M.
Riedel, Manfred (2004): Geschichte der Philosophie in Text und Darstellung. 19. Jahrhundert. Reclam, Stuttgart.
Rogers, Carl (1942): The use of electrically recorded interviews in improving psychotherapeutic techniques. American Journal of Orthopsychiatry 12: 429–434.
Rorty, Richard (1998): Truth and Progress. Cambridge University Press, Cambridge.
Rosch, Elenore (1978): Principles of categorization. In: Rosch, E.; Lloyd, B. (Hg.): Cognition and Categorization. Erlbaum, Hillsdale NJ, S. 27–48.

Roth, Philipp (1974): My Life as as Man. Holt, Rhinehart & Winston, New York.
Rubovits-Seitz, Philip F.D. (1992): Interpretive methodology: some problems, limitations, and remedial strategies. Journal of the American Psychoanalytic Association 40: 139–168.
Rubovits-Seitz, Philip F.D. (1998): Depth-Psychological Understanding. The Methodologic Grounding of Clinical Interpretations. Analytic Press, Hillsdale NJ.
Rubovits-Seitz, Philip F.D. (2000): Commentary on Michels's »The case history«. Journal of the American Psychoanalytic Association 48: 391–396.
Rudelic-Fernandez, Dana (1999): Langage du cas – modèles et modalités. In: Fédida, P.; Villa, F. (Hg.): Le cas en controverse. P.U.F., Paris, S. 29–42.
Rudolf, Gerd (1993): Aufbau und Funktion von Fallgeschichten im Wandel der Zeit. In: Stuhr, U.; Deneke, F.-W. (Hg.): Die Fallgeschichte. Beiträge zu ihrer Bedeutung als Forschungsinstrument. Asanger, Heidelberg, S. 17–31.
Rüth, Brigitta (1981): Beurteilungskriterien jugendpsychiatrischer Gutachten (Tötungsdelikte). Eine inhaltsanalytische Untersuchung unter Berücksichtigung sprachanalytischer Aspekte. Diss. Med., Hamburg.
S., Lena (2006): Auf Stelzen gehen. Geschichte einer Magersucht. Psychiatrie-Verlag, Bonn.
Saint-Drôme, Oreste de (1984): Comment choisir son psychanalyste. Folio, Paris.
Saint-Drôme, Oreste de (1992): Comment se débarasser de son psychanalyste. Folio, Paris.
Sandler, Joseph (1976): Countertransference and role-responsiveness. International Revue of Psychoanalysis 3: 43–47. Dt. (1976): Gegenübertragung und Bereitschaft zur Rollenübernahme. Psyche – Zeitschrift für Psychoanalyse 30: 297–305.
Sandler, Joseph; Holder, Alex; Dare, Christopher; Dreher, Anna Ursula (2003): Freuds Modelle der Seele. Eine Einführung. Psychosozial-Verlag, Gießen.
Sartre, Jean-Paul (1977): Gesammelte Werke. Schriften zur Literatur. Der Idiot der Familie I. Rowohlt, Reinbek bei Hamburg.
Saul, Leon (1939): Psychoanalytic case records. Psychoanalytic Quarterly 8: 186–190.
Schachter, Joseph (Hg.) (2005): Transforming Lives. Analyst and Patient View the Power of Psychoanalytic Treatment. Jason Aronson, New York. Dt. (2006): Leben verändern: Analytiker und Patienten berichten von ihren Erfahrungen mit der Psychoanalyse und ihrer Wirksamkeit. Psychosozial-Verlag, Gießen.
Schachter, Joseph; Luborsky, Lester (1998): Who's afraid of psychoanalytic research? Analysts attitudes towards reading clinical versus empirical research papers. International Journal of Psychoanalysis 79: 965–969.
Schafer, Roy (1986): Discussion of transference and countertransference in brief psychotherapy. In: Meyers, H. (Hg.): Between Analyst and Patient. The Analytic Press, Hillsdale NJ, S. 149–157.
Schläfke, Detlev; Lüdemann, Wiebke; Häßler, Frank (2000): Qualität der Begutachtung von Sexualstraftätern im Vergleich 1980–1989 vs. 1990–1999 auf der Grundlage eines Dokumentationssystems. In: Fegert, J.; Häßler, F. (Hg.): Qualität forensischer Begutachtung, insbesondere bei Jugenddelinquenz und Sexualstraftaten. Centaurus, Herbolzheim, S. 257–274.
Schmidl, Siegfried (1955): The problem of scientific validation in psychoanalytic interpretation. International Journal of Psychoanalysis 36: 105–113.
Schmidt, Siegfried J. (1991): Grundriß der empirischen Literaturwissenschaft. Suhrkamp, Frankfurt a.M.
Schneider, Christian (1998): Ist die Welt alles, was der Fall ist? Zu einigen Problemen der Einzelfallstudie, insbesondere der psychoanalytischen. In: Kimmerle, G. (Hg.): Zur Theorie der psychoanalytischen Fallgeschichte. edition diskord, Tübingen, S. 85–109.
Schneider, Norbert (1998): Erkenntnistheorie im 20. Jahrhundert. Klassische Positionen. Reclam, Stuttgart.

Schneider, Peter (1973): Lenz. Eine Erzählung. Rotbuch, Berlin.
Schönau, Walter (1968): Sigmund Freuds Prosa. Literarische Elemente seines Stils. Metzlersche Verlagsbuchhandlung, Stuttgart; Neuausgabe Psychosozial-Verlag, Gießen 2006.
Schönau, Walter (2007): Freud als Sprachschöpfer. Der Prozess seines Schreibens. Jahrbuch für Literatur und Psychoanalyse. Königshausen & Neumann, Würzburg, S. 245–254.
Schott, Heinz; Tölle, Rudolf (2006): Geschichte der Psychiatrie. Krankheitslehren, Irrwege, Behandlungsformen. Beck, Pfungstadt.
Schülein, Johann A. (1999): Die Logik der Psychoanalyse. Psychosozial-Verlag, Gießen.
Schuller, Marianne (1990): Im Unterschied: Lesen, Korrespondieren, Adressieren. Verlag Neue Kritik, Frankfurt a. M.
Schulte-Sasse, Jochen (2001): Einbildungskraft/Imagination. In: Barck, K. et al. (Hg.): Ästhetische Grundbegriffe. Band 2. Metzler, Stuttgart/Weimar, S. 88–120.
Schwaber, Evelyne A. (1987): Models of the mind and data-gathering in clinical work. Psychoanalytic Inquiry 7: 261–275.
Schwaber, Evelyne A. (1996): The conceptualization and communication of clinical facts. International Journal of Psychoanalysis 77: 235–254.
Schwarzer, Alice (2001): Eine tödliche Liebe – Petra Kelly und Gert Sebastian. Kiepenhauer und Witsch, Köln.
Schwartz, Joseph (1999): Cassandra's Daughter: A History of Psychoanalysis in Europe and America. Penguin Press, London.
Seel, Martin (1996): Über die Arbeit des Schriftstellers (und die Sprache der Philosophie). In: Seel, M. (Hg.): Ethisch-ästhetische Studien. Suhrkamp, Frankfurt a. M., S. 145–187.
Seiffert, Helmut (2003): Einführung in die Wissenschaftstheorie. Band 1. Beck, München.
Shakow, David (1960): The recorded psychoanalytic interview as an objective approach to research in psychoanalysis. Psychoanalytic Quarterly 29: 82–97.
Shakow, David (1969): Clinical Psychology as Science and Profession: A Forty Year Odyssey. Aldine, Chicago.
Shapiro, Theodor (1994): Psychoanalytic facts: From the editor's desk. International Journal of Psychoanalysis 75: 1225–1232.
Sherwood, Michael (1969): The Logic of Explanation in Psychoanalysis. Academic Press, New York.
Simon, Justin; Fink, Geraldine; Gill, Merton M.; Endicott, Noble A.; Paul, Irving H. (1970): Studies in audio-recorded psychoanalysis. II. The effect of recording upon the analyst. Journal of the American Psychoanalytic Association 18: 86–101.
Singer, Wolf (2004): Verschaltungen legen uns fest. Wir sollten aufhören, von Freiheit zu sprechen. In: Geyer, C. (Hg.): Hirnforschung und Willensfreiheit. Zur Deutung der neuesten Experimente. Suhrkamp, Frankfurt a. M., S. 30–65.
Spence, Donald P. (1979): Language in psychotherapy. In: Aronson, D.; Rieber, R. (Hg.): Psycholinguistic Research. Lawrence Erlbaum, Hillsdale NJ, S. 471–496.
Spence, Donald P. (1982): Narrative Truth and Historical Truth: Meaning and Interpretation in Psychoanalysis. Norton, New York.
Spence, Donald P. (1983): Narrative persuasion. Psychoanalysis and Contemporary Thought 6: 457–481.
Spence, Donald P. (1993): Traditional case studies and prescriptions for improving them. In: Miller, N. E.; Luborsky, L.; Barber, J. P.; Docherty, J. P. (Hg.): Psychodynamic Treatment Research. A Handbook for Clinical Practice. Basic Books, New York, S. 37–52.
Spence, Donald P. (1994): The Rhetorical Voice of Psychoanalysis: Displacement of Evidence by Theory. Harvard University Press, Cambridge.
Spence, Donald P. (1998): Rain forest or mud field? International Journal of Psychoanalysis 79: 643–647.

Spence, Donald P. (2002): The virtual case report. Psychoanalytic Quarterly 71: 679–698.
Soldt, Philipp (2005a): Denken in Bildern. Zum Verhältnis von Bild, Begriff und Affekt im seelischen Geschehen. Vorarbeiten zu einer Metapsychologie der ästhetischen Erfahrung. Pabst, Lengerich.
Soldt, Philipp (2005b): Metapher, Bild und Unbewusstes. Überlegungen zum Ort der Metapher in einer Theorie der psychischen Repräsentanzwelt. In: Buchholz, Michael B.; Gödde, G. (Hg.): Das Unbewusste in aktuellen Diskursen. Band II. Anschlüsse. Psychosozial-Verlag, Gießen, S. 164–192.
Soldt, Philipp (2007): Bilder und Sprachbilder. Psychoanalytische Überlegungen zur Metapher in der ästhetischen Erfahrung. In: Soldt, P. (Hg.): Ästhetische Erfahrungen. Neue Wege zur Psychoanalyse künstlerischer Prozesse. Psychosozial-Verlag, Gießen, S. 347–369.
Solomon, Andrew M. (2006): Saturns Schatten. Die dunklen Welten der Depression. Fischer, Frankfurt a. M.
Sonderegger, Ruth (2002): Wie Kunst (auch) mit der Wahrheit spielt. In: Kern, A. & Sonderegger, R. (Hg.): Falsche Gegensätze. Zeitgenössische Positionen zur philosophischen Ästhetik. Suhrkamp, Frankfurt a. M., S. 209–238.
Stegmüller, Wolfgang (1979): Rationale Rekonstruktion von Wissenschaft und ihrem Wandel: Stuttgart, Reclam.
Stein, Martin H. (1988a): Writing about psychoanalysis I: Analysts who write and those who do not. Journal of the American Psychoanalytic Association 36: 105–124.
Stein, Martin H. (1988b): Writing about psychoanalysis II: Analysts who write, patients who read. Journal of the American Psychoanalytic Association 36: 393–408.
Stein, Vera (1993): Abwesenheitswelten. Meine Wege durch die Psychiatrie. Fischer, Frankfurt a. M. 1996.
Stein, Vera (2000): Menschenfalle Psychiatrie. Mit 14 Jahren weggesperrt. Der mutige Neustart einer von Ärzten als »irrsinnig« abgestempelten Frau. Haug, Heidelberg.
Steinberg, Holger (2005): Johann Christian August Heinroth (1773–1843). Der erste Lehrstuhlinhaber für Psychiatrie und sein Krankheitskonzept. In: Angermeyer, M.; Steinberg, H. (Hg.): 200 Jahre Psychiatrie an der Universität Leipzig. Personen und Konzepte. Springer, Heidelberg, S. 1–80.
Steinberg, Holger; Schmideler, Sebastian (2005): Das Gutachten der Medizinischen Fakultät der Universität Leipzig zum Fall Woyzeck. Nach 180 Jahren wieder entdeckt. Nervenarzt 76: 626–632.
Steinberg, Holger; Schmideler, Sebastian (2006): Eine wiederentdeckte Quelle zu Büchners Vorlage zum »Woyzeck«: Das Gutachten der Medizinischen Fakultät der Universität Leipzig. Zeitschrift für Germanistik 16: 339–366.
Steinberg, Holger; Schmideler, Sebastian (unveröffentlichtes Manuskript): War Woyzeck tatsächlich schizophren oder redete ihm die Verteidigung die Schizophrenie nur ein?
Sterba, Robert F. (1934): The fate of the ego in psychoanalytic therapy. International Journal of Psychoanalysis 15: 117–126.
Stern, Daniel N.; Sander, Louis W.; Nahum, Jeremy P.; Harrison, Alexandra M.; Lyons-Ruth, Karlen; Morgan, Alec C.; Bruschweiler-Stern, Nadja; Tronick, Edward Z. (1998): Non-interpretative mechanisms in psychoanalytic therapy: The ›something more‹ than interpretation. International Journal of Psychoanalysis 79: 903–921.
Stierle, Karl-Heinz (1973a): Geschichte als Exemplum. Exemplum als Geschichte. In: Kosellek, R.; Stempel, W.-D. (Hg.): Geschichte, Ereignis und Erzählung. Fink, München, S. 347–376.
Stierle, Karl-Heinz (1973b): Zum Status narrativer Oppositionen. In: Kosellek, R.; Stempel, W.-D. (Hg.): Geschichte, Ereignis und Erzählung. Fink, München, S. 526–527.

Stingl, Renate (1992): Auf der Couch: Frauen und Männer berichten von ihrer Analyse. Campus, Frankfurt a. M.
Stoller, Robert J. (1988): Patients' responses to their own case reports. Journal of the American Psychoanalytic Association 36: 371–392.
Storck, Timo (2006): Über die Notwendigkeit künstlerischer Wiederholung. Perspektiven eines revidierten Sublimierungskonzepts. Psychoanalyse – Texte zur Sozialforschung 19: 151–174.
Storck, Timo (2007): »… to calm and subdue my fancy for a more sober and more certain gaze.« Neid und Identifizierung als zentrale Momente in der ästhetischen Erfahrung. In: Soldt, P. (Hg.): Ästhetische Erfahrungen. Neue Wege zur Psychoanalyse künstlerischer Prozesse. Psychosozial-Verlag, Gießen, S. 311–346.
Storck, Timo (2009): Künstlerische Selbstkonstitution und erzählte Beziehungsfantasie. Psychoanalyse – Texte zur Sozialforschung 23: 256–264.
Storck, Timo; Soldt, Philipp (2007): Sublimierung als eigenständiger Vorgang im seelischen Erleben. Vorschläge für eine psychoanalytische Theorie künstlerischer Produktion. Psychoanalyse im Widerspruch 38: 59–82.
Streeck, Ulrich (1995): Private Theorien zum psychoanalytischen Handwerk. In: Tress, W.; Sies, C. (Hg.): Subjektivität und Psychoanalyse. Vandenhoeck & Ruprecht, Göttingen, S. 29–47.
Streeck, Ulrich (2004): Auf den ersten Blick – Psychotherapeutische Beziehungen unter dem Mikroskop. Klett-Cotta, Stuttgart.
Struck, Karin (1973): Klassenliebe. Roman. Suhrkamp, Frankfurt a. M.
Stuhr, Ulrich (1993): Ohne Verstehen keine Fallgeschichte. Über Voraussetzungen des Verstehens. In: Stuhr, U.; Deneke, F.-W. (Hg.): Die Fallgeschichte. Asanger, Heidelberg, S. 85–105.
Stuhr, Ulrich (1995): Die Fallgeschichte als Forschungsmittel im psychoanalytischen Diskurs – Ein Beitrag zum Verstehen als Methode. In: Kaiser, E. (Hg.): Psychoanalytisches Wissen. Westdeutscher, Köln, S. 188–204.
Stuhr, Ulrich (2004): Klinische Fallstudien. In: Hau, S.; Leuzinger-Bohleber, M. (Hg.): Psychoanalytische Therapie. Eine Stellungnahme für die wissenschaftliche Öffentlichkeit und für den Wissenschaftlichen Beirat Psychotherapie. Forum für Psychoanalyse 20: 63–66.
Stuhr, Ulrich; Deneke, Fritz-Wilhelm (Hg.) (1993): Die Fallgeschichte. Asanger, Heidelberg.
Stuhr, Ulrich; Püschel, Klaus (2004): Erweiterter Selbstmord: Tötungsdelikt mit Anschlusssuizid. Psyche – Zeitschrift für Psychoanalyse 58: 1035–1062.
Szescödy, Imre (2000): Commentary on Michels's »The case history«. Journal of the American Psychoanalytic Association 48: 397–403.
Taubner, Svenja; Bruns, Georg; Kächele, Horst (2007): Studienpatienten gesucht. Psychotherapeut 52: 236–238.
Teller, Virginia; Dahl, Hartvig (1995): What psychoanalysis needs is more empirical research. In: Shapiro, T.; Emde, R. N. (Hg.): Research in Psychoanalysis. Process, Development, and Outcome. International Universities Press, Madison, S. 31–50.
Thomä, Helmut (1974): Zur Rolle des Psychoanalytikers in psychotherapeutischen Interaktionen. Psyche – Zeitschrift für Psychoanalyse 28: 381–394.
Thomä, Helmut (1978): Von der »biographischen Anamnese« zur »systematischen Krankengeschichte«. In: Drews, S.; Klüwer, R.; Köhler-Weisker, A.; Krüger-Zeul, M.; Menne, K.; Vogel, H. (Hg.): Provokation und Toleranz. Alexander Mitscherlich zu Ehren. Festschrift für Alexander Mitscherlich zum 70. Geburtstag. Suhrkamp, Frankfurt a. M., S. 254–277.
Thomä, Helmut (1981): Schriften zur Praxis der Psychoanalyse: Vom spiegelnden zum aktiven Psychoanalytiker. Suhrkamp, Frankfurt a. M.
Thomä, Helmut; Gill, Merton M.; Rotmann, Michael (1999): Sich der Natur der Interaktion bewusst zu werden. Psyche – Zeitschrift für Psychoanalyse 53: 905–929.

Thomä, Helmut; Kächele, Horst (1973): Wissenschaftstheoretische und methodologische Probleme der klinisch-psychoanalytischen Forschung. Psyche – Zeitschrift für Psychoanalyse 27: 205–236; 309–355.
Thomä, Helmut; Kächele, Horst (2006a): Psychoanalytische Therapie. Grundlagen. Springer Medizin, Heidelberg.
Thomä, Helmut; Kächele, Horst (2006b): Psychoanalytische Therapie. Praxis. Springer Medizin, Heidelberg.
Thomä, Helmut; Kächele, Horst (Hg.) (2006c): Psychoanalytische Therapie. Forschung. Springer Medizin, Heidelberg.
Thomä, Helmut; Rosenkötter, Lutz (1970): Über die Verwendung audiovisueller Hilfsmittel in der psychotherapeutischen Ausbildung. Didacta Medica 4: 108–112.
Thucydides (1951): The Complete Writings of Thucydides: The Peloponnesian War. Random House, New York.
Ticho, Ernst (1975): The effects of the analyst's personality on psychoanalytic treatment. Psychoanalytic Forum 4: 137–151.
Tress, Wolfgang (1995): Intentionalität und psychoanalytische Arbeit. In: Tress, W.; Sies, C. (Hg.): Subjektivität in der Psychoanalyse. Vandenhoeck & Ruprecht, Göttingen, S. 89–119.
Trimborn, Winfried (2002): »Ich lasse mich nicht zerstören.« Zur Gewalt und Dynamik narzisstischer Störungen. In: Schlösser, A.-M.; Gerlach, A. (Hg.): Gewalt und Zivilisation. Psychosozial-Verlag, Gießen, S. 13–32.
Trimborn, Winfried (2003): Der Verrat am Selbst – Zur Gewalt narzisstischer Abwehr. Psyche – Zeitschrift für Psychoanalyse 57: 1033–1056.
Tuckett, David (1983): Words and psychoanalytic interaction. International Revue of Psychoanalysis 10: 407–414.
Tuckett, David (1991): Editorial: Fifteen clinical accounts of psychoanalysis: A further invitation. International Journal of Psychoanalysis 72: 377–382.
Tuckett, David (1993): Some thoughts on the presentation and discussion of the clinical material of psychoanalysis. International Journal of Psychoanalysis 74: 1175–1188.
Tuckett, David (1994a): The conceptualization and communication of clinical facts in psychoanalysis. International Journal of Psychoanalysis 75: 865–870.
Tuckett, David (1994b): Developing a grounded hypothesis to understand a clinical process: The role of validation. International Journal of Psychoanalysis 75: 1159–1180.
Tuckett, David (2000): Commentary on Michels's »The case history«. Journal of the American Psychoanalytic Association 48: 403–411.
Tuckett, David; Boylton, Mary-Geo; Olson, Coral; Williams, Anthony (1985): Meetings between Experts: An Approach to Sharing Ideas in Medical Consultations. Routledge, London.
Tuckett, David (Hg.) (1976): An Introduction to Medical Sociology. Tavistock, London.
Universitätsarchiv Tübingen Facultas medica, Responsa, Bd. 2; Forensische Gutachten der medizinischen Fakultät; Geisteskranke Patienten, S. 1612–1820.
Valère, Valérie (1978): Das Haus der verrückten Kinder. Ein Bericht. Rowohlt, Reinbek bei Hamburg 1991.
Verrel, Torsten (1995): Schuldfähigkeitsbegutachtung und Strafzumessung bei Tötungsdelikten. Neue Kriminologische Studien, Bd. 14. Fink, München.
Viderman, Serge (1970): La construction de l'espace analytique. P.U.F., Paris.
Viderman, Serge (1978): Le céleste et le sublunaire. P.U.F., Paris.
Vollmann, Jochen (1999): Ethische Probleme in der Psychiatrie. In: Berger, M. (Hg.): Psychiatrie und Psychotherapie. Urban & Schwarzenberg, München, S. 993–999.
Waelder, Robert (1976): Psychoanalysis, scientific method and philosophy. In: Guttman, S. (Hg.):

Psychoanalysis – Observation, Theory, Application: Selected Papers of Robert Waelder. International Universities Press, New York, S. 248–274.
Wallerstein, Robert S. (1976): Introduction to symposium on »Ethics, moral values and psychological interventions«. International Revue of Psychoanalysis 3: 369–372.
Wallerstein, Robert S. (1986): Forty-two Lifes in Treatment. A Study of Psychoanalysis and Psychotherapy. Guilford, New York.
Wallerstein, Robert S. (1995a): The effectiveness of psychotherapy and psychoanalysis: Conceptual issues and empirical work. In: Shapiro, T.; Emde, R. N. (Hg.): Research in Psychoanalysis. Process, Development, and Outcome. International Universities Press, Madison, S. 299–312.
Wallerstein, Robert S. (1995b): The Talking Cures. The Psychoanalyses and the Psychotherapies. Yale University Press, New Haven.
Walser, Martin (1979): Seelenarbeit. Suhrkamp, Frankfurt a. M.
Wear, Steve (1993): Informed Consent. Patient Autonomy and Physician Beneficience within Clinical Medicine. Kluwer, Dordrecht.
Weber, Max (1904): Die »Objektivität« sozialwissenschaftlicher und sozialpolitischer Erkenntnis. In: Weber, M.: Gesammelte Aufsätze zur Wissenschaftslehre. Mohr, Tübingen 1988, S. 146–214.
Wegner, Peter (1998): Die Fallgeschichte als Instrument psychoanalytischer Forschung. In: Kimmerle, G. (Hg.): Zur Theorie der psychoanalytischen Fallgeschichte. edition diskord, Tübingen, S. 9–44.
Weiss, Joseph; Sampson, Harold; The Mount Zion Psychotherapy Research Group (Hg.) (1986): The Psychoanalytic Process: Theory, Clinical observation, and Empirical Research. Guilford Press, New York.
West, Cornel (1989): The American Evasion of Philosophy: A Genealogy of Pragmatism. University of Wisconsin Press, Madison.
Widlöcher, Daniel (1994): A case is not a fact. International Journal of Psychoanalysis 75: 1233–1244.
Wilson, Arnold (2000): Commentary on Michels's »The case history«. Journal of the American Psychoanalytic Association 48: 411–417.
Windelband, Wilhelm (1915): Präludium, Aufsätze und Reden zur Philosophie und ihrer Geschichte. 2. Bd. Mohr (P. Siebeck), Tübingen: 5. Auflage.
Winnicott, Donald W. (1974): Spielerisches Handeln und die Suche nach dem Selbst. In: Vom Spiel zur Kreativität. Klett-Cotta, Stuttgart, S. 10–36.
Wisdom, John O. (1967): Testing an interpretation within a session. International Journal of Psychoanalysis 48: 44–52.
Wittgenstein, Ludwig (1984): Philosophische Untersuchungen. Werkausgabe Bd. 1. Suhrkamp, Frankfurt a. M., S. 225–621.
Wodak, Ruth (1981): Das Wort in der Gruppe. Verlag der Österreichischen Akademie der Wissenschaften, Wien.
Wolff, Stephan (1995): Text und Schuld. Die Rhetorik psychiatrischer Gerichtsgutachten. de Gruyter, Berlin/New York.
Wolfson, Abby; Sampson, Harold (1976): A comparison of process notes and tape recordings: Implications for therapy research. Archives of General Psychiatry 33: 558–563.
Yalom, Irvin D. (1974): The Theory and Practice of Group Psychotherapy. Basic Books, New York.
Yalom, Irvin D. (1989): Die Liebe und ihr Henker und andere Geschichten aus der Psychotherapie. btb Goldmann, München.
Yalom, Irvin D. (1998): Die rote Couch. btb Goldmann, München.

Yalom, Irvin D. (2002): Der Panama-Hut. Oder Was einen guten Therapeuten ausmacht. btb Goldmann, München.
Yalom, Irvin D.; Elkin G. (1974): Every Day Gets a Little Closer. A Twice-told Therapy. Basic Books, New York. Dt. (2001): Jeden Tag ein bisschen näher. Eine ungewöhnliche Geschichte. btb Goldmann, München.
Zeeck, Almuth; Hartmann, Armin; Orlinsky, David E. (2004): Inter-Session Prozesse – Ein vernachlässigtes Thema der Psychotherapieforschung. Psychotherapie Psychosomatik Medizinische Psychologie 54: 236–242.
Zepf, Siegfried (2005): Die »empirische« Beforschung der psychoanalytischen Therapie – Einige epistemologische und methodologische Anmerkungen. In: Poscheschnik, G. (Hg.): Empirische Forschung in der Psychoanalyse. Psychosozial-Verlag, Gießen, S. 77–110.
Zepf, Siegfried (2006a): Allgemeine psychoanalytische Neurosenlehre, Psychosomatik und Sozialpsychologie. Ein kritisches Lehrbuch. Band 1. (2. erw. u. aktual. Aufl.) Psychosozial-Verlag, Gießen.
Zepf, Siegfried (2006b): Allgemeine psychoanalytische Neurosenlehre, Psychosomatik und Sozialpsychologie. Ein kritisches Lehrbuch. Band 2. (2. erw. u. aktual. Aufl.) Psychosozial-Verlag, Gießen.
Zetzel, Elisabeth R. (1966): Additional notes upon a case of obsessional neurosis: Freud 1909. International Journal of Psychoanalysis 47: 123–129.
Zorn, Fritz (1977): Mars. »Ich bin jung, reich und gebildet; und ich bin unglücklich, neurotisch und allein ...« Mit einem Vorwort von Adolf Muschg. Fischer, Frankfurt a.M.

Autorinnen und Autoren

AKOLUTH, MARGARETE
c/o M. Fischer
Am Hölzlein 22
97076 Würzburg
Tel. 0931–27 10 23
E-Mail: marg.akoluth@gmx.de

Buchhändlerin bis zur Verheiratung, jetzt Rentnerin.

ALLERT, GEBHARD
Drosselbartweg 32
89077 Ulm
E-Mail: gebhard.allert@t-online.de

Dr. med., niedergelassener Facharzt für Psychotherapeutische Medizin und Psychoanalyse; Lehrauftrag für Ethik in der Medizin an der Universitätsklinik für Psychosomatische Medizin und Psychotherapie der Universität Ulm.

BERNSTEIN, STEPHEN B.
145 Wallis Road
Chestnut Hill, MA 02467
USA
E-Mail: Sbb@massmed.org

Lehranalytiker, Boston Psychoanalytic Society and Institute; Clinical Professor of Psychiatry, Tufts University School of Medicine; Dozent für Psychiatrie, Harvard Medical School.

BRENTANO, MARIE
Abteilung für Psychosomatische Medizin und Psychotherapie
Universitätsklinikum Ulm
Am Hochsträß 8
89081 Ulm
E-Mail: marie.brentano@uni-ulm.de

Studium der neueren deutschen Literaturwissenschaft, Linguistik und Philosophie; arbeitet zu den Themen: Texte und Berichte von Patienten/innen; Psychoanalyse und Literatur.

GRUNDMANN, ESTHER
E-Mail: esther.grundmann@uni-tuebingen.de

Studierte Germanistik, Theologie und Philosophie. Themenschwerpunkte: narrative Ethik; ethische Probleme der Psychoanalyse; der Begriff des Unbewussten in Philosophie und Psychoanalyse; Philosophie des Geistes; Sprachphilosophie.

KÄCHELE, HORST
Universitätsklinik für Psychosomatische Medizin und Psychotherapie Am Hochsträß 8
89081 Ulm
E-Mail: horst.kaechele@uni-ulm.de

Prof. Dr. med. Dr. phil., Facharzt Psychosomatische Medizin und Psychotherapie, Psychoanalytiker. Forschungsfelder: Verlaufs- und Ergebnisforschung, Klinische Bindungsforschung.

KLÖSS-ROTMANN, LISBETH
Pochgasse 16
79104 Freiburg
E-Mail: Kloess-Rotmann@t-online.de

Dr. Dipl.-Psych., Psychoanalytikerin in eigener Praxis, Lehranalytikerin (DPV, IPA); Veröffentlichungen zum geschlechtstypischen Einfluss in und auf die Behandlung, zu Haut und Selbst, adhäsiver Identifizierung und psychischer Veränderung.

MICHELS, ROBERT
418 East 71st Street, Suite 41
New York, NY 10021
USA
E-Mail: rmichels@cornell.edu

Lehranalytiker am Columbia University Center for Psychoanalytic Training and Research; Walsh McDermott University Professor of Medicine; Professor für Psychiatrie der Cornell University.

PFÄFFLIN, FRIEDEMANN
Sektion Forensische Psychotherapie, Universitätsklinikum Ulm
Am Hochsträß 8
89081 Ulm
friedemann.pfaefflin@uni-ulm.de

Prof. Dr. med., Psychiater und Psychoanalytiker. Arbeitsgebiete: Forensische Psychotherapie und Psychiatrie; Transsexualität.

PULVER, SYDNEY
1820 Rittenhouse Square
Philadelphia PA 19103
Home: 215-732-3332
1714 Locust Street, Suite 2
Office: 215-545-7717
USA
E-Mail: spulver1@gmail.com

Klinischer Professor am Department für Psychiatrie der Fakultät für Medizin der Universität von Pennsylvania und Lehranalytiker am Psychoanalytischen Zentrum von Philadelphia. Neben seiner Lehrtätigkeit führt er eine

Privatpraxis für Psychiatrie und Psychoanalyse im Stadtzentrum von Philadelphia.

RUBOVITS-SEITZ, PHILIP †
2623 Woodley Place NW
Washington, DC 20008
USA

Er leitete das Konsens-Projekt am Chicago Institute of Psychoanalysis; seine Arbeiten zur Methodologie fanden ihren Niederschlag in seinem letzten Werk: Depth-psychological understanding. The methodologic grounding of clinical interpretations. Analytic Press, Hillsdale, NJ (1998).

STORCK, TIMO
Universität Kassel, Fachbereich Sozialwesen
Institut für Soziale Therapie, Supervision und Organisationsberatung
Arnold-Bode-Straße 10
34109 Kassel
Tel.: 0561–804–3463
E-Mail: tstorck@uni-bremen.de

Dipl.-Psych., tätig in der Klinik für Psychosomatische Medizin und Psychotherapie des Klinikums Kassel und als wissenschaftlicher Mitarbeiter an der Universität Kassel. Derzeit Promotion mit einer Arbeit zur Epistemologie der Psychoanalyse im Rekurs auf eine Untersuchung künstlerischer Arbeitsprozesse. In Ausbildung zum psychologischen Psychotherapeuten und Psychoanalytiker (DPV) am Alexander-Mitscherlich-Institut Kassel. Arbeitsschwerpunkte: Psychoanalytische Konzeptforschung, Epistemologie und Methodologie. Psychoanalytische Theorie künstlerisch-ästhetischer Erfahrung.

STUHR, ULRICH
Universitätsklinikum Hamburg-Eppendorf
Zentrum für Innere Medizin
Martinistr. 52
20246 Hamburg
E-Mail: stuhr@uke.uni-hamburg.de

Prof. Dr. phil., wiss. Mitarbeiter im Institut und der Poliklinik für Psychosomatische Medizin und Psychotherapie im Zentrum für Innere Medizin des Universitätsklinikums Hamburg-Eppendorf. Katamnese-Forschung in der Psychotherapieforschung (Fokal-Therapie, Langzeit- Psychoanalyse, Erweiterter Suizid, Essstörungen, Qualitative Psychotherapieforschung).

SZECSÖDY, IMRE
Karlavägen 27
S–114 31 Stockholm
Schweden
E-Mail: i.Szecsödy@telia.com

Professor am Karolinska Institutet Stockholm; Lehranalytiker der Schwedischen Psychoanalytischen Gesellschaft. Er hat ausführlich über Probleme der Supervision und den Lernprozess gearbeitet. Er war Direktor des Schwedischen Psychoanalytischen Institutes von 1989–1993, Präsident der Schwedischen Psychoanalytischen Gesellschaft von 1993–1997, Vize-Präsident der Europäischen Psychoanalytischen Föderation (EPF) 1997–2001, Mitglied von COMPSED (committee of psychoanalytic education) der IPV 2000–2004, Mitglied des Research Advisory Board der IPV.

TUCKETT, DAVID
Psychoanalysis Unit
Sub-Department of Clinical Psychology
Gower Street
London WC1 6BT
UK
E-Mail: d.tuckett@ucl.ac.uk

Gastprofessor an der Psychoanalysis Unit am Research Department of Clinical, Educational and Health Psychology am University College London. Er ist Lehranalytiker der Britischen Psychoanalytischen Gesellschaft und war als Editor-in-Chief des International Journal of Psychoanalysis tätig; derzeit ist er Präsident der Europäischen Psychoanalytischen Föderation. Er hat eine Ausbildung in Ökonomie und Soziologie.

VOIGTLÄNDER, ANNAKATRIN
Ludwigkirchstraße 9A
10719 Berlin
E-Mail: annakatrin.voigtlaender@dpv-mail.de

Dr. med., Fachärztin für Allgemeinmedizin, Fachärztin für Psychiatrie und Psychotherapie, Psychoanalyse. Niedergelassen als Psychoanalytikerin in eigener Praxis.

WEBER, KATHRIN
Okerweg 4
33649 Bielefeld
E-Mail: kathrin.weber@uni-bielefeld.de

Studium der Romanistik (Französisch), Kunst- und Musikpädagogik in Bielefeld und Neuchâtel (Magister und Lehramt GHR) von 1995–2003, Lehrbeauftragte im Fachbereich Romanistik der Universität Bielefeld, promoviert zum Thema »Menschenbilder in französischen psychoanalytischen Fallgeschichten«, nach dem Referendariat 2007–2008 Lehrerin für Französisch und Musik in NRW. Mitglied des Freiburger »Jungen Forums Literatur und Psychoanalyse«.

WILSON, ARNOLD
26 West 9th St., #2D
New York, NY 10011
USA
E-Mail: Dr.arnoldwilson@verizon.net

Ph.D., Lehranalytiker, Institute for Psychoanalytic Training and Research (IPTAR), Faculty, Columbia University Center for Psychoanalytic Training and Research.

Psychosozial-Verlag

Anna Koellreuter (Hg.)
»Wie benimmt sich der Prof. Freud eigentlich?«

Tomas Böhm, Suzanne Kaplan
Rache

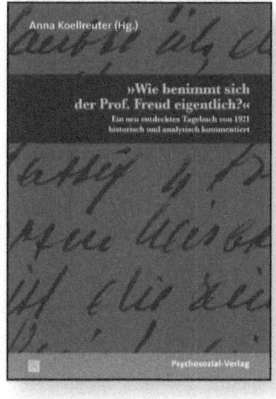

2010 · 319 Seiten · Broschur
ISBN 978-3-8379-2095-6

2., erg. Aufl. 2012 · 273 Seiten · Broschur
ISBN 978-3-8379-2192-2

Eine junge Ärztin begibt sich 1921 zu Freud in Analyse. In einem Tagebuch hält sie fest, was sie bewegt. Inspiriert von diesen Aufzeichnungen machen sich PsychoanalytikerInnen und GeschichtsforscherInnen Gedanken zu Freud und seiner Arbeitsweise.

Dieser Fund »kommt für die Wissenschaftsgeschichte einer kleinen Sensation gleich. Es ist das Zusammentreffen von drei Faktoren, das dieses Tagebuch zu einem einzigartigen Dokument macht: Erstens handelt es sich hier um eine reine Patientenanalyse, im Unterschied zu einer Lehranalyse, zweitens fand sie vor Freuds Krebserkrankung statt, und drittens sind die Notizen anscheinend wörtlich notierte Niederschriften dessen, was im Behandlungszimmer gesagt wurde. […] Unter den bisher veröffentlichten Dokumenten gibt es keines, bei dem alle drei Kriterien zutreffen.«
Ernst Falzeder in: DIE ZEIT.

In diesem Buch wird Rache als primitive, destruktive Kraft beschrieben, die allen Individuen, Gruppen und Gesellschaften innewohnt – ein zerstörerisches Potenzial, das sich unter bestimmten Umständen mit Macht den Weg an die Oberfläche bahnt. Das Motiv der Rache findet sich in der psychologischen Verknüpfung von Vorurteilen, Verfolgung, Rassismus und Gewalt. Die Autoren liefern deutliche – und oftmals beunruhigende – Fallbeispiele aus dem Alltag unserer Zeit und stellen Theorien vor, die zum besseren Verstehen von Opfern und Tätern beitragen können. Sie sollen uns helfen, der Versuchung zu widerstehen, selbst Vergeltung zu üben.

Psychosozial-Verlag

Erich Fromm
Sigmund Freuds Psychoanalyse

Sandra Buechler
Psychotherapeutische Tugenden

2006 · 185 Seiten · Broschur
ISBN 978-3-89806-497-2

2009 · 228 Seiten · Broschur
ISBN 978-3-89806-814-7

Fromm weist die seiner Meinung nach wichtigsten Entdeckungen Freuds im Einzelnen auf. Er zeigt, wo und in welcher Weise das für Freud charakteristische bürgerliche Denken seine Entdeckungen eingeschränkt und manchmal wieder verdeckt hat. Diese wissenschaftstheoretisch brisante Auseinandersetzung Fromms mit Freud zeigt die Tragweite der psychoanalytischen Entdeckungen und würdigt gerade darin die Psychoanalyse. Zugleich ist sie eine hervorragende Einführung in Fromms eigenes psychoanalytisches Denken.

Sandra Buechler beschreibt elementare Emotionen und Werte, an denen sich die Therapie orientieren sollte. Dies ist unverzichtbar in der heutigen Welt, in der unser Wissen und unser Stellenwert grundsätzlich hinterfragt werden. Ausgehend von diesen Tugenden kann alles, was Analytikerinnen und Analytiker als Menschen erlebt haben – jedes Buch und jede Theateraufführung, jede persönliche Krise und Freude –, in den Therapiesitzungen zur Anwendung kommen. Buechlers erfrischend offenes und ehrliches Buch ist an erfahrene und zukünftige Therapeutinnen und Therapeuten gerichtet.

Psychosozial-Verlag

Antonino Ferro
Psychoanalyse als Erzählkunst und Therapieform

Antonino Ferro
Das bipersonale Feld

2009 · 224 Seiten · Broschur
ISBN 978-3-89806-795-9

2003 · 298 Seiten · Broschur
ISBN 978-3-89806-220-6

Der Autor betrachtet die Psychoanalyse aus zwei Blickwinkeln: als eine Form der Literatur, also als eine Reihe von Erzählungen, die zwischen Patient und Analytiker entstanden sind, und als eine Therapie oder auch Kur von seelischem Leid. Das Buch ergründet den Zusammenhang von Narrationen und Deutungen innerhalb der analytischen Sitzung sowie den Begriff des Charakters, wie er in der Literatur und in diversen psychoanalytischen Modellen gebraucht wird. Ein zentraler Teil ist den Möglichkeiten gewidmet, Sexualität zu verstehen – und Sexualität als Zugang zu den Funktionsweisen des Geistes zu begreifen. Ebenso wird ein Thema wieder aufgenommen, das Ferro besonders am Herzen liegt: die Kinderpsychoanalyse.

Antonino Ferro entwickelt ein neues konzeptuelles System zur Analyse des »bipersonalen Feldes«, auf das sich sein Deutungsansatz richtet. Während sich die Analyse in der Tradition Freuds auf die bewussten und unbewussten Auswirkungen der Biografie und der äußeren Beziehungen des Patienten konzentrierte und der kleinianische Ansatz auf dessen innere Welt der unbewussten Fantasien, rücken bei Ferro Interpersonalität und Intersubjektivität ins Zentrum der Behandlung. Der Autor beschreibt eine narratologische Theorie der Psychoanalyse, nach der an die Stelle der durch »starke« Deutungen des Analytikers gesetzten Zäsuren gemeinsame, von Patient und Analytiker konstruierte Narrationen treten – die Dechiffrierung von Bedeutungen wird ersetzt durch die Konstruktion neuer Bedeutungen.

Psychosozial-Verlag

Petra Christian-Widmaier
Nonverbale Dialoge in der psychoanalytischen Therapie

Marcus Rasting
Mimik in der Psychotherapie

2009 · 337 Seiten · Broschur
ISBN 978-3-89806-732-4

2008 · 127 Seiten · Broschur
ISBN 978-3-89806-785-0

In psychoanalytischen Behandlungen wird fortlaufend auch ohne Worte in Handlungsdialogen, Inszenierungen und Enactments kommuniziert. Die Autorin erweitert und ergänzt den aktuellen Enactment-Diskurs in theoretischer und praktisch-therapeutischer Hinsicht durch die qualitativ-empirische Untersuchung des Verlaufs von selten thematisierten nonverbalen Handlungsdialogen in bestimmten Ausschnitten einer analytischen Behandlung vom Anfang bis zum Ende. Sie geht dem subtilen Blickaustausch, dem Handkontakt von Patient und Analytiker, den Toilettengängen des Patienten sowie dem beiderseitigen Umgang mit der Tür bei der Begrüßung und Verabschiedung nach. Der Verlauf der Enactments ließ eine Verschränkung der nonverbalen Dialoge mit den Veränderungsprozessen in der Behandlung und ein bestimmtes Verlaufsmuster erkennen.

Kann man aus der Mimik von Patient und Therapeut im Erstgespräch Vorhersagen über den Erfolg einer Psychotherapie ableiten? Das vorliegende Buch zeigt, dass zwischen Therapeut und Patient bereits im Erstgespräch ein intensiver nonverbaler Austausch stattfindet, der bereits wichtige Hinweise auf ein Gelingen der nachfolgenden Therapie gibt. Neben einem Überblick über den bisherigen Kenntnisstand zur nonverbalen Kommunikation in der Psychotherapie werden auch eigene Untersuchungen vorgestellt. In einem detailliert beschriebenen Einzelfall werden sowohl die untersuchten Prozesse im klinischen Kontext dargestellt als auch die Implikationen für das Konzept der therapeutischen Beziehung, die durch beide Interaktionspartner aktiv mitgestaltet wird, diskutiert.

www.ingramcontent.com/pod-product-compliance
Lightning Source LLC
LaVergne TN
LVHW041655060526
838201LV00043B/448